zur Philosophenhöhe

Felseck

Leinpfad

Schwimmschulen

FLUSS

Holz-lauer

Exercier-Platz

Hauptstrasse

Plöck

Friede Pl.

Leopold Str.

Odenwald E.B.

irten

t

Loge

Juden-Kirchhof

Schlossberg

Neuer Schloss-Weg

Kastanienwald

Fuessweg

Molkenkur

Friesenweg

Wolfsbrunnen weg

Plättelsweg

Schloss

Friesen-berg

Karls Pl.

Karls Str.

Markt-Platz

Hauptstrasse

Ludwigs Pl.

Seminar Str.

Wellenbäder

Schwimmschule

Neckarmühle

Kunsthalle

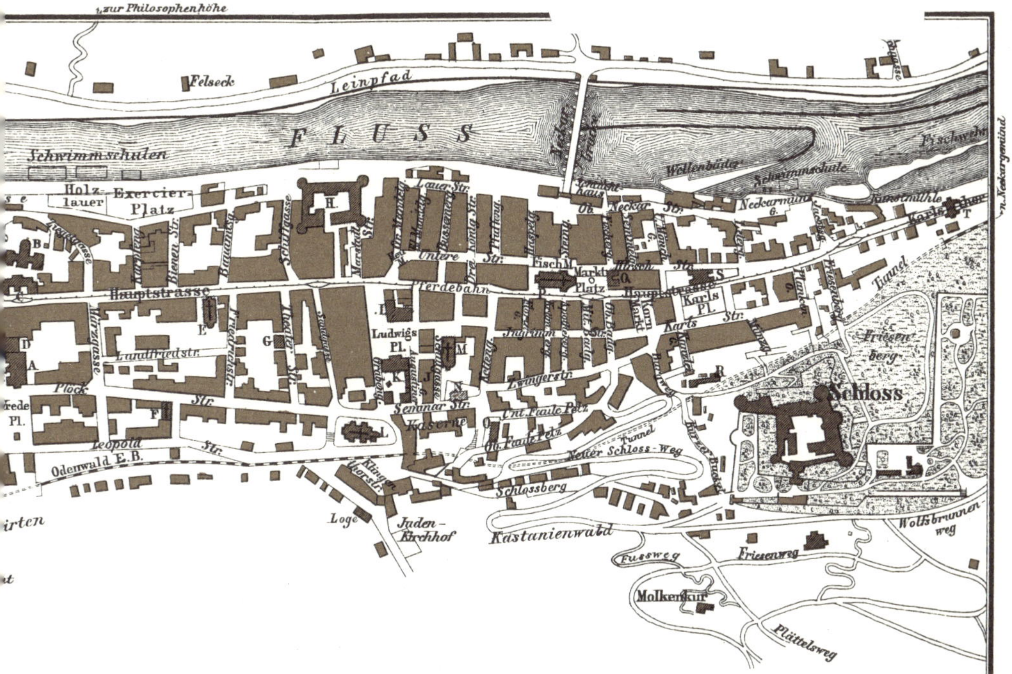

hemisches Laboratorium
natomie
riedrichsbau
hysiologisches Institut
rovidenz-Kirche
nglische Kirche
heater
arstall
niversität
niversitäts-Bibliothek
useum

L. Peters Kirche
M. Kath. Pfarrkirche
N. Amtsgericht
O. Gefängniss
P. Heilig-Geist Kirche
Q. Rathhaus
R. Waisenhaus
S. Amthaus (Polizei)
T. Karlsthor

Plan der Stadt

HEIDELBERG.

gezeichnet durch

Friedrich Lay

L. Meder (H. Würtzburg) Hofkunsthandlg.

Heidelberg.

ALEXANDER VON BERNUS
WACHSEN AM WUNDER

AUSKUNFT

Nun soll ich heute Auskunft geben
So, dass es vor der Zeit besteht,
Wie ich mein abgewecktes Leben
Sich in mir selber spiegeln seh? –:

Nie unterschied ich zwischen Dichtung
Und Leben, beide sind mir eins.
Wo ich auch stand, von jeder Lichtung
Erlebte ich den Sinn des Seins.

Wie sterngebunden wir auch seien,
Die Götter gaben als Entgelt
Uns doch den überirdisch-freien
Erschlossenen Ausblick in die Welt.

Alexander von Bernus

Wachsen am Wunder

Heidelberger Kindheit und Jugend

Mit einem Beitrag von
Elmar Mittler

Bildauswahl
Dorothea Hauck

ISBN 3-920431-30-8
© 1984 Heidelberger Verlagsanstalt und Druckerei GmbH, Heidelberg
Gesamtherstellung: Heidelberger Verlagsanstalt und Druckerei GmbH,
Heidelberg
Umschlag: Bernhard Kreger. Unter Verwendung eines Fotos aus dem Stadtarchiv
Heidelberg und eines Gemäldes von Guido Schmitt aus dem Besitz der Baronin
Isa von Bernus.

„Ich kenne Stift Neuburg nur vom Vorüberfahren. Aber so oft mir dies geschah, stand ich auf und grüßte ehrfürchtig die Stätte, die zweimal eine Wiege der Dichtkunst war."

HERBERT EULENBERG

an

ALEXANDER VON BERNUS

WACHSEN AM WUNDER

Wir wachsen all am Wunder auf,
Nur daß die meisten es vergessen.
Wir alle haben es besessen,
Sie aber gaben es in Kauf
Für hundert Alltagsnichtigkeiten,
In die das Leben uns verstrickt.
Das Wunder würde uns begleiten,
Würd es vom Alltag nicht erstickt.

Die ganze Sternenwelt wächst licht
Uns aus der Blumenwelt entgegen
Und sendet ihr den Osterregen.
Wir aber sehn das Wunder nicht
Und hören selbst in den Zwölf Nächten
Nicht mehr, wie dazumal als Kind,
Was uns die Stimmen sagen möchten,
Da überall die Himmel sind.

Und keiner hat sie noch vermißt!
Zwar einmal überkommt es jeden
Zu denken: daß wir dieses reden,
Daß dies das größte Wunder ist.
Doch unsre weltenalten Augen,
Die ganz aus Sonnenlicht bestehn,
Sind abgeblendet und sie taugen
Nur noch, vom Lichte wegzusehn.

Das ist der stete Sündenfall!
„Wenn ihr nicht werdet wie die Kinder,
So werdet ihr nur täglich blinder,"
Sprach Einer aus dem Weltenall.

So will ich heute es versuchen,
Dir Freundin und mir selbst zulieb
Und Euch, die waren, das zu buchen,
Was mir vom Kindheitswunder blieb.

TRAUMLEUCHTENDES HEIDELBERG

Vierjährig war ich, als meine Eltern mit mir und meiner englischen Kinderschwester, meiner Nurse, für ganz von Manchester nach Deutschland übersiedelten. Mein Vater war dort mehr als zwanzig Jahre Mitinhaber einer renommierten und gutgehenden Exportfirma gewesen. Als aber dann der Seniorchef der Firma starb, liquidierten die zwei nachgebliebenen Teilhaber, mein Vater und ein Herr von Stralendorff, das Unternehmen. Mein Vater wählte Heidelberg als Wohnsitz, um in der Nähe der Großeltern sein zu können, die auf dem kaum eine halbe Wegstunde talaufwärts an dem Südhang überm Neckar gelagerten Stift Neuburg lebten, einem Landsitz, der in früherer Zeit Abtei gewesen war und auf eine vielseitige Tradition zurücksah.

Das alte, weitläufige Haus (Abb. 1 u. 2), das wir bezogen, lag am Anfang Heidelbergs, dem Karlstor (Abb. 3) zu, mit einer panoramahaften Aussicht über einen stilisiert gehaltenen Garten hin auf den kaum einen Steinwurf weit davon vorbeiziehenden Fluß mit Kähnen und langstämmigen Flößen und auf den Berghang und die Buchenwälder gegenüber. Unweit dahinter aber stieg der Schloßberg (Abb. 4) an, damals noch nicht verunziert durch ein Heer geschmackloser und aufdringlicher Villen aus der Gründerära, so daß die noch nicht renovierte, zeitlose Ruine in grünumwaldeter Einsamkeit auf die ihr vorgelagerte, lang hingezogene Stadt mit ihren Giebeldächern und der alten Brücke mit dem Brückentore, die Landschaft bestimmend, herabsah (Abb. 5).

Das Heidelberg von damals, in dem mein Kinderdasein wurzelte und das mein Vorstellungsleben immer neu befruchtete, war noch ganz das mittelalterliche, in sich beschlossene Städtchen mit seiner einzigen, nie endenwollenden Hauptstraße (Abb. 6–8) und den sie kreuzenden beredten Seitengäßchen, die wie eifersüchtig aufeinander alle auf dem kürzesten Weg dem Neckar zustrebten. Sehr viele ihrer Namen sprachen eine so lebendige, die Phantasie beschäftigende, unheimliche Sprache: „Die redende Mauer", „Der Friesenweg", „Am Klingenteich (Abb. 9)", die „Ketten-, Stein- und Haspelgasse (Abb. 10–12)", „Am Bremer Eck

(Abb. 13)", „Zum faulen Pelz", so daß ich beim Einkaufen meine Kinderschwester immer wieder zu bereden versuchte, in die eine oder andere dieser Seitengassen abzubiegen, um das Geheimnis, das mich daraus anwehte, beim zögernden Hindurchgehn zu ergründen. Mit atemloser Spannung hörte ich einmal davon erzählen, wie man kurz zuvor in einem alten Hause an der Hauptstraße beim Räumen eines unter dem eigentlichen Keller nur durch eine Wendeltreppe zugänglichen, noch tiefer gelegenen Gewölbes, dessen Sohle ungefähr auf dem Niveau des Neckarbodens lag, auf einen vermauerten unterirdischen Gang gestoßen sei, der Einsturzgefahr wegen jedoch es nicht gewagt habe, ihn weiter zu verfolgen, sondern ihn wieder habe zumauern lassen, ohne nachgeforscht zu haben, wohin er führe . . . Jemand warf ein, es werde sicher eine Abzweigung des unterirdischen Ganges sein, von dem die Sage geht, daß er unter dem Neckar her das Schloß mit der ehemaligen Abtei Stift Neuburg und der verfallenen Michaelsbasilika des Heiligenbergs verbinde. Man habe schon seit Jahr und Tag danach gefahndet, aber nie etwas gefunden, was auf die Fährte hätte führen können. Von diesem Augenblick an reifte in mir der Entschluß, diesem geheimnisvollen Gange einmal auf die Spur zu kommen. Sooft ich seitdem auf das Schloß kam, spähte ich umher nach irgendeinem Anzeichen, das mir verrate, wo der vielbesagte unterirdische Gang wohl seinen Ausgang nehmen könnte; doch ich fand ihn nirgends.

Aber die alte, von versteinerten Jahrhunderten beredt gewordene Schloßruine barg auch noch andere Rätsel und Verzauberungen für den wundergläubigen Knaben. Da waren überm Tore, das zum Schloßhof führt, die zwei steingehauenen Ritter rechts und links (Abb. 14) auf ihren Postamenten. Von diesen geht die Überlieferung, daß sie allnächtlich ihren Standort wechseln, so daß der rechte links, der linke rechts zu stehn kommt. Sie stehn so hoch, daß man sie nicht anmerken konnte, und da sie sich bis zum Verwechseln gleichsehn, so hatte man von heut auf morgen vergessen, wer von den beiden gestern rechts und wer von ihnen links gestanden hatte.

Wenn man seinen Weg dann fortsetzte, stieß man schon beim zweiten inneren Tore gleich auf den großmächtigen Eisenring, der einst zum Auf- und Zuziehen des schweren, eisenbeschlagenen, eichenen Tores diente. Da hieß es wieder, wer den Ring durchbeiße, setze sich durch diese königliche Handlung in den Besitz des Schlosses als sein unumschränkter Eigentümer. Aber der Durchmesser des Ringes war ein so gewaltiger, daß man ihn nicht einmal zwischen die Zähne kriegen konnte, wie weit man auch den Mund aufriß, um sich tagtäglich neu dran zu versuchen.

Hatte man auch das zweite Tor passiert, so stand man in dem großen viereckigen Schloßhof (Abb. 15), den von jeder Seite ein aus einem anderen Jahrhundert herrührender, mächtiger Sandsteinbau abgrenzt. Unter der Halle mit den Säulen aus der Karolinger Kaiserpfalz von Ingelheim befindet sich der bis zur Neckarsohle reichende Ziehbrunnen (Abb. 16). Wenn man da einen Stein hineinwarf, konnte man auf sechs bis sieben zählen, bis er drunten aufschlug. Noch spannender war es, wenn man gerade dazukam, wie der Fremdenführer oder Guide vor einer Gruppe Engländer ein Stück Papier anzündete und es dann langsam in die Tiefe flattern ließ, wobei es aber nie noch brennend auf dem Grunde ankam.

Schräg übern Schloßhof in der Ecke gegenüber führt es in die hochgewölbten Kellereien (Abb. 17). Dort gab es zweierlei zu sehn, was einen immer wieder anzog: einmal das weltberühmte große Faß (Abb. 18), auf das man über eine Treppe wie auf einen Söller steigen konnte; ein Meer von Wein, wenn man es sich gefüllt vorstellte, mehr als genug, ein ganzes Dorf zu überschwemmen. Und dieses Riesenfaß hatte der Zwerg Perkeo leergetrunken, er ganz allein im Laufe seines durstigen Zwergendaseins! Da stand er in der Nische, bunt und pfiffig. Man mußte ihn nur immer ansehn. Das ehrfürchtige Staunen, das θαυμάζειν, eine besondere und große Sache im Entwicklungsgange jedes Kinderlebens: vor dem Zwerg Perkeo habe ich es, glaube ich, zum erstenmal bewußt empfunden. Das ganze riesenhafte Faß allein geleert zu haben, das sich zu denken, war schon etwas, was ehrfürchtig stimmte, zumal inmitten dieser hallenden Gewölbe . . .

Trat man geblendet aus der kühlen Dämmerung des Kellers wieder in den sommerlichen Schloßhof, so gelangte man gleich links durch einen Durchgang am Portal des Friedrichsbaus vorbei auf die der damals noch nicht renovierten hohen Renaissancefassade vorgelagerte Altane (Abb. 19). Hier tat es plötzlich einen hellen überwältigenden Schein und vor den Augen lag die ganze, vor der Morgensonne aufgetane, jugendliche Neckarlandschaft (Abb. 20) bis weit hinein in die Rheinebene ausgebreitet. Da stand man lange an der Sandsteinbrüstung und blickte hinaus in eine blaue unbegrenzte Ferne wie in die eigene, noch nicht einmal geahnte Zukunft.

Bevor man dann den Heimweg antrat, verfehlte man natürlich nie, die Stelle aufzusuchen, wo in den Steinfliesen der offenen Altane eine Fußspur eingepreßt ist und stellte jedesmal den Fuß in die Aushöhlung, um sich stets wieder neu zu vergewissern, daß das, was man davon hatte erzählen hören, wahr sei, so unglaubhaft es auch erscheinen mochte. Die

Fußspur in der Sandsteinplatte, hieß es, rühre daher, daß vor Jahrhunderten ein Ritter durch einen Sprung vom höchsten Giebelfenster auf die darunterliegende Altane, aufs äußerste bedrängt, vor feindlicher Verfolgung sich gerettet habe. Vom schweren Aufschlag seines einen Ritterstiefels sei die Spur – so lautet der Bericht – im Stein zurückgeblieben. – Wodurch darin die fußähnliche Ausbuchtung einmal entstanden sein mag, ist nicht nachzuprüfen; doch dadurch, daß sich täglich Hunderte von Füßen dran versuchen, vertieft sie sich im Lauf der Jahre zusehends.

Der Heimweg führte meistens gleich von der Altane abwärts (Abb. 21) durch die ehemaligen Befestigungen auf den steilen Burgweg mit der „redenden Mauer", die fortaufend in gewissen Abständen verwitterte Steintafeln mit unleserlichen Inschriften trägt und in der Altstadt unweit des damals von uns bewohnten Hauses endet.

Sehr häufig brachte man von solchen Schloßspaziergängen in einer eigens dafür mitgenommenen Pappschachtel mit Luftlöchern einen Salamander, eine Unke oder einen Molch für das schon damals sachkundig betriebene Terrarium mit, denn in dem hintern Schloßpark gab es einen tümpelartigen Teich, der eine ganz besondere Anziehungskraft auf mich ausübte, weil man dort allerhand Lurchtiere fangen konnte, vor allem auch den grünen Wasserfrosch, der immer dicht am Ufer saß und sich dort sonnte und stets in hohem Bogen in das Wasser sprang, wenn man sich näherte. Dieser im Halbschatten unter einem baumbestandenen Hang inmitten eines ungepflegten Wiesenstücks gelegene Tümpel hatte etwas ungemein Geheimnisvolles. Er war vielleicht zwölf Meter breit und etwa noch einmal so lang und mittendrin auf einer grasbewachsenen kleinen Insel lag ein verwitterter, sandsteinerner, einarmiger Wassergott (Abb. 22) und rund um ihn herum die erdig braune, von Kaulquappen, Larven und Getier der Tiefe immerfort bewegte, stehende Wasserlache, über die gelegentlich Libellen huschten.

Da, eines Tages, als ich wie gewöhnlich wieder einmal an den Rand des Tümpels trat, um auszuspähn, was es zu fangen gäbe, da geschah etwas Unheimliches, Undeutbares, wofür ich auch noch heute keinerlei Erklärung habe: Ein großes braunes Wassertier, das noch am meisten einer riesenhaften Kaulquappe mit Schwanz und Vorderbeinen gleich sah, doch bestimmt acht Zentimeter breit und fünfzehn lang war, tauchte von der Tümpelkante nach der Mitte auf den Grund zu, um dort im Schlamme spurlos zu verschwinden. Ich fieberte vor Aufregung und war fast nicht zu halten. Am liebsten wäre ich dem Wasserwunder auf der Stelle nachgesprungen. Aber die Aussichtslosigkeit, bei einem solchen Unternehmen seiner habhaft zu werden, ließ mich dann doch von diesem Abenteuer Abstand nehmen.

Was war das für ein Tier gewesen? Noch Jahre später habe ich mirs immer wieder zu vergegenwärtigen versucht und sehe es noch heute vor mir. Täuschung oder Verwechselung kann keine vorgelegen haben, völlig ausgeschlossen. Ein Wassertier von dieser Art und Größe gibt es nicht in Deutschland, gibt es in unsern Zonen überhaupt nicht. Auch die schon ausgesprochene Vermutung, wenn ich gelegentlich einmal davon erzählte, ob es nicht doch vielleicht ein riesengroßer Frosch oder ein großer Molch gewesen sei, den ich nur in der Kürze jenes Augenblicks nicht richtig ins Gesicht bekommen hätte, ist nicht haltbar, denn gerade das war ja das Unheimliche, daß ich beim Wahrnehmen des Tieres seine Fremdheit und Absonderlichkeit schlagartig erkannte und eben davon so bestürzt wurde. Ich kannte damals schon die ganze Wassertierwelt und blätterte zu Hause immer wieder in dem Bande von Brehms Tierleben, der davon handelt. Ein Irrtum scheidet darum aus, war gar nicht möglich. – Was also war das für ein Tier gewesen? Die Frage bleibt bis heute so ungeklärt und rätselhaft wie damals, als sie die Phantasie des Kindes Tag und Nacht beschäftigte.

Da, ein paar Monate darauf gesellte sich zu diesem bis zur Stunde ungelösten Rätsel noch ein zweites: Ich machte mit meiner Begleiterin wie immer meinen Vormittagsspaziergang auf den Schloßberg, und zwar den Friesenberg hinauf und dann am Fuß der prallbesonnten hohen, hin und wieder mit Gesträuch bewachsenen Mauer entlang, wo es Eidechsen gab und man gelegentlich auch einer Blindschleiche begegnete. Ich schlug mit einem Stock, wie ich es stets tat im Vorbeigehn, auf die Büsche in den Mauerritzen, um eine dort vielleicht versteckte Eidechse daraus aufzuscheuchen. Da plötzlich schießt eine gut meterlange braune Schlange aus dem Ginster, schlängelt sich blitzschnell am Mauerwerk hinunter auf den Fußpfad, gleitet erst auf diesem geradaus vorwärts, vier, fünf Schritte, dann hinüber auf die andere Seite und schon hatte sie das Heckendickicht jenseits aufgenommen und dem Blick entzogen.

Zwar eine Schlange diesmal, aber eine unbekannte: Kreuzotter war es keine, nicht nur weil ihr die Rückenzeichnung fehlte, sondern weil auch der Bau von Kopf und Rumpf der einer Natter war, nicht einer Otter. Nun aber gibt es nur zwei Natternarten hierzulande: Die Glatte- oder Weinbergnatter und die schwarzgraue Ringelnatter mit den gelblich-weißen Flecken rechts und links des Kopfes. Von diesen beiden Arten war es keine. Ich kannte sie genau und hatte sie schon wiederholt gefangen.

Die bissige Weinbergnatter, die im übrigen viel schmäler ist und etwas dunkler, hatte mich einmal gebissen. – Was war es also nur für eine Schlange? Ich weiß es nicht, doch ich vermute, daß es eine Äskulapnatter war, wie man sie gelegentlich in Schlangenbad noch findet, wo sich einstmals eine römische Niederlassung befand und ein dem Äskulap geweihtes Heiligtum gestanden hat. Dem Gott war diese Natternart geheiligt und man betreute und verehrte sie an seiner Kultstätte. So hat sie sich bis heute noch in Schlangenbad erhalten. Konnte sich da nicht einmal eine herverirrt haben von Schlangenbad nach Heidelberg? Eine Annahme, durchaus nicht von der Hand zu weisen, wenigstens nicht, sofern es wirklich eine Äskulapnatter gewesen war, die mir damals am Schloßberg übern Weg lief, wiewohl ja auch Heidelberg selbst vormals den römischen Legionen als Stützpunkt gedient hatte, so daß die Herkunft der von mir als Kind gesichteten Heilschlange auch vielleicht direkt auf jene Kolonie zurückführbar sein könnte – wahrhaftig, eine stolze Ahnenreihe! Ich habe allerdings sonst nie etwas davon gehört, daß eine Äskulapnatter dort in der Gegend vorgekommen oder aufgefunden worden wäre. Ich hatte später eine große Vorliebe für diese Schlangen und noch in meiner Münchener Zeit nach zwanzig Jahren hielt ich zwei große Äskulapnattern, die ich von Schlangenbad bezogen hatte, frei in meinem Zimmer. Sie kletterten ausgezeichnet und schlängelten sich mit Geschick an den Gardinen hoch, um dann von oben, von der Lampiere, wo sie sich stundenlang und am liebsten aufhielten, herabzuzüngeln. Der Äskulapnatter glich jene Schlange an der Schloßbergmauer noch am meisten, und daß sie ein Gestrüpp, das nur erklettert werden konnte, sich zum Aufenthalt gewählt hatte, um sich zu sonnen, macht meine Annahme, daß sie es war, die mir begegnete, noch wahrscheinlicher.

Wie dem auch sei: Diese zwei Vorkommnisse waren für mich jedenfalls der erste Anlaß, zu vermuten, daß unsere heimatliche Fauna keineswegs restlos erforscht sei, sondern daß man auch noch heute immer wieder Überraschungen erfahren könne durch zufällig auftauchende seltne Überbleibsel alter und verschollener Tierarten, insbesondere aus der Wassertierwelt.

Als ich viel später einmal von dem „Tatzelwurm" erzählen hörte, hielt ich die ganze Sache nur für Fabelei und maß dem allen nicht viel Wert bei. Doch dann berichtete mir ein Freund, dessen Nüchternheit und Wahrheitsliebe außer Zweifel stand, er sei einmal auf seinen Streifereien schon als größerer Junge in den Alpen, kurz um eine Felsenecke biegend, auf ein salamander- oder molchartiges Tier gestoßen, das wie der schwarze

Gebirgssalamander ausgesehen habe, nur zwanzigmal so groß gewesen sei, fast einen Meter lang, und unbekümmert um sein plötzliches Hinzutreten gemächlich seinen Weg in das Gestein genommen habe. Ihm selbst sei der Atem ausgeblieben vor erschrecktem Staunen. . .

Der Tatzelwurm? Ist er vielleicht doch keine Fabel? – Das waren meine frühesten Tiererlebnisse nicht landläufiger Art und das, was sie mir an Nachdenklichem hinterließen.

Als ich diesen Abschnitt in einer größeren Zeitung erscheinen ließ, sind mir von verschiedenen Seiten Zuschriften zugegangen, die die Glaubwürdigkeit der Existenz des Tatzelwurms teils bezweifelten, teils Vermutungen äußerten, was es für eine Bewandtnis mit dieser sagenhaften Tierart haben könne. – Nun ist gerade 10 Jahre später in der Frankhschen Buchhandlung in Stuttgart 1953 ein für den für das ganze Gebiet absonderlicher Tiere interessierten Leser sehr aufschlußreiches und lesenswertes Werk erschienen: *Willy Ley: „Drachen / Riesen / seltsame Tiere"*, das neben einem umfänglichen, die Existenz der sagenumwobenen Seeschlange nachweisenden Kapitel auch einen Abschnitt über den Tatzelwurm zum Gegenstand hat (Seite 164 ff), den ich seiner Curiosität halber hier im Wortlaut folgen lasse, weil er die bisher wohl vollständigste Zusammenstellung über stattgehabte Begegnungen mit dem Tatzelwurm bringt:

Hört man von unentdeckten Tieren in Gegenden wie Sumatra, Neuseeland, Neu-Guinea, Madagaskar, dem dunkelsten Afrika, ja selbst dem Innern von Südamerika, so liegt darin nichts völlig Unglaubhaftes. Seltsam aber mutet es an, wenn von Zeit zu Zeit versichert wird, im mittelsten Europa lebe ein noch unbekanntes, ziemlich großes und auffallendes Tier. Und doch wird eine solche Geschichte, örtlich beschränkt auf eine Anzahl Täler in der Schweiz und den österreichischen Alpen, berichtet.

Das Tier soll eine seltsam aussehende Eidechse sein, etwa 60, manchmal 80 cm lang, mit kurzem, stumpfem Schwanz und kleinen Beinen und Füßen. Natürlich hat es keinen wissenschaftlichen Namen, und die örtliche Bezeichnung ist leider von Tal zu Tal verschieden. Diese Eidechse erhielt zuerst vor etwa hundert Jahren den Namen „Stollwurm" von einem bayerischen Autor, der sie sehr ernsthaft und ohne jede Aufregung in seinem Handbuch für Jäger abbildete. Ein anderer Name für das gleiche Tier ist „Tatzelwurm", die gebräuchlichste und fast überall in den Alpen bekannte Bezeichnung.

Eigenartigerweise ist der „Tatzelwurm" nie in eine der zahlreichen Naturgeschichten von Europa gelangt. Merkwürdig ist auch, daß Menschen, die in der Nähe der Orte wohnen, wo er vorkommen soll, nie von ihm gehört haben. Andererseits sind die Bewohner der verschiedenen Tatzelwurm-Orte erstaunt zu hören, daß die Außenwelt nichts von ihm weiß oder wissen will.

In früheren Jahren haben Alpenjournale und wissenschaftliche Zeitschriften nach Berichten über dieses Tier gefahndet, indem sie ihre Leser um Mitteilungen über persönliche Erlebnisse baten, die etwas Licht auf die Frage werfen könnten, ob das Tier überhaupt existiert. Sie haben etwa sechzig verschiedene Versionen gesammelt. Das Durchschnittsbild ergab, wie gesagt, eine fremdartig anmutende Eidechse von 60 bis 80 cm Länge. Alle Beobachter erwähnen den kurzen und stumpfen Schwanz und den kurzen, körperdicken Hals. Der Kopf ist auch dick und stumpfnasig, Farbe auf der Oberseite dunkel, auf der Unterseite heller. Über die Füße gehen die Meinungen auseinander; alle stellen fest, sie seien kurz und klein, aber einige behaupten, das Tier habe keine Hinterfüße.

All das würde nicht so skeptisch stimmen, wäre nicht die abergläubische Furcht der Einheimischen vor dem Tatzelwurm. Er kann, sagen sie, Riesensprünge von zwei, selbst drei Meter machen. Und unweigerlich greift er an (etwas, was Reptilien nie tun, wenn sie sich nicht bedroht fühlen; freilich kann man nicht wissen, wann ein Reptil sich bedroht fühlt). Der Angriff, berichten die Einheimischen, ist äußerst gefährlich, denn das Tier ist höchst giftig, so giftig, daß schon sein Atem töten kann. An diesem Punkt der Erzählung streikt der Zoologe, denn hier herrscht keine Zoologie mehr, sondern Volksmund und Aberglaube.

Allerdings, die von ernsthaft zu nehmenden Männern gegebenen Berichte enthalten sich solcher Übertreibungen. Keiner von ihnen behauptet, daß jemand in einem Kampf mit einem Tatzelwurm umgekommen sei; nur wenige erklären, das Tier greife an, die meisten sagen, es laufe weg.

Über einen Angriff wurde von dem österreichischen Hofrat Dr. A. von Drasenovich berichtet. Ein Berufsjäger erzählte ihm, er habe 1908 bei Murnau in der Obersteiermark ungefähr 1700 Meter hoch solch ein Tier angetroffen. Es sah aus wie „ein Wurm mit vier sehr kleinen Tatzen", war etwa 50 cm lang und knapp 8 cm dick. Als der Jäger es sah, zog er sein starkes Waidmesser, bevor es sich ihm näherte. Als es ganz nahe war, sprang es nach ihm, und er versuchte es zu stechen. Anfangs drang das Messer nicht durch die zähe Haut, doch nach fünf oder sechs Sprüngen „faßte" es, worauf das verwundete Tier in eine Spalte verschwand. Trotz aller Bemühungen gelang es dem Jäger nicht, es zu finden.

Ein weiteres Erlebnis, das Erwähnung verdient, stammt von einem österreichischen Schullehrer aus dem Jahr 1929. Während seiner Ferien wollte er eine ziemlich unbekannte natürliche Höhle besichtigen, deren Eingang in der sogenannten Tempelmauer am Landsberg, Steyrtal, liegt.

„Gut ausgerüstet machte ich mich an einem Frühlingsmorgen (Ende April 1929) auf den Weg und erreichte schließlich nach kurzer Kletterei den Gipfel der Tempelmauer. Nach einer kleinen Rast zwischen den Felsen wollte ich nach einem Zugang der Höhle suchen. Da sah ich plötzlich vor mir im vermoderten, feuchten Laub ein schlangenähnliches Tier liegen. Seine Haut war beinahe weiß, nicht mit Schuppen bedeckt, sondern glatt, der Kopf flachgedrückt, und an der Brust waren deutlich zwei Fußstummeln sichtbar. Es bewegte sich nicht und starrte mich mit auffallend großen Augen an. Ich kenne alle heimischen Tiere auf den ersten Blick und wußte nun, daß ich das der Wissenschaft unbekannte Tier, den Tatzelwurm, vor mir habe. Freudig erregt, aber auch von einem gewissen Angstgefühl befangen, wollte ich nach dem Tiere greifen, aber ich kam zu spät. Flink wie eine Eidechse verschwand es in einem großen Loch, und alle Bemühungen, des Tieres habhaft zu werden, waren vergebens. Ich war bestimmt nicht von der Phantasie beeinflußt und beobachtete mit klaren Augen. Mein Tatzelwurm hatte auch keine mächtigen Tatzen, sondern nur Fußstummel; er war auch nur 40 bis 45 cm lang. Es dürfte sich um eine selten vorkommende Molchart handeln, die in feuchten Höhlen lebt und selten ans Tageslicht geht."

Auch die österreichischen Behörden der Land- und Forstverwaltung erfuhren gelegentlich von der angeblichen Existenz des Tatzelwurms. Doch fanden sie eine Erklärung, die sie befriedigte, wenn sie auch den Zorn derer erregt, die das Tier gesehen haben wollten. Sie behaupteten, alle Berichte über den Tatzelwurm seien falsch. Das Tier sei höchst wahrscheinlich ein wandernder Fischotter. Ein Otter kann weite Sprünge machen; er nimmt oft Stellungen ein, bei denen die Hinterfüße sichtbar sind, und er kann sogar zischen und fauchen, etwas, was oft vom Tatzelwurm berichtet wird. Darauf konnten die Augenzeugen nur antworten, sie kennten einen Fischotter, wenn sie einen sähen, und was sie gesehen hätten, sei kein Fischotter gewesen.

Zu Anfang des Jahres 1934 schienen die angestellten Untersuchungen über die „Tatzelwurmfrage" zu einem gewissen Abschluß gelangt zu sein. Aber gegen Ende desselben Jahres ereignete sich etwas, das die Frage wieder neu aufrühren sollte – leider ohne sie endgültig zu lösen. Nur das

Interesse wurde wieder erregt und gipfelte in einer Anzahl von Zeitschriften-Artikeln – wobei die eine Gruppe das tatsächliche Vorhandensein des Tatzelwurms behauptete, die andere ihn auf mythologischer Grundlage „erklärte".

Die Tatzelwurm-Gläubigen berichten folgendes: Ein Schweizer Photograph namens Balkin versicherte, er habe rein zufällig ein Bild des Tatzelswurms aufgenommen. Er machte eine Fußwanderung in den Schweizer Alpen und führte eine Kamera mit sich. An einer Stelle sah er etwas, was er für einen faulenden Baumstamm hielt. Er knipste, aber als die Kamera klickte, erwies sich der „Baumstamm" als eine höchst lebendige, angriffsbereite Eidechse. Der Photograph floh. Als er später das Bild entwickelte, zeigte sich darauf sehr deutlich der Kopf eines gänzlich unbekannten Tieres. Es schien ihm am meisten Ähnlichkeit mit dem Kopf eines großen Fisches von ziemlich bösartigem Aussehen zu haben. Der Photograph sandte das Bild dem Herausgeber einer illustrierten Zeitschrift in Berlin. Es wurde nicht nur angenommen – der Herausgeber sah hier auch eine gute Propagandamöglichkeit und ließ aus eigenen Mitteln die Gegend, wo das Bild aufgenommen worden war, in einem meilenweiten Umkreis nach dem Tier absuchen. Aber ungünstiges Wetter stellte sich ein, die Suche mußte wochenlang verschoben werden, und zum Schluß blieb sie fruchtlos.

Die Suche scheiterte – aber das beweist nicht, daß das Tier nicht existiert, ebenso wenig wie der Unsinn vom giftigen Atem beweist, daß das Ganze nur eine Sage ist. Es gibt eidechsenartige Tiere mit Giftdrüsen, nämlich das „Gilatier" (deutscher Name: Krustenechse) der südwestlichen Wüsten Nordamerikas – Heloderma suspectum – und die nahe verwandte mexikanische Art Heloderma horridum, von den Amerikanern „beaded lizard" (d. h. „mit Glasperlen bestickte Eidechse") genannt. Möglicherweise ist die wenig bekannte Eidechse Lanthonotus von Borneo mit diesen beiden verwandt und ebenfalls giftig. Die Tatzelwurmbeschreibungen (kleine Beine, kurzer, dicker Schwanz usw.) würden recht gut auf das Gilatier passen, nur bewegt sich das letztere nicht gern und ist auffallend gelbrot und schwarz gefärbt, die mexikanische Art ist schwefelgelb und glänzend schwarz und anscheinend weniger träge.

Ein österreichischer Wissenschaftler, Hofrat Dr. Nicolussi, war sich über ihre Verwandtschaft so sicher, daß er Heloderma europaeum als Namen für dieses geheimnisvolle Tier seiner Heimat vorschlug – vorausgesetzt natürlich, daß man es erst einmal findet.

Wenn ich vor meinem inneren Auge die Bilderzüge meiner Kindheit aufziehen lasse, sind es immer wieder die alteingewohnten Gassen Heidelbergs, die mich festhalten und in denen ich mich selbst umhergehn sehe. Die Stadt von damals mit ihren kaum fünfundzwanzigtausend Einwohnern, durch deren Hauptstraße noch keine Trambahn führte und nur mitunter eine Droschke mit Studenten oder reisenden Engländern hinfuhr, mochte sich seit den versungenen Tagen der Romantiker nicht viel verändert haben, als noch Brentano, Arnim, Eichendorff und manche andere dort dem Schloß und Neckar ihre ersten Lieder sangen.

Im nachsommerlichen Rückgedenken an die dort verlebte eigene Studentenzeit beginnt die farbigste Novelle Eichendorffs „Dichter und ihre Gesellen":

„In den letzten Strahlen der Abendsonne wurde auf der grünen Höhe ein junger Reiter sichtbar, der zwischen dem Jauchzen der Hirten und heimkehrenden Spaziergängern fröhlich nach dem freundlichen Städtchen hinabritt, das wie in einem Blütenmeere im Grunde lag. – Er sann lange nach, was ihn hier mit so altbekannten Augen ansah und sang immerfort ein längst verklungenes Lied leise in sich hinein, ohne zu wissen, woher der Nachhall kam. Da fiel es ihm plötzlich aufs Herz: wie in *Heidelberg* lagen die Häuser da unten zwischen den Gärten und Felsen und Abendlichtern, wie in Heidelberg rauschte der Strom aus dem Grunde und der Wald von allen Höhen. So war er als Student manchen lauen Abend sommermüde von den Bergen heimgekehrt und hatte über die Feuersäule, die das Abendrot über den Neckar warf, in die duftige Talferne gleich wie in sein künftiges, noch ungewisses Leben hinausgeschaut." –

Sehr gegenwärtig, farbig und lebendig stehen die Studenten mit den bunten Mützen (Abb. 23) noch im Bildersaale meines Kinderdaseins, wenn sie in Gruppen singend durch die Straßen zogen oder an warmen Sommerabenden an langen Tischen in den Gärten ihrer Korporationshäuser saßen und mit Geklirr der Schläger und Bierkrüge ringsumher die Nachbarschaft mit Lärm erfüllten. Ich kann mir aus dem Heidelberg von damals dieses bunte Treiben gar nicht wegdenken, so eins war es mit dem Neckarrauschen und dem Blütenmeer der Bergstraße im Frühling.

Und erst die Schloßbeleuchtungen (Abb. 24)! Erschreckend schön und grausig überzeugend war es, wenn die ganze majestätische Ruine in bengalischer Verfälschung nach erfolgtem Böllerschuß rot aufleuchtete und oben, unten, rechts und links der angrenzende Wald in einen giftgrünen Schein getaucht war. Der ganze Zauber währte etwa fünf Minuten. Dann blaßte alles langsam ab, bis plötzlich wieder von woanders her ein Böllerschuß das Tal erschütterte, und nun ging bei der alten Brücke von dem Fuß der Brückenpfeiler ein weithin sichtbares, knatterndes Feuerwerk los: eine Rakete folgte auf die andere, sie stiegen senkrecht in die Höhe, platzten und zersprühten funkelnd über dem von Kähnen mit Lampions wimmelnden Fluß, der von Musik, Gesang und Stimmen scholl und wogte.

An Schloßbeleuchtungsabenden durfte ich ausnahmsweise aufbleiben und in Gesellschaft der Erwachsenen von der Terrasse aus, von wo man Schloß und Neckar gleichzeitig sehn konnte, dem mich überwältigenden Schauspiel beiwohnen. Das ist wohl auch der Grund, weshalb ich späterhin das penetrant Geschmacklose dieser Veranstaltungen nie so bewußt empfinden konnte wie die anderen, weil immer wieder jene abenteuerlichen Kindheitseindrücke in mir dabei lebendig wurden und nachwirkten. – Ich spreche von der Schloßbeleuchtung selber, nicht von dem Feuerwerk am Fuß der alten Brücke und nicht von dem von Kähnen mit Lampions besäten singenden und klingenden Neckar: denn diese Stimmung ist überzeugend und hat Gewalt, jeden, in welchen Jahren und wer er auch sei, in ihren Bann zu ziehn.

Von der fünfhundertjährigen Gründungsfeier der Heidelberger Universität (Abb. 25) sind mir nur noch vereinzelte Momente im Gedächtnis. Ich entsinne mich noch deutlich, daß ich mit meinen Eltern den schon Monate zuvor besprochenen sagenhaften Festzug von dem Hause Ecke Hauptstraße und Marstallstraße ansah, daß er endlos und sehr farbenprächtig war, aber an Einzelheiten kann ich mich nicht mehr erinnern. Um so gegenwärtiger ist mir dagegen ein anderes Erlebnis jener Festzeit: Der Kronprinz Friedrich war mit Bismarck zur Begehung jener Halbjahrtausendfeier in Heidelberg anwesend. Sie wohnten in dem Großherzoglichen Palais am Karlsplatz (Abb. 26), unweit unseres eigenen Hauses. Wenn ich mit meiner Nurse stadteinwärts ging, Besorgungen zu machen, die langgezogene Hauptstraße hinunter, so führte unser Weg uns stets am Karlsplatz und Palais vorüber. Es war dieses – und ists auch heute noch – der unbelebteste Stadtteil von Heidelberg, die eigentliche Altstadt, weil das Geschäftsviertel erst richtig bei dem Marktplatz anfängt. Zwar war in jenen Jubiläumstagen Heidelberg von Fremden überschwemmt, hinter dem Marktplatz und dem Rathaus aber verlief der Strom sich so, daß man sogar in den Festtagen damals nur ganz wenigen Passanten in dem dortigen Stadtviertel begegnete.

Daß Bismarck und der Kronprinz Friedrich in Heidelberg seien, wußte ich von Gesprächen. Und Bismarcks Name war zu jener Zeit in aller Munde. Die allseitige Ehrfurcht und Verehrung, die man ihm entgegenbrachte, war als etwas völlig Selbstverständliches auch in dem Kind lebendig, natürlich ohne daß ich ahnte, wer er sei, noch was seine Gestalt bedeute. Ich wußte nur vom Hörensagen: er hatte Deutschland groß gemacht und einig und war der treue und bewunderte Vasall des alten und geliebten Kaisers. Wahrhaftig Grund genug für einen kleinen Jungen, zu ihm aufzusehen wie zu einem Gotte. – Mein sehnlichster Wunsch war es, daß ich ihn – und sei es noch so flüchtig – einmal zu Gesicht bekäme. Nach seinen Bildern würde ich ihn ja erkennen. Und wirklich: mehr als ich mir träumen konnte, war das Glück mir günstig: Ich kam mit meiner Nurse (es ging auf eins zu) gerade von der Stadt zurück und zögerte am Karlsplatz, um womöglich beim Palais eines betreßten Dieners ansichtig zu werden oder sonst irgendeinen anderen ungewohnten Anblick zu erhaschen. Da scholl von der Hauptstraße her plötzlicher Hufschlag und um die Ecke nach dem Karlsplatz zu bogen in scharfem Trabe zwei Hofequipagen, Lakaien goldbetreßt neben den Kutschern, und fuhren dicht vorbei am Gehweg, wo ich ganz allein mit meiner Nurse stand. Im ersten Wagen saßen – ich sehe sie noch so, als wäre es erst gestern: der Kronprinz Friedrich und der Großherzog von Baden. Sie ähnelten einander etwas. Und in dem zweiten Galawagen: Bismarck, er selbst in Uniform der Kürassiere, gerade so wie man ihn kannte von den Bildern her, und neben ihm eine Persönlichkeit, deren ich mich nicht mehr des leisesten entsinne, denn meine ganze Aufmerksamkeit war auf Bismarck gerichtet. Ich schrie in einem fort aus Leibeskräften: Hurra! Hurra! während meine mehr als stattliche englische Nurse Hofknicks auf Hofknicks machte, fast so, als wolle sie sich darin üben. Der Kronprinz und der Großherzog grüßten sehr freundlich, was mehr der unbeholfenen Devotion der Nurse gegolten haben mochte; doch Bismarck, den ich mit einem noch lauteren Hurrageschrei begrüßte, sah lächelnd auf mich hin und nickte; erst nickte er und dann: dann winkte er mir mit der Hand zu, nickte noch einmal und war vorbeigefahren. – Ich war in einem einzigen Freudentaumel: Bismarck, der große Bismarck, hatte mir, mir kleinem Knirpse, eigens zugenickt. Vor Aufregung schlief ich erst ganz spät ein.

Wie einmalig und bleibend dieser Eindruck auf das Kind gewesen sein muß, zeigt sich daran, daß ich in Rückerinnerung an jene Zeit sonst überhaupt keine Personen noch Physiognomien außer denen meiner allernächsten täglichen Umgebung gegenwärtig habe und mich auch etwaiger sonstiger Begegnungen nicht mehr entsinne. Was ich jedoch sehr stark besaß und was auch noch bis heute vorherrscht, war ein ausgesprochenes Situationsgedächtnis. Es überwiegt ja wohl bei jedem Kinde, doch gleicht es sich mehr aus im späteren Leben bei den meisten Menschen mit den anderen Fähigkeiten, während ich bei sämtlichen Begebnissen, die für mich wesentlich und wichtig waren, wenn ich sie mir vergegenwärtige, das ganze Drumherum, kurz die Situation, in welche sie hineingestellt waren, wiedererlebe.

Nicht einmal meiner Spielzeugwelt kann ich mich mehr so recht erinnern, wenigstens nicht mehr der frühen, vorsoldatischen. Das Spiel mit Bleisoldaten, riesigen Armeen, mit denen ich die großen Schlachten aus der Weltgeschichte wiederholte, fällt erst in das eigentliche Knabenalter. Doch damals spielte ich am liebsten, glaube ich, mit Eisenbahnen (Abb. 27). Mein Ziel war es, Lokomotivführer zu werden. Sooft mein Vater mich spazieren nahm, zog ich ihn mit zum Bahnhof, wiewohl er gerade an dem anderen Ende Heidelbergs lag (Abb. 28), und war nicht wegzubringen von der Plattform (Bahnsteigsperre und Bahnsteigkarten gab es damals noch nicht), wo immer wieder neue Züge ein- und ausfuhren. Ich kannte ganz genau die älteren und neueren Modelle der verschiedenen Lokomotiven, und ein Gespräch mit dem Zugführer anzuknüpfen, war mir das Höchste. Es war das ein rein sachlich-technisches Interesse, so wie es schon die kleinsten Jungen heute für das Auto und das Flugzeug haben, was einfach in dem konstruktiven Trieb des Männlichen an sich begründet liegt.

Mein Lieblingstier, dem ich eine beinahe kultische Verehrung zollte, war der Löwe. Bei meinen Spielsachen besaß ich Löwen in jeder Form und Größe, jedoch nur Löwen: die mähnenlose Löwin interessierte mich nicht. Vor dem Löwenzwinger in Frankfurt am Main, wohin mich meine Eltern zum Besuche bei Verwandten mitgenommen hatten, hätte ich den ganzen Tag verbringen können, während die Affenkäfige, vor denen Kinder jeden Alters sich versammelten, keine Anziehung für mich hatten.

In jene Zeit fiel auch der Anfang meines leidenschaftlich und in späteren Jahren mit Sachkenntnis betriebenen Briefmarkensammelns. Ich werde bei der Schilderung des Stadiums, während welchem ich nichts anderes im Kopf hatte als dieses, noch einmal darauf zurückkommen.

Wenn man umhergeht in dem Labyrinth der eigenen Kindheit und, die selbstzugeschnitzte Wünschelrute in der Hand, sucht nach den längst verschütteten, entrückten Quellen seines Lebens, so wird man bald, nicht ohne Schmerzgefühl, gewahr, wieviel hinabgetaucht ist in den Brunnen des Vergessens und sich nicht mehr heraufbeschwören läßt, auch nicht mit dem bereitwilligsten Zauberstabe.

Bei den buddhistischen Mönchen gibt es eine Übung, um sich die Rückerinnerung an die Vorleben wieder wachzurufen: Allabendlich vor dem Einschlafen vergegenwärtigt man sich rückwärts Punkt für Punkt die Vorgänge des abgelaufenen Tages, dann des vorigen, vor-vorigen und so stets weitergehend die Geschehnisse der Vorwoche, Vor-Vorwoche und hierauf der Monate, der Jahre und von einem Jahr zum anderen rückwärts bis in seine früheste Kindheit. Ist die Geburt erreicht, so folgt ein Sprung wie über eine dunkle Tiefe. . . Aber das ist etwas, was nicht mehr hierher gehört. Bei dieser Übung kommt es auf die größte Stetigkeit und äußerste Genauigkeit an. Am Anfang wird man sich kaum mehr des folgerichtigen Ablaufs der Ereignisse des vorigen Tages recht erinnern. Setzt man jedoch die Übung trotz des anfänglichen Mißerfolges konsequent und unentmutigt fort, so kommt man zu sehr eigenartigen Ergebnissen: Scheinbar ganz unvermittelt, irgendwann und irgendwo inmitten des gewohnten Alltags, taucht aus dem Unterbewußtsein ein vergessenes Bild aus der Vergangenheit, meist aus der Kindheit auf, hineingestellt in die Umgebung und die Atmosphäre, der es angehörte, als man es erlebte. Man weiß oft nur aus dem Begleitumstand der eigentümlichen, mit seinem eigenen Selbst verwobenen Gefühlswelt her, daß dieses Bild ein Teil ist, ein Bestandteil von uns selber und daß man es heraufgehoben hat mit dem geheimnisvollen Taucherseil der Übung. Und dieses seltsame Erlebnis wiederholt sich um so öfter, je unerbittlicher und länger man die Schulung fortsetzt. Ich habe diese Übung früher lange Zeit hindurch gemacht und kann somit aus Erfahrung sprechen. Und heute, wo ich an dem Buche meines Lebens schreibe und mit einer jenen Übungen verwandten Hingabe in meine Kindheit und längst von mir abgelöste Vorgeschichte untertauche, begegnet mir das nämliche wie damals: es kommen unvermittelt immer wieder Bilder an die transparent gewordene Oberfläche, und mein hauptsächlichstes Geschäft ist es, mich heute überm ganzen nicht an das Bedeutungslose zu verlieren.

KINDHEITSSOMMER AUF STIFT NEUBURG

Unvergeßlich sind für mich aus meiner frühesten Kindheit die drei Sommer – ich war fünf- und sechs- und siebenjährig –, die ich mit meinen Eltern auf dem großelterlichen Landsitz, dem schon seit Jahrhunderten in Malerei und Dichtung immer wieder festgehaltenen Stift Neuburg (Abb. 29 u. 30) überm Neckar, etwas oberhalb von Heidelberg, verbrachte. Wenn man im Wagen an der Hirschgasse vorbei die Landstraße flußaufwärts fuhr (Abb. 31) – man fuhr kaum eine Viertelstunde – und dann gleich hinter dem Harlaß abbog links den Auffahrtweg hinauf, vorüber an einer barocken Steinmadonna (Abb. 32) und durch das hohe Tor im Vorhof einfuhr, war es so, als sei die Zeit an dieser baumbestandenen, verwunschenen Einsamkeit spurlos vorbeigegangen. Es war gerade Mittag, als man einfuhr, und von dem Kirchturm der dem Landsitz zugehörigen Kapelle (Abb. 33) läutete die Glocke übers Tal wie zum Empfang: Ave Maria!

> Ave-Maria-Läuten,
> Als käm aus hellern Höhn
> Von leisen lichten Bräuten
> Ein Grüßen weit und schön.
> O blühendes Getön!
> Du güldenes Ave Maria!
>
> Es flutet in die Wälder.
> Die grünen tief und dicht.
> Da dunkelt alles bälder,
> Doch siehe: es durchbricht
> Und löst sie auf in Licht –
> O güldenes Ave Maria!

Unter der Haustüre erwartete uns die langjährige Hausdame meiner Großmutter, ein Fräulein Ottilie Knoblauch aus Stuttgart, von uns kurzweg „O" genannt, die bis zu ihrem Tode – sie starb sechsundachtzigjährig 1940 – bei einer Enkelin meiner Großmutter ihren Lebensabend in Erinnerung einer reichen, farbigen Vergangenheit verbrachte. Uns Kindern ist sie viel gewesen. Die Abschrift des Kochbuches der Frau Rat Sophie Schlosser, *„Urgroßmutters Kochbuch"*, das ich später herausgab, rührt noch größtenteils von ihrer Hand her. Sie führte uns die breite Steintreppe hinauf und dann den langen, mit Familienporträts behangenen, hallenden Korridor entlang in den Salon zu meiner Großmutter, die zwar noch rüstig, aber schon gelähmt war, und uns, auf der Chaiselongue liegend, erwartete. Nach der zeremoniell verlaufenen und doch sehr herzlichen Begrüßung blieben meine Eltern allein bei meiner Großmutter, während die alte, damals junge „O" gleich mit mir in den Park ging.

Der alte, von fast meterstarker, moosbewachsener Mauer rund umzogene Park, der südlich an die überm Neckar hingelagerte, den offenen Hang beherrschende Terrasse angrenzt, hatte mehr als vierzig Jahre teil an der Geschichte meines Lebens. Dem Kinde damals war er wie ein Märchenwald von grenzenloser Weite und voll unergründlicher Geheimnisse. Je tiefer man in ihn auf Abenteuer eindrang, desto verwirrender verlockte er den Eindringling in seine Abgründe und unwegsames Dickicht. Die großen Schattenflächen zwischen den uralten Stämmen überzog ein Efeuteppich, worin gewaltige moosbedeckte Steine regellos zerstreut umherlagen.

War man dann glücklich auf vielfachen Umwegen durch die verwunschene Wildnis durchgedrungen und bis zu der in praller Sonne liegenden Terrasse, froh der überstandenen Gefahren, vorgestoßen, so lief gleich eine aufgeschreckte Eidechse, die sich gesonnt hatte, grün funkelnd wie verzaubert übern Kiesweg, um zwischen die Rabatten hindurch im Steinwerk der Umfriedungsmauer Schutz zu suchen. Unweit davon wirtschaftete gebückt der alte Gärtner Marx, und war gerade dabei, Astern und Dahlien auszusetzen. Und Schmetterlinge: Kohlweißlinge, Segel- und Zitronenfalter flogen sommertrunken über die gepflegten Blumenbeete, wo nachbarliche Bienen Honig sammelten und schwerfällige braune Hummeln brummelnd durch den heißen Mittag taumelten.

Von der Südfront der Kapelle und der dem angrenzenden, langgezogenen Hause (Abb. 34) vorgelagerten Terrasse aus gelangte man durchs Gittertor einer von Gaisblatt und Syringen überwachsenen Verzäunung in den Gutshof. Der Gutshof war das Paradies des Kindes: Hier gab es Hühner, Tauben, Enten, Gänse, auch Truthähne mit ihren feuerroten Fleischlappen am Halse, die sich aufplusterten sooft sie kollerten. Und zwischendurch stolzierten radschlagende Pfauen oder saßen hoch auf der Steinbalustrade des verfallenen alten Eckturms und schrieen. Und dann der dämpfig-warme Stallgeruch; man konnte stundenlang drinstehn, ihn atmen und zusehen, wie die Pferde und die Kühe fraßen.

Vom Landwirtschaftstrakt aus erreichte man, ohne ins Haupthaus mehr zurückzumüssen, auf einer etwas unbequemen Hinterstiege den Gastflügel, in dem sich auch die Wirtschaftsräume und die Zimmer für das Personal befanden. Ich war mit meiner Nurse im Willemer-Zimmer einlogiert, das seinen Namen daher führte, daß unter der Ära der Frau Rat Schlosser Marianne von Willemer alljährlich die Sommermonate über bis zum Vorjahr ihres Todes dort als Gast gewohnt hat. Es war ein einfaches, niedriges und zweifenstriges Zimmer mit dem Ausblick auf den Gutshof und den alten Brunnen mit einer runden Mittelsäule, die ein sandsteinerner Pinienzapfen krönte (Abb. 35). Der Brunnen lief und rauschte Tag und Nacht, und beiderseits und hinter ihm rauschten jahrhundertealte Bäume: zwei mächtige Rotbuchen, eine weithin schattende gewaltige Linde und zwei nicht weniger bejahrte nachbarliche Eichen. Dieses verschwisterte Brunnen- und Baumesrauschen nahm man in den Schlaf mit, es ging mit über in die Kindheits- und die Jugendträume und wurde später tröstliches Geleit und Grundton für Gedicht und Leben.

Neben dem Willemer-Zimmer lag das sogenannte Bischofzimmer, wo zur Zeit, als noch die hohe Geistlichkeit ganz Deutschlands auf Stift Neuburg Schlossers Gastfreundschaft genoß, die Bischöfe, Erzbischöfe und Prälaten wohnten und dort mit Malern, Dichtern und Gelehrten sich im Lese- oder Büchersaal zu Abenden gemeinsamer Geselligkeit zusammenfanden. Damals bewohnte die Gesellschafterin meiner Großmutter, die alte „O", das ehemalige Bischofzimmer und blieb dort auch, als meine Eltern nach dem Tode meiner Großmutter Stift Neuburg als Wohnsitz bezogen. Vom langen hellen Korridor des Haupthauses zweigte es seitlich dahin ab durch eine hohe Doppeltür und führte durch den sogenannten „hinteren Gang", auch Wirtschaftsgang genannt, vorbei an Wäsche- und an Vorratsschränken in den von mir damals als Kind bewohnten und so sehr geliebten, schummerigen Seitenflügel. O diese nievergessenen Kindheitsgerüche! Von Schrank zu Schrank, von Tür zu Türe roch es anders. Es roch nach Eingemachtem, Mehl und Vorräten, und aus dem Bügelzimmer, wenn gemangt und mit den auf Holzkohlenfeuer heißgemachten Eisen große Tafeltücher und leinene Bettlaken gebügelt wurden, kam es warm und dämpfig hergezogen. Dazu der unvermeidliche, gewohnte Muff aus nahen Mägdekammern. Und über all das hin der stereotype, etwas ranzige Geruch der vielen, an den langen Wänden hängenden Petroleumlampen. Wenn sie des Abends allenthalben in dem Stiegenhause, in den Korridoren und in dem winkeligen hintern Wohntrakt brannten (eine von ihnen blakte oder rußte immer), hatte das ganze weitläufige alte Haus etwas unsagbar Anheimelndes, und doch ging immer irgend etwas darin um, etwas unheimlich Gespenstiges, das man mit seinen Kindersinnen spürte, doch ohne sich darüber Rechenschaft geben zu können. Es kam auf einen zu aus allen Ecken und von allen Wänden und war fast wie ein Bann, dem man sich nicht entziehen konnte. Allabendlich zog durch den Wirtschaftsgang der Duft von Kräutertees. Kamillentee wurde gekocht für meine Großmutter. Die alte Wirtschafterin huschte damit wie ein Schatten leise an den Ahnenbildern hin durch den endlosen Korridor zu ihr ins Schlafzimmer. Es standen überhaupt Tees jeder Art an der Tages- und Nachtordnung. Hatte ich mich einmal an unreifen Johannisbeeren oder Stachelbeeren übernommen, gab es Schafgarbentee, ein gutes Mittel. Frostbeulen wurden mit gesottenen Kartoffeln, zerdrückt und dann warm aufgelegt, behandelt. Die alte Wirtschafterin hatte welche; auch der Kutscher.

Im „hintern Gang" befand sich auch ein mittelgroßer zweiteiliger Schrank, halb Schubladen, halb Fächer, eigens für die Hausmittel. Die Seite mit den Fächern war bespannt mit einem dunkelgrün gestrichenen Drahtgitter. Für mich als Kind war dieser Schrank von ganz besonderer Anziehungskraft. Doch was enthielt er auch für seltsame geheime Dinge! Da standen auf den Fächern viele, ungleich große Flaschen mit Aufschriften. Man mußte sie nur immer wieder lesen. Auf einer stand: Melissengeist — ein Geist in einer Flasche! Etwas gar nicht Auszudenkendes. Auf einer andern las man: „Kräutertrank im Frühling". Sehr stark beeindruckt hat mich auch der Titel: „Gegen den Bandwurm". In einer Flasche nebenan war er zu sehen, eingesetzt in Spiritus: fleischfarben, flach und regelmäßig gleich gegliedert, ein köstliches Naturkunstwerk. Ich hätte für mein Leben gern einen gehabt für mein Aquarium, und war untröstlich, weil man mir versicherte, er habe dort kein Fortkommen, er lebe nur im Bauch und mache einem furchtbare Beschwerden. Wenn man ihn abtreibe, so müsse man ja darauf achten, daß der Kopf mit abgehe, sonst sei die ganze langwierige Prozedur umsonst gewesen. Warum nur hatte niemand auf dem ganzen großen Gutshof einen Bandwurm? — Dann gab es in dem Schrank auch noch ein Mittel „gegen Mitesser und Finnen". Ich hatte eine unheimliche finnländische Tante, die alljährlich, meist im Winter, eine Rundreise bei ihren deutschen und ausländischen Verwandten machte. So fragte ich einmal zur allgemeinen Heiterkeit bei Tisch, ob jenes Mittel gegen Finnen auch zur Vertreibung der finnländischen Tante diene. Und was die Mitesser betrifft, muß ich bekennen, daß jenes urgroßmütterliche Hausrezept sich während meines späteren Lebens gegen die zahlreichen und unnützen Mitesser als wenig wirksam und probat erwies.

Noch eine ganze Reihe anderer Namen von Hausmitteln aus Großmutters Heilschrank sind mir aus der Zeit jener frühesten Sommeraufenthalte auf Stift Neuburg noch bis heute im Gedächtnis gegenwärtig. Da gab es unter anderem Mittel gegen Schwindsucht, Rose, Fallsucht, Warzen, Haarausfall, ein solches zur sofortigen Linderung der heftigsten Zahnschmerzen; und schließlich eines, das mich ganz besonders fesselte und meine Phantasie beschäftigte, trug die rotunterstrichene Aufschrift: „Gegen den Biß tollwütiger Hunde". Hundswut war damals überhaupt eine häufiger besprochene und gefürchtete Sache als heutzutage; ich habe übrigens niemals einen solchen zu Gesicht bekommen.

In dem anderen Schrankteil in den Schubladen lagen geordnet wie in einer Drogerie die mannigfaltigsten Teesorten, von denen mir jedoch neben Kamille, Huflattich und Pfefferminze nur noch Augentrost, Johanniskraut und Rosmarin in der Erinnerung blieben.

Der Schrank enthielt jedoch nicht nur Heilmittel und was sonst in dieses Fach fällt, sondern auch noch allerhand Hausmittel anderweitigen Bedarfs, zum Teil recht gute, die noch heute im Haus Bernus im Gebrauch und denen der landläufigen Handelsware weitaus vorzuziehen sind. Da war ein sehr probates Mottenpulver, würzigen Geruchs und mit dem Vorzug, daß man die Schränke, Kleider und das Pelzwerk nicht erst tagelang zu lüften braucht nach Anwendung desselben. Eine sehr gute Handpomade à la Madame Gontard war begehrt bei allen Damen, und ich entsinne mich noch, daß sie auch späterhin auf dem Toilettentische meiner Mutter niemals fehlen durfte.

Der Schrank enthielt auch Flaschen, Tuben, Salbentöpfe und dergleichen mit französischen, englischen und sogar mit russischen Aufschriften. Doch mehr als das ist mir von diesen nicht geblieben.

Das war im schummrigen, abseitigen Wirtschaftsflügel von Stift Neuburg der Hausmittelschrank meiner Großmutter, der sich noch herschrieb von der Frau Rat Schlosser und eine nicht unwesentliche Rolle spielte in dem farbigen Bilderbuche meiner Kindheit.

Einer der nachhaltigsten Kindheitseindrücke aus der Zeit, als ich Stift Neuburg noch unter der Ära meiner Großmutter besuchte, war für mich eine alte Zigeunerin, die regelmäßig in Abständen manchmal von Wochen, manchmal von Monaten sich auf dem großelterlichen Gutshof einfand. Es lag – so schien es wenigstens dem Kinde – immer eine Art von ängstlichem Schauer über allen, sobald es in Haus und Hof bekannt wurde, daß sie wieder bei der Scheuer oder bei dem alten Brunnen stehe.

Und dieser Schauer schien nicht so sehr aus Furcht vor Diebstahl oder Brandstiftung, worüber aber auch gemunkelt wurde, herzurühren, als vielmehr von dem Geheimnisvollen, Unheimlichen, das von ihr ausging. Sie wußte immer alles, was auf dem Gutshof vorging, und das Lebensschicksal jedes einzelnen schien vor ihr offen dazuliegen. Nicht nur die Mägde, auch die Knechte und mit ihnen der Verwalter standen um sie herum, ließen sie in ihren Handflächen lesen und harrten neugierig-furchtsam dessen, was sie ihnen über ihre Zukunft sagen würde. Auch nicht ein einziger war darunter, der Zweifel gesetzt hätte in das, was sie ihm weissagte. Mir, dem Kinde, schien sie hundertjährig. Siebenzig mag sie wohl gewesen sein, damals, und sie brachte immer eine Schar Zigeunerkinder mit sich, die sich sehr bald, eines nach dem anderen, über den ganzen Gutshof hin verloren und schleunigst alle die Schlupfwinkel ausfindig zu machen wußten, wo die Hühner ihre Eier hin verlegten, so daß an solchen Tagen nirgends ein verlegtes Ei zu finden war. Mir war das Spielen mit den Zigeunerkindern streng verboten, weil ich „krank werden oder mindestens Läuse bekommen könnte", und doch begehrte ich nichts sehnlicher, als einmal nur mit ihnen in den Wald zu dürfen. Doch davon war natürlich nicht die Rede. Sogar von der alten Zigeunerin selbst suchte man mich fernzuhalten und schreckte mich damit, daß die Zigeuner Kinder stehlen.

Eines Tages nun war die alte Zigeunerin wieder auf den Gutshof gekommen, und zwar gerade in dem Augenblick, als einer der Knechte sich am Arme verletzt hatte – beim Heckenschneiden, glaube ich – heute ist mir das nicht mehr genau erinnerlich. Ich weiß nur, daß sofort der Arzt gerufen werden sollte. Da trat die eben in den Hof gekommene Zigeunerin herzu, murmelte in einem fort etwas, indem sie ihre runzlig-braunen Hände beide auf die Wunde legte: der Schmerz schien nachzulassen und das Blut gestand. Dann ging sie immer murmelnd vor das Hoftor, wobei ich ihr neugierig-beklommen folgte. Aus dem feuchten Straßengraben riß sie einige Kräuterbüschel und kehrte mit diesen in den Hof zurück. Dort zog sie sie im Brunnen durch das Wasser und legte sie dem Knecht dann auf die Wunde, mit der Weisung, sie alle Stunden zu erneuern, die gebrauchten aber zu vergraben.

„Siehst du", sagte sie zu mir, der ich dabeistand und jeden ihrer Handgriffe gespannt verfolgte, „siehst du", sagte sie mir das Kraut hinhaltend, „auf jedem Blatt den roten Fleck? Das sind Blutstropfen. Darum heilt das Kraut auch jede Wunde, aber man muß es erst durch fließend Wasser ziehen und hernach vergraben." Dann plötzlich griff sie meine Hand, drehte sie um, sah ein paar Augenblicke lang hinein, beugte sich zu mir herunter und ich höre noch ein jedes ihrer Worte: „Du wirst einmal viel von Gewächsen wissen und von Steinen."

Das war meine erste Begegnung mit den Naturgeheimnissen. Die Wunde an dem Arm des Knechtes aber besserte sich so rasch, daß alle sich darüber wunderten. Auch das ist mir noch deutlich gegenwärtig. Wie seltsam aber berührte es mich, als ich fast dreißig Jahre später im Paracelsus blätternd bei dem Kraute Persicaria: Flöhkraut oder Wasserpfeffer las:

„Damit ihr den Brauch des Krauts verstanden, so sollent ihr wissen, daß er in der Gestalt gebraucht wird, nämlich: man nimpt das Kraut und zeuchts durch ein frischen Bach, demnach so legt mans auff daselbig, daß man heylen will. Darnach so vergrabt mans an ein feucht Ort, damit das faul werde, so wird der Schad gesund. Also mit der Ordnung fürgefahren, bis zu endt der Heylung. Was von diesem Kraut nicht geheilt wird, widersteht auch noch mehr allen andern Transmarinen."

Das war ja das Kraut gewesen mit dem Blutfleck, das die Zigeunerin aus dem Straßengraben ausgerissen hatte – damals, vor dreißig Jahren! Schon damals war es längst nicht mehr offizinell, sogar aus dem Arzneischatz der Homöopathie ist es verschwunden. Und doch ist es ein Kraut von hohen Graden.

Das überkommene, tausendjährige und noch viel ältere Wissen um die Heilgewalt der Pflanzen und um Art und Weise ihrer Anwendung, so wie jene Zigeunerin es noch besaß und wie es uns anspricht aus alten Kräuterbüchern mit einer sehr viel wesenhafteren, beredteren und wirklichkeitsgemäßeren Sprache: die ganze Welt, in die dies Wissen eingetaucht war, lebte noch damals in der Atmosphäre von Stift Neuburg, und nicht zuletzt mag dieses den Grund in mir gelegt haben zu meinem spätern mich Vertiefen in die ursprüngliche, das Wesen selbst ergründende Naturanschauung.

Jene Zigeunersippe wohnte übrigens in einem alten, ziemlich großen, baufälligen, furchtbar schmutzigen und heute abgerissenen Hause an der Schlierbacher Landstraße (Abb. 36), unweit des Karlstors. Wenn man bei der Stiftsmühle, gerade an dem Fuße von Stift Neuburg, mit dem Kahne übern Neckar setzte und dann zu Fuß auf dem jenseitigen Ufer flußentlang nach Heidelberg ging (man geht etwa zwanzig Minuten), so kam man an dem ominösen Haus vorüber. Sobald ein besser angezogener Passant von den Zigeunerkindern dort gesichtet wurde, fiel die gesamte braune, lärmende und abgerissene Schar über ihn her und bettelte. Ältere Damen hatten sogar Mühe, sich die Zudringlichen vom Leib zu halten. Ungerupft war diese Stelle kaum passierbar, es sei denn mit einem festen Spazierstock, dann aber lief die ganze Bande johlend hinter dem Bedroher her bis fast ans Karlstor.

Abgerissen wurde das Zigeunerhaus erst nach dem ersten Weltkrieg, so daß es volle vierzig Jahre lang in dem großen Bildersaal meiner Begegnungen stand und auch noch als ich achtzehn-, neunzehnjährig war, meine Vorstellung beschäftigte. Es war dieses für mich die Zeit gerade nach Absolvierung des Gymnasiums. Ich machte damals von Stift Neuburg aus fast täglich diesen Weg nachmittags nach Heidelberg, um dort mit einigen Altersgenossen mich herumzutreiben, manchmal zu schwimmen, segeln, paddeln, doch meist, um in verschiedenen Kaffees und abends in den Weinstuben herumzusitzen und so mir der nun endlich angebrochenen akademischen Freiheit voll und ganz bewußt zu werden. Fast immer, wenn ich so an dem Zigeunerhaus vorüberkam, wo gegenüber sich die Gehseite der Landstraße zu einem kleinen Platz mit einer brüchig alten Bank erweiterte, saß dort ein traumhaft schönes, etwa sechzehnjähriges Zigeunermädchen. Sie tat nie etwas, saß nur immer da im Halbschatten und ließ das Leben und die Zeit an sich vorbeiziehn. Sie sah auch niemals auf, wenn die verwünschte Horde brauner Kinder um sie schrie und tobte oder sich an die ahnungslos Vorübergehenden heranmachte und sie belästigte. Sie saß da mit halbgeschlossenen Augenlidern, als ob das alles sie nichts angehe. Vergeblich suchte ich von Mal zu Mal durch eine Handvoll Pfennige, die ich unter die Kinder warf, was stets von neuem einen Jubelsturm entfesselte, die Aufmerksamkeit der aufreizend Unbeteiligten auf mich zu lenken; kaum daß sie meinen Gruß erwiderte. Ich war schon drauf und dran, die Hoffnung, je an sie heranzukommen, aufzugeben. Dabei fieberte ich nach ihr und hatte keinen anderen Gedanken, als sie nur einmal in den Arm nehmen zu können und sie zu besitzen. Natürlich hatte ich dabei trotzdem verschiedene Bedenken: sie war reichlich zerlumpt, und daß sie, um sicher zu gehen vor Läusen oder Flöhen, erst gebadet werden müsse, war Gebot der Vorsicht. Doch das wars nicht allein: das ganze windige Zigeunernest stand hinter ihr; soviel war sicher. Und die Gefahr war ohne Zweifel nicht gering, bei diesem Abenteuer irgendwann einmal ein Messer in die Rippen zu bekommen. Verdächtige schwarzhaarige Gesellen trieben sich genug herum dort in der Nachbarschaft. Von der poetischen Verbrämung Lenauscher Zigeuner hatten sie recht wenig, und ich als einzelner war ihnen nicht entfernt gewachsen. Das alles aber steigerte womöglich noch in mir den Wunsch nach der

Umarmung dieses einzigen, gefahrumwitterten Geschöpfes, koste es auch was es wolle. Ich war erst achtzehn Jahre und die ganze unwahre und doch berauschende Romantik, mit der die Dichtung das Zigeunerleben übersponnen und vergoldet hatte, von Arnims „Isabella von Ägypten" angefangen über Goethes dunkles Zigeunerlied bis zu der späteren opernhaften Einkleidung in Vers und Prosa war in mir lebendig und trieb die wunderlichsten, kühnsten und abwegigsten Blüten: Ich wollte mir einen Zigeunerwagen bauen lassen oder kaufen und dann mit der darin Entführten in der ganzen Welt umherziehen; sie würde die Gitarre spielen und ich die Lieder dazu dichten und diese dann im Bänkelsängerton auf Marktplätzen und unter der Dorflinde singen. Dann würde ich aus allen jenen Erlebnissen einen farbigen Zigeunerroman schreiben, keinen literarisch ausgedachten und erfundenen, sondern einen aus der Wirklichkeit geschöpften, selbst gelebten, von dessen Ende ich nur noch nichts wußte, aber daß er Leser finden würde, dessen war ich sicher, und damit wäre ich für immer aller Zukunftssorgen überhoben. Ich wollte alles daran geben, selbst den einstigen Besitz Stift Neuburgs, um den Preis dieses mich bis zur Raserei treibenden braunen Mädchens. Aber es sollte sehr bald anders kommen: Ich machte sonntags, um dem regeren Verkehr auf der Landstraße auszuweichen, meistens einen Umweg über den benachbarten Wolfsbrunnen (Abb. 37) und waldigen Bergeshang der Stadt zu; doch zweigte ich dann immer früher ab auf eine unbegangene Seitenstraße, die steilverlaufend zwischen Obstbäumen und Wiesen auf die Landstraße nicht weit von dem Zigeunerhaus, hinabführte, denn mein Zigeunermädchen auch nur einen Tag nicht zu sehn, konnte ich nicht über mich bringen. Ich war schon halb den Hang hinunter und bog gerade um die Ecke, als ich seitwärts hinter dem Gebüsch der Böschung in dem hohen Grase flüstern hörte. Ich wollte mir den wenig geistreichen, doch immer wieder gern geübten Spaß machen, vielleicht ein Liebespaar aus seinen Zärtlichkeiten aufzuscheuchen und bog die Hecke an der Stelle, von wo das Geflüster herkam, plötzlich heftig auseinander. Da bot sich mir ein Anblick, der mich schlagartig aus meinem Traum riß: Mein unnahbares, illusionsumwobenes Zigeunermädchen lag da eng umschlungen mit dem grimmigsten Zigeunerlümmel, der, mich gewahr werdend, die Zähne bleckte. Ich ließ abrupt die Hecke wieder zusammenschnellen und ging des Weges weiter nach Heidelberg. Dort betrank ich mich an jenem Abend wie noch nie, kam nachts in einer Droschke brüllend auf Stift Neuburg angefahren, bekam am nächsten Morgen wegen meiner unmöglichen Aufführung einen fürchterlichen Krach gemacht von meinem Vater, schrieb in den Folgetagen eine Reihe herzzerreißender Gedichte,

1. und 2. *Das alte, weitläufige Haus, das wir bezogen, lag am Anfang Heidelbergs* (S. 9)

3. *dem Karlstor zu.* (S. 9)

4. *Unweit dahinter stieg der Schloßberg an,* (S. 9)

5. *so daß die Ruine auf die ihr vorgelagerte, lang hingezogene Stadt herabsah.* (S. 9)

6. *Das Städtchen mit der nie endenwollenden Hauptstraße* (S. 9)

7. Marktplatz und Heilig-
geistkirche

8. Rathaus

und den beredten Seitengäßchen.
(S. 9)

9. Am Klingenteich

10. Kettengasse

11. Steingasse

12. Haspelgasse

13. Am Bremer Eck und Unterer Fauler Pelz

14. *Überm Tor, das zum Schloßhof führt, die zwei steingehauenen Ritter* (S. 10)

15. *So stand man in dem großen viereckigen Schloßhof.* (S. 11)

16. *Unter der Halle mit den Säulen befindet sich der Ziehbrunnen.* (S. 11)

17. *Führt es in die hochgewölbten Kellereien* (S. 11)

18. *mit dem weltberühmten Gro-*
ßen Faß. (S. 11)

19. *Die der hohen Renaissance-*
fassade vorgelagerte Altane
(S. 11)

◁ 20. *Vor den Augen lag die ganze, jugendliche Neckarlandschaft.* (S. 11)

21. *Der Heimweg von der Altane durch die ehemaligen Befestigungen* (S. 12)

22. *Auf einer kleinen Insel ein verwitterter, sandsteinerner Wassergott* (S. 12)

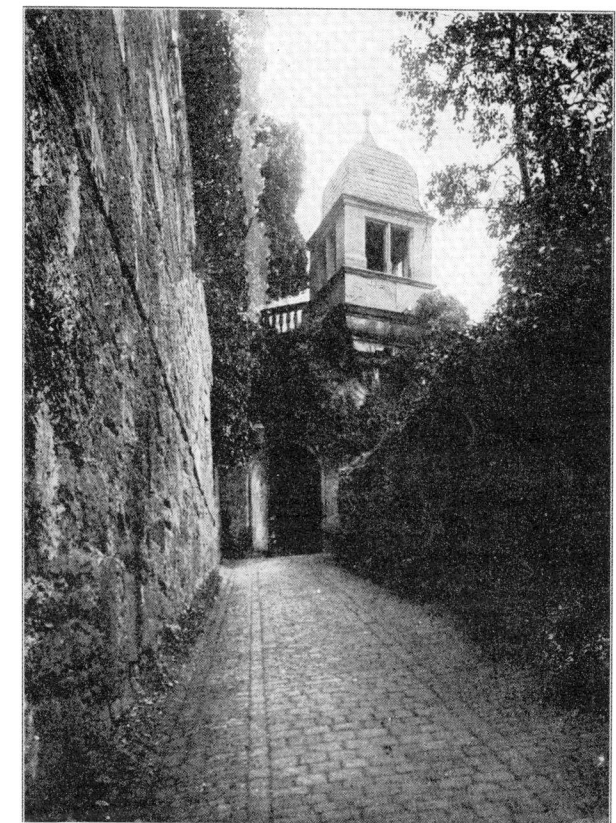

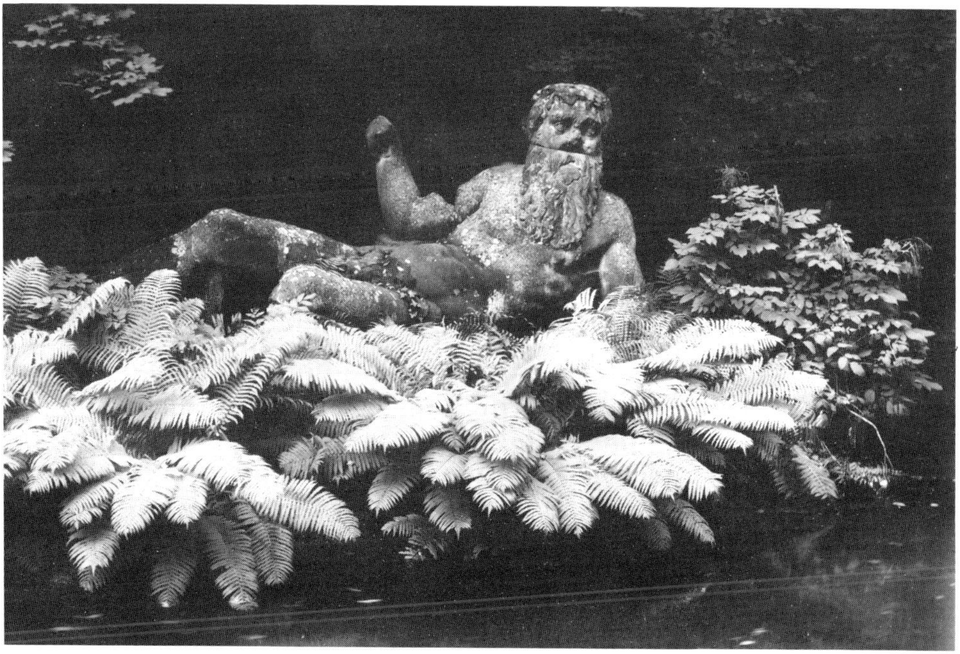

23. *Das bunte Treiben der Studenten* (S. 19)

24. *An Schloßbeleuchtungsabenden durfte ich ausnahmsweise aufbleiben.* (S. 19)

25. Fünfhundertjährige Gründungsfeier der Universität (S. 20)

26 A. *Kronprinz Friedrich und Bismarck wohnten in dem Großherzoglichen Palais am Karlsplatz.* (S. 20)

26 B. Bismarck-Denkmal

27. *Doch damals spielte ich am liebsten mit Eisenbahnen.* (S. 22)

28. *Oft zog ich den Vater zum Bahnhof, wiewohl er gerade an dem anderen Ende Heidelbergs lag.* (S. 22)

29. *Unvergeßlich die drei Sommer auf dem großelterlichen Landsitz Stift Neuburg.* (S. 24)

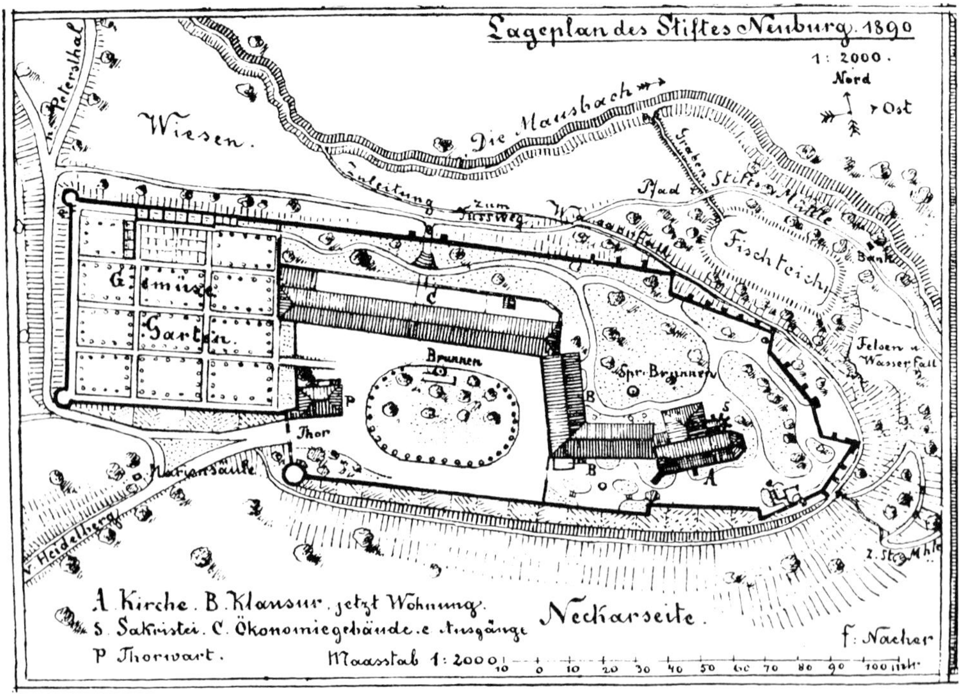

30. Zeitgenössischer Lageplan (S. 24)

die ich später mit vielen anderen gleich unzulänglichen verbrannte, und war von dem Zigeunertraum geheilt für immer. Von jenem Sonntagnachmittag an ging ich stets auf dem diesseitigen Neckarufer Heidelberg zu und suchte in Gesellschaft zweier Saufkumpane in dem Tingeltangel und den Weinstuben Vergessen. Es war nicht meine beste Zeit damals, weiß Gott nicht!

Nach dem ersten Weltkriege, mehr als zwanzig Jahre später, als ich wieder einmal zufällig an dem mittlerweile noch viel baufälliger und verwahrloster gewordenen Zigeunerhaus, nicht lang vor seinem Abbruch, nichts ahnend vorbeiging, saß auf derselben Bank eine gut vierzigjährige, verwittert aussehende Zigeunerfrau mit immer noch sehr schönen Zügen, die Augen wieder halbgeschlossen, unbeteiligt gegenüber allem, was auch immer um sie vorging, und so wie damals spielte wieder eine Schar verlauster, brauner Kinder rings auf Platz und Straße. Ob jene teilnahmslose Frau mein einstiges Zigeunermädchen war, ich kann es nicht entscheiden; dem Alter nach stimmte es etwa und auch die ganze Art der Lässigkeit in ihrem Wesen schien dieselbe . . . Ich war an jenem Tage völlig umgeworfen: Die unbeschreibliche Sinnlosigkeit all unsrer Leidenschaften, die wir Liebe nennen, mit ihren Freuden und Bekümmernissen, mit ihrem steten, mitunter unmerklichen Übergang von Hoffnung zu Enttäuschung, mit ihrem lauten heftigen Begehren und allen ihren leiseren, verheimlichten Entsagungen befiel mich derart, daß ich tagelang nicht mehr davon loskommen konnte, so bestürzend hatte in mir jener Anblick alle Geister der Vergänglichkeit beschworen. . .

Die Bilderfolge der Zigeunerwelt, wie sie darinnen steht in meinem Leben, wollte ich der Einheitlichkeit halber nicht zerstückeln, weshalb ich einmal übergriff an dieser Stelle aus der Kindheit in das Spätere. Doch nun wieder zurück zu den Sommertagen bei meiner Großmutter auf Stift Neuburg.

Bei meiner Großmutter erhielt sich der von der Frau Rat Schlosser überkommene Brauch, daß sonntags immer eine Anzahl Dorfarme aus Ziegelhausen, der Ortschaft, der Stift Neuburg zugehört, sich mittags auf dem Gutshof einfanden, um dort gespeist zu werden. Nur zwei von ihnen, wohl weil sie die wunderlichsten waren, blieben mir noch im Gedächtnis. Der eine hieß der „Pilger". Er mochte Mitte sechzig sein, sofern ich ihn mir recht vergegenwärtige. Ein kleines, eingegangenes Männlein, das in seiner Jugend, wie man sich erzählte, aus Frömmigkeit zu Fuß nach Rom gepilgert war. Zum Andenken daran trug er von da an lebenslänglich einen Pilgerhut, flach, schwarz mit breiter Krempe, ähnlich wie ihn die

Jesuiten tragen. Verhalten wurde er im übrigen von der Gemeinde, wo er im Armenhaus untergebracht war ebenso wie auch der andere, dessen ich mich noch entsinne. „Der Sonntagsfresser" hieß der auf dem ganzen Gutshof. Er war ein Halbidiot, ein absoluter Untermensch von Mittelgröße, breitschultrig, mit einem affenartigen Gesicht, sein Alter nicht zu schätzen, doch über fünfzig war er sicher. Im übrigen war er gutmütig. Er trug stets wochentags und sonntags eine wirkliche Soldatenuniform, nur daß am Rock die Achselstücke und an der Mütze die Kokarde fehlte. Er fraß unmenschlich und fast alles mit den Händen. Die Speisereste, Braten, Soße oder was auch immer, schob er in die Hosentaschen, die mit Leder ausgeschlagen waren. Die Knechte machten sich mit ihm gerne den Spaß, daß sie ihm erst Pfennige schenkten, die er zum übrigen in seine fettigen Hosentaschen steckte. Dann aber gaben ihm die Knechte Knöpfe. Sobald er das bemerkte – er hielt sie immer, um sie erst zu prüfen, dicht vor seine Nase –, kam er in Wut und schmiß sie weg, gurgelnd und unartikulierte Laute von sich gebend. Doch wenn die Knechte dann die Neckerei fortsetzten, riß er sich seine Soldatenmütze vom Kopfe, warf sie vor sich auf den Boden und fing an darauf herumzutrampeln zum Gelächter aller. Er kam auch noch, nachdem schon meine Eltern auf Stift Neuburg eingezogen waren nach dem Tode meiner Großmutter, vielleicht noch ein, zwei Jahre. Dann blieb er eines Sonntags aus und kam nicht wieder; jedenfalls war er gestorben.

Mitunter kamen Musikanten im Vorbeiziehn auf den Gutshof, häufiger noch Drehorgelmänner, auch einmal ein Dudelsackpfeifer. Schon bloß der Name „Dudelsack" beschäftigte mich lebhaft. Da stand der Mann beim alten Brunnen im Halbschatten und aus dem wunderlichen Instrument kam eine melancholisch-disharmonische Weise und nahm mich mit sich fort, irgendwohin ins Unbekannte. Sooft ich Däublers wehmütig-einlullendes Gedicht „Der Dudelsack" lese, sehe ich den Dudelsackpfeifer wieder in dem Hof stehn bei dem Brunnen und mich an irgendeiner Hand drei Schritte von ihm weg, ganz abwesend und magisch eingefangen. Vielleicht daß der Rattenfänger von Hameln auch auf einem Dudelsack gespielt hat. . .

Einmal, vormittags war es, fand ein Mann sich ein mit Meerschweinchen, mit denen er umherzog, um sie zu verkaufen. Er stand am Küchenfenster, als ich mit der alten „O" dazukam. Meerschweinchen hatte ich noch nie gesehn, die Tiere interessierten mich, sie fühlten sich weich an und samten. Ich bat, daß man mir eines kaufe, doch meine Bitte wurde abgeschlagen: Wer weiß, woher sie kämen, sie könnten eine Krankheit mit sich bringen. Ich war sehr traurig. Nach einer halben Stunde oder so verließ unverrichtetersache der Meerschweinchenhändler mißvergnügt den Gutshof, den Käfig mit den Tieren auf dem Rücken. Ich sah ihm nach durchs Hoftor, wie er vor sich hinmurmelnd langsam auf der Auffahrtstraße sich entfernte.

So gab es immer wieder etwas anderes zu sehn und zu erleben zuzeiten meiner Großmutter in jenen langen Kindheitssommern auf Stift Neuburg.

Zwei bis drei Wochen nach dem Vorfall mit dem Meerschweinchenverkäufer, der übrigens auch Mausefallen feilbot – ich war damals sechseinhalbjährig –, machte die alte „O", wie sie es oft tat, einen Nachmittagsspaziergang mit mir in den Wald, und zwar den sogenannten Guckkastenweg. Er führte seinen Namen daher, daß immer im Abstand von etwa einhundert bis zweihundert Meter im Gehölz ein Durchblick ausgeschnitten war, durch den man in das Neckartal hinaussehen konnte und weiter bis zur alten Brücke und drüber weg auf die gebräunten Dächer und die Giebel Heidelbergs. Obwohl der Wald ein Gemeindewald war, hatte Frau Rat Schlosser, wie man mir erzählte, noch das Vorrecht, jährlich einmal mit dem Waldaufseher den Guckkastenweg entlang zu gehn und zu bestimmen, wo die Ausschnitte zu machen seien. Eine Befugnis, die auf mich als Kind einen nachhaltigen Eindruck machte. Schon vor Jahrzehnten hat man, ohne eigentlichen Grund, so scheint mir, gerade diesen schönen Weg ganz eingehn lassen und ihn dem Walde zugeschlagen; dabei war es ein Fußweg, ganz besonders einladend, auf halber Höhe Heidelberg zu.

Für mich als Kind war der Guckkastenweg, schon seines Namens wegen, der beliebteste und immer wieder ausgebetene Spaziergang. Damals aber, als ich zwei bis drei Wochen nach dem Vorfall mit dem Meerschweinchenverkäufer zusammen mit der alten „O" ihn ging, war ich voll Unlust, fast apathisch, fühlte mich zerschlagen, überhaupt in einem Zustand, der sich nicht recht beschreiben läßt. Das eigentümliche daran war, daß mir die Stimmung des Spazierganges von damals, selbst die Witterung (es war ein etwas trüber, warmer, vorgerückter Nachmittag) im Gedächtnis geblieben ist – und merkwürdigerweise insbesondere der Hinweg. Die alte „O" bemerkte wohl, daß etwas bei mir nicht in Ordnung war, vielleicht auch klagte ich über Ermüdung; ich weiß nur, daß sie früher, als sie sonst tat, mit mir umkehrte. Des Rückweges entsinne ich mich nicht mehr. Zu Hause drückte ich mich noch herum, unleidig, eine Zeitlang; plötzlich wurde es mir übel; man setzte mich auf einen Nachttopf und schon ging es los, gleichzeitig: Durchfall und Erbrechen. Ich sehe noch die Stelle meines Kinderzimmes, wo ich auf dem Topf saß. Das Zimmer hatte eine grüne Ripsportiere. Ob dieser Vorgang sich jedoch noch öfters wiederholte, weiß ich nicht mehr. Jedenfalls wurde ich gleich darauf zu Bett gebracht und, glaube ich, gemessen. Von diesem Augenblick an setzt meine Erinnerung für Wochen aus. Ich hatte Scharlach, und zwar in sehr schwerer Form. Das Aussetzen jeder Erinnerung an dieses Stadium ist daher wohl auf das hohe Fieber (ich hatte über 41 Grad) zurückzuführen. Erst mit meiner Genesung tauchen wieder einzelne Momente auf in mein Bewußtsein. Man mußte mir sehr viel vorlesen. Die alte „O" und meine Nurse wechselten ab darin; gelegentlich las mir auch meine Mutter vor und auch mein Vater (Abb. 38 u. 39). Mit Ausnahme der alten „O" lasen sie englisch; deutsche Bücher hatte ich damals erst wenige. Am liebsten war mir die von englischen Kindern auch heute noch geliebte und gelesene Geschichte des „Little Lord Fauntleroy". Sobald das Buch zu Ende war, mußte man es wiederum von vorne anfangen. – Auch unseres lieben alten Hausarztes, Doktor Fischer, der immer gleich zur Stelle war, wenn etwas fehlte und mich behandelte auch während meines Scharlachs, ein Arzt von altem Schrot und Korn, kann ich mich noch gut erinnern: mit seinem blonden, graumelierten Vollbart saß er neben mir am Bett und zählte meinen Puls oder er maß mich in der Achselhöhle. Und was er mir verschrieb, war immer gut zu nehmen und doch wirksam. Der Arzneimittelmarkt war von der chemischen Großindustrie noch nicht verseucht damals, die alte Tradition des Heilwesens war noch lebendig. Behandelt wurde man damals noch von dem Arzt im wahren Sinne, der in dem Patienten erst den Menschen sah und an ihm teilnahm – heute steht an dem Krankenbett der wissenschaftlich interessierte Mediziner.

Der alte gute Doktor Fischer: er gehörte zu den unvergeßlichen und nicht zu missenden Gestalten meiner Kindheit. Oft wenn er gerade um die Mittagszeit Besuch machte, blieb er zu Tisch da – auch brachte er gelegentlich mir etwas mit zum Spielen: kurzum, er war ein Hausfreund, dem man sich anvertraute.

Meine Genesung von dem Scharlach ging nur langsam vor sich. Man sprach etwas von Nieren. Ich hörte dieses Wort damals zum ersten Male und konnte mir natürlich nichts darunter vorstellen, nur daß es mir im Ohre haften blieb: die Nieren.

Aber ein anderes Überbleibsel machte mir Beschwerde und den anderen Sorge: es hatte sich auf meiner rechten Seite an dem Halse eine Drüsengeschwulst, fast faustdick und recht hartnäckig, gebildet. Da hörte ich zufällig eines Tages vor der Türe meines Zimmers, obgleich er leise sprach, den Doktor Fischer im Gespräch zu meinem Vater sagen: Wenn die Geschwulst nicht innerhalb von vierundzwanzig Stunden von selbst aufbreche (man machte unentwegt heiße Kamillenumschläge), so müsse man es schneiden. Ich war von dieser Aussicht auf das äußerste beunruhigt; vorm Schneiden fürchtete ich mich entsetzlich. Aber das Schicksal war wohlwollend und wählte einen anekdotenhaften Ausweg: Die Nacht verging, ohne daß die Geschwulst Anstalten machte, sich zu öffnen. Der ominöse Tag war angebrochen. Der Dokter Fischer kam stets nachmittags; da also, wußte ich, würde die Prozedur vonstatten gehn, unweigerlich. Es war mir wenig wohl zumute trotz meines bessern Allgemeinbefindens. Morgens zum zweiten Frühstück pflegte meine Nurse Salat zu essen: rohen Salat mit Salz, ihr Lieblingsessen. Das zweite Frühstück kam und meine Nurse machte sich mit Genuß darüber. Doch gleich beim ersten Bissen schüttelte sie sich und rief: „How nasty! Buh, how nasty!" – Man hatte ihr versehentlich Zucker statt Salz dazugegeben. Der Anblick meiner Nurse in ihrem Abscheu war so komisch und die ganze Situation so lächerlich, daß ich in helles Lachen ausbrach und weil sie sich gar nicht beruhigen wollte, eine Lachsalve auf die andere losließ. Da: platz! und schon war die Geschwulst geborsten. Unglaublich, wieviel Schmiere da herauskam. . . Weh tat es gar nicht, sie entleerte sich ganz automatisch. – Mein Vater, meine Mutter, alle kamen: das ganze Haus war froh darüber, aber am meisten ich, denn das gefürchtete und in so nahe Sicht gerückte Schneiden war jetzt nicht mehr nötig. Es herrschte eine allgemeine wirkliche Befriedigung. – Als gegen drei Uhr dann der Doktor Fischer ankam, wurde ihm schon draußen auf dem Hausflur das erfreuliche Ereignis gleich gemeldet. „Na großartig!" sprach er, ins Zimmer tretend. „Da hast du ja wieder Dusel gehabt, mein Junge!" – Dann wandte er sich meinem Vater zu und meinte: „Auf solche Kuren müßte man selbst verfallen."

Von jenem Tage an nahm die Genesung bei mir einen raschen und befriedigenden Fortgang. Ich mußte zwar noch kurze Zeit lang das Bett hüten, dann aber ging es stetig aufwärts und der warme und erholsame Nachsommer in dem Freien auf Stift Neuburg tat das seine. Als ich bald wieder ganz erholt und auf dem Damm war, kehrten meine Eltern für das Herbst- und Winterhalbjahr in das alte Haus mit mir zurück nach Heidelberg.

Die Frage, wie und wo ich mir die Ansteckung geholt habe, war etwas, was damals sowohl als Jahre später auch in meiner Gegenwart erörtert wurde. Ich war aus der Umfriedung von Stift Neuburg nie herausgekommen außer mit der alten „O" gelegentlich zu Waldspaziergängen; geschweige denn, daß ich mit irgend jemand Ansteckungsverdächtigen Umgang gehabt hätte. Auch herrschte in der näheren und ferneren Umgebung nirgends Scharlach. Es blieb somit die einzige und triftige Vermutung: der Meerschweinchenhändler. Auch die Zeitdauer zwischen Ansteckung und Krankheitsausbruch war entsprechend. So wurde als durchaus plausibel angenommen, entweder der Meerschweinchenverkäufer selber oder eines der von mir berührten samtenen kleinen Tiere sei die Ursache der Übertragung gewesen. Die alte, kräuteransetzende Wirtschafterin meiner Großmutter aber war der festen Meinung und nicht davon abzubringen: aus Rache habe der Meerschweinchenhändler, weil man ihm nichts abgekauft, mir die Krankheit auf den Hals gehext, wie er gestikulierend und laut murmelnd mit dem Käfig auf dem Rücken durch das Hoftor fortgegangen sei – ein Hexenmeister.

WIEDER IN HEIDELBERG

Unseres Wiedereintreffens im alten Haus in Heidelberg nach jenem langen Krankheitssommer auf Stift Neuburg kann ich merkwürdigerweise mich nicht mehr entfernt entsinnen. Wohl aber ist mir noch bewußt, daß damals bald nach unserer Rückkehr ein neuer Abschnitt meines Kinderlebens anfing. Das wurde äußerlich schon dadurch fühlbar, daß der um jene Zeit beginnende, mir unbequeme Vorschulunterricht in meinen bislang ungezwungnen, nur mir selbst gehörigen Kindertag etwas wie eine feindliche Struktur und Störung brachte. Nicht daß ich eigentlich den Unterricht als solchen haßte, aber das ganze Drum und Dran war mir zuwider. Das hatte seinen Hauptgrund darin: Ich ging nicht in die öffentliche Schule, sondern ich bekam zusammen mit zwei anderen gleichaltrigen Jungens meist von elf bis eins Hausunterricht, der wöchentlich reihum ging. Die Woche, während welcher er bei uns stattfand, bereitete mir kein Unbehagen. Aber die beiden anderen Wochen in den mir fast bis zur Beklemmung fremden Häusern waren grausig. Ich war von jeher schüchtern und bin dieses, wie viel ich auch im späteren Leben mit Menschen zusammenkam, geblieben. Ich ließ es mir nie anmerken, schon damals nicht, aber es kostete mich täglich neue Überwindung, wenn erst die Mutter des Mitschülers, wo gerade der Wochenunterricht stattfand, einen empfing, womöglich noch der Vater sich dazufand, man umständlich gefragt wurde, wie es den Eltern gehe und Auskunft geben sollte über dies und jenes, ob man die neulich aufgetragenen Grüße denn auch wirklich ausgerichtet habe, weil man natürlich stets vergaß, die Gegengrüße zu bestellen, und was dergleichen Nichtigkeiten mehr waren. Man war nur froh, wenn die Schulstunde anfing.

Die beiden Mitschüler: Hans Wolf von Heyden, ein mehr schlauer als intelligenter Junge, Sohn des damaligen Bezirkskommandeurs, der sich auf dem Gymnasium später immer unerquicklicher entwickelte, war mir vom ersten Tag an widerwärtig. Er brachte es auf dem Gymnasium auch nur bis zur Quarta, dann gings nicht weiter und er kam in das Kadettenkorps, vermißt von niemand. Der andere, Walter Herth, war ein hochaufgeschossener, kurzsichtiger und richtiggehender Albino, nicht unbegabt, aber etwas kretinhaft. Noch sehe ich ihn, wie er einmal abends beim Versteckspielen aus einer finsteren Ecke der dämmrigen Vorhalle mit seinem flachsenen Haar und seinen rosa Augen, halb geduckt, mit vorgestreckten Armen vorbrach und in einem fort brüllte: „Huh! Huh! Ein Hirngespinst! Ein Hirngespinst!" – Zwei wunderliche Mitschüler, die man mir zugesellt hatte für meine ersten Schul- und Bildungsjahre! Ich mochte übrigens den Walter Herth ganz gern und auch sein Elternhaus wurde mir nach und nach vertrauter, vor allem weil er eine sehr warmherzige und schöne Mutter hatte. Sein Vater, fast zwei Meter groß, ging immer etwas vorgebeugt und war zu mir stets freundlich. Der wunderliche Walter war das einzige Kind sehr wohlhabender Eltern und sie bewohnten eine große Villa in der Anlage mit einem Garten, der unter dem Bahndamm durch weit an dem Berg hinaufreichte. Auch später noch als Gymnasiast war ich oft bei ihm. Sein Vater besaß eine einzig schöne und reichhaltige Markensammlung, durchweg nur alte und ganz seltene Briefmarken, nach denen ich mich geradezu vor Neid verzehrte. – Der arme Walter Herth starb noch vor Absolvierung des Gymnasiums siebzehn- oder achtzehnjährig an der Schwindsucht, nachdem sein Vater ihm um ein paar Jahre vorangegangen war. Was aus der wundervollen Markensammlung geworden ist, habe ich nie erfahren.

Das war die Zeit, in der gleichzeitig etwa mit dem Vorschulunterricht bei mir die eigentliche Leidenschaft fürs Markensammeln einsetzte. Nicht nur der Vater Walter Herths, vor allem auch mein Vetter Fery Heymerle waren für mich die vielbeneideten, vorbildlichen, nachahmungswerten Sammler. Mein damals zwölfjähriger Vetter Fery war der Sohn des kurz zuvor verstorbenen K. K. Ministers für äußere Angelegenheiten Freiherrn von Heymerle. Er war verheiratet gewesen mit der zweitältesten Schwester meines Vaters, die nach dem Tode ihres Mannes mit ihren zwei Kindern Fery und Maria während einiger Jahre in dem oberen Stock des Heidelberger Hauses wohnte. Mein großer Vetter war für mich in allem, auch noch später, tonangebend, und er war es auch, von dem ich das Briefmarkensammeln lernte. Ich war ihm herzlich zugetan und sah bewundernd zu ihm auf, aber der Altersunterschied war ein so großer, daß er an meinen Spielen fast nie teilnahm; nur beim Briefmarkensammeln hatten wir gemeinsame Interessen. Einmal, als ich genau wußte, er sei abwesend in der Schule, schlich ich mich vorsichtig treppauf und in sein Zimmer. Ich wußte, wo er sein Briefmarkenalbum aufbewahrte, holte es hervor und stahl mir mindestens fünfzig seiner schönsten, von mir meistbegehrten Sücke. Hierauf begab ich mich wieder hinunter, klebte arglos und bedächtig die gestohlenen Marken in mein Album und war selig. Ich hatte einen königlichen Schatz gewonnen. Doch meine stolze Freude war von kurzer Dauer. Mein Vetter pflegte stets, wenn er nach Hause kam, als erstes sich am Anblick seines Markenalbums zu erfreuen. Man kann sich seinen Schrecken vorstellen, als er es ausgeplündert vorfand. Naheliegend war es, daß er gleich in mir den Schuldigen suchte. Er lief sofort hinunter, traf mich zufällig allein und stellte mich zur Rede. Ich leugnete anfangs. Hierauf verlangte er, ich solle ihm mein Album zeigen. Ich brauchte Ausflüchte und log ihm vor, ich könne es nicht finden, was seinen Argwohn vollends zur Gewißheit steigerte. Er rief nun meinen Vater und die väterliche Autorität entrang mir das Geständnis. Ich mußte mein Briefmarkenalbum vorzeigen –: da klebten sie, die herrlichen, mich noch vor kurzem so beglückenden Eroberungen. Mein Vetter löste sie vorsichtig wieder von den Seiten, nahm sie befriedigt an sich und verließ uns. Mein Vater aber, der mich bis zur Stunde nie geschlagen hatte, legte mich platt über meinen Kindertisch und gab mir eine tüchtige Tracht Prügel, die ich vielleicht darum so gut behalten habe, weil es die ersten und zugleich die letzten waren, die er mir versetzte; denn grundsätzlich war er ein Gegner jeden Schlagens.

Durch diesen unrühmlichen Vorfall litten aber die philatelistischen Beziehungen zwischen mir und meinem Vetter keinen nachhaltigen Schaden, sondern er beriet mich weiter und ließ mich nach wie vor am raschen Wachsen seiner Sammlung teilnehmen. Man konnte mich damals durch nichts so glücklich machen, als durch Briefmarken. Es mußten aber seltene sein natürlich, denn die landläufigen besaß ich teils, teils lag mir nichts an ihrem Besitz, weil ich eine möglichst weitgehende Komplettierung meiner Sammlung nur bis etwa 1880 anstrebte, die ersten vierzig Jahre also seit Einführung der Briefmarken als Postwertzeichen. Die Marken jener ersten Zeit sind großenteils noch Stein- und Kupferdrucke wirklich künstlerischer Ausführung. Man denke nur an die frühenglischen Mulrady-Ganzsachen von 1840, wie überhaupt die ersten Briefmarken von England ausgingen. Und dann die schönen alten Marken all der deutschen Bundesstaaten vor der Einigung im Jahre 1871: die Hansastädte Hamburg, Lübeck, Bremen; Hannover, Schleswig-Holstein; Baden und Sachsen hatte ich vollständig, einschließlich der schon damals sehr seltenen zwei Marken: der 3 Kreuzer rot aus Sachsen und der 18 Kreuzer grün aus Baden. Die badische 1 Kreuzer chamois hatte ich sogar zwei- oder dreimal. Auch Preußen, Württemberg und Bayern waren reichhaltig vertreten, natürlich unter Einschluß der 1 Kreuzer schwarz aus Bayern. Und dann erst die Kantonmarken der Schweiz! Auf diese war ich ganz besonders aus und hatte deren mehrere, darunter auch das schöne „Baseler Täubchen". Sehr gut vertreten und fast vollständig waren Sizilien und Sardinien – und auch die anderen europäischen Staaten, insbesondere Spanien und Österreich-Ungarn standen in dem Mittelpunkt meines Sammelinteresses. Ich hatte überhaupt für bestimmte Länder eine ausgesprochene Vorliebe. In Asien waren es Afghanistan und China. Der wildphantastische Drache Chinas reizte meine Einbildungskraft und gar die wie Sigillen und Beschwörungszeichen anmutenden alten Briefmarken Afghanistans übten etwas wie einen magischen Zauber auf mich aus; dazu kam ihre ungeheure Seltenheit, die mich auf sie erst recht versessen machte. Von dem amerikanischen Kontinent waren es Buenos Aires und Corrientes, die mich über alles anzogen, und dann, doch längst nicht so wie diese beiden, die konföderierten Staaten Nordamerikas. Afrika ohne Kap der Guten Hoffnung mit den sechs dreieckigen, sehr seltenen und anziehenden Marken, hätte gar nicht für mich existieren brauchen, doch diese Marken machten es mir liebens- und begehrenswert, und es gelang mir auch, sie alle sechs zwar langsam aber sicher in meinen Besitz zu bringen. – Nun wünschte ich mir aber auch zu sämtlichen Gelegenheiten: Ostern, Weihnachten, Geburtstag, jahrelang nichts anderes als Briefmarken. Ich war von einer geradezu fanatischen Besessenheit des Sammelns, und meinen Wünschen wurde weitgehend stattgegeben. Wer immer kam und ging, schenkte mir Briefmarken. Mein Weihnachts- und Geburtstagstisch war übersät damit und fast in jedem Osterei war eine Seltenheit zu finden. So kam es, daß mein Markenalbum rasch und stetig anwuchs, aber auch im gleichen Maße einen tatsächlichen und gar nicht geringen Wert aufwies. Natürlich ging das über Jahre hin, nur wurde in dem Zeitraum, über den ich eben schreibe, der beginnliche und hauptsächliche Grund dazu gelegt. – Mein eigentlicher Sammeleifer reichte etwa bis hinein in mein vierzehntes Lebensjahr, nicht länger; dann traten andere Interessen und Liebhabereien in den Vordergrund, die mit nicht minderer Intensität ergriffen wurden.

Ich weiß: die beiden letzten Seiten über Markensammeln werden für die meisten Leser, denen dieses Thema fernliegt, langweilig, vielleicht auch manchen überflüssig scheinen. Aber in meinem Kinderleben stand dies ganze Sammelwesen so im Mittelpunkt, daß eine Wiedergabe jener Zeit nur stückhaft wäre, wenn ich den wesentlichsten Teil meiner Inanspruchnahme damals nebensächlich und im Flug behandelt hätte. Zudem sind solche Leidenschaften von dem Ausmaße wie die des Markensammelns, die Jahre über Jahre die Gedankenwelt des Kindes und heranwachsenden Knaben einseitig beherrschte, wohl nicht unbedeutsam für das damalige und vielleicht auch spätere Gesamtbild.

Ich hatte mein Briefmarkenalbum dann noch Jahre in dem Schubfach liegen, bis nach Absolvierung des Gymnasiums. Dann aber brauchte ich mit einem Male Geld für allerhand Torheiten, und um mir dieses zu verschaffen, habe ich mein Album dann verkauft zu einem Schleuderpreise, leider. Wenn ich nicht irre, so belief sich der Erlös dafür auf nicht ganz tausend Mark, bestimmt nicht drüber. Der heutige Wert des Albums käme auf das hundertfache.

Ich sagte schon, die Zeit nach jenem Scharlachsommer auf Stift Neuburg brachte einen neuen Abschnitt in mein Kinderleben, eigentlich in jeder Hinsicht. Das war einige Monate vor meinem siebenten Geburtstag. Die großen einschneidenden Siebenjahreszyklen, die bei vielen Menschen durch besondere Ereignisse gekennzeichnet sind, waren sehr bedeutsam für mich während meines ganzen Lebens. So stand am Übergange jener ersten Runde in die zweite meine schwere, wenn auch ohne Nachwirkungen physiologischer Art verlaufene Erkrankung, die mich – wie lange weiß ich nicht, doch ein, zwei Tage sicher – hart bis an die nahgezogene Grenze des jenseitigen Bereichs, das man Tod nennt, führte. Durch diesen erstlichen und tiefgreifenden Vorgang bin ich innerlich Stift Neuburg irgendwie in metaphysischer Art und Weise verwachsen und verbunden worden.

Es war dieses für mich auch ungefähr die Zeit des Zahnwechsels. Um nachsehen zu lassen nach dem klinischen Befund, gelang es meinen Eltern, mich, nicht ohne Überredung und Versprechungen, zum Zahnarzt Middelkamp, Amerikan-Dentist, zu bringen. Er wohnte in der oberen Anlage neben dem Hotel Viktoria und war ein rothaariges Männchen, flink und unscheinbar, mit einer riesenhaften Praxis, die sich vorwiegend aus Ausländern zusammensetzte, meistens Engländer, die bis zum Ausbruch des ersten Weltkrieges in Heidelberg ansässig waren. Vielleicht war er ein wirklich guter Zahnarzt, jedenfalls war er ein guter Rechner: er forderte immense Honorare. In meinem Falle war eine solche Rechnung allerdings nicht unberechtigt, denn gleich bei der ersten Untersuchung biß ich ihn so heftig in den Finger, daß er laut aufschrie und, seine rechte Hand unter dem linken Oberarm, mehrmals im Zimmer auf- und niederrannte, ehe er die unerfreuliche Behandlung wieder aufnahm. Er trug, wie ich ihn gegenwärtig habe, einen hellen feinkarierten Anzug, eine goldene Brille und ein rötlichblondes Schnurrbärtchen. Er bohrte einem mit einer Fußtretmaschine reihum in den Zähnen, und ich habe ihn noch heute in Verdacht, als hätte er erst so und so viele gesunde Zähne angebohrt, um sie hernach zu füllen. Er war bestimmt ein Gauner. Im Nebenberuf war er Häuserspekulant, beging dann allerhand unsaubere

Geschichten und erschoß sich später wegen irgendwelcher finsterer Manöver, wie man sich von ihm erzählte.

Klavierstunden bekam ich damals auch, bei einem Fräulein Rummel. (Merkwürdig, wie man sich an so weit rückwärtsliegende, noch so belanglose Namen erinnert, während späterhin gehörte, oft viel wichtigere, der Vergessenheit verfallen.) – Aus der konventionellen Anschauung der damaligen Zeit heraus meinte mein Vater, jeder junge Mensch müsse auch musikalisch ausgebildet sein, zum mindesten Klavier oder die Geige spielen können und sei es auch nur für den Hausgebrauch. Mein Vetter Fery lernte Geige, doch ohne es darin je weit gebracht zu haben. Doch da man mich für zu unmusikalisch dafür hielt, entschied man sich bei mir für das Klavier, „da auch der minder Musikalische zu einer annähernden Fertigkeit darin zu bringen sei bei Fleiß und hinreichender Übung". Dieser Versuch aber mißglückte bei mir völlig, wiewohl man mich Jahre hindurch mit den Klavierstunden plagte und auch der alten „O", so gerne ich sie hatte, gelang es später nicht mich fürs Klavierspiel zu erwärmen. Die Stunden wurden daher schließlich als zu zwecklos aufgegeben, jedoch nicht ohne andern Zeitverlust und mir Unlust bereitet und einen Energieaufwand daran gesetzt zu haben, der eines fruchtbareren Zieles wert gewesen wäre.

Sechsjährig – ob es nun kurz vor oder kurz nach meiner Erkrankung war, ist mir entfallen – jedenfalls: sechsjährig war ich, als der Maler Guido Schmitt aus Heidelberg mich malte, ein sehr gut geglücktes, lebensgroßes Brustbild. Es stellt mich dar in einem dunkelblauen Samtanzug, den ich gerade erst gemacht bekommen hatte, mit einem weißen Spitzenkragen. Ich bin noch heute im Besitz des Bildes. Die Art der Ausführung erinnert etwas an die Malweise von Kaulbach, also ein durchaus gekonntes und recht ansprechendes Kinderbildnis, wenn auch im Geschmack der damaligen glatten und konventionellen Kunstrichtung.

Der Maler Guido Schmitt war, als er mich sechsjährig malte, doch wohl schon nahe an die sechzig; da er es aber auf ein Patriarchenalter über neunzig brachte und meines Wissens erst im ersten Weltkrieg oder gar noch später starb, so war er für seine Verhältnisse, als ich als Kind ihm zum Portrait saß, noch ein Mann in seinen besten Jahren, mag er dem Kinde auch schon damals alt und ehrwürdig erschienen sein. Ich habe ihn auch später noch in Heidelberg gesehen und gelegentlich gesprochen.

Guido Schmitt war Sohn und Schüler des beachtungswerten Heidelberger Malers G. Ph. Schmitt, der zu dem Kreise der romantischen Maler gehörte. Über sein zum Teil weit über Durchschnitt stehendes Schaffen,

Bilder meist aus Heidelberg, Schloß und Umgebung, geben die Städtischen Sammlungen in Heidelberg an der Hauptstraße einen guten Überblick.

Meine Besuche in dem Atelier bei Guido Schmitt, die ich nur immer in Begleitung meines Vaters machte – wieviele Sitzungen es waren, weiß ich nicht mehr –, hatten für mich etwas außerordentlich Anziehendes. Er wohnte jenseits überm Bahndamm in der Anlage, der Peterskirche gegenüber. Man gelangte geradewegs ins Atelier von hinten durch den alten, wunderlich gehaltenen Garten mit Sandsteinfiguren und – ich müßte mich sehr täuschen – auch mit einem kleinen Brunnen. Doch das, was mich am meisten darin anzog, war inmitten von Blumenbuketts ein bunter Zwerg mit einer scharlachroten Zipfelmütze, wie man sie damals in der Zeit des Ungeschmacks vielfach in Gärten oder Glasveranden aufzustellen pflegte. In vielen Spießergärten hat sich diese Abgeschmacktheit noch bis auf den heutigen Tag erhalten. Wie immer: für die Welt des sechs- bis siebenjährigen Kindes war natürlich dieser Zwerg der Inbegriff von allem Schönen und Begehrenswerten. Mein Vater war jedoch nicht zu bewegen, auch für unseren Garten einen solchen anzuschaffen. Bloß dieses Zwerges wegen freute ich mich immer auf die für ein Kind gewiß langweiligen Sitzungen, und als sie dann beendet waren, blieb mir das Gemaltwerden im Atelier des Malers Guido Schmitt infolge jenes Zwergenerlebnisses bis heute im Gedächtnis.

Doch auch im Atelier gab es unzählige unbekannte und verwunderliche Dinge zu betrachten. Man wurde gar nicht damit fertig. So oft man hinkam, man entdeckte immer wieder etwas Neues: An allen Wänden standen oder hingen ungerahmte und gerahmte Bilder. Da gab es Staffeleien jeder Größe, Malgeräte und Paletten, und was das Schönste war: es roch so wunderbar nach Terpentin und Farbe. Ich roch es leidenschaftlich gern und dachte mir nichts Schöneres, als auch einmal Maler zu werden, schon nur um immer diesen herrlichen Geruch um mich zu haben. Mein Vater meinte, als ich auf dem Heimweg diesen Wunsch einmal erörterte, dazu gehöre mehr als ich mir träumen lasse, denn was ein rechter Maler sei, dem sei das Handwerk angeboren, das lasse sich nicht einfach so erlernen wie etwa das Lesen oder Schreiben. Zu Hause zeigte er mir dann aus Mappen viele Abbildungen von Gemälden großer Meister, die aber alle keinen Eindruck auf mich machten, da sie nicht farbig waren, noch nach Farbe rochen. Ich meinte wegwerfend, das brächte ich auch fertig. Um mich vom Gegenteil zu überzeugen, gab mir mein Vater einen Bleistift in die Hand und ließ mich erst ein Haus und dann eine Lokomotive zeichnen, die beide äußerst unzulänglich ausfielen. Hieran bewies er mir nun, wie absurd und vorlaut ich geredet hätte, denn wenn man Maler werden wolle, müsse man zu allererst recht zeichnen können. Ich schwieg, auch wenn mir der Beweis damals nicht ganz stichhaltig vorkam.

Das Haus von Guido Schmitt bewohnte später über Jahre Alfred Mombert. Es war das Haus, aus dem er 1941 von den Nazi-Schergen in ein Konzentrations-Barackenlager in Südfrankreich verschleppt wurde. Sooft ich ihn dort besuchte, trat mir die Erinnerung an jene Zeit der Sitzungen als Kind bei Zwerg und Seltsamkeiten wieder deutlich vor die Seele, und immer war es mir, als müßten sich die hohen Bücherwände plötzlich auftun und das einstmalige Atelier mit allem, was mich damals fesselte, vor meinem Blick erstehn und mich in seinen Bann ziehn. Der Garten aber scheint mir fast noch unverändert: Die Sandsteinvasen und Figuren haben ihre alten Standorte behauptet und nur der Zwerg ist, wie der greise Maler Guido Schmitt, zuletzt doch dem Vernichtungswerk der Zeit anheimgefallen.

In jenem Winter war ich auch zum ersten Male im Theater. Es wird wohl um die Weihnachtszeit gewesen sein, denn mein um ein Jahr älterer Vetter Alfred Grashey, der immer in den Ferienwochen bei uns war, war mit mir. Natürlich war es eine Kindervorstellung. Gespielt wurde: Schneewittchen bei den sieben Zwergen. Ich weiß sogar genau noch, wo wir saßen: es war eine Balkonloge des ersten Ranges, rechts neben der Fremdenloge. Wir waren in Begleitung meiner Eltern und der Eltern meines Vetters Alfred (Abb. 40 u. 41). Die wohnten damals in Augsburg, wo Alfreds Vater als Hauptmann in Garnison stand. Zu Alfreds Mutter, der zweitjüngsten Schwester meines Vaters, hatte ich ein herzlicheres, näheres Verhältnis als zu meinen andern Tanten, ohne damals eigentlich so recht zu wissen, was der Grund war, denn jede der vier Schwestern meines Vaters war auf ihre Art und Weise gut zu mir und wohlwollend, doch von meiner Tante Johanna ging noch irgend etwas anderes aus, das mich mehr zu ihr hinzog als zu meinen andern weiblichen Verwandten.

Wir zwei, Alfred und ich, saßen bei jener Kindervorstellung dicht vorne an der Rampe, über die wir gerade noch hinwegsehn konnten, und starrten atemlos auf die magisch erhellte Bühne, wo das traurige und ans Herz greifende Schicksal des von der feindseligen bösen Königin verfolgten und mit Kamm und Apfel überlisteten Schneewittchens sich vollzog. Wie liebten wir die guten Zwerge, die es mit so vieler Sorge und Behutsamkeit betreuten! Der Zwerg im Garten Guido Schmitts war sicher auch aus jenem Walde. Am liebsten wären wir hinunter, als die Zwerge weg waren, um das Schneewittchen vor der bösen Königin zu warnen und um ihr zu sagen, daß sie ja nicht in den trügerischen Apfel beißen solle: „Halt, halt, Schneewittchen, nicht: er ist ja doch vergiftet!" Zu spät! Schon aß sie die vergiftete, für sie bestimmte Hälfte . . . Da lag sie nun. – Ach, wenn die Zwerge jetzt nach Hause kommen, was für ein Unglück wird das geben! . . . Die Zwerge kamen, aber was sie auch versuchten, sie zurückzurufen in das Leben: alles war vergebens. Wir litten beide diesen ganzen Jammer mit und unsere Tränen flossen leise. Als aber dann der gläserne Sarg kam und Schneewittchen von den Zwergen unter Wehklagen hineingelegt wurde, da kannte die Verzweiflung bei mir keine Grenzen und ich brach in ein derart klägliches Geheul aus, daß alles im Theater umsah nach dem Ort, von wo die ungewollte Störung herkam. Ich war so außer mir und fassungslos, daß auch im Hintergrund der Loge ein Zureden und Beschwichtigen erfolglos blieb. Man mußte den Zuschauerraum mit mir verlassen und mich heimbringen, wo die erlebte seelische Erschütterung noch lange in mir nachwirkte. – Mein Vetter aber, der zwar auch von so viel Tragik heftig mitgenommen war, beherrschte sich so weit (er war ja auch um ein Jahr älter), daß er noch bis an das Ende der Aufführung bleiben und mir dann berichten konnte, Schneewittchen sei von einem Prinzen, der dazukam, ins Leben zurückgerufen worden und alles habe schließlich einen glücklichen Verlauf genommen; sogar ein großes Hochzeitsmahl mit viel Musik und Tanz habe noch stattgefunden. Ich aber wollte von dem allen nichts mehr hören: für mich lag das Schneewittchen nun einmal in dem gläsernen Sarg und war an dem vergifteten Geschenk der bösen Königin gestorben . . .

Dies Traumbild von Schneewittchen ging dann für mich über in die liebliche Gestalt von Bunting, einem kleinen halbindischen Mädchen, das mit seiner älteren Schwester Margery um jene Zeit – wie, weiß ich nicht mehr – zu uns in das Haus kam. Es waren dies zwei anmutige Spielgefährtinnen, die während einiger Monate mit ihren Eltern, einer indischen Mutter, Vater Engländer, in Heidelberg weilten. Die Eltern sind mir allerdings nur ein Begriff vom Hörensagen. Die beiden kleinen, braunhaarigen Mädchen aber mit ihrem fremdartigen dunklen Teint sind mir noch völlig gegenwärtig. Die kleine Bunting war vielleicht fünfjährig damals, während Margery gleichaltrig mit mir war, vielleicht ein Halbjahr älter. In Bunting sah ich immer mein Schneewittchenideal, und um sie zu beschützen und ihr Prinz zu sein, tat ich für sie, was ich ihr nur ablesen konnte an den Augen; doch meine eigentliche Neigung galt der älteren Margery. Zwar liebte ich sie nicht so heftig, um sie als meine erste Kinderliebe in mein Lebensbuch zu stellen, denn das war Christabell, die erst um ein Jahr später in Erscheinung trat, doch immerhin: etwas wie

Liebe war es schon, was mich zu Margery hinzog. Wie dem auch sei: diese zwei anmutigen Halbinderinnen: Margery und Bunting stehen am Anfang meiner zärtlichen und mir ein seliges Gefühl bereitenden Begegnungen.

Wer einmal den Versuch macht, seine Kindheit chronologisch sich zurückzurufen, wird als nächstes die Erfahrung machen, wie wenig scharf die Zeitgrenzen darin gezogen sind, und bei Ereignissen, die über das siebente Lebensjahr etwa zurückreichen, hält es nur schwer zu sagen, wie alt man war, als dieses oder jenes stattfand. Und unvermeidlich wird sich manches auch, was man glaubt selbst erlebt zu haben, nachträglich mit dem, was man dann späterhin davon erzählt bekam, vermischen und so ineinander übergehen.

Sehr liebte ich es, abends, wenn das Licht schon brannte, zu meinen Eltern in das Wohnzimmer zu kommen, wo mein Vater mir von unserem Haus in Manchester erzählte oder von meinem Großvater (Abb. 42), der in dem Jahre nach unserer Übersiedelung nach Heidelberg gestorben war, und dessen ich mich aus dem allerersten Sommer auf Stift Neuburg noch entsinne. Doch ob das Bild von ihm, wie ich es vor mir habe, nicht doch mitbestimmt ist von dem großen Lichtbild, das stets in dem Arbeitszimmer meines Vaters hing, vermag ich heute nicht mehr zu entscheiden. Zwar eines Augenblicks mit ihm erinnere ich mich noch ganz deutlich: Ich ging mit meiner Nurse bei Sonnenschein den Fußweg an der hohen Westmauer des brütenden Gemüsegartens hin, als er dazukam. Der alte Obergärtner Marx war gleichfalls in der Nähe. Da wandte sich mein Großvater von mir zum Gärtner Marx und sagte: „Er darf von allem in dem Garten esssen, Marx, wozu er Lust hat." Es war nämlich sonst jedem streng verboten, sich im Garten irgend etwas abzureißen. Dazu, so hieß es, gäbe es genug Obst bei den Mahlzeiten. Und das war richtig. Daß nun mein Großvater bei mir diese besondere Ausnahme machte, war etwas, was sich mir tief einprägte und wieder auch als Situationsbild. – Dann wieder sehe ich ihn einmal vor mir stehn in irgendeinem Zimmer und in heiterem Tone zu mir sprechen. Doch was er dabei sagte, ist mir nicht geblieben. An seinen Tod erinnere ich mich nicht mehr, wohl aber weiß ich noch, daß man mir später, es kann sein, auch gleich, erzählte, er habe sich bei Wind und Regen auf dem Weinberge erkältet und sei dann an Lungenentzündung rasch gestorben.

Mein Großvater war einer der drei letzten Senatoren der freien Reichsstadt Frankfurt am Main gewesen und wurde immer nur als „Herr Senator" angesprochen. In seiner Vaterstadt genoß er ein großes Ansehen. Er spielte zur Zeit der Annektierung Frankfurts durch die Preußen eine wesentliche Rolle als Hauptgegner gegen dessen Einverleibung, wie er überhaupt ein ausgemachter Feind Großpreußens und der von ihm ausgehenden Vormachtspolitik war. Um ihn daher als Stimmungsmacher kaltzustellen, ließ ihn Bismarck eines Nachts kurzweg verhaften und zusammen mit dem ersten Bürgermeister auf der Hauptwache so lange in Gewahrsam halten (in „Schutzhaft nehmen", nennt man dieses Vorgehn heute), bis die Annektierung Frankfurts abgeschlossen und perfekt geworden war. – Man kann ihm daher kaum verübeln, daß er bis zuletzt nicht allzu freundlich über Bismarck sprach und dachte. Meiner Kindheitsbewunderung für Bismarck aber tat dies Wissen weiter keinen Abbruch.

In seiner Jugend muß mein Großvater ein rechter „Lebemann" gewesen sein, wie man ein etwas freieres Sichgeben damals in bourgeoisen Kreisen nannte. So kursierten in dem damaligen Frankfurt allerhand reizende Anekdoten über ihn, die ich von Zeit zu Zeit von meinem Vater immer wieder hören wollte. Zwei ganz besonders ausgefallene will ich hier, um sie vor der Vergessenheit zu retten, kurz berichten: In Frankfurt lebte damals eine schöne, viel begehrte und verehrte Dame der Gesellschaftskreise, die wegen ihres Stolzes und ihrer Unnahbarkeit bekannt war. Mein Großvater ging nun mit einigen Freunden eine Wette ein, daß sie, wenn er vorbeikäme, ans Fenster treten und ihm nachsehn werde. Und er gewann die Wette, denn am nächsten Morgen ritt er (es war tiefer Winter) ganz von Kopf bis Fuß im weißen Nankinganzug auf einem Schimmel bei der Dame Fensterpromenade. Sie sah nicht nur heraus, sie sah ihm nach, und mit den fünfundzwanzig Flaschen Sekt, die er gewonnen hatte, gab er seinen Freunden abends dann ein Festgelage. Und nun die zweite Ankekdote: Die Aufteilung Polens, überhaupt die ganze Polenfrage spielte in den Jugendjahren meines Großvaters in ganz Europa eine vielbesprochene Rolle. In Frankfurt lebte damals eine angesehene Persönlichkeit, ein Mann, der neben anderen Verdiensten, die er scheinbar hatte, ein rabiater Polenhasser war. An irgendeinem Jubiläums- oder Ehrentag dieses notablen Bürgers, der festlich begangen wurde, fand sich auch mein Großvater als junger Mann mit einigen Freunden um die Mittagszeit vor seinem Hause ein, um ihm ein Ständchen darzubringen. Der so Gefeierte trat nach Beendigung des Ständchens feierlich auf den Balkon heraus und dankte mit bewegten Worten für die ihm erwiesene Aufmerksamkeit. Sobald er seine Ansprache beendet hatte, stimmte mein Großvater laut das Polenlied an: „Noch ist Polen nicht verloren . . . " Der so Verulkte rief nur: „Da ist der verdammte Bernus wieder dabei" und schlug wütend die Balkontüre hinter sich zu. In Frankfurt hat man diesen Scherz sehr viel belacht damals.

Und hier noch eine Lieblingsanekdote meines Großvaters, von der er versicherte, daß sie wahr sei: In Frankfurt lebte zu seiner Zeit eine notable Patrizierfamilie, Vater, Mutter und eine einzige Tochter. Die Eltern hatten, wie es damals zum guten Ton gehörte, eine Loge im Theater. Sie waren gewohnt, Jahre lang allabendlich das Theater zu besuchen. Da plötzlich verloren sie die Tochter. Am Abend des Sterbetages fing der Vater an, je mehr es auf die Theaterzeit zuging, zusehends unruhiger zu werden, bis er schließlich sagte: „Tot is sie emal, ännere könne mers nit, gehn wir ins Theater." Und sie gingen.

In seinen Mannesjahren unterhielt mein Großvater mit vielen namhaften Tondichtern, Malern, Dichtern und Gelehrten freundschaftliche, nicht ohne Nachwirkung gebliebene Beziehungen. Mit Mendelssohn war er von Jugend an befreundet. Er suchte als Senator zu vermitteln, daß Moritz von Schwind den Römersaal für die Stadt Frankfurt mit Fresken ausmale. Doch irgendwie zerschlug sich dann die Sache. Der eine, und ich glaube einzige, farbige Kartonentwurf dafür von großem Ausmaß verblieb dann, als nichts aus dem Plan wurde, meinem Großvater. Ich habe ihn zusammen mit Stift Neuburg nach Ableben meines Vaters überkommen. Neben dem Freundeskreise Schlossers, der von selbst auch auf meine Großeltern überging, verband meinen Großvater auch ein herzliches Verhältnis zu Chamisso. Als junger Mensch hatte er dem Dichter Verse von sich vorgelegt und ihn gefragt, ob er ihm rate, ganz sich der Dichtkunst zu widmen. Chamisso aber meinte, mit dem Dichten habe es seine eigene Bewandtnis, und er empfehle ihm, sich einem minder undankbaren Handwerk zuzuwenden; es stehe ihm darum ja nichts im Wege, nebenher und für den Hausgebrauch zu dichten. Mein Großvater befolgte diesen Rat Chamissos, und er war bestimmt auch richtig, denn keines unter all den zahlreichen Gedichten seiner Hand erhebt sich über den landläufigen guten Durchschnitt der Liebhaberverse jener Zeit, in denen Frühling, Liebe, Freundschaft, Lust und Trauer und ihr typisches Erleben einen herkömmlichen Ausdruck fanden. Damit, daß sich neun Zehntel des gesamten nachromantischen Schrifttums seiner Ära ebenso erübrigt, werden seine eigenen Versuche nicht besser. Er sah das sicher selbst auch ein, denn er verübelte Chamisso den erteilten Rat durchaus nicht, sondern blieb ihm bis zuletzt ehrend zugetan. Dafür spricht auch, daß er dem Dichter um ihm seine Liebe zu bezeigen, sehr viel später einmal einen Korb Champagnerflaschen sandte, wofür Chamisso mit den in die spätere Gesamtausgabe der Gedichte unter dem Titel „Wer hats getan?" aufgenommenen Terzinen sich bei ihm bedankte. Es sind diese:

„Ich trinke meist nur Wasser aus dem Fluß
Und kanns mit bestem Willen doch nicht loben,
Getrunken hab ichs mir zum Überdruß.

Und meinen Mut anscheinlich zu erproben,
Wird, groß und schwer, bedrohlich in der Nacht
Ins Haus mir eine Kiste zugeschoben.

Was soll mir das? Wer hat sich das erdacht?
Nicht pflegt, wer Gutes sinnt, sich zu verstecken;
Höllenmaschinen gibts, nehmt euch in acht!

Behutsam aus! Das Unheil nicht zu wecken;
Was steckt darin? Blitz Hagel! Flaschen seh ich
Die schönen blankverzinnten Hälse recken.

Champagnerflaschen! Nein – versteinert steh ich,
Es spukt, es geht nicht zu mit rechten Dingen.
Wer ist in Deutschland solchen Streiches fähig!?

Und welche Lieder wollt ich da nicht singen!
Ach nein! mit meinem Singen ists vorbei,
Die Mus' entwichen und gelähmt die Schwingen.

Lebendiger Geist in diesen Flaschen, sei
Ein Liebesbalsam meiner kranken Brust,
Erweckst du gleich nicht mehr den alten Mai.

„Ich liebe wohl geliebt zu sein", gewußt
Hat das der Freundliche, der dich gesendet,
Und wohl empfand auch er die gleiche Lust.

Der Liebe, die dich edlen Trank gespendet,
Geweihet sei andächtig immerdar,
Und werde sonder Liebe nie verschwendet.

Mir scheint am Abend spät der Himmel klar.
Der rote Streif, das ist der Liebe Glut;
Reicht einen Trunk von meinem Wein mir dar:

Denn, wen die Liebe bettet, ruhet gut."

So konnt ich stundenlang beim Lampenlicht im Wohnzimmer meinem Vater zuhören, wenn er erzählte, während meine Mutter nebenan Patiencen legte. Und immer wieder waren es Geschichten, die mit meinem Großvater zusammenhingen, die ich allen andern vorzog. Die untergründige Linie von ihm zu mir empfand ich unbewußt als etwas sehr Reales, während ich ein Zugehörigkeitsgefühl all meinen übrigen Verwandten, auch den nächsten gegenüber, eigentlich so gut wie gar nicht kannte. Dabei steht rein erlebnismäßig mir mein Großvater zeitlich wie bildlich ferner als meine Großmutter, bei welcher ich drei Sommer auf Stift Neuburg zubrachte, sie also jahrelang stets wieder gegenwärtig hatte und mit ihr zusammen war. Aber sie war schon damals leidend und ihr ernstes und dem Kinde auch vielleicht nicht so verständliches und mehr in sich beschlossenes Wesen ließ in diesem dann auch seinerseits ein wärmeres ihr Zugetansein nicht so aufkommen. Sie war in ihrer Jugend ungewöhnlich schön gewesen. Das lebensgroße Ölgemälde Philipp Veits von ihr (Abb. 43), das heute in dem Städelschen Institut in Frankfurt hängt, als Kunstwerk eines der vollkommensten Damenportraits jener Epoche, zeigt sie in seltener Anmut, und man sucht darauf vergeblich die noch immer schönen, aber strengen und fast harten Züge ihrer letzten Lebensjahre (Abb. 44), wie ihre Lichtbilder von damals zeigen, der Zeit, in der ich sie als Kind erlebte. Sie war eine geborene du Fay, ein uraltes französisches Adelsgeschlecht; ein früher Vorfahr war mit Gottfried von Bouillon auf dem Kreuzzug gewesen. Als Hugenotten war ein Zweig dieses Geschlechtes, wie die Bernus, später nach Frankfurt am Main gekommen und fanden dort dann eine neue Heimat. Dem Namen Bernus und du Fay begegnet man aber auch heute noch in Frankreich, wiewohl nur sehr vereinzelt; so war die junge Mutter des großen Dichters Baudelaire eine du Fay gewesen. Sollte das dichterisch-transmutatorische Ferment hier doch vielleicht im Blute der du Fays fließen?

Des abends waren meine Eltern sehr viel aus, oft im Theater, oft auch in Konzerten. Es war das damals mehr eine gesellschaftliche Angelegenheit als eine künstlerische, so wie das heute noch in Frankreich und vor allem auch in England Brauch ist. Es gehörte eben zu dem „guten Ton", das alles „mitzumachen". Doch auch Soupers, Soireen, wie überhaupt Gesellschaften, bei denen exquisit gegessen und getrunken und ein Aufwand an Geld, Zeit und Mühe, der eines bessern wert gewesen wäre, auf eine inhaltlose und gleichgültige Geselligkeit verwendet wurde, nahmen meine Eltern viel in Anspruch. So kam es, daß ich vom Spätnachmittage an sehr viel mit meiner Nurse allein gelassen wurde. Außer der Nurse gehörte neben dem Diener Wolfgang und der Köchin noch ein altes, zuverlässiges, jedoch recht schrulliges Faktotum zum Hauspersonal, halb Hausaufsicht, halb Jungfer meiner Mutter, Marie Scholl aus Schlierbach bei Heidelberg, die lange, ehe ich das Licht der Welt erblickte, schon bei meinen Eltern in Vertrauensstellung war. Ich mochte sie und mochte sie auch wieder nicht, denn ich empfand mit der Feinfühligkeit, die Kindern eigen ist, daß mein verspäteter Hinzutritt ihre stets mit Eifersucht gewahrten und gewohnten Kreise störte. Sie war nie unfreundlich zu mir, doch irgendwie verspürte ich bei ihr mir gegenüber eine Art von Abwehr. An meiner Nurse (Abb. 45) hingegen hing ich leidenschaftlich, und als sie schließlich mich verließ und nach England zurückkehrte, litt ich an etwas Ähnlichem wie Heimweh, das mir lange nachging.

Die Abende mit meiner Nurse allein im alten, weitläufigen Hause, wenn das Licht schon brannte – in meinem Kinderzimmer in der Mitte hing über dem großen Tisch eine behagliche Petroleumlampe –: die Stimmung dieser Kinderabende war derart anheimelnd und so nachhaltig, daß sie mir unvergeßlich blieb, und zwar in allen Einzelheiten, daß ich das Zimmer heute noch aufzeichnen könnte, auch wo die Möbel standen und wie die Türen sich verteilten, und bloß die Bilder, überhaupt was an den Wänden hing, ist mir entfallen. Zu den zwei Fensternischen führte rechts und links je eine niedrige Stufe und in der rechten Fensternische saß meist meine Nurse und nähte. Ich meinerseits hatte die linke Nische mit Beschlag belegt und blätterte dort stundenlang ganz still in meinem Markenalbum, bis man das Abendessen für mich brachte, das an dem großen Mitteltische eingenommen wurde. Dann, nach dem Abendessen sollte ich mir noch etwas Bewegung machen, ehe ich ins Bett kam. Da wurde meist das Dreirad vorgeholt (Abb. 46), auf dem ich in dem meinem Kinderzimmer angrenzenden Vestibül herumfuhr und dabei laut vor mich hinsang oder deklamierte, denn Verse liebte ich schon mit sechs Jahren und behielt sie oft schon nach einmaligem Hören, doch stets nur solche, die mich ansprachen, während das schulmäßige Auswendiglernen von Gedichten, die mich unbeteiligt ließen, mir recht schwer fiel.

Ins letzte Winterhalbjahr unseres Aufenthaltes in dem Heidelberger Hause fiel der Tod des alten Kaisers Wilhelm. Damals erschien in der Zeitschrift „Vom Fels zum Meer" eine Trauerhymne, wie ich glaube Felix Dahns, die mir mein Vater vorlas. Sie ergriff mich sehr und also wußte ich sie auch gleich auswendig. Die erste Strophe dieser Hymne ist mir noch bis heute im Gedächtnis:

„Der Kaiser tot, die Trauerfahnen wallen
Schwermütigen Flugs vom Schlosse zu Berlin.
Der Kaiser tot, die Trauerglocken hallen
In dumpfem Zug durchs Deutsche Reich dahin."

Auf meinem Dreirad immer in der Runde fahrend deklamierte ich wohl hundertmal allabendlich durch Wochen diese feierlichen Strophen, daß die dämmerige Halle scholl und tönte.

Die Zeitschriften „Vom Fels zum Meer" und insbesondere „Die Gartenlaube", damals die gelesensten, an denen wohl die meisten der bekannteren und angesehensten Autoren jener Zeit mitarbeiteten, traf man in jedem bürgerlichen Heim an und sie lagen auch bei meinen Eltern auf dem Tisch des Wohnzimmers. So kam es, daß ich oft als Kind drin blätterte und meine erste literarische Bildung daraus schöpfte. Ich lernte eigentlich mehr hieran lesen als in meinem Vorschulunterricht. Und die damalige, späterhin ja sprichwörtlich gewordene Gartenlaubeliteratur enthielt auch nichts, was einem Kinde hätte schädlich werden können. Es war das eine völlig harmlose Lektüre. Auf soviel Milch mit Himbeersoße mußte dann unweigerlich der Rückschlag kommen, und er tat es im Naturalismus, dessen Aufkommen jedoch bereits in meine frühe und auch spätere Gymnasialzeit fällt. Das Titelblatt der „Gartenlaube" hatte übrigens etwas sehr Anheimelndes, und eigentlich ist mir nur dieses Bild als Anschauung stehngeblieben.

Sowie ich Einschau in mich halte nach Erinnerungsbildern jenes Zeitabschnittes, nach Gesichten, die es je und je vermochten, irgendwie bestimmend und befruchtend auf mich ein- und nachzuwirken, um verwandelt später einzugehn in meine dichterische Welt und ins Gebilde, tauchen immer wieder die abseitigen, verwunschenen alten Gassen Heidelbergs vor meinem inneren Auge auf und fangen an von selbst zu wesen und zu reden. Und wieder gehe ich als Kind von irgendeiner Hand geleitet auf und ab in ihnen und stehe still vorm Tor der alten Brücke (Abb. 47–50).

Gleich links der erste Brückenpfeiler trägt die Merkzeichen der Wasserhöhe der verschiedenen Neckarüberschwemmungen während der letzten hundertfünfzig Jahre. Der höchste Stand war in der zweiten Hälfte des achtzehnten Jahrhunderts. Kaum auszudenken, was für eine Überschwemmung das gewesen sein muß. Das Wasser muß bis fast zur Heiligen Geistkirche hinaufgereicht und die gesamte Altstadt überflutet haben. Es zog mich immer wieder hin zu diesen Merkzeichen, von wo ich dann waagrecht hinüber nach der Stadt visierte, um in meiner Vorstellung das Bild der ungeheuren Wassermassen so wahrheitsgetreu als möglich wachzurufen. Natürlich stand damals auch das rechts an die Brücke angrenzende alte Schlachthaus unter Wasser (Abb. 51). Seit fünfzig Jahren, wenn nicht länger, ist es nun schon wegverlegt in einen andern, weitentfernten Stadtteil. Und das ist gut so, denn es war ein grauenhafter Anblick, der jedoch in seiner Scheußlichkeit die dumpfe Neugier immer wieder reizte, zwischen die Gitterstäbe ebener Erde durchzusehen in die weite, blutbestandene Halle, wo den zur Schlachtbank hingezerrten Tieren mittels eines riesigen Hammers ein gespitzter Keil in die Schlagader eingetrieben wurde, woraus sich dann ein dicker Strom von Blut in den darunter vorgesehenen Abflußschacht ergoß. Ein fürchterliches Schauspiel, ähnlich dem des Schächtens. Die heutige Art des Schlachtens ist technisch und weniger grausam. Man machte sich als Kind natürlich nicht Gedanken darüber, daß dieser unmenschliche Vorgang einzig und allein den Zweck habe, die so bestialisch umgebrachten Tiere später selbst zu essen. Ich habe dieses häßliche Erleben lange Zeit mit mir herumgetragen und meine heute noch empfundene und eingewurzelte Abneigung gegen Metzger, Schlachtbänke, selbst gegen Metzgerwagen rührt vermutlich daher. Ich machte instinktiv als Kind um jeden Metzgerwagen einen weiten Bogen.

Eine wesentlich erfreulichere Unterhaltung bot unweit der alten Brücke und des widerwärtigen Schlachthauses das an dem Neckar hingelagerte Marstallgebäude (Abb. 52 u. 53), ein im Rechteck einen mächtigen Hof umschließender, in seinen Ausmaßen gewaltiger Renaissancebau. Als noch das Schloß Pfalzgrafensitz war, diente es der Unterbringung des kurpfälzischen Marstalls. Es ist einer der wenigen Bauten neben dem berühmten Hotel Ritter, der bei der Zerstörung Heidelbergs durch Mélac vor dem Brand verschont blieb. Die Gewerbeschule und noch eine Reihe andrer Einrichtungen, seit dem ersten Weltkrieg auch die Mensa, sind darin untergebracht; vor allem auch, seit ichs gedenken kann, der Tattersall. Der übte eine starke Anziehung auf mich als Kind aus, denn man begegnete dort häufig Reitern, konnte in die Stallungen hineinsehn, wo die vielen Pferde standen, und auch gelegentlich mit den Reitknechten ein paar Worte wechseln. Hatte man Glück, so stand mitunter, wenn Reitunterricht erteilt wurde, die Türe zu der ganz mit braunem Torf bestreuten Reitbahn offen. Da war ich nicht mehr wegzubringen von der Schwelle, denn es war zu drollig, wenn die Anfänger, kaum daß es an das Traben ging, mangels der Steigbügel sich am Pferdehals festklammerten, weshalb der Reitlehrer das ganze Karussell nur um so stärker antrieb und die ausgesuchtesten Schimpfreden dazu führte, während er mit seiner langen Peitsche heftig knallte. Nichts war belustigender, als wenn dann einer sacht von seinem Pferd abglitt und sich, wieder aufstehend, den Torf von seinen Kleidern schüttelte, um, neben seinem ruhig weitertrabenden Pferd herlaufend, sich zu bemühen, wieder auf dasselbe aufzuspringen, was der Reitlehrer mit einem neuen Schwall grotesker Redensarten zu begleiten pflegte. War dann der Unterricht zu Ende und die Stallknechte erschienen, um die Pferde quer über den großen Marstallhof in ihren Stall zurückzuführen, so durfte ich gelegentlich auf eines aufsitzen und mit hinüberreiten.

Die Faschingszeit verlief damals in Heidelberg wie üblich: Man begegnete am Faschingsdienstag auf den Straßen einigen erfindungslos maskierten Halbwüchsigen – am späten Nachmittage machten die Studenten in zahlreichen Droschken singend eine Umfahrt. Natürlich wurde man als Kind trotzdem sehr stark davon beeindruckt, weil die Einbildungskraft durch alles Nichtalltägliche gereizt wird. Hierin zeigt sich die innere Verwandtschaft zwischen der für alles Ungewöhnliche stets offenen Kinderseele und der gleichaltrigen oder doch sehr ähnlichen Empfänglichkeit des Künstlers, nur daß der Nichtkünstlerische des ϑαυμάζειν nicht mehr beibehält im späteren Leben. Die Folge ist: Er wird ein Bürger. In seiner „Polis" hat schon Plato als ein fremdes Element den Dichter ausgeschlossen. Zweiundeinhalb Jahrtausende und länger klafft bereits die Kluft der Gegensätze und läßt sich nicht überbrücken.

War auch der Fasching hergebracht in Heidelberg und unterschied sich nicht von andern seinesgleichen, so hat sich doch in Heidelberg ein Brauch erhalten, der meines Wissens nirgends sonst sich so wiederfindet. Es ist dieses am Sonntag nach der Frühlingssonnenwende, also in der zweiten Märzhälfte, das Einsingen des Sommers (Abb. 54). Da zieht ein langer Zug von Kindern jeden Alters durch die Gassen und jedes Kind geht unter einem großen kegelförmigen Strohgehäuse, oben spitz und unten bei den Füßen weitauslaufend. Nur vorne für die Augen ist ein kleines Viereck ausgeschnitten. Und diese Strohgehäuse sind behängt mit buntem Flitter und ganz oben an der Spitze schmückt sie eine mächtige Laugenbretzel. Andre Gehäuse aber, als Sinnbild des Winters, sind gemacht aus Tannenreisern, ohne den Behang und ohne Bretzel. Begleitet wird der Zug von einer Schar von Jungens, die teils Rasseln und teils Klappern tragen. Das ganze stellt das Winteraustreiben durch den nun anbrechenden Frühling dar, was durch die Strophen, die dabei in einem fort gesungen werden, zu dem farbigen Bild verlautbart wird:

56

Strih, Strah, Stroh,
Der Sommertag ist do . . .

Natürlich spielte auch die Sammelbüchse bei dem ganzen Umzug eine
große Rolle, die mit der Klapper und der Rassel mitgeschüttelt wurde,
und je mehr sie sich mit Pfennigen und Nickel füllte, um so begeisterter
und stärker wurde sie geschüttelt. So war dieses sich jährlich wiederho-
lende Winteraustreiben ein Ereignis, das wohl jedem Kinde unvergeßlich
bleiben muß, aber dem Dichter wurde es zum Sinnbild für das Schmerzli-
che des Blühens und Vergehens in seiner ganzen lebensweiten Trauer.

Auch für *Alfred Mombert,* der zeitlebens in Heidelberg ansässig war,
von wo ihn nur zeitweise immer wieder große Reisen in alle Weltteile
führten, wurde dieser Heidelberger Brauch des Sommer-Einsingens zum
Erlebnis, das er in seinem ersten Gedichtbuch „Tag und Nacht" in diesen
Strophen festhielt:

KINDERFEST

„Das war das große Kinderfest
an einem blauen Sonnetag!
Da trug die alte Stadtmusik
die Trommelbäuche, Kupfernasen
hinaus auf eine grüne Wiese.
Und hinterdrein im Trippelschritt
zog sich das ganze kleine Völkchen,
trug große Bretzel auf den Stecken
und bunte Fähnlein und Rosenkränze
und lachte recht mit weißen Kleidern.
Doch war das Eigenste von allem
der klare große Kinderblick.
Und hinterdrein im Feierschritt
wandelten schweigend schwarze Männer,
ernste Herzen, goldne Brillen,
Ratsherrn, Schreiber, Bürgermeister.
Und schwiegen lang. Und traten abseits.
Und putzten die Brillen. Und sprachen endlich
„Den Blick, den müssen wir wiederhaben –"
„Wir müssen uns Stecken und Brezel kaufen"
„Und bunte Fähnlein und Rosenkränze!"
„Und lachend in weißen Kleidern gehn"
„An einem blauen Sonnetag."
Und schluchzten heimlich, da sie dachten
an jenes große Kinderfest. . ."

Neben dem „Sommertag" war es die Messe, die im damaligen Heidelberg ein besonderes Gepräge trug. Seit lange schon ist sie hinausverlegt bis fast ans Ende der Bergheimer Straße. In meiner Kindheit aber spielte sich der ganze Rummel auf dem Universitätsplatz ab, während die zahlreichen Verkaufsbuden der Weihnachtsmesse auf dem Karlsplatz standen, zehn Reihen mindestens, ein Dorf im kleinen. Was es nicht alles da an Sehenswürdigkeiten gab, wenn man so durchging, und zumal des Abends, wenn die Lichter brannten. Dem Kind erschien der so vertraute Karlsplatz dann mit einmal wie verwandelt und unübersehbar. In jeder Bude lag etwas Begehrenswertes, dessen Besitz man sich jedoch versagen mußte, weil . . . nun, weil es einem niemand kaufen wollte, denn sicherlich war es zu scheußlich. Nur vor der Waffelbäckerei bekam man immer eine heiße Waffel, mit Streuzucker ganz dick bestreut, ein köstliches Gebäck, so leicht und knusprig. Aber das alles war es nicht, was mich so nachhaltig beeindruckte, sondern es war die völlig einmalige, mich entrückende Gesamtstimmung, die über dieser Weihnachtsmesse lag, zumal bei Schneetreiben, wenn hinter der verschneiten alten Stadt mit ihren weißen Giebeldächern der beredte Schloßberg anstieg und alles ringsumher in eine feierliche Weihnachtswelt getaucht war. Sogar auf den Gesichtern all der Menschen, die viel eifriger als sonst, so schien es wenigstens, umherliefen, um einzukaufen oder ihren täglichen Geschäften nachzugehen, malte sich die Vorfreude der nahen Festzeit. Man ging umher darin inmitten dieser traumhaften Verwandlung und nahm den Schimmer mit nach Hause, um sich ganz in Silber einzuspinnen an den langen transparenten Winterabenden. Man fühlte das Besondere, Ungewöhnliche sich vorbereiten und war voll weihnachtlicher, heimlicher Erwartung . . .

NÄCHTLICHE EINHOLUNG

Nicht ganz neunjährig war ich, als ich zum erstenmal den Tod sah. Meine Großmutter starb und lag hoch aufgebahrt in einem weiten Saale (Abb. 55) mit dem Ausblick auf den Neckar. Das war in unserem großen Hause ganz am Anfange von Heidelberg, wo während ihrer letzten Lebensjahre meine Großmutter die strengsten Wintermonate verlebte. Eine breite Freitreppe führte in den weitläufigen Garten, der bis ans Ufer reichte und in eine sonnige, von hohen Steinbögen getragene Terrasse auslief, von wo man über eine verwitterte und moosbewachsene Sandsteinbalustrade auf den buntbelebten Fluß hinabsah. Rechts und links begrenzten sie zwei ebenmäßige Gartenhäuser. Den Sommer über hatte ich dort nachmittagelang mit Christabell gespielt, einem drei Jahre älteren englischen Mädchen, traumhaft schön, mit großen braunen Augen und bis auf die Schultern reichenden, kastanienbraunen, offenen Haaren. Ich liebte sie unsäglich und peinigte sie in einem fort mit Eifersucht. Noch heute weiß ich, wie michs würgte, wenn sie mit anderen Knaben sprach und lachte. Dann schlug ich sie und riß sie an den Haaren so lange, bis sie weinend weglief, und wenn sie fort war, stahl ich mich in eins der Gartenhäuser und war traurig und sehnte mich nach ihr und nahm den Schmerz bis in den Schlaf mit. Und wenn sie dann am anderen Tage wiederkam, fiel ich ihr um den Hals und küßte sie inbrünstig. Wie liebte ichs, beim Fangspiel sie zu fassen und nicht loszulassen, bis sie lachend sich ins Gras warf. Dann warf ich mich dicht neben sie und sog den Duft aus ihren Haaren. Doch wenn sie später dann beim Ballspiel einem anderen Jungen über mich hinweg den Ball zuwarf und ihm zuwinkte, so packte mich die Eifersucht von neuem – und dieser unvermeidliche selbstquälerische Vorgang wiederholte sich fast täglich. So ging der Sommer hin, mein letzter und schönster Sommer in dem alten Heidelberger Hause. Als dann der Herbst kam und die Tage naß und kürzer wurden, spielten wir im Zimmer. Da gab es weniger Gelegenheit zu Eifersucht, weil die andern Jungen nicht mitkamen bis auf Rupert, ihren mir gleichaltrigen Bruder, der als solcher aber als Rivale ausschied. Der ließ ununterbrochen eine große Eisenbahn auf den Steinfliesen eines langen

Seitenganges, der zur Küche und den Wirtschaftsräumen führte, mit betäubendem Geknatter auf und nieder fahren, während ich mit Christabell in der saalähnlich weiten Halle, die das Vestibül des altertümlichen, palaisartigen, sehr ausgedehnten Hauses bildete, auf meinem Dreirad singend stundenlang im Kreis herumfuhr, wobei sie, auf der Querachse der beiden Hinterräder stehend, mit ihren Armen mich umschlang und sich an meinen Schultern festhielt. Das waren meine ersten Fahrten in das Abenteuer.

Da unversehens kam der Augenblick, der alles änderte und trostlos machte: An einem dämmrigen und unwirklichen Spätnachmittag im November, als in der Halle meiner Traumfahrten bereits das Gaslicht brannte – es war ein Doppelarm mit zwei unruhig offenen Flammen, wie man sie als Neuestes damals hatte –, kam Christabell mit ihrem Bruder stürmisch in mein Zimmer und erzählte mir glückstrahlend, sie kehrten nächste Woche schon für ganz zurück nach England, es sei das alles überraschend schnell gekommen: Ihr Vater, der damals Seelsorger bei der englischen Kolonie in Heidelberg war, habe an der Küste Yorkshires auf dem Lande eine herrliche Pfarrei erhalten. Dort werde sie den ganzen Tag am Strande sein und schwimmen, auch Pferde wären dort zum Reiten; sie könne es schon gar nicht mehr erwarten, bis sie reisten. Natürlich käme sie jetzt nicht mehr, denn es gäbe noch so viel zu packen und zu richten; nur ihre Schlangen wolle sie mir rasch noch vor der Abfahrt bringen; sie wisse sie bei mir am besten aufgehoben, die braune bissige Weinbergnatter hätten wir ja doch zusammen in dem Garten bei dem Schutthaufen gefangen. . . Und damit war sie wieder fort und schlug die schwere Haustüre noch lauter zu als sie es sonst tat. Ihr Bruder Rupert aber blieb bei mir zurück und langte schweigend sich die große Eisenbahn aus dem Spielschrank her, um sie zum Abschied mit noch lauterem Getös als sonst den langen Wirtschaftsgang zum letzten Male auf und ab laufen zu lassen. Ich aber saß reglos im schon dunkel gewordenen Zimmer an dem Fenster und sah hinaus in den Novembernebel. In mir war alles leer und ganz verschüttet.

Ich weiß nur noch, daß Christabell mit ihren Eltern bald darauf noch einmal zu uns kam, sich förmlich zu verabschieden; doch kann ich mich dieses Besuches, wie sehr ich ihn mir später zu vergegenwärtigen suchte, im einzelnen nicht mehr entsinnen. Die Schlangen starben erst im Winter drauf an Futtermangel.

Damals, an jenem Spätherbstnachmittag, als Christabell laut jubelnd von mir rannte, ging meine erste Welt in Trümmer; doch das verstand ich erst viel später.

Nun kamen graue monotone Tage. Vormittags hatte ich, wie immer, mit den beiden andern gleichaltrigen Jungen den gewohnten Vorschulunterricht von dem Hauptlehrer Hans Göckel, einem Manne, dem ich noch Jahrzehnte später herzlich zugetan war. Ich lernte ungern seit ichs mir gedenke, dabei war ich nie eigentlich ein schlechter Schüler. Nach Tisch gab es dann meistens in Begleitung der alten „O", der Hausdame meiner Großmutter, die stets um diese Zeit zu ruhen pflegte, den gefürchteten und sturen Nachmittagsspaziergang auf den Schloßberg (Abb. 56). Was ich anfangs liebte, wurde mir zusehends unerträglicher. Ich kannte jeden Stein am Wege. So ging es täglich, ausgenommen sonntags. Doch da war mir der Gottesdienst in der englischen Kirche auch verleidet, denn auf dem Platz, wo früher Christabell gesessen hatte, saß jetzt eine dürre englische Miß mit einem Kneifer.

Die einzige willkommene Abwechslung für mich war, wenn mich mein Vater zu sich in sein Arbeitszimmer holte und mir aus einem dicken braungebundenen Buch Gedichte vorlas. „Tells Tod" von Uhland liebte ich am meisten. Ich kannte es bald auswendig und wiederholte immer vor mich hin die Strophe:

„Wärst du noch jung gewesen,
Als du den Knaben fingst,
Und wärst du dann genesen,
Wie du nun untergingst,

Man hätte draus geschlossen
Auf künftiger Taten Ruhm,
Doch schön ist nach dem großen
Das schlichte Heldentum."

Das andere Gedicht von Uhland, das ich gerne deklamierte, war des „Sängers Fluch", weil es sich so pathetisch abrollt.

Nächst diesen beiden Uhlandschen Balladen liebte ich vor allem zwei Gedichte Heines. Auch diese mußte mir mein Vater immer wieder vorlesen. Es war „Belsazer" und „Die Wallfahrt nach Kevlar". Die letztere rührte mich zu Tränen.

In atemloser Spannung und mit immer neuem Grauen folgte ich den holprigen Versen in Gustav Schwabs „Reiter über den Bodensee" und verstand damals vollkommen, daß der Mann zusammenbrach und augenblicks vom Schlag getroffen tot zu Boden sank, als ihn die Schreckensbotschaft traf, daß ja die Wasserwüste, die er suche, hinter ihm und nicht mehr vor ihm liege, da er soeben in der winternächtlichen Verdunklung über die gefrorne Fläche hergeritten sei.

Mein Vater schloß die Lesung meist mit Goethes „König in Thule", vielleicht bewußt, um das rein Musikalische vollkommener Dichtung in meinem innern Ohr als letzten Eindruck nachklingen zu lassen. Jedenfalls war dieses das Ergebnis, und jene zeitlose Musik der Sprache ist seitdem in mir formend geworden.

> „Es war ein König in Thule
> Gar treu bis an das Grab,
> Dem sterbend seine Buhle
> Einen goldenen Becher gab."

Ich wußte nicht was Buhle sei und fühlte mich auch nicht gedrängt, danach zu fragen –: etwas Geheimnisvolles, Wunderbares sicher. Damals schwur ich mir zu, auch später einmal eine Buhle zu besitzen, was immer es damit auch für Bewandtnis habe. Und diesem Schwure bin ich treu geblieben.

Ich habe jene Leseabende bei meinem Vater in dem alten weitläufigen Heidelberger Hause noch bis heute im Gedächtnis.

Da, eines Tages gingen alle leiser und gehaltener umher in den nachhallenden und langen Gängen, und man verbot mir, in dem Vestibül Dreirad zu fahren, weil ich dabei ganz automatisch anfing, immer laut zu deklamieren; die Leseabende erfuhren eine unvorhergesehene Unterbrechung – es wurde alles noch viel monotoner. Doch dieser Wechsel hatte auch sein Gutes: denn die leidigen Spaziergänge nachmittags zum Schloßberg wurden ausgesetzt, weil die Gesellschafterin, die alte „O", nicht mehr abkömmlich war bei meiner Großmutter. Da konnte ich die ganze Zeit über in der geheizten Glasveranda mich mit den Schlangen Christabells beschäftigen und durch die Scheiben des Terrariums ihrem Gleiten und geheimnisvollen Züngeln zusehen. Der Grund zu dieser plötzlichen Veränderung lag in dem Zustand meiner Großmutter, der sich von Tag zu Tag verschlimmerte. Fast immer waren meine Eltern bei ihr. Mein Vater hing an seiner Mutter mit einer fast abgöttischen Liebe. Die Stimmung aller war gedrückt und lastete auf meinem Kinderleben. Ich lag damals oft stundenlang noch wach im Bett, dachte an Christabell und fühlte mich sehr einsam. Wenn meine Mutter vor dem Schlafengehen noch nach mir sehen kam, tat ich so als schliefe ich. Mitunter wachte ich auch mitten in der Nacht auf, weil mir so war als gehe jemand unsichtbar durchs

Zimmer. Nicht daß ich richtig etwas hörte; ich hatte vielmehr die Empfindung, als wehe etwas kühl an meinem Bett vorüber. Ich hatte ein fremdartiges Gefühl dabei, doch ohne mich zu fürchten, eigentlich. Einmal wachte ich wieder auf nachts, als es draußen gerade Eins schlug. Im Hause schien noch alles auf zu sein: Ich hörte hin und her gehen über uns im Stockwerk, das im Winter meine Großmutter bewohnte. Türen gingen. Dann wieder liefen hastige Schritte auf und ab die große Treppe. Draußen im Vestibül wurde gesprochen. Ein Lichtstrahl fiel von dorther durch den Türspalt in mein Zimmer. Das ganze riesenhafte Haus war voll von ungewohnten und verwirrenden Geräuschen, die sich steigerten. Das aber war es nicht allein: Etwas lag in der Luft, fast bis zum Greifen. . . ein Unbekanntes, ein Geschehn, das sich ansagte. . . Ich lag im Bett und atmete Beklemmung. Da – plötzlich unvermittelt: Stille, absolute Stille, so daß ich meinen eignen Herzschlag hörte. Das dauerte vielleicht Sekunden, vielleicht auch länger. Doch dann – dann kam es: von draußen, von der Straße her: Musik, Choräle, ein Gesang wie Engelchöre; erst langsam näherkommend und dann wieder sich entfernend: Töne, wie ich sie niemals wieder hörte, so überirdisch und aus andern Sphären. Unmöglich, sie mir später zurückzurufen. Nach vielen Jahren aber, vor den musikmachenden Engeln Fra Angelicos im Kloster von San Marco wurde mir die Herkunft der in jener Nacht gehörten überweltlich hergewehten Töne zur Gewißheit, und ich erzählte meinem Vater, mit dem ich damals meine erste größere Reise durch Italien machte, zum ersten Male mein Kindheitserlebnis, das ich gehabt hatte in der Todesnacht meiner Großmutter. – Mein Vater war sichtlich bewegt; er sah mich eine zeitlang nachdenklich und schweigend an; dann sagte er: „Ich rede ungern über solche Dinge und ich hätte nie zu dir davon gesprochen, wenn du mir dein Erlebnis nicht erzählt hättest, jetzt eben. Du hast es nicht allein gehabt: wir alle hörten den Choral, nicht du nur. Der Augenblick, den du als plötzlich eingetretne Stille wahrnahmst, war der, in welchem deine Großmutter die Augen schloß für immer. Da war das Ab- und Zugehn nicht mehr nötig. Auf einmal hörten wir Musik und Chorgesang von drunten auf der Straße, genau wie du ihn mir geschildert. Auch ich habe niemals zuvor und niemals später so ganz überirdisch singen hören. Wir traten lautlos an das Fenster. Ich schob den Vorhang weg und öffnete. Es war ganz finster. Die Straßen waren damals kaum beleuchtet; doch so viel sah man über den Vorgarten weg, daß auf der Straße ein schemenhafter Zug auftauchte. Und von dem Zug her wehte die Musik und der Choral zu uns herüber. Wir alle standen wie im Banne, bis er vorbei war. Das allerunbegreiflichste dabei war aber, daß man nichts von den Schritten hörte, denn nach den Stimmen zu urteilen, waren es zum mindesten fünfzig bis hundert Menschen – *wenn* es Menschen waren. . . Menschen, die lebten", setzte er hinzu nach einer Pause. – Ich fragte ihn, ob er tags drauf sich nicht erkundigt habe, was für ein Zug um diese Zeit nachts durch die Heidelberger Hauptstraße gezogen sei. – Natürlich sei dieses geschehn, gleich morgens. Auch bei der Polizei habe er nachgefragt, ob dort von einem nächtlichen Zug durch die Stadt etwas bekannt sei –: Nichts. – Niemand wußte etwas. Aber das seltsamste war: es hatte in der ganzen Nachbarschaft auch niemand die Musik gehört, noch den Choral vernommen. Nur die in jener Nacht im Sterbehause Anwesenden: die Angehörigen sowohl als auch die Dienerschaft und die Gesellschafterin waren Zeugen des geheimnisvollen Vorganges gewesen.

Ich fragte meinen Vater, was nach seinem eigenen Dafürhalten der Zug gewesen sei, und ob er glaube, daß er meiner Großmutter gegolten habe. – „Wem sonst?" war seine Antwort. „Es war die Einholung beim Tode durch die Ahnen. Sie war die Letzte eines uralten Geschlechtes, das zurückreicht bis ins dreizehnte Jahrhundert. Da waren sie gekommen, alle, um den Ring zu schließen. Ja", wiederholte er betont noch einmal: „Es war die Einholung durch die langtoten Ahnen. . ."

SOHN SEIN AUF STIFT NEUBURG

Im Frühjahr nach dem Tode meiner Großmutter bezogen meine Eltern das durch Erbschaft meinem Vater zugefallene Stift Neuburg. Das alte Haus in Heidelberg, an das mich vier verwunschene Kinderjahre banden, wurde aufgegeben. Ich war bei unserer Übersiedelung neunundeinvierteljährig etwa, also bereits in einem Alter, wo man sich gemeinhin schon an Einzelheiten einschneidender Art erinnert. Um so merkwürdiger ist es darum, daß mir weder der Moment des Auszugs aus dem Heidelberger Hause, noch der Augenblick des Einzugs auf Stift Neuburg im Gedächtnis blieben. Es ist so wie das einem oft im Traum begegnet: mit einemmal befinde ich mich eben auf Stift Neuburg. Der Grund für diese Lücke in der Kette der Erinnerungen liegt wohl darin, daß ich schon drei Sommer lang zuvor mit meinen Eltern auf Stift Neuburg war, wenn auch damals bei meiner Großmutter. Doch für ein Kind sind Akzidenzien nicht real und ohne weitere Bedeutung. Der Umstand, daß Stift Neuburg nunmehr uns gehörte, statt wie früher meiner Großmutter, war etwas, das die Vorstellung gar nicht berührte, und die allein ist maßgebend für alles, was dem Kind verbleibt und in ihm nachwirkt als Gedenkbild. Ich war nun eben wieder einmal mit dem anbrechenden Sommer auf Stift Neuburg. – Und doch begann für mich mit dieser Zeit ein völlig neuer Lebensabschnitt. Das aber machte sich erst nach und nach bemerkbar, wie man ja auch im späteren Leben manche scheinbar unvermerkt erfolgten und trotzdem einschneidenden Zäsuren erst erkennt an ihrer nachträglichen, nachhaltigen Wirkung.

Die Änderungen in der Einrichtung Stift Neuburgs bei dem Übergehn an meinen Vater sind mir selbstverständlich nicht bewußt geworden, da dergleichen Dinge ja niemals in den Gesichtskreis eines Kindes treten.Da aber außer meinem Vater auch seine vier Schwestern an dem Nachlaß teilhatten, so fielen Sammlungen sowohl als Mobiliar in fünf, wenn auch ungleiche Teile auseinander; denn nach Bestimmung meiner Großmutter sollten die Bücherei, die teilweise noch Schlosserischer Herkunft war, und dann auch die Antikensammlungen – griechische und römische Kleinplastik und Vasen – wie auch das kirchliche Gerät Stift Neuburg ungeteilt verbleiben. Das teilweise sehr schöne Mobiliar jedoch, meist gutes Biedermeier und Empire, hat man dabei sinnlos zerstückt, so daß von dem reichhaltigen und kostbaren Empiresalon in Mahagoni meiner Großeltern ein jedes der Geschwister ein paar Stücke mitbekam, die Einrichtung als Ganzes aber durch die Aufteilung zerstört war. Und ähnlich wie mit dem Empiresalon ging es mit vielem anderen. – Das sind natürlich Tatsachen, die erst viel später für mich in Erscheinung traten; damals war mir von einer vorgegangenen Veränderung noch nichts bemerkbar.

Von den Hausangestellten meiner Großmutter behielten meine Eltern neben der Hausdame, der alten „O", von der ich schon in früheren Abschnitten geschrieben habe, noch den Kutscher Ferdinand, da wegen der Entfernung Heidelbergs die Chaisen und die Pferde beibehalten wurden. Und auch der alte Obergärtner Marx behielt als Requisit Stift Neuburgs seinen lange schon versehenen Posten bei. Das schrullige Faktotum meiner Mutter, Marie Scholl, blieb selbstverständlich nach wie vor und siedelte von Heidelberg mit über, während meine gute Nurse vorher schon nach England zurückgekehrt war. Der Abschied war uns beiden schwer geworden und kostete auf beiden Seiten reichlich Tränen. Vom Tage ihrer Abreise an habe ich nichts mehr von ihr gehört, noch über ihren weiteren Verbleib etwas erfahren.

Nun hatte ich noch einen vollen Sommer auf Stift Neuburg vor mir, ehe das Gymnasium für mich anfing, womit das Ende meines freien, schönen Kinderdaseins vor der Tür stand.

Das Zimmerreich, das ich nunmehr bewohnte und auch während aller späteren Jahre beibehielt, befand sich nicht mehr in dem Gastflügel, sondern im Hauptbau auf der Westfront an dem langen einstmaligen Klostergang, der so geführt war, daß auf der einen Seite alle Zimmer lagen, während auf der anderen Seite in gleichmäßigen Abständen die Fensterreihe hinlief mit dem Blick auf Park und Springbrunnen inmitten eines von Blumenbosketts begrenzten, weiten englischen Rasens. Die Aussicht aus den Fenstern meiner beiden ineinandergehenden Zimmer, an die sich noch ein drittes kleines, von dem Hausmädchen bewohntes, anschloß, ging aufs Neckartal und westwärts Heidelberg zu. Doch dadurch, daß der Fluß dicht oberhalb davon um den vorspringenden Bergarm herum ein Knie macht, ist die Stadt der Sicht entzogen (Abb. 57). Der Neckar aber blitzt und leuchtet und der Ruderschlag der Kähne bricht die Stille, und dann und wann sieht man ein Lastschiff langsam flußab gleiten. Dann zwischendurch wurde der „Schlepper" sichtbar (Abb. 58). Es war dieses ein flacher Dampfer, der, an einer an dem Neckarboden von Heilbronn bis Ludwigshafen hinführenden Kette laufend, die beladenen Frachtschiffe in langem Zug flußaufwärts führte. Das monotone Kettenrasseln hörte man in Zwischenräumen auch zur Nachtzeit, und es gehörte samt dem eintönigen Ruf der Flößer zu den einkreisenden, unvergeßlichen Geräuschen meiner Kindernächte bis hinein in meine Jugendjahre, denn der vertraute alte Schlepper wurde erst mit der Motorisierung der Frachtschiffe außer Kurs gesetzt. Auch noch des Saumpfads an dem Neckarufer hin erinnere ich mich, auf dem Lastpferde tags und nachts an langen starken Seilen Frachtschiffe flußaufwärts zogen, angetrieben durch das immer wiederkehrende „Hüh! Hüh!" der Pferdeknechte mit Laternen, die sich fast gespenstig in dem Wasser spiegelten. Schon längst fiel auch der Saumpfad der Neckarkanalisation zum Opfer, und all die wunderbaren Nachtgeräusche, die so lange meinen Kinderschlaf begleitet haben, sind vorbei für immer. Nur in dem nahen Wald ruft heute noch das Käuzchen und erfüllt mit seinem kläglichen Kiwitt! Kiwitt! das mondbeglänzte Tal mit abergläubischer Todesahnung. Wenn dann in Pausen dann und wann der Hofhund draußen jämmerlich den Mond anheulte und der Laden irgendeines fernen Fensters auf und zu schlug, während auf dem Dach die Wetterfahne knarrte: da konnte ich wohl stundenlang im Bett wachliegen, gebannt von jenem ganzen unbekannten Nachtleben da draußen, bis plötzlich ein verirrter Dämmerfalter oder eine Fledermaus laut an die Scheiben schlug, daß ich auffuhr und Licht machte und lang hinaus und lang in mich hineinhorchte, bis ich zuletzt doch einschlief vor Ermüdung, ohne das Licht auf meinem Nachttisch mehr gelöscht zu haben.

Doch morgens, wenn beim Aufwachen die ganze Landschaft draußen weit und breit in der Sonne lag und statt des Käuzchenrufes allenthalben Vogelsingen laut wurde und tausendstimmig den noch unbekannten Tag ankündigte, war bei mir der Nachtspuk bald vergessen. Es währte keine zehn Minuten und schon war ich drunten in dem Garten. Mein erster Gang war an das Pförtnerhaus beim Hoftor, das der Obergärtner Marx bewohnte, um meinen Spielgefährten Emil, der zwei Jahre jünger war als ich, der einzige Sohn des alten Marx, ein Spätling, herzuholen. Dann ging es in den Anbau des Gewächshauses zu dem Terrarium. Da war der Tierbestand bereits ein ganz ansehnlicher. Vor allem eine meterlange Ringelnatter, die wir draußen in dem nahgelegenen „Mausbachtal" nicht ohne Schwierigkeit gefangen hatten, machte uns viel Freude. Gefüttert werden mußte sie mit Fröschen. Die beizuschaffen, war nicht immer leicht; doch dafür mußte Emil sorgen. Laubfrösche durften es jedoch nicht sein, weil die zu selten waren. Gelang es eines Laubfrosches habhaft zu werden, so kam er zu den Molchen ins Aquarium. Der große Kammolch, der in jener Gegend nicht sehr häufig ist, vervollständigte mit noch einigen Wassermolchen mit den malerisch orangeroten Bäuchen die Aquariumtierwelt, die mit Kaulquappen gefüttert wurde, wohl auch mit winzig kleinen Fischchen, nur daß diese schwer zu fangen waren. Die Laubfrösche bekamen Fliegen. – Ich konnte stundenlang in dem Aquarium und Terrarium herumwirtschaften und nahm fast täglich landschaftlich durchgreifende Veränderungen darin vor, vor allem im Terrarium, worin ich die Steinhöhlen und verschiedenartigen Unterschlupfe immer wieder neu gruppierte, Durchblicke schuf, den Wasserlauf in einemfort verlegte, um die Moos- und Grasbänke zureichend zu bewässern, die ich darin angelegt hatte, kurzum: ich arbeitete und betätigte mich landschaftsgärtnerisch, wobei mir Emil hilfreich an die Hand ging. – Nun muß man sich natürlich das Terrarium nicht wie die landläufigen, kleinen, rechteckigen Glaskästen mit Drahtdach vorstellen, sondern mein Vater hatte mir das Ende des Gewächshausanbaues dafür abteilen lassen. Das Ganze maß etwa einen Meter fünfzig in die Länge und einen Meter in die Breite und war so hoch, daß man darin stehen konnte. Dadurch, daß die Gewächshauswasserleitung auch durch das Terrarium führte, konnte ich sogar in einer Ecke einen kleinen Springbrunnen drin einrichten. Die Südseite auf den Gemüsegarten zu war eine einzige Glaswand als Fortsetzung der lang hinführenden Gewächshausfenster. – Vom Wege draußen konnte man hineinsehen und das rege Tierleben darin beobachten, genau so wie in einem wirklichen Zoologischen Garten. Bei der sehr ansehnlichen Größe des Terrariumsraumes war es uns auch möglich, selbst an Regentagen uns dort aufzuhalten, zumal wir uns auch in dem anderen Teile des Gewächshausanbaues mit Tisch und Stühlen häuslich eingerichtet hatten. Sogar etwas wie eine Werkstatt hatten wir uns darin zubereitet. Es war dieses ein ganzes Reich für sich, worin wir hausten.

Natürlich waren wir bestrebt, so viel verschiedenartige Tiere als nur möglich ins Terrarium zu bekommen. Ein um acht Jahre älterer Vetter, der später Ornithologe wurde, hatte mir nun eines Tages ein Chamäleon verschafft, zwei schwarze und zwei fleischfarbene Axolotls und schließlich ein noch viel geheimnisvolleres, seltsames Lurchtier: einen Grottenolm, der ebenfalls fleischfarben ist und noch am meisten einer ganz gebleichten Blindschleiche mit Kiemen auf kleinen Beinen gleichsieht. Daß er von Haus aus blind ist, rührt daher, daß er nur in den unterirdischen Gewässern von Krain und Dalmatien vorkommt. – Mit dem Hinzukommen so vieler Raritäten war mein anfänglich bescheidenes Terrarium eine Sehenswürdigkeit geworden.

So hatte ich nun zwei, sich fast die Waage haltende Interessenzentren: meine Briefmarkensammlung und die Lurchtierwelt mit ihrem lautlos gleitenden, geheimnisvollen Leben. Das füllte meinen Tag schon aus, denn bloß die Futtersuche nahm schon eine nicht geringe Zeit in Anspruch. Und ganz von selbst ergänzte sich hierbei natürlich auch der Tierbestand als solcher, denn Salamander, Blindschleichen und Eidechsen, auch hin und wieder eine große Kröte, doch insbesondere Unken wurden eingebracht auf unseren Streifereien, so daß das an und für sich zwar geräumige Terrarium nach und nach von Tieren wimmelte. Sobald es dunkel wurde, brach ein vielstimmiger Chor von dort die Nacht an: Die Schallblase am Hals groß aufgetrieben, saßen irgendwo auf einem Ast die Laubfrösche und quakten, während von dem Wasserrande her der monotone Unkenruf ertönte, der seitdem mir Jahr und Tag im Ohr lag. Viel später schlug sich jene Unkenweiherstimmung in diesen Strophen nieder:

UNKEN

Unk – unk – unk –
Wir halten am Teiche im Dunkeln Wacht,
Da tanzen die Irrwisch die ganze Nacht
Um den Weidenstrunk, um den Weidenstrunk –
Unk – unk –

Unk – unk – unk –
Und drunten im Grunde, da steht ein Palast
Aus Wasserlilien in Schlamm und Morast,
Und die Königin geht in Pracht und Prunk –
Unk – unk –

Sehr mißvergnügt war ich dann immer, wenn ich zu den Vorschulstunden abgerufen wurde, die, seit wir auf Stift Neuburg wohnten, immer dort stattfanden. Mein Vater ließ Herrn Göckel, unsern Lehrer, und die beiden Mitschüler an einem festgesetzten Treffpunkt regelmäßig mit dem Wagen abholen und nach dem Unterricht sie wieder in die Stadt zurückfahren. Dem Lehrer und den Jungens war das eine angenehme Abwechslung und mir war diese Lösung auch die weitaus liebste. – Was unsere Kenntnisse betraf, versicherte Herr Göckel, wir seien, insbesondere ich, so weit, daß wir die Aufnahmeprüfung ins Gymnasium mit Note I bestehen würden, was sich auch bewahrheitete; nur blieb es in der Folge nicht dabei, zum Kummer meines Vaters.

Obwohl ich mich in jenem Sommerhalbjahr unentwegt in Hof und Park und auch im näheren Umkreis von Stift Neuburg auf der Tiersuche herumtrieb, wünschten meine Eltern, daß ich außerdem noch eine regelmäßige Bewegung hätte. Ich mußte daher mit der alten „O" fast täglich einen längeren Spaziergang machen. Da ich sie sehr gern mochte, fügte ich mich ohne weiteres Widerstreben in das Unvermeidliche. Da ereignete sich zum Glück etwas, das den lästigen Spaziergängen ein unverhofftes Ende setzte: Die alte „O" war eines Nachmittags mit mir, wie oft schon, einen höheren und abgelegenen Waldweg in der Richtung auf die Hochstraße gegangen, als wir plötzlich über uns ein Knacken und Geräusch im Dickicht hörten, und gleich darauf brach wenige Schritte vor uns ein verdächtig aussehender, baumlanger und ganz zerlumpter Kerl, der zu allem fähig schien, mit einem riesenhaften Knüppel durch das Gestrüpp und kreuzte, scheinbar ohne uns zu sehen, den Weg mit großen Sätzen, um die Flucht, Verfolgung oder was ihn jagte, jenseits durch den Wald bergabwärts fortzusetzen. Uns beiden war es reichlich unheimlich zumute und wir beschleunigten den Schritt nach Hause, ohne daß uns weiter etwas zustieß. Am nächsten oder übernächsten Tage wurde es bekannt, daß jemand in der Nähe der Hochstraße überfallen worden sei. Die Zeitungen in Heidelberg verschweigen solche Vorkommnisse meist der Fremden wegen, doch waren die Wälder auf der Ziegelhäuser Neckarseite keineswegs sehr sicher. Ob sich das in den letzten Jahren wesentlich geändert hat, vermag ich nicht zu sagen. Auf alle Fälle war es damals so und auch noch später in der Nachkriegszeit. – Der Vorfall hatte jedenfalls für mich sein Gutes: Ich brauchte mit der alten „O" nicht mehr die langen Waldspaziergänge zu machen und konnte meine ganzen Tage ausschließlich dem Terrarium und dem Markenalbum widmen.

Um jene Zeit hielt sich der weiland Duke of York (Abb. 59), der nachmalige König Georg V. von England in Heidelberg auf, um sich in Deutschland umzusehen und Deutsch zu lernen. Er mochte damals Anfang zwanzig sein; sein Aussehn ist mir nicht mehr gegenwärtig. Er hatte durch einen Professor Ihne, in dessen Haus er wohnte, bei meinem Vater anfragen lassen, ob er Stift Neuburg und die Sammlungen besichtigen könne. Mein Vater ließ ihn bitten. Er kam an einem Nachmittag zur Teezeit. Mein Vater führte ihn auch durch den Park und durch die Gärtnereien. Als sie an dem Gewächshause vorbeikamen, war ich gerade am Terrarium beschäftigt. Ich zeigte es ihm, stolz auf meine Raritäten, die ihn aber wenig interessierten. Mein Ehrgeiz war dadurch geweckt und ich erzählte ihm, ich hätte auch ein Markenalbum mit sehr schönen Marken, auch England sei besonders gut darin vertreten. Damit nun traf ich in das

Schwarze: Er war ein leidenschaftlicher Briefmarkensammler, und man weiß von ihm, daß er als König später eine der vollständigsten Briefmarkensammlungen der ganzen Welt besaß, was dem König von England allerdings leichter erreichbar war als andern Sterblichen. Kurzum: er forderte mich auf, ihm mein Album zu zeigen und besichtigte es eingehend. Die vielen Seltenheiten machten ihm sichtlich Vergnügen, und ich glaube auch noch heute: mehr als die papierenen Nazarener-Zeichnungen und Bilder an den Wänden. Von diesem Augenblick an ging ich ihm natürlich nicht mehr von der Seite, und als er sich von meinen Eltern dann verabschiedete und auch mir die Hand gab, meinte er, ich solle nur recht fleißig weitersammeln, es gäbe nichts Interessanteres als Marken. Er hat dann bald darauf, wie ich erfuhr, in Heidelberg eine sehr kostbare Briefmarkensammlung aufgekauft, ich glaube für sechstausend Reichsmark oder noch mehr, jedenfalls für eine schwindelnd hohe Summe in damaligen Zeiten für eine Markensammlung.

So ging mein Sommer hin, mein erster Sommer als Sohn auf Stift Neuburg, und der Eintritt ins Gymnasium rückte immer näher. Ich kostete die goldene Freiheit aus nach Kräften, denn ich wußte, bald sei es vorbei damit für immer. . .

Zugleich auch schlug ich während dieses einmaligen Sommers tief und tiefer Wurzel auf Stift Neuburg, und je länger um so mehr erlebte ich bewußt, daß es ein Unterschied sei gegenüber früher, als ich noch bei meiner Großmutter dort zu Besuch war, denn damals waren immerhin doch einige Teile für mich unzugänglich, während nun das ganze große Haus mir offenstand, nicht zu vergessen: auch die riesenhaften Speicherräume. – Ich hatte einen äußerst scharf entwickelten Geruchssinn, so sehr, daß ich mit zugebundenen Augen jeden Menschen, der im Zimmer war, an dem Geruch erkennen konnte, wenn ich mich ihm näherte. So kannte ich mich auch natürlich bald in jedem Winkel aus, bloß dem Geruch nach, und auch in dem Garten konnte man mich mit verbundenen Augen hinführen, wohin man wollte, ich wußte stets die Stelle, wo wir gerade standen, haarscharf zu bezeichnen. Ich habe diese Probe auch noch nach Jahrzehnten mit Erfolg bestanden. – Vor allem aber liebte ich schon damals den leichtmodrigen Geruch der dämmrigen Bibliothek und des Bibliothekvorraumes, der hinüberführte zum Kapellentrakt und „Gotischen Saal", den Friedrich Schlosser gleich nach Ankauf von Stift Neuburg 1824 in die Westseite des Kirchenschiffes hatte einbauen lassen, während die Ostfront gleichzeitig zu einer kleinen Hauskapelle umgestaltet wurde. Im „Gotischen Saal", der allerdings nicht eine Spur von Gotik aufwies – der Kirchenbau ist rein romanisch –, befand sich der Hauptteil der Sammlungen (Abb. 60); im übrigen bestand die Einrichtung aus meist sehr guten Renaissancemöbeln italienischer und deutscher Herkunft. Durch die drei hohen Bogenfenster sah man auf den Neckar und das jenseitige Ufer, wo hinter der Landstraße der „Königstuhl", der höchste Ausläufer des Odenwaldes, ansteigt. Ein vorspringendes, steiles Felsstück trägt den Namen „Teufelskanzel". Der in den Berg gesprengte Bahndamm führt am Fuß der Wand gleichlaufend mit der Landstraße vorüber. – So hoch und hell der „Gotische Saal" auch war, dadurch daß er mehr etwas Museales hatte, war er als Aufenthaltsraum weniger gegeben, indessen die Bibliothek mit dem benachbarten Romantikerzimmer mich damals schon ansprach. Sie war vielleicht der atmosphärisch intensivste Raum Stift Neuburgs. Die Bücherwände, die rundum bis an die Decke liefen, atmeten die Welt der Vorzeit aus in einer Weise, daß es förmlich körperhaft auf einen zukam. Und dann der ganz spezifische Geruch der Bücher, der „Stiftsgeruch", wie wir ihn später nannten. . . Noch mehr als dreißig Jahre später fingen all diese gehäuften und doch so verschiedenartigen Gerüche sich bei mir in Strophen ein, soweit sie nicht zu flüchtig waren, um sie festzuhalten:

KINDHEITSGERÜCHE

Kindheitsgerüche all, ihr langvergessnen, leichtgeweckten,
In euch wird wieder gegenwärtig alles,
Was wir vorlang als Eigenstes besaßen:
Geruch des Weihnachtsbaumes um Dreikönig,
Der dämmrig-winkelige Korridor,
Wo jeder Winkel anders
Nach Staub und Mädchenkammern roch,
Mit Speiseschränken voll von Einmachgläsern
Unleserlicher Aufschrift.
Am langen Klostergang hinauf ein jedes
Der ungleich aufgeteilten Zimmer hielt
Den unvergeßlich eigenen Geruch
Durch all die Jahre fest.
Und in der Bücherei die sich so gleichen
Schweinsledernen Folianten:
Der Plato, Herodot, Virgil, Homer,
Die wir längst kannten, eh wir sie gelesen,
Weil jeder ganz verschieden modrig roch,
Und die wir dem Geruch nach unterschieden.

Doch draußen erst:
Der baumbeschattete, großelterliche Gutshof
Mit Kuh- und Pferdeställen,
Ausströmend warmen Stallgeruch im Winter.
Und Juni-Heugeruch, dem wir so gerne
Nachwanderten von Mahd zu Mahd und sangen.
Doch Maikäfer in Streichholzschachteln rochen
Besonders eigen und verbürgten
Ganz neue, vorgeahnte Sommerräusche
Mit Molchen, Blindschleichen und Ringelnattern.
Im März der braune, aufgebrochene Boden,
Geruch der Erde nach Gewitterregen,
Gequollnes Harz aus frischgefällten Tannen,
Verfaulend Laub im Wald auf Januargängen.
Auf unserm Schulweg war uns jede Stelle
Vertraut durch den Geruch.
Den Fluß entlang der Saumpfad
Hin an beteerten Schiffen und an Flößen,
Aus denen wir den ganzen Schwarzwald sogen.
Und dann das fast Unsagbare: Der Duft
Von Mädchenhaaren, Mädchenwärme, erstlich,
Wenn wir im Spiel sie fingen und nicht ließen,
Betäubt und fast vergingen. Die Gespielin
Bemerkte nichts und niemand – aber wir,
Wir lebten gar nicht mehr in uns, entrückt
Auf irgendeine ferne Tropeninsel,
Voll rasender Musik und Glut und Farben –
Und dann:
Dann ließen wir sie wieder los und spielten
Und spielten weiter, spielten immer weiter. . .

Doch nicht nur die Bibliothek, der ganze weitläufige Kirchentrakt, der
sich daran anschloß, war gesättigt mit Astralität, und wer für solche
fluidalen Dinge ein Organ besaß, empfand das, was hier methaphysisch
vorging, als Beklemmung. In jenen Jahren allerdings war ich vielleicht der
einzige, der diese Schwingungen verspürte. Das führte zunehmend bei mir
zu einer Furcht, bei anbrechender Dunkelheit allein zu bleiben oder gar
die langen Gänge abends hinzugehen bis ganz ans Ende, wo sie wie in
einer Nebelschicht verliefen. Denn die Petroleumlampen, die an beiden
Enden brannten, gaben gerade so viel Licht, daß es dem Dunkel eigent-

lich erst voll und ganz ermöglichte, sich darin zu verkörpern. Ich konnte es gar nicht verstehn, daß alle derart unberührt und unempfindlich durch das alles durchzugehn vermochten, während ich doch deutlich fühlte, daß noch etwas da sei, etwas Unsichtbares, Unheimliches, das man zwar nicht fassen oder schildern konnte, das aber eben *auch* mit da war und mitweste. – Natürlich wurde auch einmal gelegentlich von Spuk gesprochen, denn die tausendjährigen Mauern legten dem Besucher eine solche Frage, wenn auch zweifelnd in ironischem Tonfall, nahe. Mein Vater leugnete zwar niemals, daß es zwischen Erde und dem Himmel manches gäbe, was man sich nicht zu erklären wisse, aber von Spuk und Spukgeschichten wollte er nichts hören. Man stellte damals, wenn von Spuk die Rede war, sich vor, daß irgendein längsttoter Ritter oder Mönch mit einer blutigen Kette rasselnd nachts um zwölf Uhr auf und nieder gehe oder was dergleichen Abwegiges mehr ist. Daß sich die Zwischenwelt rein atmosphärisch fühlbar mache und manifestiere, dafür besaß man damals schon nicht mehr die aufnahmefähigen, bereiten Sinne, wie sie manche Menschen fünfzig Jahre früher noch zu Zeiten von Justinus Kerner hatten.

Trotzdem erzählte mir mein Vater, daß einst eine Hausdame der Frau Rat Schlosser, als sie abends spät in der Bibliothek einmal ein Buch zu holen hatte, kreideweiß und schlotternd, mit der Kerze in der Hand, doch ohne Buch zurückkam, weil sie einen Mönch in grauer Kutte dort hatte sitzen sehen. Und sie beteuerte, sich nicht getäuscht zu haben. Mein Vater, der sie noch gekannt hatte, versicherte, sie sei durchaus eine verständige und nüchterne Person gewesen, weder abergläubisch noch hysterisch. Im übrigen enthielt er sich darüber jedes Urteils.

Ich hätte leidenschaftlich gerne etwas Ähnliches erlebt; es war das ein undefinierbares Gemisch furchtsamer Neugier und neugieriger Furcht in mir, was mich zur Nachtseite des Daseins hinzog und doch wieder davon abstieß und zurückschauern machte. Aber es blieb in jener Zeit für mich nur bei der Witterung jenseitiger Dinge.

So hatte ich mir während jenes wunderbaren sommerlichen Halbjahres Stift Neuburg ganz mit allen seinen Licht- und Schattentiefen einverleibt, weit anders und viel mehr davon Besitz ergreifend als in den Vorjahren, in den Tagen meiner Großmutter. Seitdem war es für mich zur einzigen und eigentlichen Heimat und zugleich zu einem Teile meiner Innenwelt geworden.

An meine Aufnahmeprüfung ins Gymnasium und wie es dabei zuging, kann ich mich nicht mehr erinnern, doch sehe ich mich nach Bestehn der Prüfung in dem Wohnraum meiner Mutter neben ihrem Schreibtisch stehen und als Ausdruck beiderseitiger elterlicher Anerkennung eine mächtige Tafel Schokolade in die Hand gedrückt bekommen. Hiermit begann für mich nach jenem letzten ganz mir gehörigen Sommer im September die neunjährige unleidige Gymnasialzeit: Neun Jahre, die nur dadurch sich ertragen ließen, daß sie durch Ferien unterbrochen wurden.

ERSTE GYMNASIALZEIT

Über Freud und Leid ihrer Gymnasialjahre ist schon von so vielen früheren und zeitgenössischen Autoren geschrieben worden, daß dieses Thema hier nur in so weit in den Gesichtskreis der Betrachtung gezogen werden soll, als es nötig ist, um den Werdegang des Knaben und dann später des heranreifenden jungen Menschen zu vergegenwärtigen, für den das Wesentliche und Bestimmende dieser neun Entwicklungsjahre nicht so sehr im Schulischen als im aufnehmenden seelischen Erleben seiner Umwelt gelegen war.

Die ersten Jahre meines Gymnasialbesuches spielten sich noch in dem alten Gymnasialgebäude (Abb. 61) gegenüber der heutigen Universitätsbibliothek ab. Dann nach Verlegung des Gymnasiums in den durch Geschmacklosigkeit aufreizenden Neubau bei der Neuen Brücke wurde als Zweigstelle der Hauptpost die sogenannte „alte Post" dort eingerichtet, und zwar befand der eigentliche Schalterraum sich gerade da, wo sich vor Jahr und Tag das Schulzimmer der Sexta a befunden hatte. Da hatte ich gesessen (Abb. 62 u. 63) und zusammen mit meinen zwei Kameraden aus dem Vorschulunterricht, dem Tunichtgut Hans Wolf von Heyden und dem rassigen Albino Walter Herth und weiteren dreiunddreißig Jungens von Herrn Leiber, unserm Klassenlehrer, der uns bis zur Unterteria begleitete, die erste lateinische Deklination gepaukt bekommen. – Es war ein Raum zu ebener Erde rechts und von der Decke hingen beiderseits neben den Sitzbankreihen mächtige Petroleumlampen in gewissen Abständen herunter. Mir ist jene Petroleumlampenstimmung in den ersten Unterrichtsstunden von acht bis neun im Winter, wenn sie alle brannten, noch sehr gegenwärtig. Es lag dann ein ganz eigenartiges Zwielicht über dem Klassenzimmer, das vor allem in dem Religionsunterricht, der stets von acht bis neun Uhr stattfand, mit den biblischen Geschichten wunderbar in eins zusammenfloß. Ich kann mir so und so viele Erzählungen des Alten Testamentes auch noch heute nur in jenem wintermorgendlichen Zwielicht schummriger Petroleumlampenstimmung vorstellen. Und diese Stimmung war so stark, daß nicht einmal der Pfarrer Mehlhorn, der damals in Sexta Religionsunterricht gab, sie völlig morden konnte. Doch was an ihm lag, tat er, um das zu erreichen. Gewiß ist es grundfalsch, das Wesen einer Lehre oder Konfession nach ihren unberufenen Vertretern zu beurteilen, die zufällig oder vielleicht auch schicksalsmäßig irgendwann einmal in unseren Gesichtskreis rücken, doch wenn es das Verhängnis will, daß gerade in den frühesten und beeindruckbarsten Kinderjahren der Seelsorger, zu dem man als Verwirklicher von allem dem, was man in sich als Tiefstes fühlt, aufblicken möchte, diesen Glauben durch die Tat enttäuscht und das inbrünstige Gefühl ernüchtert, so ist sehr leicht die Folge, daß durch dies Erlebnis in der Seele dessen, dem es widerfährt, die Innenwelt so tief getroffen und verletzt wird, daß die ursprüngliche Andacht in das Gegenteil umschlägt und sich fürs ganze Leben Abwehrkräfte bilden und entwickeln gegen die Idee als solche, die in einem ihrer uns zuerst begegnenden Vertreter so versagte. – So sehr ist alles Vorbild.

Und letzten Endes: galt nicht auch Nietzsches Abwehr gegen das verkannte und darum verhaßte Christentum nur dem zeitlebens untergründig nachwirkenden Aufbegehren gegenüber dem engstirnigen, sächsisch-evangelischen Pfarrhaus, dem er entstammte? – So werden nachhaltige Seeleneindrücke, die wir in der Kindheit oft vielleicht nur unbewußt empfangen, späterhin zu Lebensbildekräften.

Mir selbst, an dessen religiösem Anfang zwar nur ein mich enttäuschendes Begebnis stand, und der erst mit dem Alter von sechzehn bis achtzehn dann in einem Speyrer Knabenpensionat die ganze widerwärtige Verlogenheit eines (ich generalisiere nicht) kleinstädtisch-protestantischen Pfarrhauses bis zum Überdruß erfuhr und kennenlernte: mir selbst wurde die doppelte Erfahrung zum entscheidenden Anstoß und Ausgangspunkt, in mir eine reinliche Scheidung zwischen Konfession und Kirche, die in ihrer Praxis solche Exponenten aufzuweisen hatte, einerseits und dem überkonfessionellen, johanneischen Christentum andererseits frühzeitig zu vollziehen. – Und auch dies wurde mir frühzeitig klar, daß Theologie und Christentum so wenig einen gleichen metaphysischen Nenner haben wie Medizin als Wissenschaft und wahres Arzttum.

Dem Pfarrer Mehlhorn dankte ich in meinem ersten Weihnachtszeugnis einen häßlichen Vermerk, der mir zu Hause manche Vorhaltungen einbrachte und den ich wegen seiner Ungerechtigkeit dem Wortlaut nach behalten habe. Der Sachverhalt war dieser: Ich hatte für Herrn Leiber eine kleine Strafarbeit zu machen, weil ich die uns aufgegebenen lateinischen Vokabeln nicht gelernt hatte. Nun mußte ich für die Lateinstunde am nächsten Vormittag sie dreimal schreiben. Das hatte ich versäumt und wollte es nun in der Religionsstunde am anderen Morgen nachholen. Und da ich ziemlich weit hinten saß, so war das an und für sich ohne weiteres möglich. Mein Unglück wollte es jedoch, daß mich der Pastor Mehlhorn schreiben sah und vom Katheder aus mich anherrschte: „Bernus, was schreibst du da?" Ich fuhr zusammen und antwortete: „Nichts", das Blatt versteckend. Er kam nun zu mir her, nahm mir das Blatt ab und dann sagte er: „Ich sehe schon, du willst betrügen. Ich werde dafür sorgen, daß das in dein Zeugnis kommt auf Weihnachten." – Und einen Monat später stand in meinem ersten Weihnachtszeugnis unter der Rubrik „Betragen": „Betragen gut, mit einer Ausnahme: Versuch zu betrügen." – Und dieses einer solchen Kleinigkeit und unbehilflich kindlichen Ausflucht wegen! –

Von diesem Manne abgesehen, muß ich aber sagen, daß ich die Lehrer, die ich bis zur Tertia hatte, sämtlich mochte, insbesondere den Herrn Steinbrenner, der Unterricht im Rechnen, Schönschreiben und in Geographie gab, ein ganz wundervoller alter Kauz von etwa siebenzig, der noch mit seinem spanischen Rohr hantierte und uns gelegentlich den Hinteren damit versohlte. Eine gerechte Tracht verdienter Prügel wird nicht leicht verübelt, während ungerechte Strafen in moralischer Aufmachung nur schwer vergessen werden.

Der Kürze halber unterschrieb der alte Steinbrenner sich in den Rechenheften oder wo er sonst zu zeichnen pflegte, immer „Stbr." Er trug daher den Beinamen: „Der Stebber", was ihn sinnlos wütend machte, wenn er diesen Namen nennen hörte. Nun hatte eines Tages einer meiner Klasse, diesmal ausnahmsweise nicht Hans Wolf von Heyden, sondern einer namens Walter Mang, ein untersetzter Pfiffikus, das ganze weitläufige Pissoir in Kreide riesengroß mit „Stebber" vollgeschrieben. Der alte Steinbrenner war rasend, und es kam zu einer regelrechten Untersuchung, in deren Verlauf besagter Walter Mang sich als der Missetäter einwandfrei entpuppte. Es war zu komisch anzusehen, wie der alte, gleichfalls untersetzte und sehr kleine Lehrer Steinbrenner dem Delinquenten blind vor Wut anhaltend in die Rippen boxte, während dieser seinen Kopf ganz in die Schultern einzog und sich wie ein Sack Kartoffeln puffen und mißhandeln ließ. Als offizielle Strafe für den Unfug hatte er dann noch vier Stunden Karzer abzusitzen. Noch Wochen später zuckte, wenn er in die Nähe Mangs kam, stets dem alten Steinbrenner die Hand und automatisch duckte Mang sich, seinen Kopf zwischen die Schultern ziehend, und schielte so von unten her nach dem ihn wild und rachedurstig anblickenden kleinen, weißhaarigen Mann hinüber.

Während meiner ganzen Heidelberger Gymnasialzeit stand ich eigentlich zu keinem meiner Mitschüler in einem näheren Verhältnis. Ich glaube aber nicht, daß das an mir lag, wenn ich mich auch damals schon schwer anschloß, aber später, während der drei letzten Gymnasialjahre in Speyer, trat ich zu zwei dortigen Kameraden in sehr herzliche Beziehung, die auch später noch Bestand und Dauer hatte. Der Grund liegt sicher darin, daß wir zwar verschiedene, aber innerlich verwandte, gleichlaufende Wege gingen, während alle, die mit mir zugleich in Heidelberg die Schulbank drückten, ihrer ganzen Anlage nach damals schon die bürgerliche Gegenwelt verkörperten, aus der heraus es niemals einen Zugang geben kann zur Welt des Künstlers. Und diese gegensätzliche Tendenz und Seelenlage tritt, sofern sie echt ist, schon sehr zeitig und beim Kinde in Erscheinung.

Dagegen fand ich einen wirklichen, wenn auch viel älteren, erwachsenen Freund in meinem Hauslehrer, dem Doktor Adolf Hüllweck (Abb. 64) aus Dessau. Mein Vater hatte mir ihn gleich bei meinem Eintritt ins Gymnasium beigegeben, weil ich der alten „O" schon zu entwachsen war und meine Eltern selbst zu meiner Aufsicht nicht die Zeit hatten, vielleicht auch sich die Zeit dazu nicht nehmen wollten. Ich sah sie eigentlich nur noch beim Abendessen, denn morgens mußte ich schon, noch bevor sie aufgestanden waren, um einhalb acht Uhr das Haus verlassen und des Mittags aß ich in der Stadt, anfangs bei Herths und später dann bei einer alten englischen Halbtante, die in Heidelberg in der Plöckstraße wohnte; und nur an den schulfreien Nachmittagen, mittwochs und sonnabends, war ich damals noch zu Tisch zu Hause.

Die Aufgabe des Doktors Hüllweck nun bestand darin, dafür besorgt zu sein, daß meine Hausaufgaben richtig und exakt gemacht wurden, vor allem aber auch, mich während meiner Freizeit zu beaufsichtigen. Dies letztere hatte auch schon einige Berechtigung, denn einen waghalsigen Jungen von zehn Jahren auf Stift Neuburg ganz sich selbst zu überlassen, hatte immerhin etwas Bedenkliches, da von dem Kirchturm, der vom Speicher aus erklettert werden konnte, bis zu dem vier Meter tiefen Fischteich überall Gefahren lauerten. Und auch nach Schulschluß, meist um vier Uhr nachmittags, erwartete der Doktor Hüllweck mich beim Tor der alten Brücke, um mit mir die kleine halbe Stunde Heimweg an dem Neckar hin zu Fuß zu machen, denn mein Vater wünschte, daß sich an das lange Sitzen in der Schule, der Bewegung halber, ein Spaziergang anschlösse. Nur morgens wurde ich, um nicht zu zeitig aufbrechen zu müssen, mit der Chaise in die Stadt gefahren. Mein Vater fürchtete, wenn ich allein nach Hause gehe, könnte ich beim Fischfang in dem Neckar mich zu weit vorwagen und womöglich dann ertrinken; denn vor der

Neckarkanalisation war stellenweise, insbesondere bei der Herrenmühle und dem Karlstor, gerade oberhalb von Heidelberg die Strömung stark und reißend (Abb. 65).

Der Doktor Hüllweck fand den richtigen Umgangston mit mir, wie ich ihn brauchte: eine frisch rauhbauzige Herzlichkeit, kein Wort zuviel und keins zuwenig. Er war aufbrausend und jähzornig und doch zugleich gutmütig und verstehend. Ich liebte seine unverbindliche und unbotmä-ßige Art und Weise sehr und stand durchweg auf seiner Seite, auch als es einmal scharfe Differenzen zwischen ihm und meinen Eltern gab in einer völlig äußerlichen und konventionellen Sache. Im innersten verachtete er den oberflächlichen, nichtssagenden Gesellschaftston, und insbesondere waren meine zimperlichen, nur mit sich beschäftigten englischen Tanten ihm zuwider, eine Abneigung, die ich von Herzen teilte. Dagegen stand er mit der alten „O" vorzüglich. Ich höre ihn noch zu ihr sagen: „Sie bleiben auch so lange hier, bis Sie so alt sind, daß Sie mit dem Kopfe wackeln!" Sie lachte nur und antwortete ihm „Aber, Herr Doktor. . ."

Einmal war mirs, als wir zum Abendessen gingen, übel. Trotzdem hätte ich gerne von dem Kalbsmilcherragout gegessen, einer meiner Lieblings-speisen, die es gerade gab an jenem Abend. Mein Vater wollte es mir nicht erlauben. Rechts von mir saß der Doktor Hüllweck, links saß meine Tanze Lizzie. Die nahm meine Partei und wandte sich zu meinem Vater: „The poor boy, let him eat!" Ihre Verwendung hatte den Erfolg, daß ich mir einen hoch gehäuften Teller nehmen durfte, den ich voll Gier in mich hineinschlang. Kaum war er drin, so kam er auch schon wieder, und zwar so blitzhaft rasch, daß es mir nicht einmal mehr reichte, aufzuspringen. Ich wandte mich nur schnell nach links und spie in hohem Bogen alles, was ich in mir hatte, auf die Tante Lizzie. „O what a mess! I am quite filthy!" schrie sie auf und stürzte aus dem Zimmer. Ich flog ihr auf dem Fuße nach. Mein Vater war erbittert, daß er ihrem Drängen nachgegeben hatte. Der Doktor Hüllweck aber sagte beim Hinausgehn zu der alten „O": „Das gönne ich der alten Schachtel für ihr Zureden! Was braucht der Lausbub auch zu fressen, wenn es ihm schon schlecht ist?" Ich aber kam sofort ins Bett und war am andern Tage wieder frisch und munter.

Was mir den Doktor Hüllweck ganz besonders nahe brachte, war seine Bereitwilligkeit, jederzeit auf alle meine Spiele und Interessen einzuge-hen. An regnerischen Sonntagnachmittagen saß er stundenlang bei mir im Zimmer und stellte Bleisoldaten mit mir auf. Wir lieferten strategisch einwandfrei geführte Schlachten aller Zeitalter. Ich hatte unglaubliche Mengen von Soldaten, ganze Heere: Da waren die Armeen Alexanders

31. *Wenn man im Wagen die Landstraße flußaufwärts fuhr* (S. 24)

32. *vorüber an einer barocken Steinma-donna* (S. 24)

33. *Von dem Kirchturm läutete die Glocke wie zum Empfang.* (S. 24)

34. *Das angrenzende, langgezogene Haus* (S. 25)

35. *Der alte Brunnen mit einer runden Mittelsäule, die ein sandsteinerner Pinienzapfen krönte.* (S. 26)

36. *Die Zigeunersippe wohnte in der Schlierbacher Landstraße.* (S. 30)

37. *Ein Umweg über den benachbarten Wolfsbrunnen* (S. 32)

38. Die Mutter Helene von Bernus geb. Falkenburg (1841-1895) (S. 36)

39. Der Vater Alexander Friedrich von Bernus (1838-1908) (S. 36)

40 und 41. Die Eltern des Vetters Alfred: August Grashey (1851-1917) und Johanna geb. von ▷ Bernus (1845-1925) (S. 46)

42. Der Großvater, Senator Franz von Bernus (1808-1884) (S. 48)

43. Jugendbildnis der Großmutter Marie von Bernus geb. du Fay (1819-1887), Ölgemälde Philipp Veits (1838) (S. 52)

44. *Die Großmutter mit ihren immer noch schönen, aber strengen Zügen ihrer letzten Lebensjahre.* (S. 52)

45. *An meiner Nurse aus England hing ich leidenschaftlich.* (S. 53)

46. *Da wurde meist das Dreirad vorgeholt.* (S. 53)

47. *Und stehe still vorm Tor der alten Brücke.* (S. 54)

Vor meinem Gedächtnis tauchen immer wieder die verwunschenen alten Gassen auf:
(S. 54)

48. Krämergasse

49. Mittelbadgasse

50. Plankengasse

51. *Natürlich stand damals auch das rechts an die Brücke angrenzende alte Schlachthaus unter Wasser.* (S. 55)

54. *In der zweiten Märzhälfte* ▷
zieht ein langer Zug von Kindern
jeden Alters durch die Gassen.
(S. 56)

52 und 53. *Das an dem Neckar*
hingelagerte Marstallgebäude,
ein im Rechteck einen mächtigen
Hof umschließender, in seinen
Ausmaßen gewaltiger Renaissan-
cebau (S. 55)

55. *Großmutter starb und lag hoch aufgebahrt in einem weiten Saale. (im „Palais Weimar")* (S. 59).

56. *Gab es den sturen Nachmittagsspaziergang auf den Schloßberg* (1889 abgerissene Häuser). (S. 61)

57. *Doch dadurch, daß der Fluß dicht oberhalb davon um den vorspringenden Bergarm herum* ▷ *ein Knie macht, ist die Stadt der Sicht entzogen.* (S. 66)

58. *Der „Schlepper" mit seinem monotonen Kettenrasseln* (S. 66)

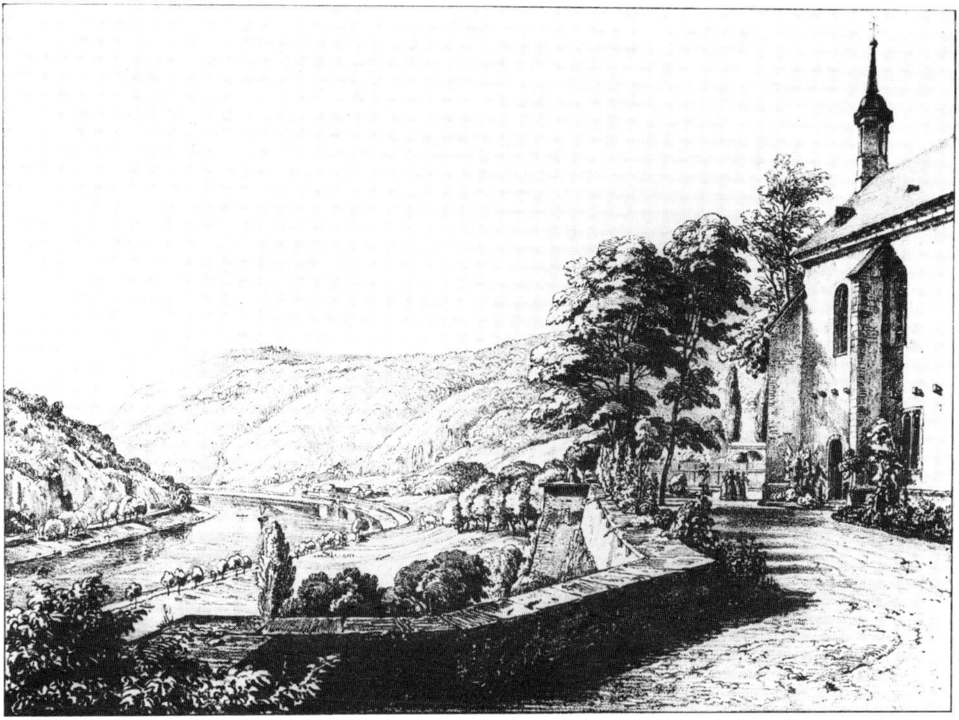

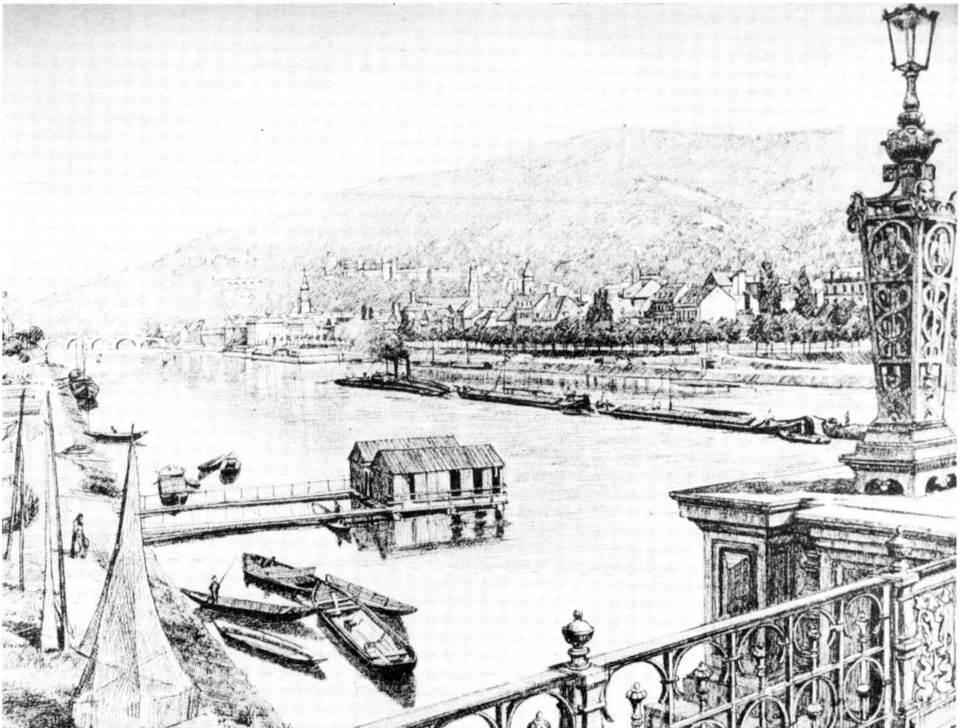

59. *Um jene Zeit hielt sich der weiland Duke of York, der nachmalige König Georg V. von Eng-land in Heidelberg auf.* (S. 70)

60. *Im „Gotischen Saal" auf Stift Neuburg befand sich der Hauptteil der Sammlungen der Familie Schlosser.* (S. 72)

61 A und B. Das alte Gymnasialgebäude an der Grabengasse (S. 76)

62. Alexander von Bernus als
Schüler (S. 76)

63. Die Sexta a (S. 76)

des Großen und der Perser mit Streitwagen, Phalanx und zahlreichen Elefanten, auch Alexander und Darius selbst, der Perserkönig, mit seiner medischen Leibgarde. Nächstdem besaß ich den gesamten Siebenjährigen Krieg. Das Preußenheer: die Grenadiere, Seydlitz-Kürassiere und Ziethen-Husaren, natürlich auch Friedrich den Großen auf dem Schimmel mit dem Krückstock, den alten Ziethen und den kühnen Seydlitz; die österreichische Armee unter Feldmarschall Daun; die Reichsarmee; die Russen mit Kalmücken und Baschkiren, und schließlich auch die windigen Franzosen mit dem Prinzen von Soubise an ihrer Spitze. Wie schlug mit seinen Kürassieren Seydlitz sie bei Roßbach in die Flucht! Natürlich führte ich stets die Armee der Preußen und erlitt bei Hochkirch, Kunersdorf und bei Kolin mit Zähneknirschen die historischen berühmten Niederlagen, während ich bei Leuthen und bei Torgau jubelnd triumphierte. Auch die Napoleonzeit war mit Soldaten lückenlos vertreten: Napoleon mit dem dreieckigen Hut und grauen Mantel, gleichfalls einen Apfelschimmel reitend, zog, umringt von der Ehrenlegion, von Sieg zu Sieg: die Schlacht bei Aspern und Wagram, die Schlacht bei Jena, lauter Marksteine und Flammenzeichen seines Ruhmes, die ich mir begeistert setzte, bis die große unbesiegbare Armee zuletzt auf den Schneesteppen Rußlands jämmerlich zugrunde ging und der zum erstenmal geschlagene Kaiser nunmehr mit den Trümmern seines Heeres seinem Schicksal zufloh. Und dann die Völkerschlacht bei Leipzig und der alte Blücher! Nun folgte Schlag auf Schlag, bis schließlich in der Schlacht von Waterloo der letzte Halbgott und Heroe unterging. Ich lebte diesen Untergang in meiner Seele mit in den gespielten mehrtägigen Schlachten, und war die große zeitlose Tragödie abgerollt, so hatte ich oft tagelang nicht mehr den Schwung, neu anzufangen mit dem nächsten Abschnitt Weltgeschichte. Der setzte für mich gleich beim Siebenziger Krieg ein. Hier allerdings stand ich bedingungslos auf deutscher Seite, und als der kleine Nachfahr des Titanen bei Sedan gefangen wurde, ließ ich ihn demütigend vor seinen Sieger, Kaiser Wilhelm, der umringt war von den Paladinen: Kronprinz Friedrich, Bismarck, Moltke und dem Marschall Roon, hineskortieren. So zog sich dieses Bleisoldatenspiel hin über Wochen und stets hatte ich am Doktor Hüllweck einen tatendurstigen Gefährten.

Dann in den großen Sommerferien, wenn mein Vetter Alfred kam und auch noch einen ganzen Koffer voll von Bleisoldaten mitbrachte, da war mein Zimmer längst nicht groß genug, um unseren riesenhaften Schlachten Raum zu geben. Zusammen hatten wir, wenig geschätzt, Zehntausend. Es wurde uns für diese ganze Zeit ein eigenes Gastzimmer eingeräumt und gleich ein halbes Dutzend Tische aufgestellt, weit ausgedehnte

Flächen, worauf die gegnerischen Heere Platz genug hatten, sich zu entwickeln. Da brauchte abends gar nichts weggeräumt zu werden, so daß bei einbrechender Dunkelheit noch nicht entschiedene und abgeprochene Schlachten gleich am anderen Morgen wieder aufgenommen werden konnten. Meine damalige Freude an dem Bleisoldatenspielen lag jedoch bei mir in keiner irgendwie soldatischen Veranlagung begründet, sondern es war eine die Phantasie beschäftigende künstlerische Angelegenheit für mich, etwas Erregendes, die Vorstellungswelt ganz Ergreifendes, dem ich mich leidenschaftlich hingab. Bei Feldherrn ist vielleicht die Seelenlage, nur auf andrer Ebene, eine ähnliche. – Drei Jahre etwa: von der Sexta bis zur Untertertia hielt die Passion fürs Bleisoldatenspiel bei mir an, wenn auch in Intervallen und dazwischen immer wieder abgelöst durch meine anderen, nicht minder heftigen Neigungen. Und der Doktor Hüllweck war dabei niemals ein Spielverderber.

Natürlich kam es auch gelegentlich zu Auftritten und Dissonanzen zwischen mir und dem rasch aufbrausenden Doktor Hüllweck; sie hinterließen aber niemals einen Stachel, weil wir uns wohlwollten; und ich weiß bestimmt: dieses Gefühl war gegenseitig. Selbst Ungerechtigkeiten wurden darum ohne weiteres von mir hingenommen. So brachte ich einmal, ganz unverschuldet, weil im Klassenzimmer die Petroleumlampe über meinem Sitzplatz tropfte, einen ungeheuren Ölfleck, der ganz durchschlug, in meinem Geographiebuch mit nach Hause. Ihn sehn und rechts und links das Buch mir um die Ohren schlagen, war beim Doktor Hüllweck eines, ohne mich vorher auch nur zu Wort kommen zu lassen. Und als ich mich rechtfertigen wollte, drohte er erhobenen Armes mir mit Wiederholung der Maßregelung. Ich aber, unterm Tische Deckung suchend, schilderte von meinem Unterstand aus wütend, wie das Mißgeschick sich zugetragen habe und daß ich völlig unschuldig sei an dem Ölfleck, worauf er nichts erwiderte als: „Nun, da hast du sie fürs nächste Mal im voraus!" Zwei Stunden später waren wir nichtsdestoweniger wieder die besten Freunde und lieferten gemeinschaftlich die Schlacht bei Gaugamela.

Doch wenn dem Doktor Hüllweck dann das unentwegte Bleisoldatenspiel über wurde, so setzte er sich an das Fenster mit dem Blick aufs Neckartal und las mir vor: Englische College-tales, die liebte ich am meisten; doch auch aus einem Buch, das er mir selbst geschenkt hatte; es hieß: „Der große König und sein Rekrut." Auch in dem „Deutschen Jugendfreund" war vieles, was ich gerne hörte. Und noch zwei andere Bücher jener Lesezeit sind mir geblieben; es waren dies von Julius Wolff:

„Das Recht der Hagestolze" und „Der letzte Landschadt von Steinach"
von R. B. von Walther.

Zwei Jahre war der Doktor Hüllweck bei mir, doch dann bekam er eine
Anstellung in Zerbst am dortigen Realgymnasium und verließ mich in den
Sommerferien von der Quinta auf die Quarta. Er wurde später dann in
Dessau Studienrat und, wenn ich mich nicht irre, schließlich dort auch
Rektor. Ich habe ihm dann immer wieder in der Folgezeit jahrzehntelang
in großen Abständen geschrieben und seine Antworten in der von frühauf
mir bekannten Handschrift setzten mich von Mal zu Mal zurück in meine
ersten und durch ihn verschönten Gymnasialjahre.

Das Weggehen des Doktor Hüllweck war für mich mehr als ein
augenblicklicher Verlust gewesen, was mir jedoch erst deutlich wurde, als
die neuen Hauslehrer an seine Stelle traten. Ich will sie, nun sie schon
einmal im Blickkreis sind, gleich einen nach dem andern aufziehn lassen,
um sie dann wieder der Vergessenheit anheimzugeben, der sie von Haus
aus und verdientermaßen angehören.

Da war als erster Nachfolger des Doktors Hüllweck nach den Sommerferien bei Beginn der Quarta ein Herr Weferling. Unfaßbar, einem
Jungen diesen Mann auch nur drei Tage als Erzieher beizugeben! Er war
ein dreißigjähriger Student und Kandidat der evangelischen Theologie im
zweiundzwanzigsten Semester mit fuchsrotem Vollbart und er stank drei
Meter weit nach kalten, ekligen Zigarren. Er dachte nicht daran, auch nur
für eine meiner Neigungen Interesse aufzubringen, dagegen liebte er es
um so mehr, mich täglich mehrmals in den Arm, noch lieber auf das Knie
zu nehmen und mit seinen bärtigen, feuchtkalten, nach Tabak schmecken-
den Lippen mich zudringlich auf den Mund zu küssen, während er dabei
mit einer Hand in seiner Hosentasche wühlte und hantierte. Natürlich war
ich damals völlig ahnungslos, was das bedeute, doch war mir diese täglich
mehrmalige Zärtlichkeit derart verhaßt, daß ich aus Abscheu ihn wie
einen Hund behandelte, was er sich aber gerne, wie es schien, gefallen
ließ; er war mir in ganz seltenem Maß zuwider. Als ich mir gar nicht mehr
zu helfen wußte, bat ich meinen Vater, ihm das ewige Küssen doch zu
untersagen. Das führte aber nicht nur dazu, sondern gleich zu seiner
völligen Entfernung. Nicht ganz zwei Monate war er um mich gewesen,
dieser meinem Vater von dem damaligen Kirchenrat Professor Lemme an
der Heidelberger Universität als Hauslehrer so warm empfohlene, angehende Vikar Herr Weferling. . .

Herr Weferling wurde durch den cand. phil. Herrn Robert Zahn aus
Stuttgart abgelöst. Der hatte sich in Archäologie spezialisiert und war in

seinem Fach sehr tüchtig. Er wurde später in Berlin Direktor des archäologischen Instituts und war ein anerkannter und gewissenhafter Fachmann. Es wäre unschön, ihm und seinem Wesen nicht gerecht werden zu wollen. Aber zwei so gegensätzliche Naturen wie wir beide waren, hätte man so leicht nicht wieder finden können. Und dieser Mißgriff machte sich auch sehr bald geltend. Der sanfte und geruhsame Herr Zahn gehörte gerade zu der Sorte Menschen, die von jeher meine ungütigsten und feindseligsten Instinkte reizten.

Anfänglich ging es ohne jede Reibung und sogar harmonisch. Herr Zahn erschloß mir ein ganz neues Feld für meinen Expansionsdrang: es war die Welt der Schmetterlinge und der Raupen. Und so entstand teils im Terrarium und teils in Kästen eine regelrechte, fachmännisch betriebene Schmetterlingszucht und in Verbindung damit auch die obligate Schmetterlingssammlung. Am meisten aber interessierte mich die Raupe und ihr Weg durch die Verpuppung hin zum Falter. Es hatte etwas sehr Geheimnisvolles, zu beobachten, wie im Spätsommer oder Herbst die Raupen, wenn es mehr und mehr auf die Verpuppung zuging, anfingen unruhig zu werden und zu wandern, bis sie zuletzt das ihnen passende Versteck gefunden hatten, um sich einzuspinnen und der Transmutation im nächsten Frühjahr zuzuschlummern; und wenn sie dann nach einem zeitlosen Nirwanawinter ausschlüpften, wie ihre Flügel im Verlauf von wenigen Stunden sich entfalteten. Das war schon etwas Wunderbares, was da vorging und mich in ein völlig neues geisterhaftes Reich versetzte.

Wie lang es dauerte, bis es zum ersten Aufeinanderprallen mit dem zahmen Herrn Zahn kam, kann ich heute nicht mehr sagen, aber nicht sehr lange, denn sein vorsichtig bedächtiges Gehabe reizte mich und machte mich bösartig. Bestimmt war ich, von seiner Seite aus gesehn, im Unrecht. Doch alle solche Dinge sind stets relativ, und mir zerstörte er nun einmal meinen Rhythmus. Dagegen setzte ich mich instinktiv zur Wehr und das Ergebnis war, zuerst latent, doch dann zunehmend mehr zur offenen Fehde werdend, ein verbissener Stellungskrieg, der aber dann in seinem letzten Stadium zum Angriff führte, einem Handgemenge, das den weiteren Verbleib Herrn Zahns bei mir als Hauslehrer natürlich endgültig unmöglich machte. Denn als mein Vater, von dem Lärm herbeigerufen, die Türe öffnete, da bot sich ihm der unverhoffte Anblick, daß der etwas schwammige Herr Zahn auf meinem Sofa über mir lag und bemüht war, mich zu ohrfeigen, während ich von unten her ihn brüllend mit Fäusten bearbeitete. Beim Anruf meines Vaters – denn wir hatten in der Hitze des Gefechts seinen Eintritt überhört – ließ er ab von mir und schrie nur immer, mit der Hand sich an die Kehle schlagend: „Da steht mirs, Herr Baron, da steht mirs!" Er bot wahrhaftig einen lächerlichen Anblick, der hilflose, sich immer mehr eifernde Zelot, so daß ich laut auflachen mußte. Mein Vater hatte nur zu tun, ihn zu beschwichtigen, weshalb er mich nicht einmal im verdienten Maße anfuhr. Doch dann, als der erbitterte Herr Zahn bereits auf seinem Zimmer war und seine Koffer packte, bekam ich eine lange vorwurfsvolle Standpauke gehalten, die mit der unbegründeten Feststellung endete, daß es kein Mensch bei mir aushalte, denn mit dem rauhbauzigen Doktor Hüllweck war ich doch vorzüglich ausgekommen. Ich konnte nun einmal in meinem ganzen Leben Leimsieder nicht vertragen.

Der letzte meiner Hauslehrer war ein Herr Schopfer, Lehramtskandidat aus Pforzheim oder Lahr, sonst weiß ich nichts von ihm zu sagen. Er war Reserveoffizier der Hundertelfer; das gab ihm vor sich selber einen Nimbus. Ich kam nicht mit ihm aus und er mit mir nicht. Er war kein Leimsieder, aber eine Stanze, und er besaß nicht eine einzige Voraussetzung, das Wesen eines schwierigen, in sich gekehrten und dabei doch stark nach Führung und Geleit ausschauenden Jungen zu verstehn und ihm gerecht zu werden. Es war bestimmt nicht leicht, je älter und je eigenwilliger ich wurde, einen Mentor für mich ausfindig zu machen, wenn ich durchaus schon einen haben sollte: mit etwas Einfühlung und Umtun aber wäre es gegangen. Es gab auch damals junge Männer, die mit den einseitigen, intuitiven Fähigkeiten eines aufhorchenden und ganz vom Gefühl bestimmten, zwölf- und dreizehnjährigen Knaben mitgegangen wären, doch dazu mußte man vor allem selbst mehr um die Eigenart des Kindes wissen, um die richtige Persönlichkeit dafür zu finden; doch diese Einsicht und Einfühlungsfähigkeit war meinen Eltern nicht gegeben. Das hat mich um sehr vieles, innerlich Anreicherndes gebracht in meinen Kindheits- und Entwicklungsjahren.

Daß die mir mißgesinnten Herren Zahn und Schopfer dann in Heidelberg in ihren Kreisen weitgehend das ihrige dazu beitrugen, die Ansicht zu verbreiten, ich sei ein widerwärtiger, unleidiger Bengel, war von ihrem Standpunkt aus begreiflich. Doch hatte das für mich zur Folge, daß die Lehrerschaft an dem Gymnasium dieses einseitige Urteil sich zu eigen machte, was mir während meiner ganzen Heidelberger Gymnasialzeit nachging und sie mir noch mehr verleidete, als es schon ohnehin der Fall war. Die Gültigkeit des Satzes: Semper aliquid haeret, habe ich frühzeitig an mir selbst erfahren müssen.

Ein seinem Kunstwert nach belangloses Gedicht, das ich noch in den oberen Klassen des Gymnasiums schrieb, verdankt der Nachwirkung des Nichtverstandenwordenseins als Kind seine Entstehung:

Ich war ein ausgelassenes Kind
Und sang mein Lied in den Sommerwind
Und sehnte mich nach Genossen.
Sie aber mochten mich nicht verstehn
Und ließen mich meiner Wege gehn;
Da wurde ich still und verschlossen.

Und in mir selbst baut ich mein Ich.
Ich suchte sie und fand nur mich,
Weil sie mich niemals fanden.
Sie wußten nicht, was mir gebrach;
Ich trag es ihnen immer nach:
Mir kam zu viel abhanden. . .

Ich greife nun wieder zurück auf die ersten zwei Jahre meiner Gymnasialzeit. Was meine Leistungen betrifft, enttäuschte ich die Hoffnungen, die man in mich gesetzt hatte, und machte die Prognose des Herrn Göckel, daß ich stets der erste sein werde, von Anfang an zu schanden. In den ersten Jahren, von Sexta bis Quarta also, da bewegte ich mich noch im ersten Drittel. Dann von der Untertertia an bis zur Sekunda etwa in der Mitte. Von da an bis zum Abgang hielt ich mich stets so, daß ich nie repetieren brauchte, sondern gerade mitschwamm. An mehr war mir auch später nie gelegen, nur daß ich durchkam und kein Jahr verlieren brauchte. Dazu war mir die Zeit als solche viel zu kostbar, um ein ganzes reiches Lebensjahr daranzugeben. So setzte ich mich gegen Schluß des Schuljahres stets so dahinter, daß ich gerade noch dem Klassenziel genügte, um versetzt zu werden. Mein Ehrgeiz war damit vollauf befriedigt. – Wenn Heinrich Heine von sich selbst berichtet, er sei nur immer in denjenigen Fächern gut gewesen, die er mit der Phantasie hätte bewältigen können, so kann ich sagen, daß das auch bei mir der Fall war; doch ich glaube, diese Feststellung gilt für den Künstler überhaupt und ist für ihn kennzeichnend. Es gibt natürlich auch noch eine andere, rein mathematische Vorstellungskraft, die noch am meisten Musiker besitzen, doch die beruht auf völlig andersartiger Veranlagung. Man kann fast sagen, daß die beiden Anschauungsvermögen sich ausschließen. Nur in ganz seltnen Fällen sieht man, daß sie sich ergänzen, auch wohl ineinander übergehn, wie etwa bei Novalis. Bei ihm sind mathematische und dichterische Phantasie vereinigt. – Jahrzehnte später, als es mich einmal nicht ruhen ließ, daß ein Gebiet, das mathematische, mir ein für alle Male unzugänglich bleiben sollte, und ich mich ernstlich mit der Absicht trug, es mir nachträglich, wenn auch spät, noch anzueignen, sprach ich von diesem meinem Vorhaben zu Rudolf Steiner. Da gab er mir zur Antwort: „Warum? Sie sind doch Dichter. Dichtung ist umgewandelte Mathematik. Die haben Sie sich doch in einem Vorleben schon einverleibt, sonst wären Sie im jetzigen nicht Dichter." – Das war für mich bestimmend, meine Absicht aufzugeben.

So wenig ich mit der Mathematik in meinen späteren Gymnasialjahren zu Streich kam, so leicht fiel mir das Rechnen. Da hatte ich durchweg die Note: Gut. Herr Steinbrenner war mir gewogen, was ich daraus ersah, daß er oft Späße mit mir machte, womit er nur die Schüler, die er mochte, auszeichnete. Lateinisch machte mir auch keine Schwierigkeiten; am besten aber war ich bis zuletzt im Deutschen, auch wenn die Aufsätze, die ich zu liefern pflegte, insbesondere in den höheren Klassen, meistens als zu kurz beanstandet wurden. Am letzten Morgen zwei Stunden oder drei vor Schulbeginn fing ich an zu schreiben, weshalb ich an den Aufsatzablieferungstagen lieber schon um fünf Uhr aufstand. Ich konnte es nie begreifen, daß es Schüler gab, die tagelang an ihrem Aufsatz schrieben und das lästige Geschäft gleich über eine ganze Woche hinzogen, anstatt die Sache möglichst kurz und schmerzlos abzutun.

Die Lage des alten Gymnasiums dicht oberhalb der Universität und schräg der Peterskirche gegenüber, war sehr reizvoll. Die heutige, viel zu massive Universitätsbibliothek in ihrer sandsteinernen Renaissanceimitation als Gegenüber war damals noch nicht vorhanden; an deren Stelle stand auf einem hofartigen Platz zwar eine häßliche, doch ungleich minder aufdringliche Turnhalle, an der vorbei man auf die nächste Querstraße, die Sandgasse, und auf die Ecke Sandgasse und Plöckstraße gelegene Volksschule (Abb. 66) sehen konnte. Schulhof besaß das frühere Gymnasium keinen. Wir spielten in den Pausen auf der Straße. Das hatte etwas Abwechslungsreiches, denn unsere Spiele zogen sich dabei über das ganze Stadtviertel vom Klingenteich am Schloßberg quer über den Bahndamm und die Anlage, rund um die Peterskirche, die Grabengasse und Seminarstraße hinunter über den Universitätsplatz bis zur Hauptstraße (Abb. 67–70). Und bei Verfolgungen sogar noch weiter. Da konnte man sich austoben und die Gefechtshandlungen mit Umgehungen, plötzlichen Überfällen, Durchbrüchen und Kämpfen jeder Art entwickeln. Das alles spielte sich sehr ritterlich und fair ab, bis die Volksschüler sich dreinmischten. Dann wurden die Zusammenstöße heftig und erbittert, denn diese waren wirklich unsere Feinde von ihrer Seite aus, nicht von der unseren. Wir waren völlig uninteressiert an ihnen, sie aber suchten, wo sie konnten, mit uns Händel. So traten die sozialen Gegensätze damals in so frühen Jahren schon in Erscheinung.

Der Anführer der Volksschüler war ein gewisser Sutter, ein rabiater Bengel und Draufgänger, ein richtiger Gangster. Der hatte seine Mannschaft regelrecht organisiert, und so erwarteten sie uns nach Schulschluß allenthalben hin verteilt, so daß sie alle Straßen, die auf das Gymnasium zuführten, blockierten. Sie lauerten uns auf in Gruppen und bewaffnet mit Schlagriemen, gummiknüppelartigen Tüchern, in die Steine eingeknotet waren, und für die Verfolgung auch mit Schleudern. Da unser Heimweg sich natürlich sehr bald trennte, weil die einen da, die andern ganz woanders wohnten, so gelang es unseren Auflauerern, die jeden kannten, und die Wege, die die einzelnen zu nehmen hatten, wußten, uns getrennt zu überfallen. Die Folge davon war, daß dieser oder jener von den unsrigen dabei recht übel zugerichtet wurde. Um so erbitterter erfolgte dann am nächsten Tag der Aufeinanderstoß der beiderseitigen Massen auf dem Universitätsplatz, so daß der gegenseitige Haß zuletzt in einen veritablen Kampf aufs Messer ausartete. Der Sutter hatte es gezogen und stach im Nahkampf einen meiner Klasse in den Oberarm, daß er verbunden werden mußte. Dieser Vorfall nun bereitete dem feindseligen Treiben ein abruptes Ende, denn die Lehrerschaft der beiden Schulen trat dazwischen und die Volksschüler erhielten eine ernstliche Verwarnung. Was der Hauptanstifter des gegnerischen Lagers, Sutter, wegen seiner Messerstecherei für eine Strafe abbekam, ist nicht bei uns bekannt geworden, sicher aber keine unbedeutende, denn von dem Augenblick an gaben die Volksschüler Ruhe und der Sutter ging seitdem nur mehr verbissenen Grimms an uns vorüber.

Dagegen hatte ich um jene Zeit selbst einen Zusammenprall mit einem Trupp Volksschüler, wobei mich einzig meine Geistesgegenwart davor bewahrte, Senge erster Hand abzubekommen. Sechs oder sieben, vollends größeren gegenüber, ist der einzelne, wenn er sonst keinen Vorteil wahrzunehmen weiß, verloren. Ich hatte eine halbe Stunde nachzusitzen beim Herrn Steinbrenner wegen des Schönschreibens, was meine Stärke nie war. Die echten Schönschreiber erwiesen später samt und sonders sich als Bürokratenseelen. Durch dieses Nachsitzenmüssen nun verpaßte ich den Doktor Hüllweck, der mich, wie ich schon erzählte, bei dem Tor der alten Brücke stets erwartete, um den Nachhauseweg mit mir gemeinschaftlich zu machen. Ich ging also allein die Landstraße Stift Neuburg zu. Doch das Verhängnis wollte es, daß ich halbwegs etwa, kurz hinter der Hirschgasse, einer Gruppe Volksschüler begegnete, die gerade an *dem* Nachmittag der Teufel hergeführt hatte. Mich sehn, umzingeln und mich stellen, ging im Handumdrehn. Es auf ein Kräftemessen ankommen zu lassen, kam nicht infrage. Doch gehandelt mußte werden, ohne Zögern. Links auszubrechen, war unmöglich, weil die Landstraße begrenzt war durch die Häusermauer; rechts war die Böschung und darunterhin führte der Saumpfad hart entlang am Neckarufer. Ich war kein Raufbold und auch keiner von den Stärksten, aber sehr gewandt und ein besonders rascher Läufer. Ich wußte also: bin ich durch, bekommen sie mich nicht mehr. Im übrigen verstand ich auch sehr weit zu werfen. Das mußte mir jetzt aus der Klemme helfen, denn anders, ohne List, war aus dem Ring um mich nicht mehr herauszukommen. Ich sagte also frech herausfordernd: „Da stehn die Neckarschleimer, um mich zu verhauen, dabei kann keiner so weit schmeißen, als wie ichs kann." – „Ein großes Maul hascht auch noch", meinte einer, „schmeiß doch erscht emol, du Dreckspatz!" Ich griff nach einem Schotterstein und warf ihn ein recht gutes Stück weit in den Neckar. Das löste ihrer aller Ehrgeiz aus, daß jeder sich nach einem Steine bückte. Diesen Moment benützte ich, um mich davonzumachen: die Böschung abwärtsspringend, nahm ich auf dem Saumpfad Richtung auf Stift Neuburg. Bis sich die Feinde faßten, war ich ausgebrochen. Die Steine flogen *mir* nach, statt ins Wasser, aber sie trafen nicht, und die Jagd, die nun die Meute auf mich machte, war erst recht vergebens, so daß sie die Verfolgung bald aufgaben. Ich rief ihnen aus der Entfernung noch ein paar nicht wiederholbare Schimpfworte zu und trottete, nicht wenig stolz auf die geglückte List, nach Hause.

Am Hoftor traf ich Emil Marx, den Gärtnerssohn, mit dem ich während meiner Freizeit immer noch viel spielte. Der ging zwar in die Volksschule, doch hielt er sich bei den Zusammenstößen zwischen Gymnasiasten und Volksschülern tunlichst abseits, schon um nicht nachträglich für sein Eingreifen von mir die Jacke vollzukriegen. Der hatte gerade eine eben abgelegte, guterhaltene Schlangenhaut gefunden und war dabei, sie über einen Stock zu ziehen. So seltsam bringt mitunter die Erinnerung zwei völlig zusammenhanglose, sich gar nichts angehende Dinge miteinander in Verbindung, denn so oft ich an den Überfall auf der Landstraße denke, fällt mir gleichzeitig auch der Emil mit der Natternhaut ein auf der Bank vorm alten runden Eckturm links vom Hoftor auf Stift Neuburg.

Der alte Eckturm war im übrigen gar nicht so ungefährlich. Er war geborsten und durch ein rund um ihn laufendes, ins Mauerwerk verschraubtes Eisenband gehalten. Die Decke war längst eingestürzt; zwei starke Eisenstangen, kreuzweise übereinanderliegend, waren innen in dem Hohlraum eingespannt und durch die Mauer mit dem äußeren Eisenband verankert, was den Turm vor dem Zusammenbruch bewahrte.

Doch da er innen hohl war, konnte man bei einem unvorsichtigen Tritt hineinstürzen, zumal das auf der Brüstung eingelassene Eisengeländer stellenweise nicht mehr fest saß. Bestiegen wurde er von außen auf freischwebenden und in die Außenwand hineingebauten Sandsteinstufen. Das Innere des Turmes diente schon seit Jahr und Tag als Schuttablage und war bereits zur Hälfte voll mit allerhand zerbrochenem Geschirr und unbrauchbar gewordenem Hausrat. Wir Jungens liebten es, waghalsig auf der Brüstung oben am Geländer hin rund um den Turm herumzulaufen und von dort hinüber auf die Steinfassade des Hoftors zu klettern (Abb. 71), was uns jedoch stets eine ernstliche Vermahnung eintrug, wenn es meinem Vater zugetragen wurde. Das aber hinderte uns nicht, tags drauf den alten Eckturm wieder zu besteigen. – So bot Stift Neuburg allenthalben Abenteuer und Gefahren, und mein Vater tat wohl recht damit, mich kurzerhand dem Schutze Gottes und des Doktor Hüllweck anzuvertrauen, denn auf Schritt und Tritt hinter mir her zu sein, war ohnehin unmöglich.

Einmal jedoch, und diesmal ohne mein Verschulden, wäre ich doch um ein Haar verunglückt; es war mein guter Stern, der mich davor bewahrte. Das trug sich so zu: Mein Vater hatte ein Paar neue Pferde angeschafft, da die von meiner Großmutter gleichzeitig mit den Chaisen übernommenen (Max und Hermine hießen sie) anfingen, abgängig zu werden. Die neuen Pferde waren jung und wild und schwer zu handhaben; wenn nur ein Stück Papier am Boden lag, so scheuten sie und machten Anstalt durchzugehen. Sie mußten also eingefahren werden. Den alten Kutscher Ferdinand hatten wir auch nicht mehr – warum er weggegangen war, ist mir nicht mehr erinnerlich. Der neue Kutscher Albert war zwar ein gewaltiger Schwadroneur, aber ein schlechter Fahrer. Um Nützliches mit Praktischem gleich zu verbinden und weil niemand sonst Lust hatte, seine Haut dabei zu Markt zu tragen, sollte meine Schulfahrt in der Frühe gleichzeitig dem Einfahren der Pferde dienen. Daß schon die erste Fahrt gleich einen derart kritischen Verlauf und Ausgang nehmen werde, stand entfernt nicht zu erwarten. Um nötigenfalls dem Kutscher beistehen zu können, mußte noch der Diener Anton auf dem Kutschbock mitfahren. Da aus der Stadt Eis mitzubringen war, so hatte er einen Blecheimer neben sich gestellt. Es war ein heller Sommermorgen, weshalb (und das war später meine Rettung) statt des Landauers die offene Viktoria für die erste Probefahrt genommen wurde. Die hundertfünfzig bis zweihundert Meter auf dem Auffahrtsweg hinunter bis zur Landstraße ging alles glatt und ohne Anstand, kaum aber waren wir auf diese abgebogen, scheute die linksseitige Stute, weil sich eine Scheuklappe gelockert hatte und ihr dauernd vor dem Auge hin und her wippte, und ging wie rasend durch, was für das andere Pferd zum Anlaß wurde, sich ihr anzuschließen. Der Kutscher Albert hing sich zwar, so stark er konnte, in die Zügel, doch vergebens, die Pferde jagten in Karriere die Landstraße hinunter. Der Kutscher, rechts und links die Zügel um das Armgelenk geschlungen, saß verkrampft und wachsweiß da, verglasten Blicks, und auch der Diener Anton neben ihm verfärbte sich und wurde zusehends gelber. Ich hatte mich in der Viktoria aufgestellt und sah zwischen den beiden durch die Landstraße hinunter, ob ein Fuhrwerk uns entgegenkomme. Solange dieses nämlich nicht der Fall war, konnten sich die Pferde ausrasen soviel sie wollten, sie würden schon einmal haltmachen. Da es halbacht Uhr morgens war, bestand die Aussicht, ungehindert durchzukommen, denn die Landstraße zu jener Zeit war, insbesondere in der Frühe, kaum befahren. Wohl einen halben Kilometer war das Glück uns günstig. Da, vielleicht zweihundert Meter vor uns, sichtete ich um die Biegung uns entgegenkommend ein breitspuriges Lastfuhrwerk. Nun galt es zu handeln, denn daß wir an dem vorüberkämen, schien fast ausgeschlossen. Ich warf in hohem Schwung erst meinen Bücherranzen auf die Straße und dann, aufs niedere Trittbrett der Viktoria tretend, sprang ich selber aus dem Wagen. Das Tempo war zu rasend, um nicht platterlänge hinzuschlagen. Während ich noch dalag und mich sammelte, im Liegen dem davonjagenden Wagen nachblickend, sah ich, wie erst ein Eimer links vom Bock flog und über die Böschung in den Neckar rollte, und wenige Sekunden drauf kam auch der Diener Anton hoch im Bogen nachgeflogen, kollerte grotesk über die Böschung und landete gleichzeitig mit dem Eimer ebenfalls im Neckar. Das alles war die Sache weniger Augenblicke. Nur der erstarrte Kutscher blieb auf seinem Posten, und wahrhaftig, es gelang ihm, an dem Lastfuhrwerk, das bis an den Chausseerand ausgewichen war und anhielt, unversehrt vorbeizusteuern. Und dann verschwand er, wo die Landstraße die Biegung macht, ins Ungewisse. Ob ich ihn je lebendig wiedersehen werde, schien mir mehr als fraglich.

Ich richtete mich auf und stellte an mir fest, daß außer aufgeschürften Handflächen und Knien mir nichts weiter geschehn war. Da tauchte auch der Kopf des Dieners Anton schon hinter der Böschung auf, dann kam der ganze Mann auf allen Vieren samt dem Eimer nachgekrochen. Er war tropfnaß und schüttelte sich oben wie ein Pudel. Auch er war gut davongekommen bis auf ein verstauchtes Bein, das sich in einigen Tagen wieder machte. Ich sagte ihm, er solle gleich zu Hause meinem Vater melden, daß mir nichts geschehn sei und daß ich zu Fuß den Schulweg fortgesetzt hätte. Ich sah ihm nach, wie er loshumpelte, dann holte ich mir meinen Bücherranzen her, staubte mich ab, wusch mir im Neckar meine Hände und die Schrammen aus und ging den Saumpfad weiter Heidelberg zu in die Schule. Daß ich zu spät kam, war begründet und entschuldigt.

Ich konnte kaum den Schulschluß abwarten, um zu erfahren, was die Sache mit dem Kutscher und den durchgegangenen Pferden für einen Verlauf genommen hatte. Vom Doktor Hüllweck, der wie jeden Tag bei unserm Treffpunkt mich erwartete, erfuhr ich dann, die Pferde seien bis zur Neuen Brücke fortgerast, dort hätten sie plötzlich von selbst gestoppt, den Kutscher habe man mehr tot als lebend von dem Bock gehoben. Nun liege er zu Hause im Bett, um sich von dem gehabten Schrecken zu erholen. So war noch alles glücklich abgelaufen. Die Pferde wurden daraufhin natürlich wieder abgeschafft und neue eingestellt. Der Kutscher Albert blieb; auch ist ihm später während seiner mehrjährigen Dienstzeit auf Stift Neuburg nichts dergleichen mehr begegnet.

Auf einer meiner Morgenfahrten in die Schule hatte ich um jene Zeit, wenn auch mehr auf den Herbst zu, noch ein anderes Erlebnis, das mich nachhaltig beeindruckte. Es war an einem jener nebeligen Sommerausgangsmorgen, die schon das gebrochene Herz des Jahres in sich tragen, und die ich mit einer fast wollüstigen Schwermut liebte, weil sie fraglich und noch unentschieden waren, ob sie sich in Regen oder Licht auflösen würden. Den Neckar lang zogen die Nebel und verfingen sich strichweise in den Uferweiden, und aus den waldigen Hängen rechts und links des Flusses zog es feucht und dämpfig. Früh, wenn ich gerade aufgestanden war und aus dem Fenster in das ungewisse Talgeheimnis aussah, konnte ich mich fast versäumen und die Schule drüber ganz vergessen; und sicher wäre das auch wiederholt geschehen, wenn nicht auf dem Hof der Kutscher, der die Pferde aus dem Stalle führte, um sie einzuspannen, mich durch diese Handlung ungewollt daran erinnert hätte, daß ich mich zur Schule fertigmachen müsse.

Ein solcher Morgen war es, als ich auf meiner Fahrt zur Schule etwa halbwegs in der Nähe der Hirschgasse aus dem Wagenfenster blickend, eine Frau im Neckar liegen sah, unweit vom Ufer, wo das Flußbett steinig und das Wasser seicht war. Der Körper wurde von der schwachen Strömung langsam hin und her bewegt, so daß es schien, als sei noch Leben in ihm. Ich rief sofort dem Kutscher, der die in dem Wasser Liegende nicht wahrnahm, weil die Landstraße an dieser Stelle einige Meter höher als der Saumpfad hinführt und er seine Pferde, nicht den Fluß im Auge hatte, halt zu und blieb bei den Pferden, während er zwar meinte: „Die ist doch tot", aber sich trotzdem dazu verstand, „mal nachzusehn, was los sei". Halb ungeschickt, halb widerstrebend stieg er die begraste Böschung abwärts und, sich erst nach rechts und links scheu umsehend, als sei er auf verbotenen Wegen, vorsichtig ins Wasser, das ihm nicht einmal bis an die Knie reichte. Man sah ihm schon von hinten an, wie peinlich ihm die ganze Sache sei, in die der Zufall ihn verwickelt hatte, so daß ich nachträglich nicht ohne Grund vermutete, er habe die Ertrunkene absichtlich übersehn, um nicht an ihrer Bergung teilnehmen zu müssen. Auch dieses Mal kam ihm das Glück wieder zu Hilfe, denn als er gerade sich daran machte, den regungslosen Körper hochzuziehn, gesellten sich zwei Arbeiter, die aus der Hirschgasse herausgekommen und von mir herangerufen worden waren, zu ihm. Die beiden zogen die Leblose aus dem Wasser. Der eine faßte sie unter die Schultern, der andere an den Beinen und so trugen sie sie erst die Böschung hoch und dann ein kurzes Stück die Landstraße entlang an mir vorbei ins sogenannte Kuchenhäusel, einem kleinen Wirtshaus an der Ecke der Hirschgasse. Ein nasser Streif bezeichnete den Weg, den sie genommen hatten. Der Kutscher kam gemächlich hinterhergetrottet.

Ich hatte, als man sie an mir vorübertrug, die Tote nahe, fast erschreckend nahe angesehn. Sie mochte etwa vierzigjährig sein, ein wächsernes, verlittenes Gesicht, in das naßbraune Strähnen hingen. Die Arme baumelten teilnahmlos herunter. Sie trug ein schwarzes Kleid und schien einfacher, fast geringer Herkunft. – Die Arbeiter verschwanden mit der nassen Last im Kuchenhäusel; der Kutscher stieg, als sei gar nichts geschehen, wieder auf den Kutschbock, die Pferde zogen an und ich fuhr in die Schule.

Wer war die Frau und wie war sie dahin gekommen? Daß sie ertrunken war an dieser Stelle, war unmöglich, dazu war ringsumher das Wasser viel zu seicht; zu seicht, so schien es wenigstens, selbst um sie herzuschwemmen. Auch lagen viel zu viele Steinblöcke herum, als daß sie bis dahin, wo wir sie fanden, hätte angetrieben werden können, sie würde sich verfangen haben oder abgestoßen worden sein schon weiter draußen. . . Wie kam es also, daß sie hier lag und wie lange hatte sie schon so gelegen? Und dann: warum war sie von den Vorübergehenden nicht längst bemerkt worden, wiewohl es allerdings um diese Stunde meist nur Marktfrauen waren, die mit ihrer Ware stur dem Markt zustrebten, ohne viel nach rechts und links zu schauen – aber immerhin, auch das gab mir zu denken. Der Kutscher, Albert Ruf, dem gegenüber ich diese Bedenken aussprach, meinte zwar, er habe anderes zu tun, als sich den Kopf darüber zu zerbrechen, er sei kein Kriminaler und noch weniger Leichenbeschauer.

Ich aber war von dieser Antwort keineswegs befriedigt, sondern malte mir die weitest abliegenden Möglichkeiten aus und insbesondere beschäftigte mich die geheimnisvolle Frage, ob die tote Frau im schwarzen Kleide, die man so durchnäßt und kalt an mir vorbeigetragen hatte, selbst den Tod gesucht habe aus Überdruß am Leben oder eben nur ertrunken sei durch Mißgeschick und Unfall. Nun gab es aber auch noch eine dritte Annahme, und zwar, daß ein Verbrechen vorlag. Natürlich neigte meine jugendliche Phantasie zu letzterer, denn mit der Vorstellung von Selbstmord konnte ich noch nichts verbinden damals. Und daß die Frau beim Auffinden an einer Stelle lag, an die das Wasser sie gar nicht hintreiben konnte: dieser Umstand ließ die Annahme eines Verbrechens für mich vollends zur Gewißheit werden.

Mich wunderte nur, daß sich über diesen ganzen Vorfall niemand sonst Gedanken machte. Aber das lag daran – so erklärte ich mirs wenigstens, daß alle anderen bis auf den Kutscher bei der Auffindung und Bergung nicht dabei gewesen waren und folglich auch nicht die Teilnahme empfinden konnten so wie ich, der ich zuerst den toten Körper in dem Wasser hatte liegen sehen.

Ich habe nie erfahren, was es für eine Bewandtnis mit der Frau gehabt hat; aber lange noch, wenn ich vorbeikam an dem Kuchenhäusel, tauchte mir das Bild auf, wie die beiden Männer die Ertrunkene langsamen und fast feierlichen Schrittes hineintrugen.

Ein Jahr darauf etwa wurde das Kuchenhäusel abgerissen, um einer schauerlichen Villa mit vertrackten Erkern, Zinnen und Gesimsen Platz zu machen. Es war dieses die Zeit, in der die ganze Südseite die Heidelberger Landstraße entlang mit Neubauten, meist überladnen Einfamilienhäusern, angebaut und mit einem verblüffend sichern Ungeschmack verunziert wurde. Die wenigen Jahre, während welcher ich die ersten Gymnasialklassen besuchte, reichten hin, um eine einzigartig schöne Landschaft, die bis dahin mit wenig ihr angepaßten, unaufdringlichen, in gutem Baustil aufgeführten Landhäusern bestanden war, durch eine protzige, entgleiste Villa nach der andern neben- und übereinander zu entstellen. Mitunter wurden auch den alten ebenmäßigen Häusern viel zu schwere Stockwerke mit Erkern und Balkonen aufgesetzt, die den darunterliegenden, in sich beschlossenen Bau erdrückten. Kurzum: das ausgehende neunzehnte Jahrhundert tat sein äußerstes, um sich ein bleibendes, signifikantes Denkmal seines wohlhabenden und fassadenhaften bürgerlichen Ungeschmacks zu setzen.

Nur wer das einstmalige Heidelberg, und sei es auch nur aus der Kindheit, kannte, wie es überragt von der ganz in das Waldesdickicht eingebetteten, noch nicht aufdringlich restaurierten Schloßruine mitten zwischen dem noch unbebauten, grünen Bergland an dem Neckar altertümlich dalag, der nur weiß um das zeitferne Heidelberg, das in den Dichtungen von Opitz über Hölderlin und die Romantiker bis Scheffel als die ewige Geliebte jugendlich gefeiert wurde.

UMGEBUNG UND INNENWELT

Um jene Zeit bekam ich auch Reitunterricht. Die mißlichen Erfahrungen, die ich mit den durchgehenden Pferden unlängst erst gemacht hatte, entmutigten mich keineswegs. Ich hatte ein Pony geschenkt bekommen und lernte nun in eben jenem Tattersall, vor dem ich seinerzeit mit meiner Nurse gestanden und dem Reiten zugesehen hatte, bei dem gleichen Reitlehrer selbst reiten, nur mit dem Unterschied, daß es nicht in Gesellschaft anderer Reitschüler geschah, sondern allein, da die Erwachsenen – es waren meist Studenten – es als unwürdig empfanden, zusammen mit einem zehnjährigen Jungen auf einem Pony exerziert zu werden. Ich natürlich hätte den gemeinsamen Reitunterricht dem Einzelunterricht weit vorgezogen. Die Stunden fanden zweimal wöchentlich von zwölf bis eins nach Schulschluß statt und liefen über ungefähr zwei Jahre hin; dann, als ich in die Untertertia kam, wurden sie abgebrochen, weil sie mich vom Lernen abzögen – so hieß es wenigstens, auch wenn es tatsächlich gar nicht der Fall war. Alljährlich aber in den Oster- oder Sommerferien war ich immer eine Woche oder zwei mit meinen Eltern auf dem Gut der ältesten Schwester meines Vaters, die vermählt war mit einem Baron von Erlanger, zu Gast, ein Luxussitz in Niederingelheim am Rhein, sehr schön gelegen mit herrlichen Parkanlagen, einem seeartigen Teich, in dem man Kahn fahren und schwimmen konnte (mitten drin lag eine kleine Insel) und nicht zuletzt mit einem großen Reitstall. Unter der Anleitung des Stallmeisters vervollkommnete ich dort im Lauf der Jahre meine Reitkenntnisse so weit, daß ich später, als ich bei den Dragonern mein Dienstjahr antrat, schon so viel voraus hatte, daß mir der reiterliche Drill verhältnismäßig leicht fiel.

Der Gutssitz Ingelheim bot aber auch noch manche andere Zerstreuungen. Vor allem war es die großzügige Musterökonomie, wo ich mich gerne aufhielt. Auch das Fasanenhaus war immer wieder etwas Neues, und dann besaß mein sieben Jahre älterer Vetter Carlo ein Museum ausgestopfter Vögel, seltene Arten; doch auch präparierte Schlangen und Lurchtiere. Am meisten aber interessierte mich ein ausgestopfter Wolf, ein prächtiges

Exemplar mit aufgesperrtem Rachen, daß man das Gebiß ganz sehen konnte.

Das schönste aber an den Ingelheimer Ferientagen war das exquisite Essen. Der alte Baron Erlanger war ein gewiegter Feinschmecker. Man nannte das in jener Zeit „Gourmand", ein Wort, das aber keineswegs etwas Abfälliges an sich hatte, wie überhaupt in der Gesellschaftssprache damals noch ein ganzes Heer französischer „bon mots" zum sogenannten „guten Ton" gehörte. Der gute Ton von damals! Nichts war hohler und verlogener, und wenn man gegen diese „Konvention" verstieß, war man „unmöglich". Die platten, inhaltslosen Tischgespräche beim „Diner" oder „Souper" gehörten ebenso dazu wie „Frack mit weißer Binde" und das Dekolleté der Damen: und wer verstand, bei dem „Jour fixe" oder bei der „Soiree" „Konversation zu machen", galt für einen guten Kopf und geistreich.

Ich haßte dieses ganze „savoir vivre" schon als Junge und begann von Jahr zu Jahr mich mehr dagegen aufzulehnen, denn meine Umwelt war nun einmal so, daß ich zwangsläufig mit dem allen immer wieder in Berührung kam und kommen mußte. Anfänglich galt ich nur für das „enfant terrible", doch später dann beging ich absichtlich „faux pas" über „faux pas", wodurch ich mit Genugtuung mich mehr und mehr „unmöglich" machte. So kam es, daß ich zwar das hielt, was ich versprochen habe, doch ich habe nicht gehalten, was man sich von mir versprochen hatte. Hätte ich das getan, ich wäre mir selbst untreu, tief untreu geworden. Ich sage dieses hier ganz ohne Anklage und Bitternis, als reine Feststellung; denn sicherlich bedurfte es für mich viel größerer innerer Widerstände, um mich zu behaupten, als für andere, trotz der wirtschaftlichen Sicherstellung, denn in der Welt, in der ich aufwuchs, war es ungleich schwerer, zu sich selbst zu kommen und dagegen anzustehen, bei allen ihren scheinbaren Vergünstigungen, als für die, die in weit weniger beneidete Umstände hineingeboren waren. Dem zehn- und zwölfjährigen Jungen war natürlich dieses alles nicht bewußt, so wie es rückblickend hier formuliert ist, doch er empfand es instinktiv und etwas in ihm war darum in steter, wenn auch mehr passiver Abwehr.

Gewiß gehörte eine ausgesprochene Persönlichkeit dazu, in jener Zeit selbständig seinen eigenen Weg zu gehn und sich trotzdem in den damaligen Gesellschaftskreisen zu bewegen, ohne anzustoßen oder zu befremden, gegebenenfalls sich dort dem Ruf, man sei „unmöglich", unbekümmert auszusetzen. Wenn ich mir all die zahlreichen Personen, die in meinem Elternhause ein und aus gingen, vergegenwärtige, meine Verwandten inbegriffen, so waren es nur ein paar prominente Universitätsgelehrte Heidelbergs, die eine Ausnahme der Regel bildeten, und denen man dies Vorrecht, wenn auch mit gewissem Achselzucken, zubilligte.

Wohl war mein Vater (Abb. 72) durch die Tradition des Bernusschen Hauses und die alte überkommene Kultur Stift Neuburgs viel gebildeter als seine landläufigen Standesgenossen und auch sein geistiger Interessenkreis war ein viel weiterer, doch um der ganzen heillosen Verödung und Nichtexistenz der damaligen ersten Kreise, von der Hofgesellschaft angefangen, denen er nun einmal von Geburt aus zugehörte, auf den Grund zu schauen und sich konsequenterweise davon abzugrenzen, dazu war er selbst zu zeitbedingt und in sich abhängig von eben jenen äußeren Gegebenheiten, die gerade das, was man als Konvention bezeichnete, ausmachten. So konnte er für meine Andersartigkeit von seinen eigenen Voraussetzungen her nicht allzuviel lebendiges Verständnis aufbringen, auch wenn ich gern und dankbar anerkenne, daß er, insbesondere später, nach dem Tode meiner Mutter, nach Vermögen mit mir mitzugehn versuchte und vor allem mir nie ernste Schwierigkeiten in den Weg legte. Denn gerade damals traten durchweg zwischen den Generationen, der der Väter und der Söhne, die ureingeborenen Gegensätze ganz besonders heftig und erbittert in Erscheinung. Der Niederschlag der damaligen Seelenlage, den dann der Naturalismus auf der ganzen Linie zum Ausdruck brachte, verdichtete sich bald darauf in dem Gedicht „An meinen Sohn" von Richard Dehmel zu ganz vollem dichterischem Ton und Anruf:

„Und wenn dir einst von Sohnespflicht,
Mein Sohn, dein alter Vater spricht:
Gehorch ihm nicht! Gehorch ihm nicht!"

Als ich viel später, achtzehnjährig etwa, meinem Vater diese Strophen vorlas, rief er entrüstet: „Ein gemeiner Kerl, der Dehmel!"

Ich hätte kaum mein Eigenwesen über alle meine Jugendjahre hin so unberührt erhalten und verselbständigen können, hätte ich nicht aus Stift Neuburg immer neu Substanzen aufgenommen, die mir meine Innenwelt mit Bildern und Gesichten füllten und befruchteten. Von dorther flossen mir die unversieglichen, geheimen Quellen zu und in meine schlafwachen Träume rauschte Tag und Nacht der Neckar. So war es wohl kein Zufall, daß die ersten mir erinnerlichen Verse, die ich als Zehnjähriger schrieb, dem Neckar zugesungen waren:

Ich seh von meinem Fenster
Den Neckar und die Höhn,
Die Vögel singen draußen,
Die Sonne scheint so schön.

Ich aber, ich muß sitzen
Und lernen spät und früh,
Und wär doch so gern draußen,
Wo alles singt und blüht.

O Welt wie bist du herrlich
Im goldnen Sonnenschein!
Und drunten fließt der Neckar,
Und weitfort fließt der Rhein . . .

Als ich dem Doktor Hüllweck diese Verse zeigte, meinte er, er habe sie schon anderswo gelesen, hundertmal zum mindesten, was mich verärgerte und kränkte. Ich änderte sie darum ab und legte ihm tags darauf das abgewandelte Gedicht vor, das ich in der Niederschrift von damals heute noch besitze. Es lautete:

Der Doktor mit dem Zwicker
Saß endlich mal allein,
Und drunten fließt der Neckar,
Und weitfort fließt der Rhein.

Da riß der Doktor Hüllweck
Das Fenster auf und sprach:
„Ich muß, ich muß, ich mußte
Dem Alek laufen nach . . .

O Welt wie bist du herrlich
Im goldnen Sonnenschein!"
Und drunten fließt der Neckar,
Und weitfort fließt der Rhein . . .

Nun meinte er, die beiden ersten Strophen *seien* auch danach und glaubwürdig auf meinem Mist gewachsen, doch bei der letzten Strophe ließ er sich davon nicht abbringen, daß sie gestohlen sei, zum mindesten tat er dergleichen, um mich zu erbittern, denn es war eine Art Sport, die wir betrieben, uns mit irgendeiner gegenseitigen Anrempelei herauszufordern.

Für manchen andern Jungen wäre diese pädagogische Methode sicherlich verfehlt gewesen, bei mir jedoch war sie die denkbar glücklichste, weil sie im graden und bewußten Gegensatz zu dem gedämpften Ton stand, den ich sonst gewohnt war.

Die schon im Kinde wach gewordene Vorliebe für Gedichte lebte noch verstärkter auf im Jungen. Ich freute mich darum auch immer auf den deutschen Unterricht, weil das Vorlesen und Durchnehmen von Gedichten einen Hauptbestandteil darin bildete. Zwar ging es schon von Anfang an gegen mein Gefühl, Gebilde, die ich wie aus einem Guß empfand, schulmeisterlich zerpflückt zu sehn; denn bei Gedichten, die mir eingingen, trat mir nie ins Bewußtsein, daß sie nicht schon von jeher bestanden hätten, einfach dagewesen seien, wie aus der Natur hervorgegangen; ich wollte gar nicht wissen, daß sie jemand, der Lenau oder Graf Platen oder Uhland oder sonstwie hieß, einmal gemacht hatte; und vollends nicht, was der Verfasser (schon ein widerwärtiges Wort) damit beabsichtigt und sich dabei gedacht habe. Aber das Hersagen genoß ich um so mehr wie etwas Feierliches, und ich freute mich, sooft ich dazu aufgerufen wurde, obgleich der Lehrer mich dabei von Mal zu Mal mit dem stereotypen Satze unterbrach: „Bernus, du leierst!" Doch seine Vorhaltungen blieben fruchtlos: wie sehr ich auch versuchte, mir die vorgeschriebene Vortragsweise anzueignen; zwei, drei Zeilen ging es allenfalls, doch dann verfiel ich wieder in den vorigen Tonfall, und schon kam es vom Katheder her: „Bernus, du leierst ja schon wieder!" Umsonst, es ging nicht anders; dieses Leiern beim Gedichthersagen konnte ich mir nun einmal nicht abgewöhnen, denn es kam mir aus der eingeborenen lyrischen Notwendigkeit her. Viel später erst fand ich die bündige Bestätigung, daß ich im Recht gewesen war und daß das Hersagen, der Vortrag von Gedichten nach der ihnen immanenten rhythmisch-musikalischen Gesetzmäßigkeit zu erfolgen habe, womit sich ohne weiteres von selbst auch der Gehalt dem Hörer überträgt und mitteilt, weil Lyrik eine sprachlich-magische, nicht eine stofflich-inhaltliche Angelegenheit ist.

Die beiden ersten Jahre meiner Gymnasialzeit – Schuljahre sind lang – verbrachte ich ausschließlich auf Stift Neuburg, unterbrochen durch gelegentliche Ferientage in Niederingelheim und eine Osterwoche in Montreux mit meinen Eltern und dem Doktor Hüllweck. Von jener Reise sind mir Genfer See und Dent du Midi und vor allem das Schloß Chillon, wie es düster in dem sonnig-heitern See liegt, im Gedächtnis. Das war Ostern 1891.

Die beiden Winterhalbjahre, neun- und zehnjährig, auf Stift Neuburg mit den langen Abenden und dem schon angedämmerten Heimweg nach

Schulschluß hatten ihren unvergeßlich eigenen Zauber. Vielleicht ist jene Zeit mir darum so lebendig und ganz gegenwärtig, weil es im Verlauf von mehr als zwei Jahrzehnten die einzigen Winterjahre waren, die ich auf Stift Neuburg zubrachte. Denn meinen Eltern wurde bald die ländlich winterliche Abgeschiedenheit zu eintönig, zumal sie ihre zahlreichen geselligen Verpflichtungen erschwerte, weshalb sie für den dritten Winter schon in Heidelberg eine Stadtwohnung nahmen, die sie beibehielten, so daß das Jahr von da an in zwei scharf getrennte Hälften auseinanderfiel, was auch sein Schönes hatte, weil es in die monotone Schulzeit wenigstens Abwechslung und vor allem später auch ganz neue Möglichkeiten brachte.

Das spukhaft Unheimliche in der Atmosphäre von Stift Neuburg nahm zusehends im November zu, wenn die Tage regnerisch und kürzer wurden und die Nebel überm Neckar lagen, verdichtete sich und griff über in die Seelensphäre des der Nachtwelt zugewandten Knaben, und ich wartete von Dämmerung zu Dämmerung darauf, daß irgend etwas Jenseitiges sich mir mitteile, denn daß dieses möglich sei, das fühlte ich, das unterlag für mich gar keinem Zweifel. Da, meinen Glauben zu bestätigen, spielte der Zufall – will man es so nennen – mir die kleine Schrift „Der Spiritismus" von Carl du Prel in die Hände. Es war ein Reclambändchen, das ich im Vorbeigehen auf dem Schulweg in dem Schaufenster der Universitätsbuchhandlung von Carl Winter hatte liegen sehn und mir aus meinem Taschengeld gekauft hatte. Natürlich hielt ich es geheim und zeigte es zu Hause niemand, auch dem Doktor Hüllweck nicht, weil ich befürchten mußte, daß man es mir wegnehmen würde. Sobald ich aber dann im Bett war, las ich drin beim Kerzenlicht; ich las es durch auf einen Zug und fing gleich wieder an von vorne, las es immer wieder, bis ich alles in mich aufgenommen hatte. In diesem Buche waren alle Fragen, die mich damals insgeheim beschäftigten, beantwortet.

Damals entstanden diese Verse, die ich aber nach vorangegangenen Erfahrungen für mich behielt. Ob sie genau so lauteten, wie sie hier stehen, weiß ich nicht mehr sicher; doch höre ich in mich hinein, so kommen sie mir so entgegen:

> Ich weiß es, daß die Toten leben,
> Ich spüre, daß sie um uns sind.
> Wenn sie die langen Klostergänge
> Hinziehen, ists wie kühler Wind.
> Ich weiß es, daß die Toten leben,
> Und doch sind alle dafür blind.

In jener kleinen Schrift Carl du Prels fand ich wiederholt den Hinweis auf das große Werk von Aksakow über den Spiritismus. Ich hätte leidenschaftlich gerne dieses Buch besessen, aber das stand außer dem Bereich der Möglichkeit, des Preises wegen: Es kostete, soviel ich mich erinnere, zehn Mark, wenn nicht noch mehr; ich hatte aber wöchentlich nur fünfzig Pfennige Taschengeld. So mußte ich vom Kaufe absehn. Dafür erstand ich mir ganz bald darauf ein anderes Traktat, betitelt: „Der Tod und was dann?" Von wem, ist mir entfallen. Mir haben diese beiden Schriften viel bedeutet; sie bestärkten mich in dem, was ich in mir als Anlage besaß und dem ich immer wieder nachhing, und haben meine seelische Entwicklung in der Richtung auf das Übersinnliche auf Jahre hin beeinflußt. Mir fehlte damals sehr, daß sich in meiner näheren und ferneren Umgebung niemand fand, zu dem ich über diese Dinge, die mich so beschäftigten und innerlich bewegten, hätte sprechen können. So mußte ich das alles ohne Widerhall allein in mir verarbeiten und damit fertig werden.

Bei Kindern, insbesondere bei Jungens, vollends bei stark expansiven, liegen alle Lebensäußerungen und Ansätze meist ganz undifferenziert und ohne gegenseitig sich zu stören, dicht nebeneinander. So erfuhren meine andern, mehr auf das Äußere gerichteten Neigungen und Interessen keine Einschränkung durch meinen Zug zum Metaphysischen, der vorab in den Wintermonaten aus der Substanz Stift Neuburgs Nahrung sog und stärker wurde, während die erwachende Natur vom Frühjahr an die Nachtwelt aus dem Feld schlug.

Fast quälerisch unheimlich waren die Föhnnächte. Sonst nirgends habe ich den Föhn so toben hören wie in jener Gegend. Es ging meist schon von Februar an, und er wütete mitunter so, daß man als erstes morgens hinaussah, ob nicht Bäume in dem Park entwurzelt seien, was, soviel ich mich entsinne, zweimal auch der Fall war. Daß sich der Glaube an die „Wilde Jagd", „Seelen-Gejaid", der aus dem Odenwald, dem Odinswald, herrührt, bis heute dort erhalten hat, ist keineswegs zufällig, sondern in der dortigen Elementarwelt wesenhaft begründet.

Der Rhein-Main-Neckarwinkel ist der wärmste Teil von Deutschland. Im Obstgarten Stift Neuburgs kommen jährlich die Spalierfeigen zur Reife. Die Winter sind meist mild in Heidelberg, so daß es selten vorkommt, daß der Neckar zufriert. In meinem Quintawinter aber war er zugefroren, und auf lange. Die Kälte war sehr scharf und anhaltend. Ich konnte Tag für Tag auf Schlittschuhen nach Schulschluß von der alten Brücke bis dicht an den Fuß Stift Neuburgs fahren. Der ganze Neckar wimmelte von Fußgängern und Schlittschuhläufern; auch Lastfuhrwerke fuhren drüber. Dann aber trat Tauwetter ein, sehr rasch und nachhaltig.

Das Eis schmolz und fing an zu bersten. Nachts hörte sich das an fast wie Kanonendonner. Von dem Fluß her kamen durch die Dunkelheit die dumpfen Schüsse, brachen sich an den Bergwänden und erschütterten das Tal mit Aufruhr- und Alarmsignalen. Nun setzte unvermittelt auch der Föhn ein. Die Winterwelt gab zusehends die Schlacht verloren. Schon war der Schnee an den Südhängen weggeschmolzen, nur auf den Bergen und im Wald behauptete er sich noch vorläufig. Bald wurden vom Neckar her die Schüsse schwächer, das Eis begann sich aufzubäumen, und der ganze Fluß kam in Bewegung. Hochwasser drohte. Auf dem Saumpfad türmten sich gewaltige Eisschollen fast bis an die Landstraße hinauf, schichtweise meterhoch übereinander; so lagen sie noch Wochen. Der Neckar stieg und überschwemmte bei der Stiftsmühle und bei dem Harlaß die Chaussee. Man konnte zwar die überschwemmten Stellen ohne weiteres umgehen, durchfahren aber wollte mich mein Vater doch nicht lassen; so konnte ich zwei Tage aus der Schule bleiben, was ich um so freudiger begrüßte, weil ich so den ganzen Ablauf des noch nie gesehenen Naturvorgangs verfolgen konnte.

Der Winter drauf, mein Quartawinter also, brachte eine völlige Veränderung in meine bisherige Winterlebensweise. Die Stadtwohnung, die wir bezogen und die meine Eltern für die nächsten Jahre beibehielten, lag im zweiten Stock des Hauses Ecke Anlage Neugasse. Mein an und für sich schon recht düsteres Zimmer, das durch eine bräunlich-häßliche Tapete noch unfreundlicher und dunkler wirkte, ging auf die Neugasse* mit dem Blick auf die Rückfront des Hotels de l'Europe (Abb. 73), heute Europäischen Hofes, wo vom Souterrain her das beständige Klappern von Geschirr und Tellern und der unvermeidliche Geruch der Küchendünste zu mir aufstieg. Zwar war es ein Westzimmer, welches ich bewohnte, da jedoch die mächtige rückseitige Fassade des Hotels den Häusern gegenüber alle Sonne raubte, war es von November bis nach Ostern, denn so lange blieben meine Eltern meist dort wohnen, ein nicht wenig trister winterlicher Daseinsablauf: in die Schule, von der Schule, graues Zimmer, Mittagessen – graues Zimmer, in die Schule, von der Schule, graues Zimmer, Schulaufgaben, Abendessen, graues Zimmer, Schlafengehen – Frühaufstehen, graues Zimmer, Schulegehen und so weiter und so weiter, bis zum Glück die Masern kamen und den Alltag wenigstens im ersten Winterhalbjahr, und zwar gleich auf vier, fünf Wochen unterbrachen. Eine leichte Lungenentzündung, hieß es, war hinzugekommen, doch davon ist mir nichts mehr gegenwärtig. Ich weiß nur, daß ich lange Zeit nicht aufstehn und auch vor den Osterferien nicht mehr in die Schule

*Heute Nadlerstraße; im Plan als Wilhelmstraße bezeichnet.

gehen durfte, was mich hinlänglich zurückbrachte, zumal im Rechenfach. Dafür bekam ich dann von dem Herrn Steinbrenner Nachhilfeunterricht, den ich ganz gerne nahm, weil er mich mochte. Man legte mir weitgehende Schonung auf, da man befürchtete, ich könne sonst womöglich an der Lunge etwas nachbehalten, was zwar nicht der Fall war, aber die Besorgnis war vielleicht nicht völlig unberechtigt, denn wenn man mittels der Augendiagnose meine Iris untersucht, so findet man noch heute auf dem Lungenfeld das Merkzeichen von früh verkapselter Tuberkulose.

So wenig ich mich heute auf die Einzelheiten jener Krankheit selbst besinnen kann, so sehr sind mir die Tage oder Wochen der nachherigen Genesung noch bewußt und irgendwie in mir Ferment geworden. Unsagbares ging vor in mir, besonders in der Zeit des allerersten Wiederzumirkommens. Die wunderbare, schöpferische Wortbildung der Sprache, die noch im ursprünglichen Weltwissen wurzelt, hat im Worte „Wiederzusichkommen" den geheimnisvollen Vorgang, der nach jeder schweren Krankheit sich in dem Genesenden vollzieht und der nicht einseitig nur physiologischer Natur ist, seinem inneren Wesen nach gekennzeichnet und anschaulich gemacht. Krankheit ist nicht nur, wie die heutige Wissenschaft es ansieht, ein bloß pathologischer Prozeß (sie ist es *auch* natürlich), sondern jede Krankheit hat auch ihre metaphysische Seite. Sie ist eine Katharsis nicht allein des Körpers, sondern auch der Seele. Und Kinderkrankheiten sind die gesetzmäßigen, kosmo-physischen Stationen seelischer Entwicklungsphasen. So kommt es, daß je nach der geistig-seelischen Artung eines Kindes die landläufigen und eigentlichen Kinderkrankheiten bei diesem früher und bei jenem später in Erscheinung treten. Bis seine metaphysische Notwendigkeit die Krankheit fordert, bleibt das Kind gegen die Ansteckung „immun". Und manche bleiben ganz verschont, weil sie der so gearteten Katharsis nicht bedürfen. Doch auch noch eine weitere Erkenntnis wird aus diesem Wissenskreis gewonnen: daß nämlich schwächliche oder leicht anfällige Kinder dies nur darum sind, weil sie mit einem größeren Seelenstoff in sich zu tun und diesen zu bewältigen haben. Ein wahrer und tiefblickender Erzieher wird drum solchen Kindern seine Aufmerksamkeit in um so höherem Maße schenken. Der Satz vom „mens sana in corpore sano" ist somit nur sehr einseitig richtig, und viele große Geister hätten niemals sich zu dem herausentwickeln können, was sie später wurden, wenn ihrer schwächlichen Veranlagung in ihrer Kindheit nicht mit Sorge und Nachsicht begegnet worden wäre.

Ich selbst war zwar nie ein robustes Kind gewesen, doch war ich von Haus aus gesund und wenig anfällig; und daß ich gerade während meiner ersten Schulzeit ganz auf dem Lande aufwuchs, tat zu meiner Abhärtung vielleicht das meiste. Die beiden größeren Kinderkrankheiten, die mich heimsuchten (auch eines jener Worte, die nachdenkenswert sind) fielen beide fast genau bei mir zusammen mit den zwei entscheidenden Entwicklungsphasen: dem Zahnwechsel und dem frühzeitigen Eintritt der Geschlechtsreife, gewissermaßen wie im Anschluß an die überstandene, durch die hinzugetretene Komplikation nicht unbedenkliche Masernerkrankung.

Es war ein wunderbarer einmaliger Zustand, jener langsame, berauschende Genesungsauftrieb, der mit dem Beginnlichen des Frühjahrs und dem Märzgeschehen draußen in der eben erst erwachten Natur zusammenfiel. Ich war ganz von dem seligen Gefühl des Wiederzumirkommens überwältigt und ich spürte es fast sinnlich, als sei etwas außerhalb von mir Befindliches, zeitüber aus mir Ausgetretenes neu in mich eingezogen; es war, als ob ich von mir selbst, nur anders als zuvor, wieder Besitz ergriffen hätte: in dem wahren Sinn des Worts ein „Wiederzumirkommen". Und doch stand ich zugleich in irgendeiner Art vegetativer, untergründiger Wechselbeziehung mit all dem, was in der Umwelt um mich vorging – ein Verbundensein und Zugehörigkeitsgefühl mit Luft und Licht und allem Lebenden beglückte mich unsäglich. So lag ich stundenlang da und sah schräg durch das Fenster auf die von der Frühjahrssonne aufgehellte Häuserfront mir gegenüber und war triebhaft – wessen wußte ich selbst nicht – irgendeines Kommenden gewärtig . . .

Nachts schlief ich meist spät ein in jener Zeit, weil ich vom vielen Liegen tagsüber zu ausgeruht war. Da hörte ich dann draußen all die Nachtgeräusche und verfolgte sie mit überwachen Sinnen. Und meine Phantasie nahm teil an allem, was da draußen vorging, und begleitete die singenden heimkehrenden Studenten durch die nächtlich hallenden, entlegenen Gäßchen in ihre Buden in den alten winkeligen Häusern irgendwo in der Stein-, Haspel- oder Kettengasse oder an den damals noch vernachlässigten Neckarstaden. – Dann wieder fuhr von dem benachbarten Bahnhof her eine Droschke die verschlafene Anlage hinunter. Vielleicht waren die Insassen von einer Reise nach Italien gerade heimgekehrt: Italien, wo es immer Frühling war und warm und sonnig. Mein Vater hatte mir, weil ich es immer wieder hören wollte, oft erzählt, wie er als Kind mit seinen Eltern in zwei weitläufigen Reisekutschen, deren eine ausschließlich die Dienerschaft und das Gepäck mitführte und die eigens für die Reise angeschafft wurden, über die Alpen nach Italien gefahren sei und dort mehr als ein Jahr verbracht habe und wie er, als er längst wieder in Deutschland war, das blaue Meer und den noch blaueren Himmel nicht habe vergessen können . . . Ob es den Insassen der Droschke, die jetzt durch die Anlage vom Bahnhof kommend irgendeiner Heidelberger Stadtwohnung zurollte, auch so gehen würde? – Von weither hörte ich die Züge fahren durch das ausgegossene Meer der Dunkelheit in irgendeine unbekannte Ferne. Das gar nicht auszudenkende, unheimliche Gefühl des Ausgesetztseins irgendwo im Weltall überkam mich da mitunter, derart, daß es nach der Nähe eines mitfühlenden Lebewesens, sei es auch nur eines Hundes, förmlich in mir aufschrie – aber niemand war, der meinen Seelenruf vernommen hätte. Damals erfuhr ich erstmals, ohne es jedoch in Worte einfangen zu können, wie unsäglich einsam und allein ein jeder ist inmitten des scheinhaften Lebens, das aus allen Daseinsweiten vampirhaft auf ihn zuströmt . . .

Dann wieder schlug ein Hund an irgendwo weit fort in einem Hause oder Hof, den man nicht kannte und wo ebenso das Leben ablief, nur vielleicht in etwas anderen Gleisen und wo gerade jetzt vielleicht auch jemand krank lag, sterbenskrank vielleicht, und eine Schwester war besorgt um ihn, daß sie ihm seinen letzten Augenblick erleichtere . . .

Wie wohl das Sterben war? Zum erstenmal damals und gerade mitten aus meinem Genesungsrausch heraus begann ich über den Tod nachzugrübeln. Ich hatte meine Großmutter gesehn, wie sie hochaufgebahrt inmitten ungezählter Blumen dalag, und dann später die Ertrunkene im Neckar, die von zwei Arbeitern an mir vorbei ins Kuchenhäusel an der Hirschgasse getragen wurde: doch das waren beides schon zwei Tote, aber nicht das Sterben selbst – und daß es mit dem Tode nicht vorbei sei, wußte ich gefühlsmäßig, und aus den Schriften Carl du Prels war mir Bestätigung geworden. Und war nicht das, was nachts, wenn man im Halbschlaf lag, auf einen eindrang, ein sich Ansagenwollen der Totenwelt um uns herum, ein immer wiederholter, fruchtloser Versuch, auch weiterhin am Erdendasein teilzunehmen? Vielleicht waren die Toten noch unendlich viel weltausgesetzter und einsamer als wir Lebenden, die Hand in Hand im Sonnenlichte gehen können . . . Doch um den Sterbenden wird es zunehmend dunkler, hatte ich zufällig einmal sagen hören. Mit graute nur vor dieser Dunkelheit, vor diesem schrecklichen Verlustiggehn des Lichtes, das allein Geborgenheit verbürgt und Dauer. – Jetzt aber war es März, und wie die Tage länger und die Nächte kürzer wurden, lebte ich in einem fast ekstatischen Genesungstaumel den beseligenden Auftrieb der Natur mit.

Ein ungeheurer Tatendrang war in mir wach geworden. Ich konnte kaum die Zeit erwarten, bis wir wieder für das Sommerhalbjahr nach Stift

Neuburg zögen. So vieles gab es dort zu unternehmen. Vor allem wollte ich den unterirdischen Gang, von dem es hieß, daß er Stift Neuburg mit dem Schloß und mit dem Heiligenberg verbinde, gleich nach meiner Ankunft dort ergründen. Etwas mußte schon daran sein, weil sich diese Überlieferung so hartnäckig erhalten hatte. Ich dachte dran, wie ich bei meinen Schloßspaziergängen mit meiner Nurse als kleiner Junge schon nach jenem Gang ergebnislos gefahndet hatte; jetzt war ich groß und würde ohne Zweifel hinter das Geheimnis kommen. Mein Spießgeselle Emil Marx, der Gärtnersjunge, würde sicher auch mitmachen. Vielleicht auch würden wir auf einen eingemauerten oder vergrabenen Schatz stoßen, denn erst vor einigen Monaten war eine alte Frau aus der Umgebung ganz von ungefähr bei meinem Vater vorstellig geworden und hatte lang und breit von einem Schatz erzählt, der während des, ich glaube Dreißigjährigen Krieges in dem Erdgeschoß der Kirche irgendwo vergraben worden sei. Sie habe das von ihrer Mutter, die das wiederum von ihrer Mutter anvertraut bekommen habe. Sie drang mit überzeugender und unnachgiebiger Beredsamkeit in meiner Gegenwart in meinen Vater, unverzüglich nachgraben zu lassen; doch mein Vater war trotz meiner Fürsprache nicht zu bewegen, auch nur einen Spaten ansetzen zu lassen. Mir aber ging seitdem die Sache viel im Kopf herum: wenn ein Gerücht sich so wie dieses durch Generationen fortgeerbt hatte, so konnte immerhin etwas daransein, schien mir damals . . .

Die Wochen wollten nicht herumgehen, bis wir wieder auf Stift Neuburg wären. Ostern lag dazwischen; fast unwahrscheinlich warme, sommerliche Ostertage. Ich durfte anfangs nur um Mittag auf der Anlage spazierengehen. Der Duft der blühenden Kastanienbäume war betäubend und ermüdend. Ich setzte mich dann meistens auf eine der vielen Bänke auf der Sonnenseite und genoß das Leben, das sich rings um mich herum abspielte. Zum erstenmal sah ich bewußt die Töchterschülerinnen mit den blonden und braunen Zöpfen, hellgekleidet und fast wie in eine Art von duftigen Schleiern eingehüllt an mir vorübergehn. Ich blickte ihnen nach und lernte sie am Gange unterscheiden. Es hatte eine jede einen völlig eigenen und nur zu ihr gehörigen Gang, den keine andere hätte haben können. Da fiel mir plötzlich Christabell ein (Abb. 74). Ich hatte schon seit Jahr und Tag nicht mehr an sie gedacht. Sie mußte sechzehn sein jetzt, fast erwachsen. Was hatte die für einen Gang gehabt! Er war mir noch ganz deutlich gegenwärtig, so unverlierbar hatte ich sie in mich aufgenommen. Sie setzte, wenn sie ging, die Füße nicht wie andere neben-, sondern voreinander, so als gehe sie auf einem schmalen Saumpfad oder wie ein Tier auf einer Fährte.

Wie sie wohl jetzt nach soviel Jahren aussah? Sie hatte nach der ersten Zeit nach ihrer Abreise mitunter noch geschrieben; auch hatte sie ein Bild von sich geschickt: zwölfjährig etwa, mit halblangen offenen Haaren . . . Ich dachte dran, wie ich sie oft aus Eifersucht daran gerissen hatte, wenn sie lachend einem anderen Jungen den Ball zugeworfen oder sich von ihm beim Fangspiel hatte fangen lassen. Ich kramte mir, als ich nach Hause kam, ihr Bild heraus und stellte es vor mich auf meinen Schreibtisch, und wenn ich abends schlafen ging, nahm ich es mit hinüber auf die Nachtkommode. So wurde Christabell für mich zum zweitenmal der Mittelpunkt einer verschwommen-leidenschaftlichen Gemütswelt. Mit unsrer Übersiedelung fürs Sommerhalbjahr nach Stift Neuburg brach der Kult von selbst ab.

Der langersehnte Tag war endlich da, und zwar der warmen Witterung wegen früher, als sich meine Eltern anfangs vorgenommen hatten. Das Personal war in der Frühe schon vorausgefahren, um das Nötigste vorzubereiten; wir trafen erst zu Tisch ein. Ich konnte kaum abwarten, bis das Essen abgetragen war, um gleich darauf den Gärtnersjungen, meinen Spießgesellen Emil, aufzusuchen und die heimliche Entdeckungsreise mit ihm zu bereden. Er hatte viele und nicht unbegründete Bedenken gegen meinen Vorschlag vorzubringen. Vor allem diesen, daß das unterirdische Labyrinth womöglich einer Räuber- oder lichtscheuen Falschmünzerbande zum Versteck und Unterschlupf dienen könnte. Dann würden wir das Tageslicht nie wiedersehen, sondern müßten ihnen lebenslänglich dort Frondienste leisten, wenn wir nicht gleich auf der Stelle umgebracht oder lebendig eingemauert würden. Er malte mir all die Gefahren, die dort unser warteten, mit derart krassen Farben aus, daß ich für wenige Augenblicke selbst unsicher wurde und bei mir erwog, ob es nicht doch ratsamer sei, das ganze Abenteuer aufzugeben. Doch gleich darauf verwarf ich den Gedanken wieder als entwürdigend und feige. Wie hätte ein Entdecker, Forscher oder Reisender jemals sein Ziel erreichen können, wenn er sich von seinem Vorhaben durch die ihm drohenden Gefahren hätte abbringen und schrecken lassen? Sie waren ja nur noch ein Anreiz mehr, die Suche nach dem unterirdischen Gange aufzunehmen.

Mit aller Umsicht wurde also unverzüglich an die Vorbereitungen gegangen. Wir stellten eine lange, mit viel Überlegung ausgearbeitete Liste auf für unsere Ausrüstung, und immer wieder fiel uns etwas Neues ein, das wir benötigten, um gegen alle irgendmöglichen Vorkommnisse und Überraschungen gedeckt zu sein: Das erste war natürlich der Proviant, zum mindesten für eine Woche, denn wir mußten damit rechnen, daß wir unversehens verschüttet würden, und da mußten wir so viele Lebensmittel bei uns haben, daß sie uns ausreichten, bis man uns ausfindig gemacht hätte und an die Unfallstelle vorgedrungen sei. Das nötige Werkzeug durfte selbstverständlich auch nicht fehlen. Vor allem waren Hammer, Beil und Steinmeißel erforderlich, und auch ein Senkblei wurde einbezogen, um, falls wir auf einen rätselhaften Schacht oder auf eine unterirdische Versenkung stoßen sollten, diese ausloten zu können. Windlichter mit Ersatzkerzen in hinreichender Menge und zahlreiche Schachteln Streichhölzer (in jener Zeit gab es noch keine Taschenlampen) ergänzten den Bestand des notwendigen Zubehörs für unsere Unternehmung. Und schließlich brachten wir noch bei ein Dutzend Rollen Schnur zusammen, um sie an dem Eingang des Gewölbes zu befestigen und dann hinter uns, die eine Rolle an die andere knüpfend, herzuziehen, so daß wir uns jederzeit zurückzufinden wüßten, falls die Gänge sich im Inneren verzweigten. Nicht anders hatte ja auch Theseus einst am Faden der Ariadne aus dem Labyrinth, wo er den Minotauros überwand, zurückgefunden. So machten wir uns, ganz dem Abenteuer hingegeben, tags darauf in aller Frühe heimlich und mit allem Nötigen ausgerüstet auf die mit soviel Umsicht vorbereitete Entdeckungsreise.

Vor meinem Aufbruch hatte ich in meinem Schlafzimmer vorsorglich einen Brief an meinen Vater auf dem Nachttisch hinterlassen mit der Aufschrift: „Erst zu öffnen, wenn ich bis um vier Uhr heute nachmittag noch nicht zurückbin." In diesem Brief hatte ich genau berichtet, was wir vorhätten und wo man nach uns suchen solle, falls wir über die genannte Frist hinaus ausblieben. So wußten wir für alle Fälle, daß die Nachforschung sogleich die rechte Spur aufnehmen würde. Das war zwar einerseits durchaus vernünftig, andererseits jedoch sehr kindlich und unüberlegt gedacht, denn daß mein Vater beim Empfang des Briefes mit dem Öffnen nicht erst bis um vier Uhr warten werde, hätte ich mir sagen müssen; aber alle meine Vorstellungen waren so ausschließlich auf das Unternehmen selbst gerichtet, daß dergleichen nüchterne Erwägungen gar nicht aufkamen.

Der Eingang zum Gewölbe, von wo aus wir weiter vordringen, gegebenenfalls durchbrechen wollten, um dem unterirdischen Gange auf die Spur zu kommen, befand sich in der hohen Außenmauer, die rund um Stift Neuburg herläuft, Park, Terrasse, Obst-, Gemüsegarten und den ganzen weitläufigen Hofbezirk in die in sich beschlossene Umfriedung einbeziehend. Es war nicht ganz zwei Meter überm Boden eine ausgemauerte, viereckige Öffnung, etwa einen Meter im Quadrat. Wir hatten eine

Gartenleiter mitgenommen, um hineinzusteigen; dann zogen wir die Leiter nach und standen, mit der Blendlaterne in der Hand, in einem kellerartigen Gewölbe, wie Stift Neuburg deren mehrere besitzt, die je nach ihrer Lage mannigfachen Zwecken dienten. Diese Entdeckung hatte also nichts besonders Überraschendes für uns, da wir die andern Gewölbe schon von früheren Erkundungsfahrten kannten. Wir untersuchten das Gemäuer nach vermauerten Abzweigungen, aber es war nirgends etwas zu bemerken. Wir drangen immer tiefer vor in das Gewölbe, das, je mehr wir uns vom Eingange entfernten, sich verengte und zusehends mehr den Eindruck eines unterirdischen Ganges machte, dem wir mit gehobener Spannung nachgingen. Ich kann es heute nicht mehr sagen, wie weit die Strecke war, die wir zurückgelegt hatten, uns kam sie jedenfalls sehr lang vor; hundert Meter mögen es gewesen sein, kaum weiter.

Hier verengte sich der Gang mit einmal so, daß man nur noch gebückt sich darin fortbewegen konnte. Es schien mehr ein Kanal zu sein, auf dessen Steinfliesen ein Rinnsal hinlief. Schließlich krochen wir auf allen vieren weiter. Ich als der vordere schob die Blendlaterne vor mir her. Da plötzlich kam von obenher ein Wasserguß, durchnäßte mich und löschte, was das schlimmste war, die Blendlaterne. So saßen wir hilflos im Dunkeln. In seiner Tasche kramend langte Emil eine Weihnachtskerze und ein Streichholzkästchen vor und zündete die Kerze an. Wir konnten bei dem kümmerlichen Licht, das sie verbreitete, feststellen, daß es scheinbar sich um einen Wasserablauf handelte vom Springbrunnen vielleicht oder vom Hofbrunnen, denn dahin nahm der unterirdische Gang etwa die Richtung. Umdrehen konnte man sich in dem niederen Schachte nicht, so krochen wir auf allen vieren rückwärts bis zur Stelle, wo der schachtartige Gang sich zum Gewölbe erweiterte. Hier angelangt, versuchten wir die ausgegangne Blendlaterne wieder anzuzünden, denn die schon fast abgebrannte Weihnachtskerze gab so gut wie gar kein Licht mehr. Wir mußten den Versuch jedoch aufgeben, weil der Laternendocht viel zuviel Wasser abbekommen hatte, um brennen zu können. Unschlüssig, wie wir uns nach diesem Fiasko weiterhin verhalten sollten – denn so ohne weiteres den Rückzug anzutreten, ging uns gegen unsere Ehre – standen wir im Dunkeln und beratschlagten, als wir vom Eingange her Stimmen hörten und zwei Lichter auftauchten. Es bestand kein Zweifel: man war nach uns auf der Suche. Uns zu verstecken war nicht möglich, denn Schlupfwinkel gab es keine im Gemäuer. Die Lichter kamen näher. Nun rief der alte Gärtner Marx laut unsere Namen. Die Stimme rollte dunkel durchs Gewölbe. Wir gaben keine Antwort, sondern drückten uns ganz an die Mauer: vielleicht daß die auf Suche nach uns Ausgeschickten uns dann nicht bemerken würden. Nun waren sie bis auf nur wenige Schritte fluchend über soviel Scheerei herangekommen. Der zweite war der Kutscher. Er war besonders ungehalten und erbost und schimpfte heftig. So hatten sie den Punkt erreicht, wo das Gemäuer sich verengte und leuchteten die Wände ab mit den Laternen. Natürlich daß sie uns sofort entdeckten. „Warum gibscht du denn keine Anwort, wenn man ruft, du Lausbub?" fuhr der Vater seinen Spätling Emil an und gab ihm rechts und links ein paar hinter die Ohren. „Was habt ihr denn in dem Kanal verloren?" fragte uns der Kutscher. „Den unterirdischen Gang, der unterm Neckar nach dem Schloß führt, wollten wir ausfindig machen", gab ich ihm zur Antwort. „Den werdet *ihr* grad finden", brummte er, „wo der Kanal doch bloß der Abfluß ist vom Springbrunnen". Das war natürlich Unsinn, denn die unterirdischen Gewölbe von Stift Neuburg sind schon Hunderte von Jahren alt, indes der Springbrunnen von meinem Großvater erst angelegt wurde, wobei man eben den bereits vorhandenen unterirdischen Gang zur Ableitung des Überlaufs benutzt hatte. Doch mich darüber mit dem Kutscher in Erörterungen einzulassen, schien mir müßig. Mein Vater habe den von mir zurückgelassenen Brief sofort gelesen und dann unverzüglich nach uns ausgeschickt, berichtete der durch die Emil verabreichten Ohrfeigen erheblich freundlicher gestimmte Gärtner Marx. Der Herr Baron sei keineswegs erbost, nur unnötig besorgt, denn Unkraut gehe nie zugrunde, meinte er versöhnlich.

So endete unser mit so vielen Vorbereitungen und solchem Aufwand unternommenes Abenteuer mit unserem unrühmlichen Rückzug im Gefolge der beiden.

Mein Vater machte mir nicht einmal Vorwürfe, wie ich erwartet hatte, als ich mich wieder bei ihm einfand, sondern lachte mich nur herzlich aus (Abb. 75), was mich jedoch viel mehr beschämte; ich hätte eine ausgiebige Standpauke dem Ausgelachtwerden bei weitem vorgezogen. Nichtsdestoweniger blieb meine Überzeugung unerschüttert, daß der sagenhafte unterirdische Verbindungsgang unter dem Neckar durch zum Schloß und Heiligenberg bestehen müsse, auch wenn er sich schon seit Jahrhunderten nicht mehr auffinden lasse. Und ich glaube auch noch heute fest an sein Vorhandensein.

Und wieder ging ein Schulsommer vorüber auf Stift Neuburg. Die Versetzung in die Untertertia kam und dann die großen Sommerferien. Mein um ein Jahr älterer Vetter Alfred Grashey mit seinem Foxterrier Snap verbrachte wieder, wie alljährlich, seine Sommerferien auf Stift Neuburg. An Besessenheit für das Soldatenspielen und Briefmarkensammeln gab keiner dem anderen etwas nach, für meine Tierwelt aber hatte Alfred nicht das leisteste Interesse. Die Zeit, die ich ihr widmete, vertrieb er sich zumeist mit Lesen. Er las damals viel lieber und viel mehr als ich; die Neigung hierfür kam bei mir erst später, nur auf spiritistische Traktate war ich nach wie vor versessen, und wenn ich auf dem Schulweg in den Auslagen der Buchhandlungen einmal etwas Derartiges liegen sah, was sich mit meinem Taschengeld erschwingen ließ, so trat ich in den Laden und verlangte es. Einmal erkundigte sich ein Verkäufer, für wen ich „solchen Schmarren" kaufe. Als ich ihm sagte, daß es für mich selbst sei, wollte er mir das gewünschte Buch zuerst nicht geben. Ich solle lieber einen Band Karl May nehmen statt dessen, meinte er, das sei für mich eine gemäßere Lektüre. „Nur nicht Karl May!" wehrte ich ab. Mein Vetter Alfred war Besitzer sämtlicher Karl-May-Bände; er las ihn leidenschaftlich. So hatte ich Gelegenheit gehabt hineinzusehn; er lag mir durchaus nicht. Vielleicht verspürte ich das Unechte darin, was davon herrührt, daß bekanntlich der Verfasser all die atemberaubenden Erlebnisse und Reiseabenteuer in Wirklichkeit niemals bestanden, sondern sie am Schreibtisch ausgedacht hat.

Ich hatte meinem Vetter Alfred aus den spiritistischen Traktaten viele Stellen vorgelesen, so daß auch er allmählich anfing, sich für dieses ausgefallene Gebiet zu interessieren. Die von Astralität geschwängerte spukhafte Atmosphäre von Stift Neuburg trug noch überdies das ihrige dazu bei, auch seine Sinne und Empfänglichkeit für alles, was mit der Nachtseite der Natur zusammenhängt, hellfühliger zu machen. Trotzdem bedurfte es doch eines längeren Zuredens, ihn für eine spiritistische gemeinschaftliche Nachtsitzung – Séance nannte man es damals – zu gewinnen. Natürlich durfte niemand darum wissen. Ein kleiner runder, dreibeiniger Nipptisch war unter den zahlreichen Nipptischchen, die überall sinnlos herumstanden, sehr bald gefunden. Es war verabredet, daß Alfred nachts, wenn alles schlafe, mich abholen komme. Wir wollten dann zusammen in den abgelegeneren Bibliothekstrakt gehen, wo es am stärksten weste, weil das angrenzende Parkstück früher Klosterfriedhof war, aus dem gelegentlich beim Umgraben noch immer Knochen an den Tag befördert wurden. Es ging auf zwölf Uhr nachts zu, als Alfred, Snap, den Foxterrier, an der Leine, in mein Zimmer angeschlichen kam, in einer Hand die Schuhe, in der anderen den Kerzenhalter mit der Kerze. Wir hatten den Hund mitgenommen, weil bekanntlich Hunde (noch mehr Pferde) für Übersinnliches eine viel ausgeprägtere Witterung haben als Menschen. Wir wollten ihn also dabeihaben, um sein Verhalten zu beobachten. Ich zündete nun auch noch meine Kerze an und so begaben wir uns leise durch den langen Korridor, vor Spannung und Erregung zitternd, zum Bibliothekstrakt. Dort hingen in dem Vorraum an der Wand die Senatorendegen meines Großvaters zusammen mit noch einigen anderen Waffen unbekannter Herkunft. Mein Vetter Alfred meinte, es empfehle sich sicherheitshalber, wenn wir uns die Degen umschnallten. Wir langten sie uns von der Wand und machten uns mit ihnen wehrhaft. In dem leicht modrig riechenden Bibliotheksraum hatten wir schon am Spätnachmittag den für unsere Sitzung ausgesuchten kleinen runden Tisch bereitgestellt. Wir setzten uns daran einander gegenüber und berührten mit gespreizten Händen die Tischplatte mit den Fingerspitzen, um sie durch unseren Magnetismus „sensitiv" zu machen, zu „laden". Das spärlich verteilte Licht unserer beiden Kerzen reichte gerade hin, um den weitläufigen Bibliotheksaal so weit zu erleuchten, daß wir uns gegenseitig sehen und die Gegenstände um uns halbwegs unterscheiden konnten. Es währte nur ein paar Minuten, da begann der Tisch in sich selbst zu vibrieren. Dieses Vibrieren nahm allmählich zu, dann plötzlich hob er sich auf einer Seite, blieb ein paar Sekunden in der Schwebe und schlug dann wieder auf den Boden. Wir fieberten. Der Tisch war nicht zu bändigen. Er klopfte immer ungezügelter und stärker. Zuletzt setzte er sich in Bewegung und lief so rasch, daß wir ihm nur mit Mühe folgen konnten. Die Technik, durch Klopftöne den Tisch auf ihm gestellte Fragen antworten zu lassen, war uns dazumal noch unbekannt. Es war uns keineswegs geheuer bei dem ganzen Vorgang. Es kam uns vor, als sei der ganze Raum von Wesenheiten, die zur Manifestation drängten, bevölkert. Am liebsten hätten wir Hals über Kopf Reißaus genommen, der Schauer der Neugierde aber war noch stärker, ganz davon abgesehen, daß sich einer vor dem anderen schämte, seine Angst zu zeigen. Wir riefen also laut in den schwarz um uns aufgetürmten Raum hinein: „Ihr Geister um uns her manifestiert euch!" Allein sie taten uns nicht den Gefallen. Nichts Ungewöhnliches ereignete sich. Der Tisch nur raste weiter und wir hinterher durchs Zimmer. Da plötzlich stießen wir im Dunkeln gegen einen abseits stehenden Stuhl und Rauchtisch und warfen ihn um. Alfred, dem, wie er sich nachher rechtfertigte, Großpapas Degen zwischen die Beine gekommen war, schlug längslang hin auf den gestürzten Rauchtisch, der in Trümmer ging. Snap, der Foxterrier, fing erschreckt ein klägliches Geheul an. Ich selbst brach, überreizt durch alle die vorangegangenen Spannungen, in ein krampfhaftes, nicht mehr endenwollendes Gelächter aus, denn Alfred blieb, obgleich er sich bei seinem Sturze überhaupt nicht verletzt hatte, wie eine Leiche liegen. Mitten hinein in diesen Wirrwarr hörten wir es an der Türe, die wir abgeschlossen hatten, klopfen. Wir verharrten beide, Alfred nach wie vor in der Horizontalen und ich über ihn gebeugt, mit angehaltenem Atem horchend, während Snap laut anschlug. Das Klopfen an der Türe wurde stärker. Dann tönte von dem Vorraum her die Stimme meines Vaters: „Was ist denn los da drinnen? Aufmachen!" Ich tappte mich zur Türe vor und öffnete. Da stand mein Vater, gleichfalls eine Kerze in der Hand, im Schlafrock und über seine Schulter tauchte das verängstigte Gesicht von meiner Mutter auf. Sie war im Nachthemd ihm gefolgt als Schutzengel. „Zum Donnerwetter, was treibt ihr denn da mitten in der Nacht, ihr Lümmel?" Die Frage war von seiner Seite aus mehr als berechtigt. Inzwischen hatte Alfred sich bedächtig aus der Trümmermasse aufgelesen und war kleinlaut beigekommen. „Wir wollten eine spiritistische Séance abhalten", gab ich, ohne zu beschönigen, zur Antwort. „Blödsinnige Einfälle! Vorwärts, geht schlafen! Wir sprechen morgen früh darüber." Alfred nahm seinen Snap unter den linken Arm und in die rechte Hand den Kerzenhalter und zog wortlos mit dem umgeschnallten Degen ab, den langen Korridor hinunter. Ich sehe dieses Bild noch deutlich vor mir. Mein Vater aber, der ihm gleichfalls nachsah, sichtete erst da Großpapas Degen. „Auch noch Großpapas Degen!" rief er tief entrüstet. Dies Sakrileg erbitterte ihn mehr als sonst der ganze Unfug. Auch ich verzog mich rasch und unauffällig auf demselben Weg wie Alfred in mein Zimmer.

Tagsdrauf beim Frühstück gab es eine Strafpredigt. Mein Vater wollte wissen, wer uns solchen Unsinn in den Kopf gesetzt habe. Ich sagte kurz: „du Prel", worauf mich meine Mutter fragte, ob das ein Mitschüler von mir sei. Ich hätte doch bis jetzt noch nie von ihm gesprochen. „Nein, ein bekannter Spiritist und Schriftsteller", gab ich großspurig zur Antwort. Ich sollte ihm das Buch bringen, gebot mein Vater. Ich log: Das gehe nicht, ich hätte es bei einem Mitschüler gelesen. Hier fiel mein Onkel, Alfreds Vater, ein: Der du Prel sei mit seinem Spiritismus als ein Narr bekannt in München. Ursprünglich sei er Offizier gewesen, er habe aber dann als Hauptmann den Abschied genommen, um ganz seinen überspannten spiritistischen Ideen zu leben. Die Offiziere machten sich nur lustig über ihn, den „Geisterseher". Damit war dieses Thema vorerst abgetan, doch meine Tante machte meinem Vater Vorwürfe, daß er so leichtsinnig gewesen sei, sich auf Geräusche hin nachts in die abgelegene Bibliothek zu wagen. Es hätten doch auch Einbrecher sein können. Kein Mensch hätte ihn rufen hören, wenn es zu Gewalttaten gekommen wäre. Mein Vater rechtfertigte sich mit der Bemerkung, daß Einbrecher gemeinhin keine Hunde bei sich führten.

Ausgelöst durch diesen Vorfall kam am gleichen Tage noch beim Abendessen das Gespräch aufs Tischrücken. Mein Onkel nannte alles Bluff und Schwindel. Er habe selbst einmal Tischrücken mitgemacht in einer größeren Gesellschaft und den Tisch durch unbemerktes Nachhelfen so heftig in Umlauf gesetzt, daß mehrere der anwesenden Damen hysterische Zustände bekommen hätten. Mein Vater aber war weit weniger rigoros und meinte, etwas sei schon an der Sache, auch wenn sicherlich in vielen Fällen Schwindel und Mißbrauch damit getrieben werde. Daß Tote sich auf solche primitive Weise mitteilten, glaube er auch nicht, es handle sich hierbei wohl um noch unerforschte und verborgene Naturkräfte. Mit lebhaftem Interesse waren wir, Alfred und ich, der Unterhaltung der Erwachsenen gefolgt. Um uns ein eigenes Urteil über diesen ganzen Stoff bilden zu können, dazu fehlten uns natürlich sämtliche Voraussetzungen, nur eines wußten wir bestimmt: der Tisch bewegt sich ohne Nachhilfe, man braucht ihn bloß mit den gespreizten Fingerspitzen oberflächlich zu berühren. Wir hielten es jedoch für überflüssig, unsere Erfahrungen mitzuteilen.

Die großen Sommerferien gingen nur zu rasch zu Ende. Der Schulanfang stand vor der Türe. Mein Vetter Alfred fuhr mit seinen Eltern wieder ab nach Augsburg; seine vielen Bleisoldaten reisten in einer besonderen Kiste.

Die Untertertia brachte gleich drei neue Lehrfächer: Französisch, Griechisch und die Algebra. Die beiden letzteren Fächer taten mir kein Leids an, aber das Französisch war für mich eine leidige Sache. Ansonsten brachte der Untertertia-Winter nichts weiter Neues. Überhaupt: die Untertertia war das Schuljahr, während welchem sich am wenigsten für mich ereignete. Meine Liebhabereien: mein Briefmarkenalbum und die Lurchtierwelt meines Aquariums und Terrariums standen nach wie vor für mich im Mittelpunkt, während meine Neigung fürs Soldatenspielen abklang. Dafür las ich mehr, meist abends im Bett, oft stundenlang und war beim Aufstehn morgens dann nicht ausgeschlafen. Vor allem liebte ich damals die Verserzählungen von Julius Wolff. Die Dichtung „Assalide" und insbesondere seine „Lurlei" und der „Rattenfänger von Hameln" beglückten mich. Es war die unechte, verfälschte, süßliche Romantik, doch nicht ohne einen ausgesprochen musikalischen Grundton und mit einer spielerischen Leichtigkeit in Handhabung der Reime, was mich darin anzog und mit meiner mir noch unbewußten, eben wach gewordenen Erotik mitklang. Es war die Surrogatromantik jener Zeit, mit der die bourgeoise Ära sich verbrämte. Von anderen Büchern, die ich damals las, sind mir die zwei Romane: „Klytia" und „Jetta" von Taylor geblieben. „Jetta" spielt sich auf dem Wolfsbrunnen bei Heidelberg ab und hat die Sage von dem Wolfsbrunnen und Jettenbühl zum Vorwurf, während „Klytia", ein Renaissanceroman, Stift Neuburg selbst zum Schauplatz hat und mich schon dadurch fesselte.

Taylor war ein Pseudonym. Der bürgerliche Name des Verfassers war Hausrath. Er war Ordinarius der Theologie an der Universität in Heidelberg und wohnte an der Ziegelhäuser Landstraße in einem großen schönen Hause, das in einem weiten wundervollen Park lag, der sich rückwärts an den Berg hinaufzog. Er hatte einen guten und geachteten Autorennamen damals. Auf meinem Heimweg von der Schule bin ich ihm gelegentlich begegnet. Er war kaum mittelgroß mit einem gütigen nachdenklichen Gesicht, doch ohne eigentlich bedeutende und einprägsame Züge. Ich grüßte ihn ehrfürchtig und er erwiderte den Gruß immer gleich freundlich.

Indem ich dieses schreibe, kommt mir ins Gedächtnis, daß ich schon in früheren Jahren eines andern bedeutenden Dichters ansichtig geworden war: Viktor von Scheffel (Abb. 76). Er stand im Garten des damaligen Neckarhotels bei der alten Brücke, mit anderen Herren im Gespräch, breitschultrig an der Balustrade. Mein Vater machte mich, als wir vorübergingen, auf ihn aufmerksam und las mir dann zu Hause sein Gedicht vom Zwerg Perkeo. Das Lied „Alt Heidelberg du feine" kannte ich schon lange.

Auch für dieses Winterhalbjahr waren wir im Spätherbst wieder von Stift Neuburg in die Heidelberger Wohnung Ecke Anlage und Neugasse übergesiedelt. Erst freute ich mich auf die Abwechslung, bald aber legte sich in meinem grauen Hinterzimmer die Monotonie des Alltages, die in diesem Winter nicht durch eine wohltätige Krankheit unterbrochen wurde, mir beklemmend auf die Seele. Doch ging auch diese Zeit schließlich vorüber. Bei unserer Rückkehr nach Stift Neuburg, gleich nach Ostern, wurde mir ein großer Wunsch erfüllt: mein Vater schenkte mir mein erstes Fahrrad. Das war damals nicht etwa so wie heute, damals war das eine ganz besondere Sache. Gelernt war das Radfahren in zwei Tagen. Mein Untertertiasommer stand nun ganz unter dem Zeichen des Radfahrens als etwas reizvoll Neuem. Schwimmen hatte ich bereits in der Quinta gelernt. Ich ging fast täglich um zwölf Uhr, nach Schulschluß, mit zwei oder drei Mitschülern baden, manchmal auch bei großer Hitze nachmittags um vier Uhr, in der großen Heidelberger Schwimmanstalt (Abb. 77); Bootz hieß der Pächter. Einmal wäre ich dabei um ein Haar ertrunken:

Ich wollte unter der Schwimmanstalt durch ins Freie schwimmen, verlor jedoch die Richtung und stieß mit dem Kopf beim Auftauchen an eins der Fässer, die die Anstalt trugen, tauchte wieder unter und erfuhr beim Wiederauftauchen das gleiche Schicksal. Ein fürchterliches Angstgefühl befiel mich, denn wenn es mir auch bei dem dritten Male nicht gelänge hochzukommen, würde ich unweigerlich ertrinken, das war sicher. Ich riß die Augen unter Wasser auf soweit ich konnte, machte ein paar kräftige Stöße und gelangte so mit letzten Kräften wieder in das große Schwimmbassin der Badeanstalt. Ich habe es seitdem nie mehr gewagt, unter den Fässern durchzuschwimmen.

Bei der Versetzung von der Untertertia in die Obertertia war ich um ein gutes Stück zurückgerutscht. Das leidige Französisch hatte das verschuldet. Da ich jedoch im Deutschen, im Lateinischen und in den Nebenfächern mit gut bis ziemlich gut abschnitt, tat der „Fünfer" im Französischen mir weiter keinen Abbruch. Mein Vater aber war nicht sehr erbaut von meinem Zeugnis und ich bekam Nachhilfestunden im Französischen während der ganzen schönen Sommerferien.

GRENZE UND ÜBERGANG

Der Obertertiawinter, der auch wieder in der Heidelberger Stadtwohnung verbracht wurde, stand unter zwei verschiedenen Zeichen: dem der Vorbereitung auf meine Konfirmation nächstjährige Ostern, und dem meiner ersten Tanzstunden. Sechs oder sieben Mitschüler aus den „Gesellschaftskreisen" und die gleiche Anzahl Töchterschülerinnen, vorwiegend Professorentöchter, fanden sich im Hause Walter Herths zusammen, einmal wöchentlich um sechs Uhr abends, und dort lernten wir bei einem kleinen putzigen Tanzmeister die zu jener Zeit modernen Tänze: Polka, Rheinländer, Française, Quadrille und Walzer. Die Mädchen sind mir nicht mehr alle gegenwärtig; sie waren durchweg, bis auf eines namens Ännchen Groll, nicht eben reizvoll. Meine ganze Aufmerksamkeit galt daher nur Ännchen, die auch ihrerseits mich auszeichnete. Es war ein schönes dunkelbraunes Mädchen, dem ich eine flüchtige Neigung schenkte, bis ich bald darauf Ottilie Kehrer (Abb. 78) kennenlernte, der mein Herz vom ersten Augenblick an selig zuschlug. Auch sie war Töchterschülerin, gleichaltrig, Tochter des Geheimrats Kehrer, des Gynäkologen an der Universitätsfrauenklinik, ein meeräugiges, irisierendes Geschöpf mit einer samtenen durchsichtigen Haut und einem unvergeßlich eignen Blond der Haare. Die Töchterschule lag in der Plöck, einer Parallelstraße der Anlage. Nach Schulschluß ging ich ihr meist vom Gymnasium aus durch die Anlage entgegen. Sie anzusprechen und sie zu begleiten, wäre damals viel zu anstößig gewesen, ich mußte mich mit einem Gruß und einem Blick bescheiden; daran zehrte ich dann bis zum nächsten Tage. Es war ein überschwenglich süßes Glücksgefühl, das mich in jener Zeit befeuerte.

> „O zarte Sehnsucht, süßes Hoffen,
> Der ersten Liebe goldne Zeit!
> Das Auge sieht den Himmel offen.
> Es schwelgt das Herz in Seligkeit.
> O daß sie ewig grünen bliebe,
> Die schöne Zeit der jungen Liebe!"

Ich konnte diese Stelle aus der Glocke Schillers hundertmal am Tage vor mich hinsagen und kostete die billige Sentimentalität, die diese Verse einstmals so beliebt gemacht hatte, aus bis auf die Neige.

Ganz selten nur fand ich Gelegenheit, ein paar nichtssagende und flüchtige Worte mit der Herrin meines Herzens auszutauschen. Ich fürchtete mich fast vor diesen Augenblicken, denn vor Schüchternheit und innerer Erregung fiel mir nichts, rein nichts ein, und ihr das Geständnis meiner Liebe zuzuraunen, dazu war ich viel zu sehr verhemmt und schüchtern. So ging es Monate hindurch und ich verzehrte mich vor inbrünstiger und verschwiegener Liebe. Man war sehr viel sentimentaler damals und dem anderen Geschlecht gegenüber viel befangener als die Heranwachsenden heutzutage.

Der Winter kam, ein ungewöhnlich strenger. Schon gleich nach Weihnachten konnte man Schlittschuh laufen, und das dauerte bis Ende Februar, wenn nicht noch länger. Nun erst bot sich Gelegenheit, Ottilie auf der Eisbahn förmlich und galant zu „engagieren". Ich lebte nur von einem Eislaufnachmittag zum andern. Bald aber machte ich die bittere, bestürzende Entdeckung, daß Ottiliens tiefere Neigung gar nicht mir galt, sondern meinem Mitschüler von Gorrison aus Hamburg, einem tollen Draufgänger, der, soviel ich weiß, später Marineoffizier geworden ist. Er wohnte in einer Pension in Schlierbach bei dem Gymnasialprofessor Egenolf. Es war dieses das ungeheuerlichste Pensionat, das man sich denken konnte. Er selbst, Professor Egenolf, ein bärtiger und rothaariger Hüne, hatte nur den einen Abgott: Bismarck. Er stellte die Behauptung auf, der größte Heros aller Zeiten sei Bismarck gewesen. „Christus war nur ein Itzig, Bismarck war viel größer", lautete ein Ausspruch dieses sonderbaren Pädagogen. Vor andern spielte er mit Vorliebe den wilden Mann. Wenn aber ein Gewitter aufzog, fing er an verstört und unruhig zu werden, lief vor dem Katheder auf und nieder und beim ersten Donnerschlag verließ er fluchtartig das Klassenzimmer, um sich in dem Keller oder einem andern abgelegenen finsteren Raum zu bergen; ein Held besonderer Art, der Vorstand jenes seit Jahrzehnten schon nicht mehr bestehenden Knabenpensionats, Professor Egenolf.

Mein Mitschüler von Gorrison genoß diese Umgebung, und ich ließ mir gerne seine neuesten Erlebnisse von dort erzählen. Ich litt unter Ottiliens Neigung für von Gorrison unsäglich, doch unsere Freundschaft wurde dadurch nicht erschüttert, denn ich konnte ihm ja keinen Vorwurf machen daraus, daß Ottilie ihn mir vorzog. Damals begann ich erstlich meinen Schmerz in Liedern auszusprechen. Es waren schülerhafte unbeholfene

Verse, die mich aber selber tief erschütterten. Aus jener Leidenszeit sind keine Strophen mehr von mir erhalten, denn in spätern Jahren habe ich von Mal zu Mal stets wieder alles wertlos Hingedichtete vernichtet. Es war ein wunderbar selbstquälerischer Schmerz, in den ich mich damals hineinwühlte und den ich mit grausamer Inbrunst förmlich nährte. Ich liebte ihn mit einer gradezu genießerischen Wollust und ich wäre, glaube ich, tief unglücklich gewesen, wenn mir eines Tages dieser Quell der Qual genommen worden wäre.

Ich entsinne mich noch deutlich eines winterlichen Nachmittages in der Anlage, als ich zum ersten Male meinem Freunde Knauth aus Sachsen Verse von mir vorsagte. Er lobte sie und meinte, sie erinnerten ihn an das „Buch der Lieder" Heinrich Heines. Von Heine kannte ich bisher nur die Gedichte: „Wallfahrt nach Kevelar", „Belsazer" und „Die beiden Grenadiere". Ich ging also sofort in eine Buchhandlung und kaufte mir das „Buch der Lieder" in der Reclamausgabe. Von da an lebte ich nur noch in der mein eigenes Schicksal verlautbarenden Lyrik Heines. Ein Zyklus in dem „Buch der Lieder" ist betitelt: „Junge Leiden". Mir war, als hätte ich all diese Verse selbst geschrieben, so unvergeßlich gaben sie die bittersüßen Nöte meines eigenen Herzens wieder. In Abständen erwarb ich mir nun auch die andern Gedichtbücher von Heine. Und als ich vollends noch auf das Gedicht stieß „An Ottilie", das mit den Strophen anfängt:

„Im Traume war ich wieder jung und munter:
Es war das Landhaus hoch am Bergesrand;
Wettlaufend lief ich dort den Pfad hinunter,
Wettlaufend mit Ottilie Hand in Hand . . ."

gab es für mich zu jener Zeit nur noch einen Dichter: Heinrich Heine.

Knauths Auffassung, daß meine lyrischen Erzeugnisse an die Gedichte Heines mahnten, war jedoch nicht zutreffend. Die einzige, sehr äußerliche Ähnlichkeit lag darin, daß auch ich, um meinen Liebeskummer zu betäuben, ihn zum ausschließlichen Gegenstande meiner Reimereien machte, damals. Ich habe auch, nachdem ich Heine kennen- und zu ihm aufsehen gelernt hatte, mich eigentlich nie an ihn angelehnt, noch ihn verwertet; meine Herkunft liegt, wenn man bei einer eigenen Stimme überhaupt von Herkunft reden kann, bei den Romantikern, vor allem bei Novalis, Eichendorff und bei Brentano. Mein Bekanntwerden mit der romantischen Verswelt fing erst etwa ein Jahr später an und wurde in ganz andrer Art und Weise zum Ferment in mir als die sentimentalisch-geistreiche, sich selbst ironisierende Dichtung Heines.

Neben diesen seelischen Entwicklungsphasen her lief mein Konfirmationsunterricht. Er wurde von dem Pfarrer Schwarz erteilt, der uns zu
Ostern auch einsegnete. Von sämtlichen evangelischen Geistlichen, mit
denen ich im Laufe meiner Gymnasialzeit in Berührung kam, war er der
einzige, zu dem ich mich in herzlichem Vertrauen hingezogen fühlte und
der meine Zuneigung auch seinerseits mit väterlichem Wohlwollen erwiderte. Er war ein Mann von Mitte fünfzig damals, mit verstehenden,
mildgütigen Augen und von einem stillen und gelassenen Wesen. Seine
Beziehungen zu meinem Vater waren freundschaftlicher Art, und diese
herzliche Gesinnung übertrug er auch auf mich, auch noch in späteren
Jahren. Sein Konfirmationsunterricht nur war zu blaß und eintönig und
unterschied sich kaum von dem Religionsunterricht in dem Gymnasium.
Das lag vielleicht daran, daß wir zusammen mit den Konfirmanden aus
der Volksschule und allen, die gleichzeitig eingesegnet werden sollten,
unterrichtet wurden. Es konnten daher auch verhältnismäßig nur beschei-
dene Ansprüche gestellt werden. Somit beschränkte sich der Unterricht
fast nur auf das Durchsprechen und Auswendiglernen von Katechismus-
sprüchen, was mich von jeher ganz besonders langweilte. Das Feierliche
einer inneren Vorbereitung und ein Eingehn auf den Sinn der Einsegnung
und der damit verbundenen geistig-seelischen Weihe fehlte völlig. So kam
es, daß ich ohne Schauder, ohne festlich gehobene Stimmung zur Konfirmation ging. Das einzige, was mich dabei bedrückte, war die Scheu vor
der der Einsegnung vorausgehenden öffentlichen Prüfung in der Kirche,
das Aufgerufenwerden und Antwortgebenmüssen vor versammelter
Gemeinde, denn ich war sehr schüchtern damals und befangen, und diese
Schüchternheit ist mir geblieben. Der Gedanke, öffentlich vor Hunderten
von Menschen, deren Augen alle dann auf mich gerichtet wären, meine
Katechismussprüche hersagen zu müssen, mochte ich sie noch so gut
auswendig können, peinigte mich derart, daß ich von der ganzen Feier
auch nicht das geringste mitnahm, denn nachdem die Prüfung glücklich
überstanden war, war die Entspannung eine so vollkommene, daß ich erst
recht nicht feierlich gestimmt war, sondern einfach froh, die ganze Sache
endlich hinter mir zu haben. So verlief, trotz meiner religiösen Anlage
und Aufnahmebereitschaft, meine Einsegnung fast völlig eindruckslos für
mich und ohne mich in meinem Seelenleben, das beginnlich von dem
Aufblühen der Lyrik und der Liebe überglänzt war, im geringsten zu
berühren.

Es war dieses das erste und das letzte Mal, daß ich zum Abendmahl
gegangen bin, denn was von dem Protestantismus sich an christlich-
religiösem Leben schon von meiner Kindheit an vor mir zum Ausdruck

brachte, war so wenig aufmunternd, daß ich auch bei den schwersten Lebensschicksalen später mich nie dazu angehalten fühlte, seine kirchlichen Institutionen in Anspruch zu nehmen. Der Spruch aber, den mir der gute Pfarrer Schwarz damals mit auf den Weg gab und mir in das Neue Testament schrieb, das ich mitbekam, war wie aus einer Eingebung gekommen; er lautete: „Ich will Dich unterweisen und Dir die Wege zeigen, die Du wandeln sollst". Denn wenn ich auf mein durch viel schmerzhaft-schicksalhaftes und durch heftige Erschütterungen transparent gewordenes Leben hinsehe, so muß ich dankbar sagen: Ich bin wunderbar und gut geführt worden.

Von einer andern Seite aber fiel ein blaues Licht auf meine Einsegnung: Ottilie wurde mit mir eingesegnet. Ich liebte sie in ungebrochener Heftigkeit, wiewohl mein Freund von Gorrison sich nach wie vor in ihrer Neigung sonnte. Bei der Einsegnung, die in der Providenzkirche stattfand (Abb. 79 u. 80), saßen die Jungens rechts am Kirchenschiff entlang, die Mädchen links, den Jungens gegenüber, während die Eltern und die übrige Gemeinde in dem Mittelschiff der Handlung beiwohnten. Von meinem Platze aus konnte ich Ottilie gerade ins Gesicht sehn, und ich sah, wie sie errötete, als sie zum Aufsagen des ihr gegebenen Katechismusspruches aufgerufen wurde. Doch sie bestand in Ehren, und ich atmete erleichtert auf, als sie sich wieder setzen durfte und die Nächste an die Reihe kam. Ein tiefes Glücksgefühl beseelte mich, als sie nach überstandener Prüfung einen warmherzigen Blick zu mir herübersandte.

Nachdem die Einsegnung zu Ende war, trat ich den Heimweg in Begleitung meiner Eltern und der alten „O", die gleichfalls an der Feier teilgenommen hatte, an. Zu Hause gab es eine Fülle von Konfirmationsgeschenken, auf die ich mich im einzelnen nicht mehr entsinne; nur die goldene Uhr von meinen Eltern mit dem eingravierten Datum meiner Einsegnung begleitete mich durch lange Jahre. Der Bescherung folgte dann im engsten Kreise ein festliches Essen, womit die Feier ihren weltlichen und unbeschwerten Abschluß fand.

Bald nach Ostern wurde für das Sommerhalbjahr wieder nach Stift Neuburg übergesiedelt und ein neuer „Stiftssommer" nahm seinen Anfang; doch hatte er diesmal ein ganz anderes gewandeltes Gesicht gegenüber allen früheren: Meine Lurchtierwelt interessierte mich nicht mehr und auch für das Zusammensein mit meinem seitherigen Sommerspielgefährten Emil Marx hatte ich nichts mehr übrig. Von Soldatenspielen war seit Jahr und Tag nicht mehr die Rede. Das einzige, was mich in immer gleicher Weise festhielt und beschäftigte, war meine Briefmarkensammlung; sie hatte aber auch im Lauf der Zeit sich außerordentlich vervollkommnet und konnte sich vor jedem Liebhaber und Kenner sehen lassen.

In diesem Sommer las ich viel und wahllos durcheinander; ich hatte meine eigentliche dichterische Welt noch nicht gefunden. Neben Heines Prosa, die mich immer wieder anzog, war es damals Schillers „Geisterseher" und Dahns „Kampf um Rom", was mich am meisten fesselte. Auf englisch las ich die Romane Walter Scotts und „Die letzten Tage von Pompeji" von Lord Bulwer Lytton. Meist saß ich irgendwo im Park abseits und, wenn es regnete, in dem halboffenen Rundturm an dem Ende des Weinlaubenganges im Gemüsegarten. Wenn man mitunter überm Lesen aufstand und an die Umfriedungsmauer trat, so sah man weit hinaus ins Neckartal und gegenüber auf das andere Ufer, wo die Eisenbahn am Fuß des Berghanges mit ratterndem Geräusch vorbeifuhr, weit hinein in eine unbekannte und verheißungsvolle Ferne. Auf dem nachmittäglichen besonnten Flusse aber fuhren Kähne voll von singenden und ihre Mütze schwingenden Studenten talwärts. Wie wünschte man sich da, die nächsten vier Pennaljahre schon hinter sich zu haben, um selbst mittun und mitfeiern zu können, frei von jedem Schulzwang und von allen leidigen, sämtliche Minderwertigkeitskomplexe züchtenden Bevormundungen.

Vier Jahre noch bis zum Maturum! Eine endlos lange und nicht abzusehende Zeit, wenn man von einem solchen leidenschaftlichen und unstillbaren Freiheitsdrang beseelt war wie ich damals. Der Gedanke, wegen Note fünf in dem Französischen oder in der Mathematik womöglich eine Klasse nachholen zu müssen und ein ganzes Lebensjahr um einer solchen Bagatelle willen zu verlieren, stellte sich wie ein Gespenst vor meine Seele. So unleidig mir die beiden Fächer waren, soviel stand bei mir fest: ich würde mich mit ihnen wenigstens so weit befassen, daß ich gerade noch damit durchkäme. Und so hielt ichs auch damit bis zum Maturum. Wie beneidete ich Heinrich Heine, dessen Abgangszeugnis, wie ich irgendwo gelesen hatte, etwa lautete: „Im Deutschen sehr gut, im Griechischen und Lateinischen genügend. Zu einer Prüfung in der Mathematik hat er sich nicht verstanden!" Das war noch eine goldene Zeit damals.

Sonst war von allen meinen „Stifts-Sommern" der Obertertiasommer der am wenigsten ereignisreiche, auch wenn der landschaftliche Zauber der Umgebung und die magische Atmosphäre von Stift Neuburg die zu sich erwachende aufbruchbereite Seele immer neu gefangen nahm und bannte.

Von der Obertertia in die Untersekunda wurde ich mit Note vier im Französischen und in der Mathematik versetzt. Damit war meinem Ehrgeiz Genüge getan. In den badischen Gymnasien galt Note 4 als genügend.

Den größten Teil der Sommerferien verlebte ich damals in Darmstadt, wohin die Eltern meines Vetters Alfred von Augsburg aus übergesiedelt waren, nachdem der Vater Alfreds seinen Abschied als Major erhalten hatte.

Das damalige Darmstadt bot durch den Impuls, den ihm der junge Großherzog nach jeder Richtung, insbesondere aber nach der künstlerischen Seite hin gegeben hatte, vielerlei Anregung, und die Sommerferien, die ich damals und auch in den beiden Folgejahren dort verbrachte, sind für mich nicht ohne Nachwirkung geblieben.

Der neue Bauwille vor allem war es, wie er sich in der vom Großherzog inaugurierten jungen Künstlersiedlung zum Ausdruck brachte, der bei allen seinen Auswüchsen, Verirrungen und Abwegigkeiten doch viel Aufreizendes und Beginnliches enthielt und schon darum anziehend und befruchtend wirkte, weil er mit allem Hergebrachten und Konventionellen schonungslos und unerbittlich brach und völlig neue Möglichkeiten, Aussichten und Wege zeigte oder doch zum mindesten sie ahnen ließ. Es lag damals etwas Erregendes, Märzzeitliches in der Darmstädter Luft, die man auch, ohne sich darüber Rechenschaft geben zu können, spürte und die einen jugendlich und zukunftsgläubig anwehte.

Wer hatte aber auch nicht alles damals seine Gymnasialausbildung auf dem Darmstädter Gymnasium erfahren in der Zeitspanne von 1885 bis 1895 etwa, mit Stefan George und Karl Wolfskehl angefangen. Das war die Generation vor mir. Dann die etwa Gleichaltrigen: Gustav Waldt, Friedrich Gundolf und Emil Preetorius. Und dann die um ein Jahrzehnt jüngere Generation: Kasimir Edschmid, Hans Schiebelhut, Carlo Mierendorff und der in dem ersten Weltkrieg gefallene, noch unvollendete Zeichner und Dichter Karl Thylmann. Der Komponist Wilhelm Petersen und noch andere.

Es war ein überaus fruchtbarer Boden, das damalige Darmstadt. Die Eltern meines Vetters Alfred standen allerdings in keinerlei Beziehung zu der Kunstwelt Darmstadts; ihre Kreise waren die der sogenannten guten und an allen diesen Dingen unbeteiligten Gesellschaftskreise, und mein um ein Jahr älterer Vetter Alfred, der schon damals sehr viel mehr zum Religiösen als zum Künstlerischen neigte, und ich selber fanden von uns aus als Pennäler ohnehin zu den Kunstkreisen keinen Zugang. Doch der klare frische Märzwind, der von Darmstadt aus das Land bestrich, blies auch um unsere Haare, und so jung und unreif man noch war, man ahnte, daß sich irgend etwas vorbereite, vielleicht sogar bereits im Gang war, etwas Lockendes, Verheißungsvolles und zugleich Umstürzlerisches, das dazu bestimmt schien, alles Abgestandene, Verkalkte wegzufegen.

Das war meine erste, noch indirekte, aber untergründig doch befruchtende Begegnung mit der wach werdenden jungen Kunst und Dichtung kurze Zeit vor der Jahrhundertwende. Das Bekanntwerden und das Sichauseinandersetzen mit der neuzeitlichen Dichtung selbst kam erst drei Jahre später, als ich in der Oberprima, etwa um die Weihnachtszeit mit Richard Dehmels aufwühlendem Gedichtbuch „Aber die Liebe" bekannt wurde.

Der immer wieder deprimierende Beginn des neuen Schuljahres war dieses Mal insofern wenigstens abwechslungsreich, als er im neuen Gymnasialgebäude bei der Neuen Brücke (Abb. 81) stattfand, ein aufreizend geschmackloses Backsteingebäude, das seitdem die ganze Nachbarschaft verunziert. Das Innere allerdings war sehr viel praktischer, hygienischer und zweckentsprechender als in den früheren beiden Baulichkeiten, die dann anderweitige Verwendung fanden. In dem vorderen, der Peterskirche zu gelegenen Gebäude wurde eine Postfiliale eingerichtet, während in das andere das Seminar der Universität hineinkam. Später, ein paar Jahre nach dem ersten Weltkrieg, wurden beide abgerissen und der große Universitätsneubau dort aufgeführt, die Stiftung eines Heidelberg gewogenen Amerikaners.

Mein Untersekundawinter war der vierte und zugleich der letzte, den ich in unserer seitherigen Stadtwohnung in Heidelberg verbrachte. In dem Zustand meiner Mutter, die an Gallensteinen litt und schon seit längerer Zeit gekränkelt hatte, trat eine Verschlimmerung ein, doch ohne daß man eigentlich zu ernstlicher Besorgnis Anlaß hatte, nur mußte sie viel liegen, weil die Anfälle in größeren oder kürzeren Abständen sich wiederholten. Von einem operativen Eingriff war, soweit ich mich erinnern kann, niemals die Rede.

Das Untersekundaschuljahr war in jeder Hinsicht ein für mich sehr einschneidendes, schicksalhaftes. Das nachhaltigste und bestimmendste Ereignis jenes Zeitabschnittes war mein Bekanntwerden mit der Romantik. Hiermit erschloß sich eine dichterische Welt für mich, die von Haus aus meine eigene war und die ich nun entdeckte. Mein Weg ging über Eichendorff, zu welchem ich zuerst und leidenschaftlich Zugang fand. In diese Lyrik ist die deutsche Seele und die deutsche Landschaft selig eingegangen und darin Musik geworden. Bald kannte ich die Mehrzahl der Gedichte auswendig. Und dann die Prosa: „Aus dem Leben eines Taugenichts", wenn ich mich recht entsinne, war die erste der jugendlich beglückenden Novellen Eichendorffs, zu der ich kam und die ich immer wieder neu von vorne anfing, so verzaubert war ich von dem ganzen blühenden, verwirrenden Geschehen einer zeitentrückten und doch immer gegenwärtigen, das Leben treu und liebevoll bejahenden Wirklichkeit. „Das Leben ist immer noch voll schöner Wunder, wir sehen sie nur nicht mehr!" Dieser Satz aus Eichendorffs zuletzt geschriebener vollkommenster Novelle „Dichter und ihre Gesellen" ist das Grundmotiv für sein gesamtes Schaffen, und er hat in mir die Augen frühzeitig geöffnet für die lautlosen, uns immer wieder zugewandten Wunder, die den aufgeschlossenen bereiten Sinnen allenthalben und in jedem Lebensalter neu begegnen. Und wenn ich vierzig Jahre später diese Verse schrieb:

> Man sagt, daß den das Wunder immer fände,
> Der seinen Glauben daran nie verriet.
> Es gibt so vieles, was das Aug nicht sieht –
> Mitunter aber weiten sich die Wände. . .

so ist das nur der abgeklärte Nachhall dessen, was ich früh durch Eichendorff empfangen habe.

In der Kindheit ist ein jeder noch dem Wunder aufgetan und doppelsichtig; das ist die keusche Mitgift aus der Seelenwelt, die uns mit auf den Weg gegeben wurde: diese Wunderbereitschaft, nicht um sie früher oder später zu verlieren und zu belächeln, wozu die Meisten heute, und nicht zuletzt die sogenannten Intellektuellen, sich berufen fühlen, sondern um durch sie mit aufgeschlossenen Sinnen dem großen Weltgeheimnis auf die Spur zu kommen, denn ein jedes Samenkorn, das aufgeht, jede Zelle und jedes Atom, Entstehen und Vergehen sind nicht nur physikalische und physiologische Vorgänge, sondern anbetungswürdig tiefe, für die äußere Erkenntnis undeutbare Wunder, „nur wir sehen sie nicht mehr. . ." „Wenn ihr nicht werdet wie die Kinder, so werdet ihr nicht in die Himmelreiche kommen": in diesem Wort des Christus liegt der ganze Sinn des Wunders ewig-gültig ausgesagt.

Nur einen einzigen Roman hat Eichendorff geschrieben: „Ahnung und Gegenwart", ein Frühroman, der schon die ganze reiche Skala seiner Farben, Töne, Überraschungen, Verwicklungen und Lichtreflexe so gekonnt enthält, daß es fast unglaubhaft erscheint, daß ein erst Dreiundzwanzigjähriger das Buch geschrieben hat. Ich habe den Roman zu wiederholten Malen und in jedem Alter immer mit dem gleichen Glücksgefühl gelesen. Gewiß liest man ein Buch mit fünfzig Jahren anders als mit fünfzehn, und gewisse Stellen, die man früher überlesen oder damals nicht als unfertig empfunden hatte, machen sich für das geschärftere Auge wohl bemerkbar, aber niemals störend, sondern immer mit dem Duft und Zauber einer sucherischen zukunftgläubigen Jugend. Das ist das Merkmal eines jeden Jugendwerkes, bei Goethes Werther ist es auch nicht anders, nur ist der Werther zeitbedingter und uns abgerückter. Zum Lesen Goethes kam ich übrigens, von dem was man gemeinhin in der Schule durchnahm abgesehen, erst zwei Jahre später.

Mein Bekanntwerden mit Clemens Brentanos Dichtung damals ging über zwei Bücher, die ich noch besitze, beide aus der Bücherei Stift Neuburgs: das eine waren die durch Guido Görres 1871 in der zweiten Auflage herausgegebenen Märchen. Am meisten liebte ich das „Märchen von dem Rhein und dem Müller Radlauf". Diese Vorliebe ist mir auch späterhin geblieben. Tatsächlich ist es auch das farbigste und einfallsreichste von Brentanos Märchen, mehr noch fast als das in der Erfindung allerdings noch arabeskenhaftere Märchen von „Gockel, Hinkel und Gackeleia". Dieses letztere in seiner ursprünglichen kürzeren Fassung kannte ich bereits von früher. Mein Vater hatte es mir wiederholt, als ich noch ein Kind war, vorgelesen. Man konnte darin immer wieder neu spazieren gehen und sich allerhand verzauberte Gedanken dabei machen. Das andere Buch war eine ziemlich umfangreiche und mit guter Einfühlung getroffene Auswahl von Brentanos Lyrik. Herausgegeben wurde es von Julius Eckardt 1874. Wenn noch gut ein Drittel der in dieser Ausgabe gesammelten Gedichte weggeblieben wäre, so wäre sie noch glücklicher und überzeugender geworden, wie es überhaupt die Norm für jedes Versbuch ist, die Sichtung möglichst streng und unerbittlich vorzunehmen. Zehn Gedichte sind dauernder als hundert, und weitaus die meisten deutschen Lyriker, Stefan George nicht ausgenommen, haben immer noch zuviel Gedichte zweiter Hand in ihrem abgeschlossenen Werke stehen lassen. Am offensichtlichsten und schwersten rächt sich die Untugend bei Richard Dehmel. In jeder Neuausgabe seiner Gedichtbücher hat er, statt immer wieder auszumerzen und zu sichten, den Gedichtbestand durch so und so viele unzulängliche Gedichte ohne Selbstkritik erweitert mit dem tragischen Ergebnis, daß er heute schon fast vergessen ist. Das bedeutet einen schmerzlichen Verlust, denn Richard Dehmel war ein Lyriker von wirklichem Format, und eine strenge rigorose Auswahl seines lyrischen Gesamtwerkes, wobei allerdings kaum mehr als bestenfalls ein

Zehntel seines ganzen dichterischen Schaffens übrig bliebe, würde im deutschen Schrifttum eine bleibende signifikante Stelle einnehmen.

Und ähnlich wie bei Dehmel liegt der Fall auch bei Brentano. Seit seiner Konversion (er war damals noch nicht ganz vierzig) hat er kein gültiges Gedicht mehr schreiben können; was seitdem entstand, sind mit geringen Ausnahmen versifizierte geistliche Traktate.

Die dichterische Tragik bei Brentano lag darin, daß die Kirche, die seit Jahr und Tag schon keinen Dichter von Bedeutung mehr hervorgebracht hatte, ihn wegen eben jener künstlerisch unzulänglichen katholisierenden Weltentsagungspoesien für sich in Anspruch nahm und propagierte. So kam es, daß Brentano über ein halbes Jahrhundert einseitig nur als der katholische Dichter und nebenher als Mitherausgeber der Liedersammlung *„Des Knaben Wunderhorn"* gesehen wurde, während der zeitüberhobene große Lyriker fast völlig in Vergessenheit geraten war. Mitbestimmend war hierbei zudem noch, daß Brentano seine über seine Werke hin verstreuten Verse und Gedichte selber nie gesammelt und veröffentlicht hat; erst nach seinem Tode wurden sie in die durch seinen Bruder Christian besorgte neunbändige Gesamtausgabe aufgenommen, viele in erstmaliger Veröffentlichung aus dem Nachlaß. Brentano, der selbst so vergeuderisch mit seinen Sachen wie mit seinem Leben umging, hätte diese Sammlung sicher nie getroffen noch gutgeheißen. Man tut wahrhaftig einem Dichter einen mehr als zweifelhaften Dienst, wenn man nach seinem Fortgange aus Pietät oder aus literarhistorischer Gewissenhaftigkeit jeden Brief und jedes Blatt aus seinem Nachlasse der Nachwelt übergibt und seine durch sein Werk eindeutig umrissene Gestalt verwischt und ins Konturlose verflüchtigt. Es fordert eine unbeirrbare und künstlerisch sehr sichere Hand, aus einer solchen lyrischen Überfülle, wie sie zweifellos Brentanos Nachlaß aufwies, die endgültige Sichtung vorzunehmen. Und so kam es, daß der erste Band, die „Geistlichen Gedichte", fast nur Wertloses enthält. Und auch im zweiten Bande hätte weitaus die Mehrzahl der vaterländischen und der Gelegenheitsgedichte ausgeschieden werden müssen. Brentano ist so reich an herrlichen vollkommenen Gedichten wie kaum ein zweiter deutscher Dichter, außer Goethe, daß sie einen starken Band auch bei der strengsten Auswahl füllen. Im Jahre 1907 veröffentlichte ich in der Pantheon-Ausgabe des Verlages S. Fischer erstmalig eine nur von künstlerischen Gesichtspunkten getragene Sammlung von Brentanos Lyrik, die vielleicht zu rigoros gehalten war, denn heute würde ich noch ein halbes Dutzend mehr Gedichte darin aufnehmen. Vorangegangen war damals nur die von Stefan George und Karl

Wolfskehl ausgewählte lyrische Anthologie „*Das Jahrhundert Goethes*", die den Lyriker Brentano schon in seiner ganzen Unbedingtheit zeigte. Gleichzeitig etwa mit meiner Pantheonausgabe von Brentano brachte in der Bücherreihe „*Statuen deutscher Kultur*" in der Oskar Beckschen Verlagsbuchhandlung in München auch Will Vesper, der später einen unrühmlichen Weg gegangen ist, eine ebenfalls rein künsterlich gestimmte kleinere Auswahl von Brentanoschen Gedichten. So erfuhr der große und schon fast vergeßne Lyriker Brentano mehr als sechs Jahrzehnte nach dem Tod seine sieghafte und stolze Auferstehung. 1898 hatte schon der junge Alfred Kerr in einer längst vergriffenen Broschüre auf Brentanos kühnen und bizarren Frühroman, den „*Godwi*", den er später selber nicht mehr gelten lassen wollte, hingewiesen als eines der außerordentlichsten und genialsten Werke der Romantik. Zu allem dem kam das nun wieder Sichtbarwerden der Romantik um die Wende des Jahrhunderts, und von jener Zeit an ist Brentano in das Pantheon der großen Dichter Deutschlands eingegangen.

Das sind Tatsachen, die der heutigen und auch der gestrigen Generation schon längst nicht mehr bewußt sind, doch damals mußte Einer, der nach reiner Dichtung auf der Suche war, wie Friedrich Schlegel sie in einer seiner die romantische Poesie determinierenden geistreichen Aphorismen kennzeichnet, die Romantik erst wieder für sich selbst entdecken. Die Schlegelsche Determination, an die ich denke, lautet:

„Die romantische Poesie ist eine progressive Universalpoesie . . . Sie umfaßt alles, was nur poetisch ist. . . Andere Dichtarten sind fertig und können vollständig zergliedert werden. Die romantische Dichtart ist erst im Werden; ja, das ist ihr eigentliches Wesen, daß sie ewig nur werden, nie vollendet sein kann. Sie kann durch keine Theorie erschöpft werden und nur eine divinatorische Kritik dürfte es wagen, ihr Ideal charakterisieren zu wollen. Sie allein ist unendlich, wie sie allein frei ist, und das als ihr oberstes Gesetz anerkennt, daß die Willkür des Dichters kein Gesetz über sich leidet. Die romantische Dichtart ist die einzige, die mehr als Art und gleichsam die Dichtkunst selbst ist: denn in einem gewissen Sinn ist oder soll alle Poesie romantisch sein."

Das Wiederaufleben und die feierliche Neuentdeckung der Romantik fällt in das erste evolutionistische Jahrzehnt dieses Jahrhunderts. In dem Verlag von Eugen Diederichs 1904 erschien die schöne dreibändige Hölderlin-Ausgabe, der dann 1907 die vierbändige Ausgabe der Schriften von Novalis folgte. Im gleichen Jahre gab ich in den „*Statuen deutscher*

Kultur" Eichendorffs beglückende Novelle „Dichter und ihre Gesellen"
neu heraus, die erste Neuausgabe seit ihrem erstlichen Erscheinen 1834!
Es bedurfte also ganzer siebenzig Jahre bis zu dieser zweiten Auflage.

Zur Zeit, als ich in der Untersekunda mich beginnlich zur Romantik
hinfand, war es an und für sich schon mit Schwierigkeit verbunden, in den
Besitz von Büchern der Romantik zu gelangen. Nicht einmal in der
Reclamausgabe waren die Schriften von Brentano, Arnim, Kerner, Tieck,
Novalis, Mörike erhältlich. Für mich traf es sich insofern glücklich, als ich
in der Bibliothek Stift Neuburgs noch aus Friedrich Schlossers Ära gerade
die Romantiker in frühen Ausgaben, wenn auch unvollständig, vorfand.
So war mir schon frühzeitig die Möglichkeit gegeben, die romantische
Welt, die meine eigene war, zu finden und die Fahrt nach Avalun ins
Blaue, Wunderbare, anzutreten.

Gleichzeitig las man im Gymnasium im deutschen Unterricht Schillers
Balladen: den „Gang nach dem Eisenhammer" und den „Handschuh",
auch „Die Glocke", den „Ritter Toggenburg" nicht zu vergessen. Diesem
letzteren verdanke ich zwei Stunden Schularrest. Ich hatte in den Ferien
kurz zuvor in Darmstadt das klassische Volksstück in Darmstädter Mund-
art, den „Datterich" von Niebergall bei meinem Vetter Alfred kennenge-
lernt. In einer Szene läßt hier Niebergall im Wirtshaus Arbeiter den
„Ritter Toggenburg" mit diesem Zusatz singen:

> „Ritter, treue Schwesterliebe
> widmet dir dies Herz – juchhe!
> Fordert keine andern Triebe,
> denn es macht mir Schmerz – juchhe!

und so weiter bis zur Schlußstrophe:

> . . . Und so saß er, eine Leiche,
> eines Morgens da – juchhe!
> Nach dem Fenster noch das bleiche
> stille Antlitz sah – juchhe!"

Ich entblödete mich nicht, beim Aufsagen der ergreifenden Ballade sie
mit diesem Zusatz vorzutragen, was den Schulmeister aufs äußerste
erbitterte und mir zwei Stunden Schularrest und einen dementsprechen-
den Vermerk im Klassenbuche eintrug.

Ich erinnere mich nicht, daß während meiner ganzen Gymnasialzeit in
der deutschen Stunde außer: „Wer hat dich du schöner Wald" von
Eichendorff je ein Gedicht von Hölderlin, Novalis, Conrad Ferdinand

Meyer, Brentano, Hebbel oder Mörike gelesen wurde, wohl aber neben Goetheschen, Schillerschen und Uhlandschen Balladen: Bürger, Pfeffel, Lichtwehr, Gellert, Ramler, Geibel, Matthiesson – und allerdings auch verschiedene Oden Klopstocks. Nur fand ich damals noch zu diesen keinen Zugang. Das Verständnis für die Ode, überhaupt für das Sonore, nicht das Musikalische eines Gedichtes ergab sich mir erst später. Die feierlichen Oden Klopstocks sind schwer zugänglich, auch für den Sprach-empfänglichen, und rechtfertigen Lessings Vierzeiler:

> „Wer wird nicht unseren Klopstock loben?
> Doch wird er ihn auch lesen? – Nein.
> Wir wollen weniger erhoben
> Und fleißiger gelesen sein. "

Im übrigen ist dieser Vierzeiler ein Motto für den Dichter überhaupt, in Deutschland wenigstens. (Ich rede von dem Dichter, nicht vom Schrift-steller.) Wenn man an die Gebildeten in Deutschland heute eine Umfrage ergehen ließe, wieviele den „Westöstlichen Diwan" von Goethe, dieses unbedingteste Gedichtwerk kennen, nicht nur dem Titel nach, sondern die Gedichte auch gelesen haben: ich glaube nicht, daß man ein mittelgro-ßes Kino mit den Jasagern annähernd füllen könnte. Ein beschämendes Ergebnis. Im Jahre 1907 – es war die Zeit, in der ich leidenschaftlich und weit über meine Verhältnisse hinaus Frühausgaben der deutschen Klassik und Romantik sammelte – kam mir in einem Münchener Antiquariat die Erstausgabe des „Westöstlichen Divans", blau geheftet, in die Hände. Ich schloß daraus, daß noch ein Restbestand davon im Cottaschen Verlage lagern müsse und ich schrieb dahin – und meine Annahme war richtig. Man antwortete mir: ich könne Exemplare haben, nach Belieben viele. So ließ ich mir von Cotta gleich ein Dutzend kommen, zum Preise von 6 RM das Stück. Das mag dem Preis des Buches beim Erscheinen 1819 ungefähr entsprechen. Man mache sich das klar: Die Erstausgabe des vollkommen-sten Gedichtwerkes der deutschen Sprache war nach achtundachtzig Jahren noch nicht vergriffen und von dem Verlag noch beziehbar! Ob es wohl möglich ist, in Frankreich jemals ähnliche Erfahrungen zu machen? Ich habe die erworbenen Bücher dann verschenkt an Freunde, und meines Wissens hat ein Münchener Antiquar, dem ich davon erzählte, dann den Restbestand bei Cotta aufgekauft und sicher mehr daran verdient als jemals Goethe.

Natürlich wurden in der Schule auch Dramen von Schiller, Lessing und der „Egmont" Goethes durchgenommen, eingehend auf ihren Aufbau untersucht und dann zuletzt in Aufsätzen erledigt. Wenn ich mich recht entsinne, wurde auch Kleists „Hermannsschlacht" behandelt.

Ich tat so viel, als gerade nötig, um den Schulanforderungen zu genügen, im übrigen war ich mit meiner eigenen Welt beschäftigt. Mit meinen Mitschülern, die sämtlich dichterisch uninteressiert und durchweg anderer Seelenlage waren, pflegte ich nur wenig Umgang. Ich las im Bett, meist bis tief in die Nacht hinein, und schlief darüber ein, ohne das Licht gelöscht zu haben. Morgens, wenn man mich dann zur Schule weckte, war ich müde und unausgeschlafen.

So wurde jener Untersekundawinter gewissermaßen zum Ferment in mir für meine spätere geistige und seelische Entwicklung, und wenn ich heute nach so vielen Jahren mich dahin zurückversetze, so sehe ich mich jedesmal vertieft in einen Band von Eichendorff oder Brentano an dem Fenster meines Zimmers sitzen und meine Umgebung, Schule und was sonst den Alltag ausmachte, bei diesem inneren Klang vergessen. Doch nicht Ottilie! Sie wurde mir dadurch erst ganz zur Traumgeliebten. Von all den zahlreichen an sie gerichteten Gedichten jener Zeit ist eines irgendwie durch Zufall nachgeblieben. Ich setze es hierher, nicht seines dichterischen Wertes wegen, denn es ist, ein paar geglückte Zeilen ausgenommen, nichts wert, sondern weil es meine damalige Stimmung und Gemütswelt unvermittelter zum Ausdruck bringt als eine doch nur nachfühlende Schilderung von heute:

> Ich weiß: Wir sind uns nicht bestimmt, Ottilie.
> Ich weiß nicht: Werde ich das überstehn?
> Du lebst in mir den Schwesterreim der Lilie.
> Nie habe ich ein solches Blond gesehn.
>
> Es geht mir nach auf meinen Traumnachtwegen.
> Wie wär ich deiner süßen Nähe froh!
> Doch wenn ich vor dir steh, bin ich verlegen.
> Ich glaube: dieses Blond benimmt mich so.
>
> Und dann dein Mund: Wie gerne ich ihn küßte,
> Ottilie! Aber das wird niemals sein.
> Wenn ich dich in die Arme nähm, ich wüßte:
> Du würdest dich ja doch daraus befrein.
>
> Ich fühle wohl: Mein Schicksal ist: verzichten.
> So ging es mir schon immer, schon als Kind.
> Vielleicht bin ich nur ausersehn zu dichten,
> Was andre leben, wenn sie glücklich sind . . .

Auch in diesem Winter nahm schon gleich nach Weihnachten das Schlittschuhlaufen seinen Anfang und wieder hielt die Kälte an durch Wochen. Man nahm die Schlittschuhe mit in den Nachmittagsunterricht und ging von da aus gleich zum Eisplatz. Der lag jenseits der Neuen Brücke neckarabwärts. Ottilie hatte von der Töchterschule aus den weiteren Weg und kam daher meist zehn Minuten später. Am Eingange der Eisbahn wartete ich auf sie, um ihr beim Anschnallen der Schlittschuhe zu helfen. Dann fuhren wir zusammen, übten Bogen-, Rückwärtslaufen und noch andere Finessen, doch brachten wir es beide niemals bis zur Achterschleife. Auch nicht von Gorrisson, der sich gleichfalls einstellte, natürlich, dem aber ein gewisser Leonhardt, der damals in die Unterprima ging (er wurde später Rechtsanwalt in Heidelberg), den Vorrang bei Ottilie streitig machte. Sie war ein richtiges kokettes Häschen, meine angebetete Ottilie mit den nicht zu enträtselnden meergrünen Augen und der ein ganz wenig vorspringenden und verführerischen Oberlippe. Sie brauchte es nun einmal, das Umflirtetwerden. Das machte sie für mich nur noch anziehender; ich war stolz, daß sie so viel umschwärmt und angehimmelt wurde. Dabei war sie nicht einmal schön, doch selten reizvoll und von einem sehr verwirrenden Aroma. Ein paar Mal durfte ich sie nach dem Schlittschuhlaufen auch nach Hause bringen durch die abendlich beleuchteten verschneiten Straßen bis zu ihrem Gartentor . . . Ich war dann immer viel zu sehr benommen, um gleich darauf den Heimweg anzutreten, sondern ging erst noch ein Stück am Neckar auf und nieder und durch die vertrauten alten Gassen, die ich schon als Kind fast mystisch liebte.

In jenem Winter sah ich auch zum ersten Male eine riesenhafte Feuersbrunst, was in der nächsten deutschen Stunde die erfreuliche und seltene Gelegenheit bot, Schillers „Glocke" daran zu erläutern. Tatsächlich war es auch ein unvergeßlich eindrucksvolles Schauspiel: Die große, sehr bedeutende Portland-Zementfabrik, die damals neckarabwärts, fast der Eisbahn gegenüber, an dem Westende von Heidelberg lag, brannte völlig nieder (Abb. 82). Der Brand brach abends aus, bei Dunkelheit. Es mochte gegen zehn Uhr sein, als man das erste Feuerläuten hörte. Erst wußte man nicht, wo es brenne. Ich ging, wiewohl mein Vater es mir nicht erlauben wollte, auf die Straße. Sehr bald verbreitete es sich wie ein Lauffeuer durch Heidelberg, daß die Zementfabrik in Brand stehe. Da sah man auch bereits die Anlage hinunter westwärts einen roten Schein am Himmel. Ich nahm die Richtung nach der Neuen Brücke, von wo aus man die Zementfabrik am Neckar liegen sehen konnte. Die Menschen strömten aufgeregt, die Sensation genießend, von der Hauptstraße über den Bismarckplatz nach der Bergheimer Straße und von da die Ladenburger Straße weiter nach der Brandstelle. Ich schob mich quer durch das Gedränge mit den Überlegteren, die gleichfalls sich gesagt hatten, daß der Gesamteindruck sich von der Neuen Brücke oder von dem jenseitigen Neckarufer aus viel übersichtlicher gewinnen lasse, als wenn man sich bis in die Nähe der doch abgesperrten Brandstätte durcharbeite. Die Neue Brücke, als ich hinkam, war schon schwarz von Menschen. Es war auch ein phantastischer und überwältigender Anblick, wie in der eisklaren Winternacht die Feuergarben turmhoch aufstiegen und dann in einem Funkenregen auf den weithin zugefrorenen Neckar niedergingen. Man konnte sich dem schrecklich-schönen Schauspiel nicht entziehen und stand stundenlang in Eiseskälte, eingepfercht in eine dichte Menschenmenge, die mit lauten und spontanen Ausrufen die einzelnen Etappen des gigantischen Feuerwerks begleitete. Ich weiß nicht mehr, wie spät es war, als ich nach Hause kam, doch sicher lang nach Mitternacht. Dort wurde ich von meinem Vater, welcher aufgeblieben war, von seinem Standpunkt aus mit Recht, mit einem Schwall von Vorwürfen empfangen, nicht zuletzt weil meiner Mutter, der es gerade damals wieder gar nicht gut ging, jede Aufregung, wenn irgend möglich, ferngehalten werden sollte. Am anderen Morgen war die ganze weitläufige Zementfabrik niedergebrannt. Die Feuerwehr und das zur Hilfe beigezogene Militär waren einem Brand von solchem Ausmaß gegenüber machtlos. Am übernächsten Tage rauchte es noch aus der Brandstätte. Die Portland-Zementfabrik wurde daraufhin von Heidelberg in das nicht weit davon entfernt gelegene Leimen wegverlegt und nahm sehr bald darauf einen noch größeren Aufschwung.

Ich war damals schon in dem Alter, wo man anfängt, für die Lustbarkeit des Faschings mit all seinen bunten Möglichkeiten empfänglich zu werden. Den Untersekundanern war zwar der Besuch von Wirtschaften und Weinstuben noch streng verboten, und man mußte mit äußerster Vorsicht dabei vorgehn; am Faschingsdienstag aber würde man, maskiert, bestimmt auf seine Kosten kommen, daran war nicht zu zweifeln. Man war schon voll von abenteuerlicher Neugier und Erwartung. Da erschien am Rosenmontagmorgen in dem Unterricht der stellvertretende Rektor, ein Professor Mahler (ob mit h oder ohne, weiß ich nicht mehr, ist auch völlig nebensächlich), und hielt näselnd etwa folgende Ansprache: „Ich möchte wegen morgen nachdrücklich vor Ausschreitungen warnen. Jeder Schüler, der in einem Wirtshause gesehn wird, wird unnachsichtlich mit Karzer bestraft. Auch diese Klasse hat verschiedene üble Subjekte aufzuweisen . . .“ Bei diesen Worten ließ er seine Augen über die Bankreihen gleiten. „Der Mang“, fuhr er dann fort, „ist so ein übles Subjekt und dort der Holzbach und der Scheitlin ... und der Bernus ist auch so ein übles Subjekt. ... Ich warne also nochmals vor Ausschreitungen und Wirtshausbesuch und mache auf die Folgen aufmerksam." Damit verließ der rundliche Professor Mahler (ob mit h oder ohne ist belanglos) das vormittägliche Klassenzimmer. Warum ich und die anderen drei Genannten in den Augen dieses Ehrenmannes, der noch nie in unserer Klasse unterrichtet hatte, sich als „üble Subjekte" spiegelten, ist mir bis heute unerfindlich. Etwa weil ich mit zweien meiner früheren Hauslehrer auf schlechtem Fuß gestanden hatte? Verbanden mich nicht mit dem guten Doktor Hüllweck lange über meine Gymnasialzeit noch hinaus die herzlichsten Beziehungen? Es gab schon einige Exemplare unter dem Lehrkörper des Heidelberger Gymnasiums damals, nicht nur den Pastor Mehlhorn, die wohl im Gedächtnis aller, die zu meiner Ära das Gymnasium in Heidelberg besuchten, sich als Prototypen niederträchtiger Schulmeister eingegraben haben. Neben dem gedachten Pastor Mehlhorn und dem diesem Manne ebenbürtigen Professor Mahler (ob mit h oder ohne ist sowenig von Bedeutung wie er selbst war), waren es der früher schon erwähnte Herr Geilsdörfer und dann außerdem noch ein gewisser Doktor Burg, der unser Klassenlehrer war in der Untersekunda, ein selbstgefälliges, tänzelndes Herrchen mit vergoldetem Pincenez an einem schwarzen Bande, bei dem nur die Duckmäuser und Streber einen Stein im Brett hatten, während er die anderen als Menschen zweiter Klasse abtat und behandelte. Die Herren Geilsdörfer und Burg gehörten damals zu den jüngeren Lehrkräften; wie lange sie nach meiner bald darauf erfolgten Übersiedlung nach Speyer an dem Gymnasium Heidelberg verblieben, weiß ich nicht; ich habe mich auch weiter nie darum gekümmert.

In einem früheren Kapitel dieses Buches sagte ich, es sei mir während meiner ganzen Gymnasialzeit außer dem sehr lieben Pfarrer Schwarz, der mich in Obertertia eingesegnet hatte, sonst kein evangelischer Seelsorger begegnet, zu welchem man mit Achtung hätte aufsehen können. Ich muß hier diese Aussage berichtigen, denn während ich dies schreibe, tritt mir die Gestalt des Pastors Frommel wieder in meinen Gesichtskreis, der uns in Untersekunda Religionsunterricht gab, ein wirklich überzeugender und herzenswarmer Mann von einer freudigen und ausgeglichenen Lebensbejahung.

In diesem Frühjahr übersiedelten wir wegen des verschlechterten Befindens meiner Mutter aus unserer Heidelberger Stadtwohnung erst etwas später nach Stift Neuburg. Auch diesen Sommer saß ich während meiner Freizeit meist im Park und las, wenn ich nicht gerade Paddelboot fuhr, zum Schwimmen ging oder mich an freien Nachmittagen in den Straßen Heidelbergs herumtrieb und dann meist nicht vor dem Abendessen heimkam, wobei ich dann zu Hause mit der stereotypen Vorhaltung empfangen wurde, daß ich längst noch kein Student sei, der beliebig gehn und kommen könne wie es ihm gefalle. Darum ging ich am nächsten freien Nachmittag doch wieder fort nach Heidelberg flanieren; es war gewiß nicht leicht mit mir damals, und doch war alles, was man tat und in verstiegener Abenteuerlust erlebte, schrecklich harmlos.

Der Zustand meiner Mutter hatte in den ersten Wochen auf Stift Neuburg sich gebessert. Mein Vater konnte es daher verantworten, in den Pfingstferien einen Ausflug in den Odenwald mit mir zu machen. Es waren schöne, von der Witterung begünstigte, abwechslungsreiche Tage. Am meisten nahm ich mit aus den verschwenderischen transparenten Juniabenden in den weltabgelegenen verschollenen Städtchen mit den hohen Giebelhäusern und den Marktplätzen mit ihren Brunnen, die im Mondschein von vergangener guter Zeit erzählten. Ich sah dabei im Geiste den leibhaften Nachtwächter aus einem der verschlafenen Gäßchen auftauchen und laut mit seinem großen Horn die Mitternacht antuten oder hörte in der Ferne eine Postkutsche vorüberfahren und den Postkutscher ein schwermütiges Abschiedslied auf seinem Posthorn blasen, und Eichendorff und seine Liederwelt stieg auf vor meiner jungen, allen Wundern aufgeschlossenen Seele:

> „Zwei junge Gesellen gingen
> Vorüber am Bergeshang.
> Ich hörte im Wandern sie singen
> Die stille Gegend entlang:
> Sie sangen von Marmorbildern,
> Von Gärten, die überm Gestein
> in dämmernden Lauben verwildern,
> Palästen im Mondenschein,
> Wo die Mädchen am Fenster lauschen,
> Wenn der Lautenklang erwacht,
> Und die Brunnen verschlafen rauschen
> In der prächtigen Sommernacht."

Von all den Städtchen, durch die unser Pfingstausflug uns führte, gaben Wimpfen mit Wimpfen im Tal und seiner schönen Klosterkirche mit dem wundervollen gotischen Kreuzgang, und dann Erbach mit dem Schloß des Grafen Erbach-Erbach mir am meisten. Die Sammlungen in diesem

Schlosse sind besonders reich und mannigfaltig, vor allem an wertvollen alten Ritterrüstungen, worunter die von Götz von Berlichingen meine Phantasie beschäftigte. Ich machte hier die überraschende Beobachtung, daß die in unserer Vorstellung so mächtigen und überlebensgroßen Ritter fast durchweg nicht über Mittelgröße waren, manche sogar sehr klein gewesen sein müssen. So war auch der historische, nicht idealisierte Götz von Berlichingen kaum mehr als einen Meter siebenzig groß, eher noch kleiner. Nur eine stolze, wahrhaft königliche Ritterrüstung überzeugte mich davon, daß uns die Überlieferung nicht völlig täusche, sondern daß es wirklich auch gewaltige und siegfriedartige Gestalten dazumal gegeben habe.

Vom Schloß des Grafen Erbach-Fürstenau war es der herrliche, mit wunderbaren alten Baumriesen bestandene Park, an den ich nach so langer Zeit mich noch erinnere.

So wurde dieser Pfingstausflug mit meinem Vater mir zu einem nachhaltigen, bleibenden Erlebnis, das nur wenige Tage später dadurch, daß ein schwarzer mitleidloser Schatten unverhofft darauf zurückfiel, völlig anders als ein jedes spätere in meinem Leben steht – ein unvergeßliches und einmaliges Pfingsten.

Die Schule hatte gerade wieder angefangen, als ich eines Nachmittages beim Nachhausekommen meine Mutter in sehr viel verschlechtertem Zustande vorfand. Sie schien furchtbar zu leiden, doch sie war ganz still dabei, so daß man nicht recht wußte, wie man dran war. Und auch der gute Doktor Fischer war in diesem Falle offensichtlich ratlos. Er kam mit rührender Aufopferung dreimal am Tage, aber helfen konnte er nicht, sondern nur durch Morphiumeinspritzungen temporär Erleichterung verschaffen. Auch eine Heidelberger Hochschulkapazität wurde erfolglos beigezogen. Die chirurgische Technik stand damals noch längst nicht auf der heutigen Höhe, und ein Mittel, um die Gallensteine aufzulösen und die aufgelösten abzuführen, kannte die Schulmedizin von damals nicht und kennt auch keines heute, wiewohl es nachgewiesenermaßen welche gibt. Ein jeder mittlerer Heilpraktiker kann heute über solcherlei erfolgreiche Verfahren Auskunft geben. Allerdings, in einem schon so fortgeschrittenen Stadium wie bei meiner Mutter damals hätte man mit noch so durchgreifenden innerlichen Mitteln auch nichts mehr erreichen können.

Es war schon gegen Abend. Ich saß in meinem Zimmer über meinen Aufgaben. Da kam die alte „O" zu mir herein und rief mich: Ich solle gleich hinüber in das Schlafzimmer zu meiner Mutter kommen. Es gehe nicht mehr lange, wenn nicht aller Anschein täusche. Zum Doktor Fischer sei bereits geschickt worden. Als ich bei meiner Mutter eintrat, fand ich meinen Vater und die alte Marie Scholl, das mehr als zwanzigjährige Faktotum, bei ihr und um sie bemüht; die alte „O" war auch wieder hereingekommen. Meine Mutter war vollkommen bei sich, und für einen unerfahrenen Blick, wie es der meine war damals, sah es nicht im entferntesten so aus, als habe sie kaum eine halbe Stunde mehr zu leben. Ihr selbt kann es auch nicht bewußt gewesen sein, wie nahe sie schon vor dem Tod stand, denn ich höre sie noch leise, aber völlig deutlich sprechen: „Ich glaube, ich muß sterben. Vielleicht geht es aber auch noch so vorüber. Ich weiß nicht . . ." Dann legte sie sich auf die Seite, tat noch ein paar Atemzüge und war fortgegangen. Sie starb ganz leicht und ohne Todeskampf. Als bald darauf der Doktor Fischer eintraf, bedurfte es sonst nichts als ihr die Augen zuzudrücken . . .

Das mochte abends gegen zehn gewesen sein, genau weiß ich die Stunde nicht mehr. In jener Nacht schlief ich im Zimmer meines Vaters und so auch in den darauffolgenden Nächten. Mein Vater machte sich darüber Vorwürfe, daß er die Pfingstzeit über fortgewesen sei, doch angesichts des scheinbar sehr gebesserten Befindens meiner Mutter gerade damals, waren diese Selbstvorwürfe unbegründet. Wer konnte wissen, daß es sich bei dieser anscheinenden Besserung um eben jenen Zustand handelte, der bei schweren chronischen Erkrankungen dem nah bevorstehenden Tode oft vorausgeht. Nachträglich erst bekommen solche Dinge ein ganz anderes Aussehen.

Auf meinem Vater lastete das plötzliche Alleingelassenwerden schwer und niederdrückend. Er ging im weitläufigen und beklemmenden Stift Neuburg wie verirrt umher und ohne Bleibe. Ich selber war zu jung und auch in jeder Hinsicht zu anders geartet, um ihm wirklich etwas sein zu können. So reifte nach und nach in ihm der auch für meine nächste Zukunft mitbestimmende Entschluß, für längere Zeit Stift Neuburg zu verlassen und durch Reisen zu versuchen, über den erlittenen Verlust hinwegzukommen.

In meinem Onkel Major a. D. Grashey fand mein Vater einen ebenso bereiten wie willkommenen Reisebegleiter, und so wurde die gemeinschaftliche Reise über Nord- und Süditalien nach Ägypten bald darauf vereinbart. Die Abreise wurde auf Anfang Oktober festgesetzt. Mein Vater wollte frühestens zu Ostern wieder in dem Land sein, um das ganze Winterhalbjahr über andere Eindrücke und neue Lebenskräfte in sich aufzunehmen.

Die einzige, noch offene Frage war, was aus mir werden sollte, denn sechs Monate mich ohne Aufsicht auf Stift Neuburg zu wissen, schien ihm eine etwas ungewisse Sache. Der alten „O", mit der ich nach wie vor auf bestem Fuß stand, war ich lange schon über den Kopf gewachsen, und mein Vater hatte recht, wenn er befürchtete, ich würde trotz ihrer Bevormundung in jeder Hinsicht tun und lassen, was ich wolle und in grader Folge dann in meinen Leistungen zu sehr zurückgehn. Zwar war diese letztere Befürchtung unbegründet, denn mir graute selbst am meisten vor dem „Sitzenbleiben" und vor dem Verluste eines ganzen Lebensjahres, und was ich mir in der Obertertia zugeschworen hatte: es niemals bis zu diesem Äußersten kommen zu lassen, hätte ich auch eingehalten, wenn ich mir selbst überlassen worden wäre während jenes Winterhalbjahres. Mein Vater aber dachte anders und beschloß, mich von dem nächsten Schuljahr an in einem ihm besonders warm empfohlenen Speyrer Schülerpensionat unterzubringen, vor allem weil er sich zu jener Zeit stark mit der Absicht trug, auch in den künftigen Wintern abwesend zu sein und mich daher für meine letzten Gymnasialjahre in sicherer und guter Obhut wissen wollte. Speyer am Rhein, nur eine kleine Bahnstunde von Heidelberg, war auch insofern günstig, weil ich in den Sommermonaten dann immer über Samstag-Sonntag nach Stift Neuburg kommen konnte, so daß wir uns dann doch nicht ganz fremd würden, wie er hoffte.

Mit Abschluß der Untersekunda wurde ich in die Obersekunda mit dem Einjährig-Freiwilligen-Reifezeugnis, wie es damals üblich war, versetzt. Damit war meine Heidelberger Gymnasialzeit abgeschlossen und ein ganz neuer Lebensabschnitt, von Stift Neuburg abgelöst, in einer völlig andersartigen Umgebung nahm vom Herbst an mit dem neuen Schuljahr seinen Anfang.

Die Sommerferien verbrachte ich auch diesmal wieder vorwiegend in Darmstadt in dem Elternhause meines Vetters Alfred. Wir gingen täglich schwimmen in der „Großen Wog", der öffentlichen Schwimm- und Badeanstalt Darmstadts, machten Fahrradausflüge, auch wohl mitunter einen Frühschoppen, wobei ein Schulfreund Alfreds, ein gewisser Ludwig Wondra, der dann später Arzt wurde, ein echter Darmstädter, und der 1955 in der Ostzone verstarb, gelegentlich sich auch dazufand. So fehlte es mir nie an Unterhaltung während meiner Ferienzeit in Darmstadt; vor allem aber war es die bereits geschilderte aufbruchbereite künstlerische Atmosphäre Darmstadts, was mir meinen Aufenthalt dort so genußreich und anziehend machte.

Je mehr die Ferien ihrem Ende zugingen, desto beklommener wurde ich bei dem Gedanken, daß meine so nah bevorstehende Übersiedelung nach Speyer räumlich eine Trennung von Ottilie bedeutete, denn das ganze nächste Winterhalbjahr würde ich nicht mehr nach Heidelberg kommen, wenn erst mein Vater fort war. Das war das bitterste an diesem Wechsel. Sie würde vor Beginn des neuen Schuljahres von ihrer Sommerferienreise nicht zurücksein, hatte ich auf Umwegen erfahren. Ich hatte also nicht einmal Gelegenheit, sie noch vor meiner Abreise ein letztes Mal zu sehen und sie meiner Treue zu versichern. Und ihr zu schreiben, ging nicht an, weil ich nicht wußte, ob nicht ihre Eltern ihre Briefe öffneten und ich ihr dann womöglich Ungelegenheiten und Verdruß bereitete. So mußte ich denn ohne Abschied von der Herrin meines Herzens Heidelberg verlassen und den neuen Lebensabschnitt antreten. . .

Der Tag der Abreise und des Wegmüssens von Stift Neuburg rückte näher. Es wurde mir zusehends schwerer, dies zu denken, und die tiefe mystische Verbundenheit mit dieser Stätte trat mir deutlich, wie noch nie zuvor, in mein Bewußtsein.

Nun war der letzte Nachmittag gekommen. Meine sieben Sachen, darunter auch die mir ans Herz gewachsenen Bücher: Heine, Eichendorff, Brentano, waren schon als Frachtgut abgegangen. Für meine nötige Garderobe hatten rechtzeitig die alte „O" und das Faktotum Marie Scholl Sorge getragen. Ich hatte nur noch meinen Handkoffer zu packen. Am andern Tage, mittags zwölf Uhr, ging der Zug nach Speyer. Mein Vater wollte mich hinbringen, um mich persönlich meinem zukünftigen Mentor vorzustellen und mir in den ersten Stunden über die Verlegenheit des Eintritts in den neuen Lebenskreis nach Möglichkeit hinwegzuhelfen.

Der letzte Nachmittag – ein regnerischer melancholischer Septembernachmittag. Ich stand am Fenster meines Zimmers, wo ich schon so oft gestanden hatte während all der Jahre, und sah trübselig hinaus auf den verwaschenen Neckar und die Landstraße, die sich an seinem Ufer hinzieht. Wie war mir dieser Blick vertraut! Wie ich ihn liebte! Da lag vor mir der baumbestandene alte Gutshof ausgebreitet, wo ich früher mit dem Gärtnersjungen Emil Marx gespielt hatte. Der Pächter hatte an dem jenseitigen Ende die Obstpresse aufgestellt und mostete. Der alte Peter, ein etwas vertrottelter, zu allen Handlangerarbeiten aber äußerst anstelliger Knecht, half ihm dabei. Das Hauslamm, das den Halbdepp wie ein Hund auf Schritt und Tritt begleitete, stand neben ihm und blökte. Die Hühner, Truthühner und Enten liefen überall umher, die Pfauen schrien. Nun fuhr die Eisenbahn am jenseitigen Ufer wie gewohnt vorbei und ratterte. All diese heimischen, mir liebgewordenen Geräusche würde ich nun nicht mehr hören. Alles würde anders werden, fremd und anders.

Ich schloß das Fenster, um noch einen Abschiedsrundgang durch das Haus zu machen, eh es dämmerte. Ich ging den langen ehemaligen Klostergang hinunter, vorüber an dem Sterbezimmer meiner Mutter, zum Bibliothekstrakt. Dort sog ich den leicht modrigen und eigentümlichen Geruch ein, der mir allenthalben von den Bücherwänden zuströmte. Von dem Balkon aus hatte man den Ausblick in den Park und auf den Springbrunnen. Ich dachte dran, wie ich vor Jahr und Tag als Junge während eines sommerlichen Gartenfestes meiner Eltern vor versammelter Korona plumps hineinfiel und mich selbst wieder herauszog, ehe die herbeigeeilten Gäste mir beispringen konnten. Und eines Spätherbstnachmittages dachte ich, an dem ich mich zum ersten Male unverstanden und allein gefühlt hatte inmitten dieser teilnahmlosen und geheimnisvollen Parkwelt und bewußt darüber nachsann, ob es anderen wohl auch so gehe oder mir nur, der in dieser grünen und verwunschenen Einsamkeit hier aufwuchs wie auf einer schönen, aber weltentlegenen Insel. . . War es vielleicht nicht eine glückliche und gute Schicksalsfügung, daß ich gerade jetzt im Alter des Erwachens einem neuen Lebenskreise zugeführt wurde, um nun auch andere Kräfte zu entwickeln als nur innerliche?

Während ich so in Gedanken und wie abwesend auf dem Balkon stand (Abb. 83), kam der alte Gärtner Marx mit seinem Rechen durch den Park her und rief, als er mich so versunken stehn sah, aufmunternd zu mir herauf: „Na, morgen gehts ja auf die Wanderschaft – viel Glück und gute Reise!" Ich dankte ihm. Er hatte mir geholfen, ob er gleichwohl nicht wußte, was an innerer Bewegung in mir vorging.

Ich wandte mich in die schon dämmerig werdende Bibliothek zurück. Da stand auf einer Staffelei das erhabene Goethebildnis von Gerhard von Kügelgen (Abb. 84), das Goethe meinem Urgroßonkel Friedrich Schlosser selbst geschenkt hatte. Ich trat davor, um es noch einmal in mich aufzunehmen. Goethe in seinem ganzen überlebensgroßen Ausmaß war für mich noch keine gegenwärtige Welt damals, ich wußte nur, daß er der größte deutsche Dichter, ja einer der größten Dichter aller Zeiten war, und das auf diesem sprechenden Gemälde festgehaltene überwältigende Auge gab mir selige Gewißheit. In jener feierlichen Stunde meines Abschiednehmens von Stift Neuburg vor dem Goethebild gelobte ich in jugendlichem Überschwang mir selbst, mein ganzes Leben der Dichtkunst zu weihen, auch wenn ich es nie bis zur Vollkommenheit und höchsten Stufe darin bringen sollte – und ich habe dies Gelübde nie verraten. Es war das etwas Ähnliches wie eine Weihe, die ich damals vor dem Goethebildnis auf Stift Neuburg in der Dämmerung empfing, von welcher niemand etwas wußte und die ich mit mir hinausnahm in das unbekannte und verheißungsvolle Leben. . .

Die Stunden nach dem Abendessen bis zum Schlafengehn verbrachte ich mit meinem Vater. Am andern Tage, mittags, ging es fort nach Speyer (Abb. 85).

SPEYER

Das Internat, das mich erwartete, gehörte einem Pastor Gümbel, der als Gymnasialprofessor an dem Speyrer Gymnasium evangelischen Religionsunterricht gab und außerdem ein eifriger Vorkämpfer für den christlichen Sozialismus Friedrich Naumanns war. Seine hauptsächliche Lebensaufgabe sah er aber darin, die „Protestationskirche" in Speyer zu erbauen, so etwas Ähnliches wie einen Gegendom, um sich selbst damit ein Denkmal zu errichten. Ich weiß nicht, ob der ursprüngliche Baugedanke von ihm ausging, denn als ich seinerzeit nach Speyer kam, war mit dem Bau bereits begonnen, und beendet wurde er erst, als ich schon absolviert hatte und wieder fort war. Läßt sich auch sonst nicht viel Erfreuliches von diesem Manne sagen: dieses Verdienst muß man ihm einräumen, daß das Aufbringen der zum Bau der Kirche notwendigen Mittel vor allem seinen propagandistischen Bemühungen zu danken ist.

Er war ein guter Fünfziger, als ich zu ihm ins Haus kam, groß, schwer und breitschultrig mit einem braunen ungepflegten Vollbart, faulen braunen Raucherzähnen, brutal und bar jeder Lebensart. Mir ist es heute noch so schleierhaft wie damals, was für Imponderabilien diesem Pensionat und seinem Vorsteher zu solcher Anerkennung und zu einem solchen Ansehen verholfen haben mochten, gerade in den sogenannten „besten Kreisen". Denn die dort sich nicht wohlfühlenden Pensionäre waren sämtlich guter Herkunft. Neun Gymnasiasten waren es, verschiedenen Alters, als ich eintrat; ich, der zuletzt Hinzugekommene, war der zehnte. Neu aufgenommen wurde meines Wissens keiner mehr von diesem Zeitpunkt an, weil der Professor Gümbel scheinbar hinreichend verdient hatte im Lauf der Jahre und sich mit der Absicht trug, das Pensionat allmählich eingehen zu lassen.

Die engere Familie des Pastors Gümbel rekrutierte sich aus seiner Frau, zwei Söhnen, deren einer schon Student war, während der rothaarige zweite, als ich eintrat, gerade in die Oberprima kam, und zwei aromalosen Töchtern, Julia und Hanna. Die ältere, Julia, etwa zwanzigjährig, war charakterlich und äußerlich der unverfälschte Vater, was genug sagt, während die mit mir gleichaltrige Hanna ein brünettes, nicht unhübsches Mädchen war, das in die Töchterschule ging und insgeheim auch gerne flirtete, eine angehende Filia hospitalis.

Außerdem befand sich in dem Hause eine mittellose neunzehnjährige Verwandte namens Frieda Stöß, eine vollschlanke blauäugige Blondine, die man gerne und mit einem Anflug von Teilnahme ansah, weil sie wie ein Dienstmädchen im Hause ausgenützt wurde und sich wohl oder übel jeder auferlegten Arbeit und Verrichtung stillschweigend und willig fügte. Sie war verlobt mit einem Pfarramtskandidaten Karl Schaller, einem arglosen und herzensguten Manne mit kreisrundem freundlichem Kindergesicht, der gleichfalls in die „Gümbelei" (der Name war für jeden Speyrer ein Begriff) eingebaut war. Ich glaube, daß auch er sich nicht sehr wohl fühlte in diesem Kreise, nur daß ihm die Nähe seiner sanftmütigen und bescheidenen Braut den Aufenthalt versüßte. Er war damit betraut, denjenigen Pensionären, die in diesem oder jenem Fach nicht mitkamen, Nachhilfeunterricht zu geben, die Mitaufsicht zu führen und wenn der Alte auf Vortragswerbereisen abwesend war, ihn zu vertreten. Autorität besaß er keine, doch er war beliebt bei allen und man sah ihn ungern scheiden, als er nach zwei Jahren fortging. Er hat dann seine blonde Frieda auch als Pfarrfrau heimgeführt und wurde später Nachfolger Gümbels am Speyerer Gymnasium in Religionslehre.

Die Frau Pastorin Gümbel, die mit „Frau Professor" angesprochen wurde, war eine rundliche, kleine, rüstige, geschäftstüchtige und auch nicht gerade liebenswerte Frau von etwa fünfzig, Tochter des schräg gegenüber wohnhaften, schon damals über neunzigjährigen Malers Koch, der noch vor der Schlacht von Jena auf die Welt gekommen war und, wie man mir erzählte, seinerzeit auch zu den Malern der Romantik und den Nazarenern in Beziehungen gestanden hatte. In seiner Jugend war er viel herumgekommen und hatte auch Italien mit seinem Malgerät durchwandert. Bilder von ihm habe ich keine zu Gesicht bekommen. Er war von einer unglaublichen Rüstigkeit: Mit seinen zweiundneunzig Jahren fuhr er jeden Sonntag mit dem Frühzug ganz allein nach Heidelberg, stieg auf den Königstuhl, frühstückte dort und kam dann mittags frohgemut zurück nach Speyer. Als ich nach dreijährigem Aufenthalt Speyer verließ, war er noch immer von der gleichen Frische, körperlich wie geistig. Mit der Familie Gümbel stand er anscheinend auf keinem guten Fuße, denn ich habe ihn die ganzen Jahre, die ich dort verbrachte, nie die Gümbelei betreten noch mit dem Professor Gümbel reden sehen, eine sehr verständliche und nachfühlbare Abneigung. Ein- oder zweimal hatte ich Gelegenheit, vor seiner Haustüre ein paar belanglose Worte mit ihm zu wechseln. Er war von Ansehn mittelgroß, schneeweiß und hatte eine liebenswürdige Art und Weise sich zu geben. Er steht mir wie ein Bild verleiblichter Vergangenheit auch heute noch vor Augen.

Die Gümbelei lag fast am Ende Speyers als eines der letzten Häuser der Landauer Straße. Das Haus war äußerst einfach, fast schon primitiv zu nennen. Badezimmer gab es keines; man mußte in der Städtischen Badeanstalt baden; in dem Klosett: von Wasserspülung keine Rede. Die Einrichtung der weißgetünchten Zimmer für die Pensionäre war einheitlich und bestand aus einem braunen tannenholznen Bett mit Nachttisch, einem ebensolchen Tisch, zwei Holzstühlen mit Strohgeflecht und außer einer gleichweis braunen Waschkommode noch aus einem braunen Kleiderschrank. Dazu kam noch ein Wandregal als Bücherbrett. Kein Bildschmuck an den Wänden und kein Teppich auf dem braungestrichenen Fußboden. Gas gab es in dem ganzen Hause keines; zur Beleuchtung diente eine funzlige Petroleumlampe.

Allerdings muß man, will man gerecht sein, sagen: die Familie Gümbel wohnte auch nicht vornehmer, bis auf die sogenannte „gute Stube"; das aber war die reinste Schreckenskammer. So sah es also aus: das kleinbürgerlich-deutsche Provinzstadt-Heim in Reinzucht, kurz vor der Jahrhundertwende. Das einzige Trostreiche war der hinter dem Haus gelegene, verhältnismäßig gar nicht kleine Nutzgarten mit Obstbäumen, auf denen jedes Frühjahr neu die ersten Amseln sangen. Da stand man jung und ungeduldig an dem offenen Fenster und sah sehnsüchtig hinaus, oft bis es dämmerte. Der Garten, der bis an die jenseitige Straße reichte, lieferte ein gut Teil der Gemüse für den Mittagstisch, der gleichfalls ziemlich primitiv war, wenn auch ausreichend. Die Hauptarbeit im Garten fiel natürlich ebenfalls der blonden Frieda Stöß zur Last, doch ging die ältere Tochter Julia Gümbel ihr dabei auch viel zur Hand; mitunter sah man auch die Frau Professor sich im Gartenbau betätigen, indes das Gießen vom Erbauer der Protestationskirche in Hemdärmeln und schwarzer Weste meistens selbst besorgt wurde. Das also war das Internat, das mir für die drei nächsten Lebensjahre nach dem Willen meines Vaters Surrogatheim werden sollte.

Von meinen neun Mitpensionären waren es nur drei, von denen ich zu sprechen habe, weil wir uns trotz oder vielleicht gerade wegen unserer völligen Verschiedenheit sehr gut verstanden. Wir waren alle vier Neuankömmlinge in der Gümbelei und außerdem zufällig alle vier Obersekundaner. Das waren beides schon Momente, die uns gleich vom ersten Tage an einander näher brachten. Zu zweien überdauerte die Freundschaft unsere Gymnasialzeit. Ich hatte während meiner ganzen Schuljahre in Heidelberg zu keinem Mitschüler ein näheres Verhältnis finden können, wenn auch viele unter ihnen, auf ihre Weise sicherlich honette und sympathische Leute waren, die es späterhin im bürgerlichen Leben auch „zu etwas brachten", doch sie waren nun einmal in einer gar zu anderen Welt beheimatet. In Speyer aber hatten sich in uns ein paar Nichtguttuer und Außenseiter mehr oder minder zufällig zusammengefunden, und ich glaube ohne Überheblichkeit: auch sie haben es später „zu etwas gebracht" auf ihre Weise.

Der eine war ein Offizierssohn aus Berlin, ein waschechter Berliner Junge, namens *Heinrich Oster,* ein rabiater Draufgänger und Schwadroneur, dabei nicht ohne einen leicht sentimentalen Anflug, von dem er sich beim Cellospiel befreite. Er hatte in Berlin zwei Klassen wiederholen müssen und auch sonst noch hatte er verschiedenes auf dem Kerbholz. Schon dadurch, daß er um zwei Jahre älter war als ich, war er in vielen Dingen tonangebend. Er war ein äußerst heller Kopf mit einer ungewöhnlichen Begabung für Mathematik, mit der er sich in seinen Freistunden, wenn er nicht gerade Cello spielte, ausschließlich beschäftigte. Beim Lesen eines Buches habe ich ihn nie getroffen. Wenn ich mit meinen Hausaufgaben nicht zurecht kam, ging ich zu ihm und er löste mir die mathematischen Formeln spielend. Und da er in die Parallelklasse, Obersekunda A, ging, war das weiter nicht auffällig. Nach Absolvierung des Gymnasiums studierte er Chemie und wurde später Generaldirektor bei den Leunawerken, als welcher er sich nach dem zweiten Weltkriege im Nürnberger Prozeß zu verantworten hatte. Schon als Pennäler war er ein rabiater Antisemit und Judenfresser. † 1954. – Nach Speyer in die Gümbelei war er auf Umwegen durch seinen Onkel, den zu seiner Zeit sehr angesehenen Professor Kußmaul an der Heidelberger Universität, gekommen. Man sieht also: auch der Professor Kußmaul ist dem mysteriösen Renommee des Pensionates Gümbel blind erlegen. Dergleichen Dinge gab es damals, daß aber weder der Professor Kußmaul, noch mein Vater, noch auch die diversen Väter all der übrigen im Hause Gümbel installierten Pensionäre nicht schon bei der ersten Aussprache mit dem Professor und nicht schon beim ersten Blick erkannten, wessen Geistes Kind der Mann war, dem sie ihre Söhne anvertrauen wollten, ist unverständlich. Seine Brutalität und Unvornehmheit stand ihm an der Stirn geschrieben, und jeder Schüler aus der ersten Klasse sah es, wenn er nur hereintrat, bloß nicht unsere Väter. Man kann sich einen solchen Mißgriff nur aus der damaligen ganz andersartigen Mentalität erklären. Die Generation der Väter um und kurz vor der Jahrhundertwende kannte ausschließlich sich selbst und ihre eigene engere oder weitere Interessensphäre. Daß ihre Kinder, Söhne oder Töchter, gleichfalls Individuen seien und berechtigt, Ansprüche für sich zu machen, kam ihnen niemals in den Sinn, war ihnen unvorstellbar, und taten es die Söhne einmal, kam es zu Zusammenstößen. Es hat wohl kaum eine Generation gegeben, bei der die Gegensätze zwischen Alt und Jung, Väter und Söhnen (der sich ihrer selbst bewußt gewordenen natürlich) derart schroff und unerbittlich aufeinanderprallten, als die unserer Epoche. Das Schrifttum jener Zeit bringt diesen Kampf in allen Tonlagen zum Ausdruck, mit dem „Lied an meinen Sohn" von Richard Dehmel angefangen über Sudermanns zu Unrecht auf den Schutt geworfenes Schaupiel „Heimat" bis zum „Sohn" von Walther Hasenclever.

Ein anderer Mitpensionär, mit dem mich später jahrelang gemeinsame Interessen noch verbanden, war ein Sohn des seinerzeitigen Direktors der Badischen Anilin- und Sodafabrik in Ludwigshafen, namens *Friedrich Glaser*. Er war mit mir gleichaltrig und unsere Neigungen enthielten viel Verwandtes: Während ich in meinem auf den Garten gehenden Mansardenzimmer saß und dichtete, las er in seinem vorne der Landauer Straße zu gelegenen Zimmer Chroniken, Biographien und dergleichen und versuchte sich an einem weit ausladenden sozialpolitischen Roman, der aber über die anfänglichen Kapitel nie hinauskam, weil er in einer übertriebenen seziererischen Selbstkritik das eben erst Geschriebene am anderen Tag wieder verwarf, zerriß und das Verworfene von vorn wieder anfing, um es nach weiteren achtundvierzig Stunden wieder ebenso zu machen. Überhaupt war das die Tragik seines Lebens: seine übertrieben skeptische Veranlagung verquickt mit einem beißenden zersetzenden Zynismus, eine Anlage, die sich in späteren Jahren immer mehr entwickelte und ihm das eigene Leben zusehends, je länger desto mehr, vergällte. Was diese ursprüngliche und im Keime in ihm ruhende Veranlagung so frühzeitig und lieblos zur Entwicklung brachte, waren die für ihn untragbaren Verhältnisse in seinem Elternhause. Sie waren auch der Anlaß, daß er in ein Internat getan wurde und sich, an seinem Elternhaus gemessen, selbst an einem Platze wie die Gümbelei noch wohl fühlte. Er hatte seine Mutter früh verloren. Sein Vater heiratete bald darauf die Hausdame, der es sehr rasch gelang, das bißchen Liebe, deren sein nur auf sich selbst bedachter Vater vielleicht fähig war, vollkommen zu ersticken und den Vater von den beiden Söhnen endgültig zu entfernen. Der jüngerer Bruder hat sich später als Student erschossen. Ich war einmal von Speyer aus an einem Sonntag als Oberprimaner in dem Elternhause meines Freundes Glaser in

Mannheim eingeladen. Die Aufnahme war gastlich und formell. An jenem Sonntagnachmittag erfuhr ich etwas, was mir früher nie und auch nie später so, beklemmend ist das rechte Wort, begegnet ist: das Fremdsein oder besser: das Nichtdasein eines Kindes in dem eigenen Elternhause. Der Verkehrston zwischen meinem Freunde Glaser und dem Vater ebenso wie zwischen ihm und seiner Stiefmutter war ein so konventioneller, kühler, daß man selbst als anwesender Dritter sich befremdet und unsicher fühlte. Mit dem Diener, der servierte, und dem Stubenmädchen wurde in vertrauterer und wärmerer Art verkehrt als mit dem Sohn des Hauses. Es hätte mich nicht weiter überrascht, wenn mein Freund Glaser seinen Vater mit „Sie" angeredet hätte wie zu Urgroßvaters Zeiten, nur war dazumal die Seelenlage eben eine andere als heute. Daß es aus angeborener Gegensätzlichkeit, auch wenn man sich im Grunde herzlich zugetan ist, doch zu Auftritten und heftigen Zusammenstößen zwischen Sohn und Vater kommen kann, das wußte ich aus eigener Erfahrung, jedoch die Atmosphäre eines solchen tiefen gegenseitigen Sichverhaßtseins war etwas, was mir noch lange nachging. Von jenem Tage an verstand ich die Unebenheiten in dem Wesen meines Freundes Glaser sehr viel besser. Ich werde in dem zweiten Bande meiner Autobiographie in dem Kapitel, das meine Münchener Zeit behandelt, noch wiederholt auf ihn zu sprechen kommen, weil wir gerade während meiner ersten Münchener Jahre viel zusammen waren und von 1902 bis 1905 die Münchener Wochenschrift „Freistatt" gemeinsam herausgaben.

Der dritte, der zu diesem engeren Kreis gehörte, kam aus einem Bankhause in Neustadt an der Hardt, von wo man ihn nach Speyer umgesiedelt hatte, weil er im Gymnasium seiner Heimatstadt nicht mitkam und dort eine Klasse repetieren mußte. Auch er war daher anderthalb Jahre älter als Glaser und ich, sein Zimmernachbar im Mansardenstock, aus dem wir über die Obstbäume des Gartenstücks vor unseren Fenstern weg ins Freie einer damals noch mehr ländlichen Umgebung sahen. Da stand mein Zimmernachbar nach Beendung seiner Aufgaben und geigte. Ich hörte gerne dieses nachbarliche Geigenspiel an langen lauen Sommerabenden, auch wenn der Spieler keine sonderliche Fertigkeit darin besaß, doch unterstrich es meine eigene melancholische und sehnsüchtige Stimmung. Ich dachte dabei an Ottilie, und meine Seele zog mit diesen Klängen in die Dämmerung hinaus zu ihr, ins Neckartal und über alle Berge. . .

Er, der daneben spielte, war ein aufgeschossener hagerer Jüngling mit einem endlos langen Hals mit mächtigem Adamsapfel. Auf diesem Halse saß ein Kopf wie eine Billardkugel. Zwei braune treuherzige Augen sahen einen daraus an und ein gutmütiges Lachen sagte jedem, daß hier ein grundguter Mensch ganz ohne Falsch und Ränke vor ihm stehe. An den herabfallenden Schultern baumelten zwei überlange, etwas unbeholfene Arme, die zu Tätlichkeiten niemals fähig waren. Er war eine rein passive beschauliche Natur, die einen gradezu herausforderte, ihn gelegentlich zu frotzeln, wie die Bayern sagen, was er stets mit einem ungekränkten gutmütigen Lächeln hinnahm. Ein Mädchen hat er während der drei Jahre unseres Zusammenseins in Speyer nie angesehen, nicht aus aufkeimender jugendlicher Liebe noch geschweige (wie wir anderen Sündenböcke) eine Frau, um ihrer zu begehren. Ein nicht sehr guter Menschenkenner hätte ihn leicht für beschränkt gehalten, was auch viele taten; doch das wäre ein völliges Verkennen: er war nicht, wie es schien, beschränkt, er war nur ganz in sich hineingebaut und „wie die Kinder". Ein großes friedfertiges Kind mit einem starken und unausgetragenen Innenleben. Und sein ganzes arbeitsreiches Leben über ist er das geblieben. Soviel ist sicher: menschlich war er von uns vieren der Gott wohlgefälligste, wertvollste, altruistischste, der später durch sein geosophisches weltsichtiges Werk berühmt gewordene Edgar Dacqué.

Einige Wochen nachdem ich ihm eines der wenigen mir nach Ausschluß aus der Reichsschrifttumskammer im Herbst 1943 noch verbliebenen Exemplare meiner Jugend-Erinnerungen, des Buches „Wachsen am Wunder", geschickt hatte, schrieb er mir:

„München-Solln, 12. Febr. 1945

Mein lieber alter Freund!

Noch stehe ich unter dem freundlichen Eindruck Deiner Lebensbeschreibung, die ich in den beiden letzten Wochen zum zweiten Mal gelesen habe und mit der ich so lebendig in unsere früheren Jahre versetzt wurde. Wie viel ist wieder in meiner Erinnerung aufgetaucht, was Jahre schon überdeckt hatten. Man wird gradezu jung mit den Bildern, die so ausströmen ohne jede Aufmachung, ganz echt und wahr, wie alles damals erlebt wurde . . . Geistreich ist das Zwiegespräch mit Prof. Scheps, das du da eingebaut hast, wie überhaupt die Lehrer mit wenigen Strichen alle sehr gut charakterisiert sind, desgleichen auch die „gute Gesellschaft", in der man sich so leicht „unmöglich" machte. Wie freue ich mich, nun auch die Fortsetzung einmal vor Augen zu haben! Wann wird das sein können, bei diesen grausamen Umständen der Umwelt, in der wir leben und so gerne weiterschaffen möchten?"

Die Fortsetzung liegt bis heute erst in Bruchstücken vor, und ob sie jemals fertig werden wird, ist eine Frage der Zeit und des Schicksals. Wie dem auch sei: Dem Jugendfreunde Edgar Dacqué war es nicht beschieden, sie kennen zu lernen, denn er starb am 14. September 1945, kaum mehr als ein halbes Jahr nachdem er diesen Brief an mich gerichtet hatte. Aber der Himmel, in dem er während seiner Erdentage einen Schatz gesammelt hatte, meinte es gut mit ihm und ließ ihn so lange hier, daß er den Zusammenbruch der nationalsozialistischen Satansherrschaft und der durch sie bedingten grausamen Umwelt, die er tief haßte, noch erleben durfte. Als mich die Nachricht von seinem Hingang erreichte, schrieb ich, mehr für mich selber, diese Strophen:

Nun bist Du leise weggegangen, Freund,
Aus einem arbeitsreichen, stillen Leben.
Dein weltsichtiges großes Werk betreund,
Hast du der Mit- und Nachwelt viel gegeben.

Du gabst der Forschung eine neue Sicht.
Den Weg, den wir von Urzeit her genommen,
Hobst Stück für Stück Du aus der Nacht ans Licht,
Den weiten Weg, auf dem wir hergekommen.

Vor Deinem Seelenauge tat sich auf
Das Rätsel des Entstehens und der Rassen,
Und wie der Mensch im langen Zeitverlauf
Tierform um Tierform erst aus sich entlassen.

Das Seufzen und der Schrei der Kreatur
Ist quälend an Dein inneres Ohr gedrungen,
Das Finden der geheimen Menschheitsspur
Im Buche Gottes ist Dir neu gelungen.

Ein Markstein ists, den Du gesetzt, ein Bau,
Vor dem wir dankbar und bewundernd stehen.
Kein künftiger Forscher kann an Deiner Schau,
An Deiner Weltsicht mehr vorübergehen.

So wird Dich einst die Nachwelt sehn. Doch wir,
Die dich von frühauf kannten und Dein Wesen,
Dein gütiges, wir wissen mehr von Dir:
Du bist ein Gott-geliebter Mensch gewesen.

Das alte Speyerer Gymnasium, unweit des Domes, war ein um einen geräumigen Hof aufgeführter klosterähnlicher Bau (Abb. 86), das ehemalige, sogenannte „Fürstenhaus", zwischen der kleinen Pfaffengasse und der Hauptstraße gelegen. So grau und zeitverwaschen das Gebäude war, es hatte etwas biedermeierlich Anheimelndes, was an die gute frühere Zeit erinnerte. So waren auch die Lehrer, wenigstens die meisten, nicht wie in Heidelberg, mit der benachbarten Universität rivalisierende Akademiker. Sie waren fast alle über die vierzig, meist noch älter; und nur der Lehrer für die neueren Sprachen, ein Professor Hollidt, der im Rufe eines „Lebemannes" stand bei seinen Kollegen, weil er in den Ferien Paris besucht hatte, war ausgangs Dreißig, ein wundervoller, großzügiger Mann, dem alle seine Schüler gleicherweise zugetan waren. Die anderen Lehrer waren sämtlich Originale und wie von Jean Paul erfunden. Sie hatten, jeder anders und auf seine Art und Weise, ihre eingewurzelten und ausgesprochenen Abneigungen oder Neigungen für diesen oder jenen Schüler, ohne daß man eigentlich recht wußte, was der Grund war, denn die Leistungen waren es nicht wie bei den Heidelberger Professoren, sondern einfach weil ihnen die Nase bei dem einen oder anderen mehr oder minder zusagte. Ich hatte nun das Glück, daß meine Nase ihren Beifall fand, anscheinend, und ich habe daher während meiner ganzen Speyerer Gymnasialjahre von keinem etwas Unbilliges oder eine Ungerechtigkeit erfahren, mit einer Ausnahme. Auch nicht von dem Lehrer für Mathematik, Professor Ludwig Hofmann, der wegen meiner mangelhaften mathematischen Leistungen gewiß nicht Anlaß hatte, mich zu seinen Lieblingen zu zählen. Im übrigen war der Professor Hofmann noch verhältnismäßig wenig kauzig. Er war ein kleiner, gütiger und zurückhaltender Mann von etwa Mitte fünfzig mit dem Beinamen „Der Tilger", weil er bei den Zahlen, die zum Löschen waren, stets zu sagen pflegte: „Diese Zahl, nicht wahr, die ist zu tilgen." Unser Klassenlehrer in Obersekunda namens Scheps, Professor Scheps aus Würzburg, war ein Kauz, doch wohlwollend und von grundanständiger Gesinnung. Er unterrichtete Deutsch, Latein und Griechisch. Am meisten mochte ich bei ihm die deutsche Stunde, wenn man Dramen las oder Gedichte. An meiner Art sie herzusagen, hatte er natürlich viel auszusetzen, aber immerhin verstand er, daß Gedichte nicht wie Prosa zu behandeln seien. Er hatte eine Vorliebe für Heine und trug uns manchmal ein paar Strophen Heines vor, ganz aus dem Stegreif, die weit außerhalb des offiziellen Schulprogrammes und Rahmens lagen. Und dann gab er dazu die köstlichsten Erläuterungen. So suchte er in einer besonders aufgeräumten Stimmung einmal zu veranschaulichen, wie der Dichter durch sprachliche Mittel „das schalkhafte Moment eines Gedichts zum Ausdruck bringe". Ich sehe ihn noch vor uns am Katheder sitzen und mit listiger Miene diese Verse Heines aufsagen:

> „Das Fräulein stand am Meere
> Und seufzte lang und bang;
> Es rührte sie so sehre
> Der Sonnenuntergang."

Hier unterbrach er sich, um zu erklären: „Hier sitzt dem Dichter schon der Schalk im Nacken, was Sie an dem Wort ‚sehre' bemerken." Dann fuhr er fort:

> „Mein Fräulein, seien Sie munter,
> Das ist ein altes Stück:
> Hier vorne geht sie unter
> Und kehrt von hinten zurück."

„Doch nun wieder zu unserem Thema!" Und der eigentliche Lehrstoff wurde wieder aufgenommen.

Ich machte nach verhältnismäßig kurzem Schulbesuch in Speyer die erfreuliche Erfahrung, daß die Anforderungen eigentlich in allen Fächern dort bescheidener waren als in Heidelberg. Ich hatte dadurch einen großen Vorsprung; so bedurfte es für mich von da an keiner sonderlichen Anstrengungen, um mit dem in Speyer vorgeschriebenen Pensum Schritt zu halten, ausgenommen die Mathematik; die war und blieb für mich die Crux, ich war zufrieden, daß es mir darin gelang, mich bis zuletzt durchzulavieren. Gelegentlich gab uns, Dacqué und mir, der Pfarramtskandidat Karl Schaller mathematische Nachhilfestunden. Wenn mir schon jedes mathematische Vorstellungsvermögen fehlte, mein Freund, der spätere große weltsichtige Naturphilosoph Edgar Dacqué war nicht minder begriffsstutzig, so daß der gute Kandidat mitunter über zwei hoffnungslose Fälle fast verzweifelte. Dabei ist er doch kein Dacqué geworden.

Das um so viel geringere Gesamtniveau des Speyrer Gymnasiums dem Heidelberger gegenüber war jedoch durchaus keine spezifisch Speyrer Erscheinung, sondern überhaupt der Stand der bayrischen Gymnasien damals (ich weiß nicht, ob es heute noch so ist) war auf der ganzen Linie niedriger als in den meisten anderen Staaten Deutschlands. Und insbesondere war in Württemberg und Baden das Niveau ein durchweg hohes.

Und hier stand wieder an der Spitze Heidelberg. Es stand im Ruf, das schwierigste Gymnasium Deutschlands zu sein. In Speyer nun gereichte dieser Umstand mir für meine letzte Gymnasialzeit sehr zum Vorteil.

Der ganze Lehrplan der bayerischen humanistischen Gymnasien damals war schon an und für sich beschränkter. Die Unterrichtsfächer: Physik, Chemie und auch Literaturgeschichte gab es gar nicht, während wir in Heidelberg im neuen Gymnasialgebäude einen eigenen Lehrsaal mit erhöhten Sitzreihen hatten, der nur den naturwissenschaftlichen Fächern diente. Und was Literaturgeschichte anbelangt, las man in Heidelberg in Prima: Winkelmann, Lessings Laokoon, auch Shakespeare, während man an bayerischen Gymnasien, wo Literaturgeschichte nur Appendix zu dem deutschen Unterricht war, über Schiller nicht hinauskam. Wer also sich in der Literatur nur etwas weiterbilden wollte, mußte das aus sich heraus tun. Ich glaube aber nicht, daß es von meiner ganzen Klasse mehr als drei waren, die sich dazu getrieben fühlten.

Die nähere Umgebung Speyers ist landschaftlich eintönig und wenig reizvoll, eben die der mittelrheinischen Ebene. Und bis zum Hardtgebirge ist es immerhin noch eine ziemliche Strecke. Es gab daher so gut wie keine Ausflugsmöglichkeit für ein paar Stunden, ja nicht einmal Gelegenheit zu einem halbwegs angenehmen und erholsamen Spaziergang. Man mußte sich schon mit den sogenannten Rheinanlagen, die vom Dom aus zu dem Rhein führen, begnügen. Das war recht wenig und im Grunde nur für den anziehend, der auf diesem Gange sich im stillen mit der Hoffnung trug, der Angebeteten im Schatten der uralten Bäume zu begegnen. Da ich dergleichen nicht zu hoffen hatte, wenigstens nicht in den beiden ersten Jahren meiner Speyrer Gymnasialzeit, weil die Herrin meines Herzens weit jenseits des Rheines weilte, so hatten auch die Rheinanlagen nur geringe Anziehung für mich, so einladend sie waren. Und doch kann ich nicht sagen, daß die Zeit trotz ihrer tödlichen Monotonie langsam für mich verging in Speyer.

Während des ersten Winterhalbjahres verließ ich Speyer überhaupt nicht. Mein Vater war mit meinem Onkel Grashey unterwegs; es kamen regelmäßig Nachrichten von ihm, die Gutes meldeten. Ich meinerseits war reichlich säumig im Erwidern, worüber sich mein Vater wiederholt beklagte. Doch: was hatte ich schon zu berichten? Mein Tag verlief abwechslungslos: tagsüber Schule und, nachdem die Aufgaben gemacht waren, was meistens rasch ging, Lesen. Aber auch Dichten. Ich schrieb Gedicht über Gedicht, durchweg mißglückte Versgebilde, die mich erst erfreuten und die ich dann immer wieder bald darauf vernichtete, sobald ich etwas davon abgerückt war und den Unwert des Geschriebenen erkannte. Beim Übersetzen des Horaz zitierte der verskundige Professor Scheps einmal belehrend die Horazische Strophe: „Nonum prematur in annum", um uns diese nützliche Ermahnung des Horaz nahe zu bringen, daß Gedichte erst neun Jahre in dem Schreibfach liegen bleiben müßten, um sich zu behaupten, bis man sie veröffentlichte. „Und" – so schloß er – „wenn ein jeder Dichter diese Vorschrift befolgt hätte, gäbe es wohl kaum ein Zehntel der unzähligen, nichtexistenten und mit Recht nicht mehr gelesenen Gedichte." – Heine, der sich gelegentlich zu dieser Strophe äußert, meint allerdings: Horaz habe sich leicht getan mit solcher Mahnung. Wer an der Tafel des Mäzen gesessen habe, könne gut so reden. Ich kannte aus meiner Heinelektüre diese Stelle und versäumte nicht, sie anzubringen. Der ehrliche Professor Scheps war über meine so profunde Kenntnis Heines aufrichtig erfreut, was er auch äußerte. Dann meinte er versöhnend: „Nun, Bernus, dessentwegen lassen Sie sich keine grauen Haare wachsen; Sie werden nie in diese Verlegenheit kommen." Er hatte falsch gesehn, der Gute. Ich aber konnte dem Horaz nicht beipflichten, damals: Neun Jahre warten! Da würde ich ja fünfundzwanzig, bis ich an die Veröffentlichung meiner ersten Verse denken konnte. Und doch, Horaz hat recht: Hätte ich länger zugewartet, mein Erstlingswerk *„Aus Rauch und Raum"* wäre durch Weglassung gut eines Drittels der darin zuerst erschienenen Gedichte sehr viel ausgeglichener ausgefallen. Die dreißig Jahre später ausgegebene Neuauflage hat diesem Gedichtbuch erst die endgültige und gereinigte Fassung gegeben. Allerdings, Gedichte jener frühesten Zeit sind keine darin aufgenommen. Sie hatten recht, Professor Scheps: Wozu nichtexistente, stoffgebundene Verse aufbewahren? Ich wiederhole, was ich hier schon einmal sagte: Zehn Gedichte sind von jeher dauernder als hundert.

Gelesen habe ich im Laufe meiner Speyerer Zeit viel, doch ist mir heute die Chronologie der damaligen Lektüre nicht mehr gegenwärtig. Die Speyerer Jahre gingen, wenigstens für mich, sehr ineinander über. Das lag vorwiegend wohl an der Einförmigkeit des äußeren Lebens in dem kleinen abgelegenen zeitfernen Städtchen.

Das erste Winterhalbjahr jedenfalls stand nach wie vor im Zeichen der Romantik. Ich las Fouqué, Storm, Kerner, einiges von Tieck und Arnim und auch vieles von Novalis. Die „Blaue Blume der Romantik"; ich bin ihr in der Seele nachgegangen und sah aus nach ihr fern auf der Insel meines Glaubens. In einem späterhin geschriebenen Sonett, das hiervon aussagt, geht die nur geglückte Anfangsstrophe so:

Wo finde ich die blaue Wunderblume,
Für die schon früh das Herz des Knaben glühte
Und die dem kindergläubigen Gemüte
Zu schlafen schien in jeder Samenkrume. . . .

Die mystische, geistige Bedeutung des Novalis, die weit über sein rein
dichterisches Ausmaß ins Prophetische hinausgeht, seine heute schon
legendenhaft umwitterte Gestalt, war für den Sechzehn-Siebzehnjährigen
trotzdem noch kein Begriff; das ging mir erst viel später auf. Und auch zu
Hölderlin fand ich den Zugang erst nach meiner Gymnasialzeit. Ich
glaube aber: es ist jedem so ergangen, in jener Zeitepoche sicher.

Besonders liebte ich Justinus Kerners „Reiseschatten", ein Buch, das
ich auch heute noch mit gleicher Neigung lese. Das eigenartige Gemisch
von spukhaft Schattenhaftem mit bizarrem, krausem und mitunter Breughelschem Humor gibt diesem Buch ein so besonderes und seltenes
Gepräge, daß sich in dem ganzen deutschen Schrifttum eigentlich kein
zweites findet, das sich ihm vergleichen ließe. Und ähnlich ist es mit der
Lyrik Kerners. Er war kein großer Lyriker, er hat nicht mehr als etwa
zehn bis fünfzehn gültige Gedichte: darunter finden sich ein paar unheimliche, im Balladenton gehaltene wie „Der Wassermann", „Herr von der
Heide" und „Die vier wahnsinnigen Brüder", während andere Strophenreihen magisch die Gespensterwelt beschwören und wie hergedämmert
sind aus dem Bereich des Untermondlichen, Astralen. Am weitesten
bekannt von Kerner ist wohl das zum Volksliede gewordene, wehmütige
Gedicht „Der Wanderer in der Sägemühle". Doch auch einige Gedichte,
die man in der Schule lernte, wie „Der reichste Fürst" und „Kaiser
Rudolfs Ritt zum Grabe", auch das schöne und bekannte „Wanderlied",
das mit der Strophe anfängt:

„Wohlauf noch getrunken
Den funkelnden Wein!
Ade nun, ihr Lieben!
Geschieden muß sein . . ."

sind zeitüberhoben, die „Zwei Särge" und den „Geiger zu Gmünd" nicht
zu vergessen.

Was bei Justinus Kerner mich jedoch am meisten anzog, war der
Schattenspieler. Er hatte seine „Reiseschatten" in der ersten Ausgabe
nicht unter seinem eigenen Namen, sondern unter „Schattenspieler Lux"

erscheinen lassen. In den „Reiseschatten" sind zwei Schattenspiele eingeflochten. Wie anregend ist für die Phantasie nicht schon die Einführung:

„So befestigte ich nun in aller Eile mein ausgespanntes Tuch an die Decke des Postwagens, zog meine Dekorationen und Figuren aus dem Nachtsacke, zündete meine Laterne an der Tabakspfeife des lustigsten Studenten an, und nach gänzlich herrschender Stille, die ich mir von allen durch das ganze Stück erbat, spielte ich eine Ouvertüre auf der Maultrommel, und führte folgendes auf:
König Eginhard – Ein chinesisches Schattenspiel."

Das andere, den „Reiseschatten" eingeflochtene Schattenspiel ist das in seiner ganzen Anlage geglücktere: „Der Totengräber von Feldberg." Ich habe dieses Stück mit den sehr ansprechenden Schattenfiguren von Dora Polster-Brandenburg in den Schwabinger Schattenspielen, die ich 1907 in München in das Leben rief und leitete, mehrfach gespielt und stets mit Anklang. Das Nächtige, Unheimliche, wie es diesem Spiele eignet, wie überhaupt das Schemenhafte, Zwischensphärische wird glaubhafter verlautbart und verbildlicht durch das Schattenspiel als durch die große Bühne, die viel zu real ist, während die Natur des Schattenspiels das Zweidimensionale zur Voraussetzung hat, das traumsichtig illusionär die Welt hinter den Dingen in dem Scheine der Laterna magica heranführt. Darum muß das dazu gesprochene Wort fast nur melodramatisch, wie weither aus einer fremden Ferne kommend, das beschattete Geschehen begleiten.

In den „Schwabinger Schattenspielen" seinerzeit in München habe ich versucht, dieses Gesetz so kompromißlos als nur möglich zu verwirklichen, und ich glaube, es ist mir weitgehend gelungen, denn allen, die damals die Schattenspiele miterlebten, auch Stefan George, wurden sie zu einem unvergeßlichen Erlebnis.

Der Ausgangspunkt für mich zur späteren Schaffung einer bis dahin in Deutschland nie gehabten öffentlichen, nur durch künstlerische Maßstäbe bestimmten Schattenbühne waren die mir während meiner Speyrer Zeit vertraut gewordenen „Reiseschatten" Kerners. Seine magischen und metaphysischen Schriften sind mir erst viel später in die Hand gekommen.

Als später dann das Kino aufkam, und je mehr es sich vervollkommnete, desto mehr zu einer künstlerischen Angelegenheit und Stätte wurde und sich neben dem Theater seinen eigenen Platz eroberte, schien es so, als habe das intime, ursprüngliche Schattenspiel vermöge der entwickelteren neuzeitlichen Technik nun erst recht seine Rechtfertigung und Bestätigung erfahren und in seiner mehr als tausendjährigen Geschichte erstmalig im Kino die uneingeschränkte Möglichkeit zu seiner Auswirkung erhalten. Aber diese Auffassung, die man stets wieder selbst von einsichtsvoller Seite hört, als sei das Schattenspiel nur eine primitive Vorstufe des Kinos unserer Zeit gewesen, ist abwegig und beruht auf einer völligen Verkennung des dem Schattenspiele immanenten Wesens. Das Schattenspiel hat nichts gemeinsam mit dem Kino, von dem rein mechanischen Gesichtspunkt abgesehn, daß Bilder auf die Leinwand projiziert werden, und selbst das ist nur sehr bedingt richtig, indem es sich beim Schattenspiel um Silhouetten in dem Ausmaße von Marionetten handelt, welche man von hinten auf die Leinwand projiziert und mit der Hand vorbeiführt, während sich beim Kino die Apparatur der Leinwand gegenüber hinter dem Zuschauerraum befindet, also eine viel mechanischere Handhabung. Doch gerade das Persönliche und Unmechanische bewirkt den künstlerischen und intimen Reiz des Schattenspieles gegenüber der mehr realistischen Wirkung, die vom Kino ausgeht, selbst in Stücken wie Orphé von Cocteau, welches das Übersinnliche zum Vorwurf hat. Auch geht das Schattenspiel nur auf der Fläche vor sich, statt, wie es das Kino tut, durch perspektivische Verfälschung Tiefenwirkung vorzutäuschen; denn gerade durch das Zweidimensionale läßt das Jenseitige, Übersinnliche sich am unmittelbarsten, überzeugendsten versichtbarlichen. Man könnte dem entgegenhalten: Die Franzosen, die das Schattenspiel auch kannten (ausgangs des vorigen Jahrhunderts gab es in Paris auf dem Montmartre das berühmte Kabarett „Chat noir", an dem die ersten Künstler und Autoren mitarbeiteten): die Franzosen hätten auch die Perspektive angewandt und damit überzeugende Wirkungen erzielt: sicher; und trotzdem ist es abwegig und der Natur des Schattenspieles nicht entsprechend. Doch ist es immerhin interessant zu hören, was H. S. Rehm in seinem schönen „Buch der Marionetten" (erschienen etwa 1900) über das „Chat noir", die seinerzeit so viel besprochene und beliebte Pariser Schattenbühne schreibt:

„Komödien, Ausstattungsstücke, Oratorien, Mysterien, griechische Szenen, Burlesken, Pantomimen, kurzum alle Arten von szenischer Kunst in einer dem Charakter dieses Theaters angemessenen künstlerischen Einkleidung wurden hier unter Zuhilfenahme der großartigsten Lichteffekte und mit den feinsten Farbenabstimmungen zur Schau gebracht, und der herrlichste Künstlertraum, der vielleicht jemals geträumt wurde, erfüllte den engen Raum mit den zauberischsten Bildern, deren Magie sich keiner zu entziehen vermochte."

Daß Schattenspiel als zweidimensionale schwarz-weiß-Kunst, dargestellt von Silhouetten in Marionettengröße, und das wirkliche Theater mit
Perspektive vortäuschende Kino, gespielt von lebenden Darstellern, in
keinem einzigen Punkte vergleichbar sind, bedarf keiner weiteren Beweis-
führung. Mit dem Bildschirm des Fernsehens aber, der in Format und
Größe etwa dem Leinwandrahmen der Schattenspielbühne entspricht
(der Bildschirm ist um ein weniges kleiner) ließe sich bei oberflächlicher
Betrachtung vielleicht ein Vergleich ziehen, aber nur sehr äußerlich
gesehen. Das Schattenspiel wird neben der schwarz-weiß-Bildwirkung
ebensosehr von der Magie des melodramatisch gesprochenen dichterischen Wortes getragen und in die Sphäre des Irrationalen gehoben, und
diese ans Metaphysische rührende Stimmung auszulösen ist dem Fernsehen schon aus technischen Gründen nicht möglich. Und würde von einem
Fernsehstudio ein dahingehender Versuch auch einmal gemacht werden,
so würden vermutlich von den Millionen allabendlich vor dem Bildschirm
Sitzenden („Fernsehzeit ist Hausschuhzeit") ungezählte Proteste gegen
eine so langweilige Darbietung bei der betreffenden Rundfunkstation
einlaufen. Die ab und zu vom Fernsehen, meist in der „Kinderstunde"
gebrachten, kurzen sogen. Schattenspiele geben nicht eine entfernte
Vorstellung von dem echten künstlerischen Schattenspiel, denn diese
exclusive Kleinbühne, die für äußerst 100 Zuschauer gedacht ist, ist
ausschließlich Sache eines anspruchsvollen, literarisch interessierten
Publikums und für die breite Masse der Fernseh-Zuschauer völlig ungeeignet. Die seinerzeitigen Besucher des 60 Sitzplätze zählenden Schwabinger Schattenspiel-Theaters waren fast nur Künstler, Studenten und literarisch Interessierte des damaligen unvergeßlichen München-Schwabing
kurz nach der Jahrhundertwende.

Die im Lauf der Jahre gemachte Erfahrung hat, wie gesagt, gezeigt, daß
ein Schatten-Theater zur Wahrung der Intimität nicht mehr als 60 bis
höchstens 100 Personen fassen darf. Bei ihrem Gastspiel in Frankfurt
a. M. auf Einladung der Frankfurter Literarischen Gesellschaft sahen sich
die „Schwabinger Schattenspiele" jedoch unvermutet vor das Wagnis
gestellt, in einem etwa 300 Personen fassenden vollbesetzten Saal spielen
zu müssen. Trotz der Incongruenz der kleinen Schattenspielbühne zu dem
erdrückend großen Zuschauerraum gelang die Aufführung und das Gastspiel wurde sowohl von den Zuschauern als auch von der Presse mit
großem Beifall aufgenommen, auch wenn den Vorführenden selbst das
Überspannen der Anforderung an die Darbietungsmöglichkeit einer
Kleinkunstbühne sehr wohl bewußt war. – Nach Schluß der Vorstellung
drückte der Vorstand der Frankfurter Literarischen Gesellschaft beim

Aussprechen seines Dankes im Künstler-Zimmer im Beisein aller Mitwirkenden mir, wie ein Trinkgeld, das für das Gastspiel vereinbarte Honorar, einen Tausendmarkschein in die Hand, sodaß der neben mir stehende Geschäftsführer der „Schwabinger Schattenspiele", Herr Debus, spontan herausplatzte: „Taktlos, aber angenehm!". Das war im Jahre 1908.

Und hier, um die Art der Aufnahme der „Schwabinger Schattenspiele" in der damaligen Presse zu zeigen, eine Besprechung, und da wir gerade in Frankfurt sind, in der „Frankfurter Zeitung" vom 9. Dezember 1907: „Über die neue Vorstellung der *Schwabinger Schattenspiele* ist Erfreuliches zu berichten. Gespielt wurde das romantische Schattenspiel von Alexander von Bernus: „*Pan*" (Abb. 87), das beste, was wir bis jetzt auf dieser Bühne sahen, und für ihre Zwecke außerordentlich geeignet. Pan flötet im Busch. Es ist Johannistag. Die Liebe regt sich überall und folgt ihrem Triebe. Eine Nymphe, zwei Mädchen, Blumenseelen, Fische und Fischer, ein Prinz, ein Jäger, der Moormann, ein Kater, die Hexe, der Dichter, sie alle stehen im Zauber des Johannistages. Und damit dem Spiel nicht am Grotesken fehle, sind auch ein Predigtamtskandidat und eine Pfarrerstochter da. Erstaunlich ist es, mit wie primitiven Mitteln die Schattenspielbühne die ganze Atmosphäre des Johannistags und der Johannisnacht uns vorzaubert. Hinter der Szene Flöte, Spinett und Geige, verschiedene Sprecher, welche die Verse vortragen. Ohne Routine, aber mit Inbrunst. Auf der Szene reizende Landschaftsbilder und Figuren von Greta von Hoerner. Einige Figuren bewegen Hände und Arme, eine kann sich sogar hinsetzen. Das genügt als Anregung für die Phantasie des Zuschauers, um die Welt, das Leben zu gestalten, die Stimmungen zu verkörpern, die uns die Dichtung vermitteln will. Man erlebt wieder einmal in aller Ursprünglichkeit, wie für jeden die eigene Phantasie der beste Künstler ist und wie wenig an Vehikel sie bedarf, um zu gestalten. Im Grunde will ja jede Kunst nichts anderes, als uns selbst zum Künstler zu machen. Die Theaterkunst hat es da besonders schwer, denn sie hat zu viele, die Illusion gefährdende Vermittler und Mittel. Das Schattenspiel bedarf seiner nicht. Und darin liegt wohl sein tiefster, geheimnisvoller Reiz, daß die die Illusion störenden Vermittler und Mittel bis auf ein Minimum beseitigt sind. Verfährt dann auch noch der Dichter, wie es Alexander von Bernus in seinem „Pan" gelang, diskret, so erleben wir einen intensiven künstlerischen Genuß, wie es hier der Fall war."

Ich habe von dem Schattenspiel, seinen Möglichkeiten und Gegebenheiten hier so ausführlich gesprochen, weil es meine dichterische Welt Jahre hindurch und gerade während der Entwicklungszeit sehr einschneidend beeinflußt hat. Mir schien es daher wichtig, zu zeigen, wo die Anfänge zu diesen seinerzeit mit soviel Anerkennung aufgenommenen Darbietungen liegen und welche künstlerischen Auseinandersetzungen für mich vorausgingen, um die „Schwabinger Schattenspiele", so wie es hernach geschehen ist, herauszustellen und die von mir dafür geschriebenen und 1909 in dem Verlag von Georg Müller, München, dann veröffentlichten „Sieben Schattenspiele" auf die für diese Spielart als gemäß erkannte Linie abstimmen zu können.

Doch noch ein anderes Moment war für mich mitbestimmend, hier so eingehend zu werden: nämlich der Wunsch und auch vielleicht die leise Hoffnung, daß durch diese grundsätzlichen Aufzeichnungen früher oder später in dem einen oder anderen wesensverwandten jungen Dichter oder Künstler bei dem Lesen dieses Abschnittes die Lust wachwerde, irgendwo in einer größeren deutschen Kunststadt, die als solche schon die Resonanz gewährleistet, selbst eine Schattenbühne neu entstehn zu lassen, die der Tradition der schon gewesenen weitere Formgebungen und Erfüllungen hinzufügt. Ein ständiges, in jedem Winterhalbjahr einmal wöchentlich (nicht öfters) spielendes Schattentheater wäre eine künstlerische Angelegenheit, die dem bildenden Künstler wie dem Dichter völlig neue Möglichkeiten und Anregungen gäbe und, wie einstmals in Paris das Kabarett „Chat noir" und wie die „Schwabinger Schattenspiele" später dann in München, der erlesensten und besten Kleinkunst ein sehr ausbaufähiges und reizvolles Gebiet erschlösse.

An Spielen für den Anfang ist durch die so vorgeleistete Arbeit kein Mangel. Neben den drei Schattenspielen Kerners („Der Bärenhäuter im Salzbade" ist das dritte) gibt es noch von früheren Stücken Mörikes „Letzten König von Orplid", ein Spiel, das technisch allerdings bedeutende Anforderungen stellt, doch auch noch eine Reihe anderer, nicht eigentlich als Schattenspiel geschriebene Stücke eignen sich zur Aufführung, wie von Goethe „Satyros oder der vergötterte Waldteufel", und auch sein „Pater Brey" bewährte sich auf der Schwabinger Schattenbühne. Vor allem aber sind die Spiele wirksam, wo das Aneinander-sich-Vorübergehn Schmerz und Schicksal auslöst und Im-wieder-sich-Begegnen die versöhnlich guten Stunden leise und beglückend anklingen. In seinem schönen Schattenspiel „Der Blinde" hat Will Vesper, der später bedauerlicherweise andere Schattenwege gegangen ist, dies Motiv besonders glücklich eingefangen.

Angeregt durch die „Schwabinger Schattenspiele" haben mitschwingende Dichter eine ganze Anzahl sehr geglückter Schattenspiele während

64. Der Hauslehrer Dr. Adolf Hüllweck erwartete mich nach der Schule beim Tor der alten Brücke, (S. 79)

65. denn bei der Herrenmühle war die Strömung stark und reißend. (S. 80)

Unsere Pausenspiele zogen sich über das ganze Stadtviertel (S. 87):

66. Volksschule und Turnhalle, Ecke Plöck und Sandgasse

67. Peterskirche

68. Grabengasse

69. Kollegienhaus am Universitätsplatz

70 A und B. Augustinergasse

71. *Wir Jungens liebten es auf die Steinfassade des Hoftors des Stiftes zu klettern.* (S. 90)

72. *Wohl war mein Vater viel gebildeter als seine landläufigen Standesgenossen.* (S. 98)

76. Viktor von Scheffel (das 1891 aufgestellte, im 2. Weltkrieg einge-
schmolzene Denkmal auf der sogenannten Scheffel-Terrasse) (S. 116)

◁ 73. *Mein Zimmer in der Stadtwohnung lag mit Blick auf das Hotel de l'Europe.* (S. 103)

74. *Da fiel mir plötzlich Christabell ein.* (S. 107)

75. *Mein Vater machte mir nicht einmal Vorwürfe.* (S. 111)

◁ 77. *Ich ging fast täglich in der großen Heidelberger Schwimmanstalt Bootz baden.* (S. 116)

78. Ottilie Kehrer (S. 118)

79. Alexander von Bernus als Konfirmand (S. 122)

80. *Die Einsegnung fand in der Providenzkirche statt.* (S. 122)

81. *Das neue Gymnasialgebäude bei der Neuen Brücke* (S. 125)

82 A-C. *Die große, sehr bedeutende Portland-Zementfabrik brannte völlig nieder.*

83. *Während ich so in Gedanken auf dem Balkon stand* (S. 141)

84. *In der Bibliothek stand das erhabene Goethebildnis von Gerhard von Kügelgen.* (S. 141)

85. *Am anderen Tage ging es fort nach Speyer* (S. 142)

86. *Das alte Speyerer Gymnasium war ein um einen geräumigen Hof aufgeführter klosterähnlicher Bau.* (S. 151)

87. Schattenbild zu „Pan" (S. 159)

88. *Wenn die Hitze unerträglich wurde, suchte ich mit einem Buch den Dom auf.* (S. 171)

89. Die zweite Stadtwohnung, Klingenteichstraße 2 (S. 188)

90. *Die Wein- und Gartenwirtschaft „Waldhorn ob der Bruck" (S. 197)*

91. *Mitunter gingen wir in den Stadtgarten und aßen zu Abend. (S. 198)*

92. *Die Pfingstferien be-nützten wir: Merl, ich und Oster, eine Wanderung quer durch die Hardt zu machen.* (S. 217)

93. *Um sechs Uhr abends führte mich der Zug nach Heidelberg.* (S. 224)

94. Alexander von Bernus in der „Alchemistischen Bibliothek" auf Schloß Donaumünster (1955)

jener Zeitspanne geschrieben, die durchgehends bei der Aufführung bewiesen, daß wir auf dem rechten Wege waren. Wer Karl Wolfskehls Schattenspiel „Wolf Dietrich und die Rauhe Els" mit den Silhouetten Rolf von Hoerschelmanns damals gesehn hat, wird den Eindruck nicht so bald vergessen haben. Die später in der von mir herausgegebenen Vierteljahresschrift „Das Reich" erschienenen burlesken Schattenspiele: von Wilhelm von Scholz „Der Doppelkopf" und „Der Becherbesitzer" von Axel Lübbe entstanden erst, als die „Schwabinger Schattenspiele" ihre Tore schon geschlossen hatten; über ihre Wirkung bei der Aufführung läßt sich also nichts sagen, doch ich zweifle nicht, daß sie bestehen würden; sie sind abwechslungsreich, gekonnt und voll von guten Einfällen. Und daß auch das Burleske auf der Schattenbühne wirkt, recht angepackt, sogar sehr stark wirkt, habe ich an meiner eigenen Schattenspielburleske „Sankt Anton oder der Heiligenschein", die auf der Münchner Ausstellung im Jahre 1908 wohl hundertmal gespielt wurde, erfahren. Mit dem genannten und mit meinen „Sieben Schattenspielen", zu denen später noch weitere hinzukamen, hat also der, der (wann auch immer) eine Schattenspielbühne neu aufmacht, Dichtungen genug, um einen ganzen Spielwinter und mehr damit zu füllen, denn auch verschiedene der kleinen Dramen Hofmannsthals – ich denke hier an den „Tor und der Tod", den „Kaiser und die Hexe" und „Die Frau im Fenster" – lassen sich besonders wirksam auf der Schattenbühne wiedergeben. Und nicht zuletzt die Stücke von Maurice Maeterlinck.

Für den, der erstmalig in Deutschland eine Schattenspielbühne ins Leben rief und sie drei Jahre lang der Öffentlichkeit zeigte, wäre es ein beglückendes Bewußtsein, wenn im Lauf der Zeit ein andrer dazu Berufener mit ähnlicher Intensität und neuen Mitteln eine Schattenspielbühne begründete.

Ich schließe diesen Abschnitt mit dem Vorgedicht aus meinen „Sieben Schattenspielen", das bei der Eröffnung der „Schwabinger Schattenspiele" als Prolog gelegentlich gesprochen wurde, um das Atmosphärische des Schattenspieles aus der Zeitenferne hier noch einmal anklingen zu lassen:

In diesem Traumgelände
Ist jede Nähe weit,
Und alle Gegenstände
Sind ihrer Last befreit.

Die Tiefen sich entriegeln
Dem hingehauchten Spiel,
Das Fliehende zu spiegeln,
Ein Wandern ohne Ziel.

Auf die begrenzte Fläche
Sind Welt und Überwelt
Und Menschenschmerz und -schwäche
Und Tag und Nacht gestellt.

Wir sehn die Welt sich wandeln
In einem fremden Stern,
Wir gehn und stehn und handeln
Und sind uns selber fern.

Und treiben wie im Nachen
Am eignen Leben dicht
Vorüber und erwachen
Im letzten leisen Licht.

Und löst, was uns umzogen,
Sich auf und wird bewußt,
Fällt noch ein Regenbogen
In unsre laute Lust.

So wirkte die Lektüre Kerners während meiner Speyrer Gymnasialjahre noch lange in mir nach und sehr befruchtend. Und nun wieder um
zehn Jahre zurück nach Speyer. Über dem Einleben in die mir neue
Umwelt und Umgebung in der Gümbelei wie überhaupt in Speyer und
über meinen langen, gar nicht stimmungslosen Leseabenden in dem mehr
als bescheidenen Mansardenzimmer bei der funzlichen Petroleumlampe
ging das erste Winterhalbjahr unerwartet schnell für mich vorüber. Die
Osterferien standen vor der Türe. Da kam von meinem Vater aus Sizilien
auf seiner Rückreise ein Brief des Inhalts, daß ich und mein Vetter Alfred
unsern Vätern gleich am ersten Ferientag entgegenreisen sollten über
Bozen und den Brenner bis Venedig, wo die bis dahin dort schon
Eingetroffenen am Bahnhof uns erwarten würden. Die Rückfahrt sollte
dann gemeinschaftlich über Verona, Mailand, Como und den Comer See
stattfinden. Eine traumhaft schöne Aussicht. Was mich am meisten
freute, war die Hinfahrt nur mit meinem Vetter Alfred, unsere erste
große selbständige Reise. Ich konnte den Schulschluß gar nicht erwarten.
Endlich war der große Tag gekommen. Das Reisegeld hatte mein Vater

mir von seinem Bankhaus überweisen lassen. Ich fuhr nach Heidelberg, wo ich mit Alfred, der von Darmstadt kam, zusammentraf, um unsere Reise gleich gemeinsam fortzusetzen. Die Fahrt ging über München–Innsbruck–Bozen. Es war gedacht, daß wir durchfahren sollten bis Venedig. Wie hielten es jedoch für angebracht, in Bozen erst Station zu machen, von wo aus wir meinen Vater telegraphisch wissen ließen, daß wir erst am nächsten Tage in Venedig einträfen. Die Anschrift des Hotels, in dem er in Venedig abstieg, hatte mir mein Vater vorsorglich für alle Fälle mitgeteilt. In Bozen, wo wir gegen Abend ankamen – wir fuhren zweiter Klasse – nahmen wir uns in einem erstklassigen Hotel ein schönes Zimmer, um dann in dem stimmungsvollen alten Städtchen, welches schon stark südlichen Charakter trägt, bis in die Nacht herumzuschlendern. Die Lauben in dem Mondschein, als die Lichter brannten, wirkten noch verträumter als bei unserer Ankunft in der Dämmerung, und wir gefielen uns bei diesem nächtlichen romantischen Rundgang: nur wir zwei zum erstenmal in einer fremden Stadt, weitab von allem uns Gewohnten, Alltäglichen, die Herzen voller jugendlicher Abenteuer.

Zu Abend aßen wir in einem einladenden und gepflegten Weinhaus, wo wir uns bei einem feurigen Tiroler Rotwein kräftig zutranken. Die hübsche Kellnerin ließ sich die Artigkeiten, die wir ihr in lebemännischer Weise sagten, gern gefallen. Sie setzte sich sogar auf unsere Einladung hin zu uns an unsern Tisch, und wir Kavaliere ließen vornehm eine Flasche Asti spumante auffahren, und als wir die geleert hatten, noch eine zweite, wobei die hübsche Kellnerin beim Trinken mit uns gleichen Schritt hielt. Sie schien Gefallen an uns zwei galanten und verliebten Aufschneidern zu finden, denn sie wollte durchaus wissen, wer und was wir seien, worauf wir uns als Kunstschüler der Münchner Malerakademie ausgaben; wir seien gerade im Begriff, eine mehrmonatliche Studienreise durch Italien anzutreten. In München sei sie auch gewesen während eines ganzen Winters, in dem Kaffee Luitpold; verkehrt habe sie dort fast ausschließlich mit Künstlern, Studenten seien ihr zu langweilig. Sie habe dort auch einem Maler zum Modell gesessen, zum Aktmodell sogar. Das Bild sei ausgestellt worden, im Glaspalast natürlich. Wir glaubten ihr und sonnten uns in ihrer Neigung. Spät nachts erst brachen wir nach unserm Hotel auf, berauscht von Lust und Wein und leise schwankend. Die Zukunft über uns hing voller Geigen. Mir, der das Trinken nicht gewohnt war, ging das Karussell im Kopf herum, als ich zu Bett lag, und es dauerte eine geraume Weile, bis ich einschlief. Mein Vetter Alfred, der allabendlich zu Hause eine Flasche Bier trank, legte sich stumm auf die Seite und war wenige Minuten später weggedämmert.

Am nächsten Morgen ließen wir uns in dem hellen und mondänen Frühstückszimmer Speck mit Ei servieren und besprachen angeregt das nächtliche galante Abenteuer. Dann machten wir uns auf den Weg, um uns die Stadt auch noch einmal bei Tage anzusehn, wobei die alte gotische Hauptkirche und auf dem Platz davor das Denkmal Walthers von der Vogelweide, der von Bozen stammt, uns Eindruck machte. – Mein Vetter Alfred sprach sich dafür aus, im Weinhaus bei der schönen Kellnerin noch einen Frühschoppen zu machen, ich aber war für diesen Vorschlag nicht zu haben, denn ich hatte Angst vor der Ernüchterung nach dem doch nicht zu überbietenden, noch nahen Nachterlebnis.

Bis mittag bummelten wir noch herum und kehrten dann zum Mittagessen ins Hotel zurück, wo wir unter den ersten an der „Table d'hôte" Platz nahmen, der damals üblichen Bezeichnung für den unabsehbar langen Tisch, an dem in Reihen beiderseitig die Hotelgäste gespeist wurden, wobei ein jeder seinen Nachbar, wenn er sich bediente, argwöhnisch beobachtete, ob er nicht die besten Bissen Fleisch vorwegnehme oder sich (was auch vorkam) die Spargelköpfe abschneide. Allmählich füllte sich der weitläufige Speisesaal mit Menschen, die meist stur auf ihren Platz zustrebten, während Kellner mittendrin geschickt, wie Taschenspieler, hoch auf beiden Händen mächtige Schüsseln balancierten. Uns gegenüber saß ein junges Ehepaar, anscheinend Hochzeitsreisende, die wortlos aßen und nur zwischendurch sich zärtlich ansahen und sich die Hände drückten.

Als wir gegessen hatten, gingen wir in den für den Geschmack von damals eleganten Rauchsalon, bestellten uns je einen Kaffee double und verbrachten bis zur Weiterreise unsere Zeit mit Nichtstun.

Dann kam das Unwahrscheinliche und Nievergessene: Die erste Fahrt hinunter in das blaue ewige Italien. Auf diesem Wege waren schon die Hohenstaufen in die weite jugendliche Ebene hinabgezogen und alle die verehrten Wanderer und Maler: zu Fuß, in der Postkutsche und zu Pferde. . . Wir saßen uns am Fenster gegenüber und sahen selig und berauscht hinaus auf die vorüberfliehende, so andersartige Landschaft mit den flachgedachten Häusern, wo sich allenthalben schwarze Schweine auf dem Misthaufen im Hof herumtrieben. Und dann in der Poebene die fahlen, immer gleichen und doch nie ermüdenden Olivenbäume.

Über der Fahrt wurde es Abend. Es war schon dunkel, als wir nach Verona kamen. Wir stiegen aus und gingen auf dem Bahnsteig auf und ab, solang der Zug hielt. Zum ersten Male hörten wir um uns herum nur Laute einer fremden Sprache, die wir nicht verstanden, und fühlten uns wie ausgesetzt in diesem lauten, hastigen, uns fremdartigen Treiben. Wenn einem etwas zustieße, so wäre hier kein Mensch, der sich um einen kümmerte. Das herzbeklemmende Gefühl von Weltverlorenheit befiel mich; ich weiß nicht, ob es meinem Vetter Alfred auch so ging, ich glaube es aber, denn auch er war einsilbig geworden. Wir stiegen wieder ein, der Zug fuhr weiter. In dem erleuchteten Kupee in der Gesellschaft der uns sonst nicht weiter interessierenden Mitreisenden fühlte man sich wieder heimisch und geborgen. Wenn ich mich recht entsinne, war es zwischen neun und zehn Uhr, als wir in Venedig eintrafen. Unsere Väter standen, als der Zug einfuhr, uns schon erwartend, auf dem Bahnsteig. Der Vorwurf über unser eigenwilliges Stationmachen in Bozen ging, wie wir es anders nicht erwartet hatten, in der allseitigen Wiedersehensfreude unter. Mein Vater sah um zehn Jahre verjüngt aus; er hatte seine ursprüngliche Frische und Aktivität wiedergefunden. Und erst mein ihm gegenüber dreizehn oder vierzehn Jahre jüngerer Onkel August, den ich immer schon als einen reizenden Hallodri kannte, war derart in Form und unternehmungslustig, daß er jede glutäugige Italienerin mit Blicken fast verzehrte. Es war belustigend, ihn zu beobachten.

Wenn man heraustritt aus dem Bahnhof von Venedig, hat man die Lagunen vor sich. Für den, der es zum erstenmal erlebt, vollends so jung erlebt, ist es ein überwältigender Anblick. Vor uns im Wasser lagen unzählige Gondeln in dem Licht ihrer Laternen, und der monotone Ruf der Gondoliere, die am Ufer warteten, um die Ankommenden nach Hause oder ins Hotel zu fahren, scholl zu uns herauf durchs Dunkel. Wir nahmen eine Gondel, ließen vom Facchino das Gepäck hineinschaffen und stiegen selbst ein. Dann stieß der Gondoliere ab und fuhr mit uns dem angegebenen Ziel zu über den Canal Grande. Fast lautlos glitt die Gondel übers Wasser. Wie zu einer andern Welt gehörend, zogen die Fassaden der im Mondschein liegenden Paläste rechts und links an uns vorüber. Mitunter riefen sich die Gondoliere zu, es war das Zeichen zum Ausweichen. Und immer wieder irgendwo aus einer finsteren Nebenwasserstraße kam ein melancholischer Gesang zur Zither, der uns ganz in seinen Bann zog.

Der Name des Hotels, in dem wir abstiegen, ist mir entfallen. Ich weiß nur, daß es nicht sehr weit vom Markusplatz lag und daß man es zu Fuß von dort erreichen konnte.

Wir blieben, glaube ich, vier Tage in Venedig.

Ich will hier nicht über Venedig sprechen und über alles, was man dort sehn oder nicht sehn kann, je nach Zeit, Neigung und Intensität, die der

Besucher aufbringt; das haben schon zu viele andere vor mir getan und ihre Leser auch damit gelangweilt. An einer Lebensschilderung ist das, was interessiert, stets nur das Subjektive. Nicht was man sieht, ist wesentlich, das Wesentliche ist, mit welchen Augen man betrachtet.

Hier in Venedig wurde mir, zum ersten Male eigentlich, an der so grundverschiedenen Art und Weise aufzunehmen, deutlich, wie andersgeartet ich und Alfred waren. Von einer Kirche zog es ihn zur anderen, da gab es kein Altarbild, dem er seine Aufmerksamkeit nicht geschenkt hätte. Mir wurde das bald langweilig, mein kunsthistorischer Sinn war mit der Markuskirche und der einen oder anderen Galerie befriedigt. Nur wo ein Tintoretto hing, zog es mich immer wieder hin und ich berauschte mich an seinem Wunder von Komposition und Farbe. Grade in der Komposition steht Tintoretto Michelangelo nicht nach; er ist eine der souveränsten schöpferischsten Kräfte, die die italienische Renaissance hervorgebracht hat, doch nur die wenigsten von seinen Zeitgenossen haben ihn in seinem vollen Ausmaße gesehen, und auch spätere Zeiten sind ihm nur bedingt gerecht geworden. Dem Sechzehnjährigen, der damals gerade erst begann schauen zu lernen, ist diese Erkenntnis so natürlich nicht bewußt geworden, das geschah erst, als ich sehr viel später wieder nach Venedig kam und mich der Welt des Tintoretto hingab, doch in meinem Hingezogensein zu ihm damals lag unbewußt doch schon das ahnende Gefühl für seine Größe. – Die zahllosen Himmelfahrts- und Madonnenbilder aber, die mein Vetter Alfred überall in Kirchen und Altären aufspürte, beeindruckten mich gar nicht, und wenn ich in späteren Jahren mich daran erinnerte, so fiel mir immer wieder jener klassische Ausspruch meines Freundes Wolfskehl seiner Tochter gegenüber ein, als sie in den Uffizien beim Bilderansehn sich nicht genugtun konnte: „Natzel, komm, die anderen sind ähnlich. . .“

Niederdrückend und beklemmend wurde ich beeindruckt von der Seufzerbrücke. Zu denken, daß all die, die sie betraten, mit dem Leben abgeschlossen hatten und endloser Nacht und lebenslänglicher Verzweiflung preisgegeben waren, diese Vorstellung verfolgte mich noch lange. Zum ersten Male trat mir damals ins Bewußtsein, daß es Menschen gibt, die von dem ersten Atemzuge an nur die Nachtseite des Daseins kennen, und das unausdenkbar Trostlose des Menschenschicksales stand auf vor meiner eben erst erwachenden, erschütterbaren Seele. Wie konnte man nur eine Stunde froh sein, wo es so viel Elend, Not und Jammer auf der Welt gibt und von jeher schon gegeben hat, seit Menschen sie bevölkern? – Ich wußte damals nichts von Buddha und Franz von Assisi, die beim

166

Anblick des gehäuften Menschenleides alles von sich taten und der Welt entsagten, um für sich und andere den Weg des Heils zu gehen und zu lehren, den Weg nach innen, der erlöst vom unentrinnbaren äonenlangen Kreislauf der Geburten. Ich wußte damals nichts von allem dem, doch jenes erstmalige niederdrückende Erlebnis von der grauenhaften Ungleichheit der Schicksale stellte mich mit einmal vor die Frage, was ich selbst tun könne, um an der Not der vielen, in die Finsternis Hineingeborenen mitzulindern, aber ich fand keine Lösung, denn daß irgend etwas dadurch anders werde, wenn da oder dort einmal ein Einzelner das Seinige hingebe und das Kreuz der Armut auf sich nehme, ohne durch sein Handeln auch nur Einen glücklicher zu machen, das erschien mir damals schon als Ideologie und sinnlos. Doch gerade diese Einsicht lastete auf mir, weil ich trotz allen Suchens nirgends einen Ausweg sah aus diesem unerbittlichen Verstricktsein in das Netz des Schicksals für die Ausgestoßenen schon von der Geburt an. Die älteste zeitlose Lehre von Reinkarnation und Karma, die allein auf diese letzte, scheinbar unlösbare Frage Antwort gibt, erfuhr ich erst viel später. – So wurde mir die Seufzerbrücke in Venedig eigentlich zum ersten Anstoß, nachzudenken über Menschenlos und Menschentragik.

Zu den bleibenden Erinnerungen jenes Aufenthaltes in Venedig gehört vor allem der Besuch des Armenierklosters San Lazaro, das auf einer kleinen Insel unweit von Venedig liegt. Gesättigt von dem Trubel venezianischen Faschings hatte Byron hier in dieser traumhaft schönen Abgeschiedenheit zurückgezogen eine Zeitlang zugebracht und dichterisch gearbeitet. Die Zelle, welche er bewohnte, wird gezeigt und auch der Gänsekiel, den er benutzte. Ich ließ ihn wie eine Reliquie durch meine Hände gleiten. Am Abend jenes Tages schrieb ich diese Verse, die zusammen mit den folgenden zu den ganz wenigen gehören, die aus meiner frühesten Dichtungsära sich erhalten haben:

> Tausend bunte Wellenlichter
> Spielen um San Lazaro,
> Wo einst ein gehetzter Dichter
> Mondelang sich selbst entfloh.

> Und ich hielt den Kiel in Händen,
> Der geweiht durch seine Hand. –
> Ruhmgekröntes Sichvollenden
> In dem ewigen Griechenland!

Das zweite, gleichfalls in Venedig aufgezeichnete Gedicht des Sechzehnjährigen ist dieses:

> Auf dem Markusplatze drängen
> Menschenwogen hin und her.
> Zu gedehnten Walzerklängen
> Rauscht das abendliche Meer.
>
> Mächtig ragt der Campanile,
> Düster vor Vergangenheit,
> Auf die sinnverarmten Spiele
> Einer neuen kleinen Zeit.

Ich habe diese Verse in meine „Gesammelten Gedichte" nicht mit aufgenommen, weil ihr dichterischer Wert die Aufnahme nicht rechtfertigt, hier aber, wo sie der Erinnerung gelten, stehen sie an ihrem Platze.

Besonders gerne saß ich auf dem Markusplatz spätnachmittags, wenn die Musikkapelle spielte, vor einem Kaffee und ließ die Menschen, Fremde und Einheimische, an mir vorüberziehen. Der weithin ausgedehnte Platz mit seinen ungezählten Tauben und dem finster aufgepfeilten Campanile in der Abendsonne mit dem Ausblick auf die Markuskirche und den Dogenpalast und daran vorüber auf das Meer, und dann das Schlendern durch die winkeligen engen Gassen über die geschwungenen Verbindungsbrücken und darunter die unheimlichen, trübschmutzigen Kanäle, wo man überall umwittert war von lang vergangenen Abenteuern und Intrigen, boten meiner Einbildungskraft immer neue, reiche und bereitwillige Nahrung.

Und abends, wenn es dunkel wurde, tauchten auf dem Markusplatz und in den daran angrenzenden Gassen, aufreizend gehüllt in Wolken von Parfüm und Patschuli, die Halbweltdamen auf, feurige Blicke um sich werfend und mitunter durch den Schleier den Vorübergehenden aufmunternde Worte zuflüsternd. Mir kamen sie in ihrem Flitterstaat vor wie Prinzessinnen, und jeder, der ihre Umarmungen genießen durfte, schien mir auserwählt und überaus beneidenswert. Wir hätten gerne – auch mein Vetter Alfred – uns in ihre Haremsgärten eingeladen, doch es fehlte uns dazu an Mut und Weltgewandtheit. Doch einmal gab ich mir doch einen Ruck und streifte, als uns im Laternenscheine wieder zwei stark parfümierte Liebesgöttinnen begegneten, herausfordernd die eine mit der Schulter, während ich sie leidenschaftlich ansah. „Na, Kleiner, hast du auch schon Lustgefühle?" kam es durch den Schleier durch von ihren

Lippen, und schon hatte sie, ihre Begleiterin stehn lassend, bei mir eingehängt. „Mir scheint, der da ist noch ein keuscher Joseph", meinte, mit dem Daumen über ihre Achsel wegwerfend auf Alfred weisend, die nun auch hinzugetretene Gefährtin. Es war das ordinärste Deutsch, das uns entgegensprudelte, kein wohllautendes, einnehmendes Italienisch, das man nicht verstand, wobei man sich jedoch viel Schönes und Verheißungsvolles hätte denken können. Ich fiel aus allen Wolken und entfloh, mich losmachend, mit Alfred um die nächste Straßenecke, verfolgt von den Schimpfreden der zwei parfümierten Liebesgöttinnen in echtem Münchnerisch. Und das war meine erste, mich verwirrende Begegnung mit der Halbwelt.

Der Tag unserer Abreise war da. Die Fahrt zum Bahnhof führte wieder in der Gondel über den Canal Grande, diesmal vormittags. Vorüber ging es wieder an den zeitfernen Palästen, die beladen mit Vergangenheit in der Vormittagssonne lagen, und nur eine in der Mauer eingelassene Tafel da und dort gab dem Vorübergleitenden darüber Auskunft, daß hier Byron oder Richard Wagner Wochen oder Monate verbracht hatten.

Die nächste Stadt, in welcher wir Station machten auf unserer Reise, war Verona. Ich kannte Dantes großes Weltgedicht damals noch nicht, sein Denkmal in Verona aber hat ihn mir zum erstenmal vergegenwärtigt.

In Mailand war es Leonardos Abendmahl, das mich schon damals nachhaltig beeindruckte. Ich war seitdem noch öfters in Italien, ich spreche aber hier und heute nur von den Eindrücken, die auf meiner ersten Reise für den Sechzehnjährigen befruchtend und bedeutsam waren. Der Dom von Mailand sagte mir nicht viel, damals so wenig wie in den späteren Jahren. An einem Abend waren wir auch in der Scala. Ich weiß nicht mehr die Oper, die gegeben wurde, ich weiß nur, daß ich überwältigt war nicht nur von der gesanglichen und musikalischen Leistung, auch die feenhafte Ausstattung und vollends das fantastische Ballett – es waren sicher mehr als fünfzig Mitwirkende in allen Skalen einer magischen Beleuchtung – zauberten die Feengärten aus Tausendundeiner Nacht vor meine Seele. – Ich kannte bisher nur das Hoftheater in Darmstadt und das Heidelberger Stadttheater – und nun die Mailänder Scala, in jener Zeit das eleganteste und prächtigste Theater auf dem Kontinent. Die Damen und Herren alle in großer Toilette. Eine Vorstellung war nicht allein ein künstlerisches, sondern gleichzeitig auch im gesellschaftlichen Sinne ein Ereignis, wie es in der Großen Oper in Paris ja auch der Fall ist. Das alles wirkte ineinander, um für mich den Abend in der Scala zum Erlebnis außerordentlicher Art werden zu lassen.

Von Mailand fuhren wir nach Como und dem Comer See, wo wir als Abschluß unserer Reise alle Eindrücke in dieser unwirklichen Bläue noch einmal in uns nachwirken ließen, um nach einigen sehr schönen, meist im Liegestuhl verbrachten Tagen – ich las dabei mit doppeltem Genuß noch einmal Heines „Reise durch Italien" – die Heimkehr über den Sankt Gotthard anzutreten.

Den Schluß der Osterferien verbrachte ich in Heidelberg mit meinem Vater. Ottilie bekam ich nicht zu sehen, weil sie mit ihren Eltern wieder bis zum Schulbeginn verreist war. So mußte ich denn auf ein Wiedersehn im Sommerhalbjahr hoffen, wenn ich einmal über Samstag–Sonntag zu Besuch von Speyer nach Stift Neuburg käme.

Am Vorabend des Schulanfanges traf ich bei dem Spätzug, der, wenn ich mich recht entsinne, damals kurz vor elf nach Speyer abging, auf dem Heidelberger Hauptbahnhof mit meinem Freunde Heinrich Oster unverhofft zusammen. Er hatte die zwei letzten Ferientage auch in Heidelberg bei seinem Onkel, dem Geheimrat Kußmaul, zugebracht, doch hatte er mich dort nicht aufgesucht, weil er nicht wußte, daß ich schon zurück war. Oster war der Ansicht, diese unerwartete Begegnung müsse in der Bahnhofwirtschaft noch durch eine Flasche Wein gefeiert werden; es sei ja gut noch eine Viertelstunde Zeit bis zur Abfahrt des Zuges. Meine dagegen aufgeworfenen Bedenken wußte er mit der Begründung zu zerstreuen, daß wir, wenn der Zug uns vor der Nase wegfahre, bei seinem Onkel übernachten und erst mit dem Frühzug fahren könnten, der so rechtzeitig in Speyer einliefe, daß wir noch immer für die erste Schulstunde zurechtkämen. Wir gingen also in die Bahnhofswirtschaft und bestellten eine Flasche Rotspon. Hier erzählte Oster, während wir sie leerten, mir die unwahrscheinlichsten Geschichten über seine Abenteuer, die er während seiner Ferien in Berlin erlebt habe. Ich glaubte ihm zwar nicht den zehnten Teil, doch machte es mir Spaß, ihn aufschneiden zu hören. Dann erkundigte er sich nach den schwarzäugigen verführerischen Italienerinnen; ich hätte sicherlich bei ihnen meinen Mann gestanden. Für mich war es nun Ehrensache, ihm beim Aufschneiden nicht nachzustehen; mein Fiasko bei den beiden Halbweltdamen unterschlug ich ihm wohlweislich.

Der Zug nach Speyer wurde abgerufen. Wir wollten zahlen, doch der Kellner war nicht beizubringen. Schließlich warfen wir das Geld in aller Eile auf den Tisch und rasten auf den Bahnsteig. Der Zug pfiff gerade ab, als wir dort ankamen, doch reichte es noch eben, ins letzte Kupee hineinzuspringen, als er sich schon in Bewegung setzte. Wegen des Anschlusses an den Zug von Mannheim–Ludwigshafen hatten wir in

Schwetzingen, wie immer, zehn Minuten Aufenthalt. Wir stiegen aus und schlenderten den Bahnsteig auf und nieder. Der erste, der uns in die Hände lief, war Glaser, der von Mannheim herkam. Er wurde mit Hallo von uns empfangen, doch war er schweigsam und in sich gekehrt, wohl unter der Nachwirkung der in seinem Vaterhaus verbrachten Ferien. So hatte jeder von uns dreien während dieser vierzehn Tage etwas anderes erlebt und in sich zu verarbeiten.

Beim Eintritt in die Gümbelei empfing der Alte uns nicht eben gnädig. Er meinte brummend, daß wir nicht gerade den letzten Zug hätten zu benützen brauchen. Der Dacqué sei bereits im Lauf des Nachmittages eingetroffen. Wir waren anderer Meinung. – Am nächsten Morgen nahm die Schule ihren herkömmlichen Anfang.

Die Sommermonate verliefen ebenso einförmig wie das Winterhalbjahr, nur daß man in der heißen Zeit nach Schulschluß in dem Rheine baden gehen konnte. Der Rhein ist sehr viel kälter als der Neckar; ich mußte mich erst nach und nach daran gewöhnen. Ich war nie ein „Kaltwassermensch". Kaltwasserkuren wären bei mir ganz und gar verfehlt gewesen. Ich kann daher aus eigener Erfahrung sprechen, wenn ich allen Kaltwasserfanatikern zum Trotz behaupte, daß es Menschen gibt, deren Gesundheit man auf diese Art und Weise systematisch ruinieren kann, genau wie umgekehrt es Organismen gibt, für die Kaltwasserkuren das gegebene sind. Das eine wie das andere beruht auf angeborener Veranlagung, genau wie es mit den Sonnenbädern auch der Fall ist. Ich habe weder je das eine noch das andere Extrem vertragen können. Die Humoralpathologie gibt weitgehend über diese Frage Aufschluß und desgleichen auch das Horoskop natürlich. Nicht ohne Grund verlangt in diesem Sinne Paracelsus von dem wahren Arzt, daß er den Makrokosmos wie den Mikrokosmos kenne. Wieviele solcher Ärzte gibt es heute?

Der Weg zum Speyerer Rheinschwimmbad führt durch die Rheinanlagen an dem Dom vorüber. Mitunter, wenn die Hitze unerträglich wurde an schulfreien Julinachmittagen, suchte ich mit einem Buch den Dom auf (Abb. 88), (Heinrich Heine nennt darum den Katholizismus eine gute „Sommerreligion"), um im dämmerhaften Zwielicht einer abseitigen Nische stundenlang zu sitzen und zu lesen, während dann und wann ein altes Mütterchen hereingetrippelt kam und, nachdem es sich mit Weihwasser besprengt hatte, hinkniete und ein andächtiges kindergläubiges Gebet verrichtete. – Hier trat mir, eigentlich zum erstenmal, das Herzberuhigende, das ganze Leben in sich Einbauende des Katholizismus ins Bewußtsein, wo ein jeder jederzeit zu Gott den Zugang hat und ihm sein

Haus stets offen steht, so daß er sich nur bei ihm einzufinden braucht, um alle seine Nöte und Bekümmernisse vor ihn hinzutragen, während die protestantische Kirche bloß des Sonntags zwischen zehn und zwölf Uhr ihre Türen auftut und der liebe Gott dann für die evangelische Gemeinde Kollektivsprechstunden hält, ohne daß dabei der einzelne für seine ganz persönlichen Bedürfnisse und Seelenanliegen Befriedigung und Nahrung findet.

Auch der katholische Priester hatte für mich etwas weitaus Überzeugenderes als sein protestantischer Kollege, schon allein durch das Geheimnis seiner Priesterweihe wie auch durch sein ausschließliches Hingerichtetsein auf sein dem Überzeitlichen geweihtes Amt, das keine Ablenkung erfährt durch weltliche Interessen und Erlebniskreise. – Das nicht mehr Zeitgemäße des Katholizismus für den seiner selbst sich immer mehr bewußt werdenden Menschen einer sich an neuen Maßstäben zurecht suchenden Gegenwart und Zukunft trat erst Jahre später in meinen Gesichtskreis.

Allerdings: die Mitschüler aus dem sehr stark besuchten Speyerer katholischen Konvikt, die später meist nach Absolvierung des Gymnasiums das Konvikt gegen das Priesterseminar vertauschen sollten, waren fast ausnahmslos vermuffte Hinterwäldler, und sie wurden durch die Internatserziehung so vom Leben abgeriegelt und entfernt gehalten, daß sie später überhaupt nicht mehr zu einer eigenen und freien Urteilsbildung fähig waren, denn dies grundsätzliche systematische Nicht-in-Berührung-kommenlassen der Alumnen mit der Außenwelt, mit Ausnahme der Schul- und der Kollegienstunden von dem zehnten Lebensjahre bis zum Abschluß des Universitätsstudiums, mußte diese Leute zwangsläufig zu welt- und lebensfremden Abarten der menschlichen Gesellschaft machen. Wie konnten sie in ihrem geistlichen Beruf dann jemals später das Verständnis aufbringen für die in dem realen Leben wurzelnden Unausgeglichenheiten und Verfehlungen der ihnen anvertrauten, mit sich selbst zerworfenen Menschenseelen? Wohl finden diese fast ausschließlich aus der ländlichen Bevölkerung sich rekrutierenden Alumnen später meist auch wieder Verwendung in der ländlichen Seelsorge, wo sie gerade mit ihrer Unkompliziertheit an dem rechten Platz sind, denn die Sprache eines anderen würde dort gar nicht verstanden werden, und ein anderer würde es auch auf die Dauer nie dort aushalten; nichtsdestoweniger ist es schon ein bekümmernder Anblick, alle diese jungen, teilweise nicht unebenen Menschen so im Schatten einer allem Diesseitigen abgewandten lebenslangen Zukunft neben sich einhergehen zu sehen ohne Ahnung, daß es auch in *dieser* Welt ein geistiges und unbegrenztes Jenseits gibt.

Im Speyerer Konvikt befanden sich zum mindesten zweihundert solcher Zöglinge, von Sexta bis zur Oberprima, etwa zehn bis zwölf in jeder A- und B-Klasse, meist mittelgute Schüler, die durch zähen unerschütterlichen Fleiß und Eifer die meist mangelnde Begabung zu ersetzen wußten. In meiner Klasse war nur einer, namens Schulz, der aus dem Durchschnitt sich heraushob. Es blieb den Armen ja auch sonst nichts übrig als zu büffeln, denn sie durften das Konvikt niemals verlassen außer zum tagtäglichen Spaziergang herdenweise unter Aufsicht. Ihr Tag war aufgeteilt in Schulbesuch, Spaziergang, Aufgaben und Andachtsstunden. Ihre Lektüre unterstand strenger Kontrolle. Weh dem, bei welchem sich ein Band Goethe gefunden hätte, er wäre unnachsichtlich relegiert worden.

Das war die Kehrseite des Bildes, das mich in dem Dom erhob und meine Vorstellung in seinen Bann zog.

Ich liebte diese dämmrigen Sommernachmittagsstunden im Dome, wo es sich so weltentrückt und zeitlos lesen ließ und wo ich zwischendurch wohl auch den Turm bestieg und weit im Umkreis von der Höhe Ausschau in die vor mir ausgebreitete Rheinebene und auf das Giebeldächermeer zu meinen Füßen hielt und meine jungen ungestümen Wünsche und Gedanken irgendwohin in die blaue Ferne ausschickte, vielleicht daß sie doch unverhofft auf Einen träfen, der sie auffing und mitschwingend sie mit einem sommerlichen Gegengruß erwiderte.

Ich war während der Sommermonate des öfteren über Samstag–Sonntag auf Stift Neuburg und dann auch in Heidelberg natürlich, doch bot sich mir nur immer flüchtig die Gelegenheit, Ottilie an dem Fenster ihres Hauses oder im Vorübergehen auf der Anlage zu sehen und zu grüßen; sie zu sprechen war nicht möglich, weil sie nie allein war, sondern immer in Begleitung, sei es auch nur einer Freundin, doch ich fühlte mich gehemmt, und wie ich ihr anmerkte, war auch sie befangen. Es war und blieb nun einmal eine Liebe auf Distanz, daran war nichts zu ändern.

In meinem Dachzimmer in Speyer schrieb ich in der Dämmerung dann wieder weltschmerzliche, mich befreiende Gedichte, während Dacqué nebenan auf seiner Geige, ohne es zu wissen, mich begleitete.

So ging die Sommerschulperiode eigentlich sehr schnell vorüber. Die Versetzung in die Unterprima und die großen Ferien standen vor der Türe. Von allen Pensionären in der Gümbelei war keiner, der nicht ehrenvoll bestanden hätte. Mein Zeugnis war befriedigend und selbst in der Mathematik gelang es mir die Note „Zureichend" (es war das Note drei in Speyer) zu erhalten. Am letzten Schultag wurde nachmittags kein

173

Unterricht gehalten. Die Schule schloß um zwölf Uhr mittags. Meine Sachen hatte ich schon tags zuvor gepackt und das Gepäck bereitgestellt. Sofort nach Schulschluß fuhr ich von der Rheinstation aus ab nach Heidelberg. Ich wollte keine Viertelstunde mehr als nötig in der Gümbelei verbringen. Die anderen waren gleichfalls drauf bedacht, so rasch wie möglich fortzukommen. Ich glaube nicht, daß man um drei Uhr nachmittags noch einen einzigen der Pensionäre, Glaser vielleicht ausgenommen, in der Gümbelei getroffen hätte. Nur Karl, der rote Gümbel (eben ist sein Vorname mir wieder eingefallen), der zur sichtlichen Genugtuung des Alten sein Maturum ohne Mündliches bestanden hatte, war zurückgeblieben und zog mit den anderen Abiturienten mit der Mütze und dem weiß-rot-weißen Bande der „Absolvia" durch die Speyerer Straßen. Ich aber saß aufatmend in der Eisenbahn und dachte nichts als: Gott sei Dank, zwei Monate lang keine Gümbelei mehr! Ich war Unterprimaner. Das erste Jahr in Speyer war zu Ende.

FERIEN-REISEN
UND MEIN ZWEITES SPEYRER GYMNASIALJAHR

UNTERPRIMA

Die Sommerferien diesmal waren dreifach aufgeteilt: zuerst in Darmstadt, vierzehn Tage etwa, wie in den zwei vorigen Jahren. Es war dieses mein letzter längerer Besuch dort, weil die Eltern Alfreds, der nun in der Oberprima war, nach Abschluß seiner Schulzeit ihren Wohnsitz in Darmstadt aufgeben und nach Garmisch-Partenkirchen übersiedeln wollten. Mein Fahrrad hatte ich nach Darmstadt mitgebracht. Wir wollten noch, Alfred und ich, während unseres letzten sommerlichen Ferienzusammenseins in Darmstadt einen mehrtägigen Ausflug in den Odenwald und in die weitere Umgebung Darmstadts machen. Am ersten sonnigen Vormittage fuhren wir zusammen los. Die Strecke, die wir fuhren, ist im einzelnen mir nicht mehr gegenwärtig, wohl aber sind es die Stationen, die wir machten.

Die erste Nacht verbrachten wir in dem sehr angenehmen wohlgepflegten Gasthaus in dem Ernsttal, unweit von Waldleiningen. Wir lernten dort am Abend einen Gymnasialprofessor mit seinen zwei anmutigen Töchtern kennen und verlebten einen angeregten und mit leichtem Flirt verbrämten Abend in der liebenswürdigen Gesellschaft. Alfred und ich leerten dabei zwei Flaschen Bocksbeutel und in beschwingter Weinlaune schrieb ich ein paar mir heute längst entfallene Verse, die dem gar nicht philiströsen Studienrat sehr gut gefielen, in das Gästebuch. Es war schon spät, als wir uns trennten. Der Studienrat, der in Bayreuth zu Hause war, lud uns sehr herzlich zu sich ein, wenn wir einmal in seine Gegend kämen; die beiden Töchter gaben uns durch Blicke zu verstehen, daß die väterliche Einladung auch ihren Beifall habe. Nach beiderseitig herzlicher Verabschiedung zog der Bayreuther Studienrat mit seinen Töchtern sich zurück, wir aber traten, um uns an der Nachtluft zu erfrischen, noch einmal ins Freie, wo wir unter einem klaren Sternenhimmel in das friedliche und weite Ernsttal aussahen.

Trotz des sehr späten Schlafengehens waren wir am nächsten Morgen zeitig auf, frühstückten und fuhren, Abschiedsgrüße an den Studienrat und seine Töchter hinterlassend, weiter Amorbach zu, ein geliebtes altes Städtchen, wo wir ausgiebig zu Mittag aßen. Dann schlenderten wir durch die winkligen Gäßchen und besichtigten die viertürmige ehemalige Klosterkirche – anders tat es Alfred nicht –, um später unsere Fahrt nach Miltenberg am Main, wo wir die nächste Nacht verbringen wollten, fortzusetzen. Die alten Odenwald- und Spessartstädtchen haben alle dem Charakter nach etwas sehr Ähnliches, und doch bringt jedes seine eigene und neue Überraschung. In Miltenberg ist es der alte, an dem Berghang hingezogene Judenfriedhof, der sich dem Gedächtnis bleibend einprägt. Die den Besucher fremd anmutenden, vermoosten grauen Sandsteine der Gräber tragen durchgehend hebräische Inschriften. Man fühlt sich wie umwest von einer wunderlichen Totenwelt hier oben in der Abenddämmerung auf halbem Hange mit der Aussicht auf das altertümliche, verträumte Mainstädtchen in Unterfranken. Es war kein Wirtshaus in dem Spessart, wo wir übernachteten, sondern ein ansehnlicher und sehr gut geführter Gasthof; wie er hieß, ist mir entfallen.

Nach einem Mainbad fuhren wir am andern Morgen weiter nach Aschaffenburg. Trotz seiner schönen Lage ist die Stadt nicht sonderlich ansprechend und bietet auch, meines Erinnerns, abgesehen von dem Schloß, das aus der Renaissance stammt, wenig Sehenswürdigkeiten. Nur das der in Pompeji ausgegrabenen Casa del questore auf Veranlassung des Königs Ludwig I. von Bayern nachgebaute pompejanische Haus, auch wenn es unterm deutschen Himmel fremd erscheint, erweckte unser klassisches Interesse.

Unser Ausflug schloß mit einer Art von feierlicher Weihehandlung: Wir besuchten in Aschaffenburg das Grab Clemens Brentanos, der im Jahre 1842 dort bei seinem Bruder Christian, vierundsechzigjährig, starb, wo er nach einem umgetriebenen Leben seine letzte Ruhestätte fand.

> „So bin ich denn ein Dichter.
> O das ist schwere Pein:
> Nur immer vor dem Richter,
> Nie in der Liebe sein!"

In meiner jungen aufgewühlten Seele klangen diese Verse des in sich zerrissenen großen deutschen Dichters an, als ich in mich gekehrt und zeitentrückt vor seinem Grabe stand an einem Sommerspätnachmittag auf dem Friedhof zu Aschaffenburg. Und sie klangen nach in mir, als wir schon lange wieder auf der Rückfahrt waren in der klaren blauen Mondnacht auf der Landstraße, die uns nach Darmstadt führte, wo wir erst nach zehn Uhr nachts ankamen.

Noch vor dem Einschlafen sagte ich die Zeilen immer wieder vor mich hin:

> „So bin ich denn ein Dichter,
> O das ist schwere Pein . . .“

Den Rest meines Darmstädter Aufenthaltes verbrachte ich in der gewohnten Weise, nur mußte ich Alfred bei seinen Fensterpromenaden dieses Mal Gesellschaft leisten, denn er hatte sich in ein brünettes Mädchen, Tochter des Hofveterinärs, verliebt und brachte nunmehr auch für meine Herzensangelegenheiten mehr Verständnis auf als früher.

Bei meiner Rückkehr auf Stift Neuburg überraschte mich mein Vater mit dem Vorschlag, eine Reise durch die Ortler Alpen und das südliche Tirol mit ihm zu machen und dann weiter übers Stilfser Joch nach Bormio und an den Comer See. Ich war begeistert und der Plan wurde sogleich verwirklicht. Wir machten, da mein Vater wegen seiner Lähmung schlecht zu Fuß war, fast die ganze Reise mit dem Wagen. Im ganzen waren wir etwa zwei Wochen, begünstigt von dem schönsten Wetter, unterwegs. So reich an neuen Eindrücken auch diese erste Reise durch das Hochgebirge für mich war, das pausenlose tägliche Zusammensein mit meinem Vater von dem Augenblick des Aufstehens an bis nachts beim Einschlafen ließ unsere innere Gegensätzlichkeit noch stärker als zuvor zutage treten. Auch hatte das Jahr unseres Auseinanderseins uns nicht, wie es mein Vater wohl erhofft hatte, einander zugeführt, sondern eher das uns Trennende noch mehr herausgebildet und gezeitigt. Dabei – ich muß es immer wiederholen – war mein Vater rührend zu mir und, wie kaum ein anderer Vater, stets darauf bedacht, im Rahmen seiner Möglichkeiten für mein Anderssein Verständnis aufzubringen, was ich ihm auch nie vergessen habe. Um so mehr bedauere ich, daß ich durch meine Unnachgiebigkeit ihm meinerseits seine Versuche, mit mir mitzugehn, so oft vereitelte. Ich war jedoch von einer geradezu fanatischen Verachtung des Konventionellen und Trivialen in der Dichtung wie im Leben, und wenn mir mein Vater irgendein wehleidiges Gedicht von Traeger oder Baumbach vorlas und davon berührt war, oder wenn er eine der mit Türmchen, Erkern und Verschnörkelungen verunzierten Neunzigerjahre-Villen schön fand, ging ich hoch und sagte ihm wohl auch, daß mir schlechterdings unfaßbar sei, wie jemand, der zeitlebens die Kultur Stift Neuburgs eingeatmet habe, solchem Ungeschmack verfallen und so hoffnungslos entgleisen könne. Mit Recht verbat mein Vater sich ihm gegenüber solche Tonart, und so endeten unsere Kunstgespräche meist mit einer häßlichen nachhaltigen Verstimmung. Ich war damals noch viel zu unreif, um einsehn zu können, daß es ein vergebliches und aussichtsloses Unterfangen ist, gegen angeborene Vorurteile Sturm zu laufen, und daß Väter sich von ihren Söhnen niemals überzeugen lassen, vollends da nicht, wo es sich um künstlerische oder geistige Probleme oder um die gültigen Entscheidungen in Weltanschauungsfragen handelt. Die Söhne aber lassen sich erst recht nicht überzeugen. *Die* Einsicht sollten sie jedoch aufbringen, daß *sie* die Nachsichtigen sein und allen solchen unfruchtbaren Auseinandersetzungen mit Schonung aus dem Wege gehen müssen. Ich tat es nicht, und das war mein Verschulden, mag ich mich auch immer damit rechtfertigen können, daß das Nichtbeteiligtsein an meinen inneren Nöten und das Mich-mir-selber-Überlassen während meiner Kindheitsjahre unbewußt in mir nachwirkte und mein unduldsames, später von mir selbst verurteiltes und bereutes Verhalten auslöste. So kam es immer wieder zwischen mir und meinem Vater zu spontanen Spannungen, die unser gegenseitiges Verhältnis nachhaltig gefährdet hätten, wenn mein Vater nicht so warmherzig und liebevoll gewesen wäre. Ich bin ihm viel schuldig geblieben.

Von solchen wiederholten Unzuträglichkeiten abgesehen, ließ sich unsere Reise vielfältig und schön an, und je mehr wir uns Italien näherten, desto beklommener und glücklicher wurde mein Herzschlag.

Von unseren verschiedenen Stationen ist Trafoi mir wegen eines dort gehabten liebenswürdigen Erlebnisses besonders im Gedächtnis. Es war am Morgen kurz vor unserer Weiterfahrt. Mein Vater war bereits vorausgegangen, um das Frühstück zu bestellen, während ich in unserem Hotelzimmer allein zurückgeblieben war, um unser Handgepäck fertig zu machen. Da glitt das jugendliche hübsche Stubenmädchen plötzlich durch die Türe in das Zimmer auf mich zu, nahm mich mit beiden Armen um den Hals und küßte mich unbändig. Ich war so überrascht und auch so unerfahren, daß ich wie ein Stock dastand und, ohne mich zu rühren, ihre Zärtlichkeiten über mich ergehn ließ. In meinem ganzen Leben habe ich nie ein so törichtes und unbeholfenes Benehmen an den Tag gelegt wie damals. Ich ließ mich von dem leidenschaftlichen verliebten Mädchen, ohne ihre Küsse zu erwidern, abküssen, völlig passiv, bis sie mich, über soviel Einfalt unwillig, auflachend stehenließ und die Türe beim Hinausgehen hinter sich zuschlug. Es dauerte ein paar Minuten, ehe ich die

Fassung wiederfand, dann nahm ich, tief beschämt und über meine Unbeholfenheit, die mich um diese erste, mir vom Liebesgotte zugespielte, flüchtige Gelegenheit gebracht hatte, erbittert, unseren Handkoffer und ging ins Frühstückszimmer, wo mein Vater, Zeitung lesend, mich erwartete. Ich ließ mir von dem eben Vorgefallenen nichts anmerken. Wir frühstückten, dann ging die Fahrt dem Stilfser Joch zu weiter. Das Stilfser Joch ist fast dreitausend Meter hoch. Die Straße führt in vielen Windungen als höchste fahrbare Straße der Alpen von Trafoi aus über Franzenshöhe bis zur Paßhöhe, wo auch im Sommer Schnee liegt. Als wir hinkamen, lieferte vorm Gasthaus gerade eine Schar reisender Engländer, auch Damen, eine Schneeballschlacht. Besonders zeichnete ein alter weißhaariger Engländer sich aus, der immer neu zum Angriff vorging. Die Straße, die zum Stilfser Joch hinaufführt, bietet wunderbare Ausblicke weithin auf das Ortlermassiv mit seinen Gletschern. Vom Stilfser Joch nach Bormio hinunter ging es wieder in zahlreichen Windungen durch Tunnels immer tiefer abwärts und die Häuser wurden immer italienischer in ihrer Bauart. Dann waren wir in Bormio. Hier übernachteten wir und hier lernte ich zum ersten Male auch den Zauber und das Atmosphärische der kleinen italienischen Provinzstadt kennen. Sicher empfindet der gebildete Italiener seine Kleinstädte nicht minder trostlos und geisttötend wie wir selbst die unsern, dem Fremden aber, vollends wenn ihm auch die Sprache fremd ist, stellt sich alles in ganz anderem Licht dar und in seiner Phantasie verklärt sich das Kaleidoskop des Lebens um ihn her zu einem einzigen farbigen Spiel des Unbekümmerten, Beschwingten.

Von dem zwölfhundertfünfzig Meter hoch gelegenen Bormio mit seinen alten Türmen und der sehenswerten Pfarrkirche führte uns der Weg am anderen Morgen weiter an dem Lauf der Adda lang hinunter ins Veltlin nach Sondrio. Je tiefer man in das Veltlin hinabkommt, desto üppiger und reicher wird das Rebgelände. Conrad Ferdinand Meyer mag diese Straße auch gefahren sein und in Erinnerung daran schrieb er wohl die Strophe:

„Purpurne Veltliner Traube,
Kochend in der Sonne Schein,
Heute möcht ich unterm Laube
Deine vollste Beere sein."

Am Ausgang des Veltliner Tales an der Addamündung, an der Nordspitze des Comer Sees, liegt Colico. Von hier aus ging die Fahrt am nächsten Vormittage mit dem Dampfer den fast fünfzig Kilometer langen

See hinunter an berückend schöngelegenen kleinen Städtchen und an Villen mit Terrassengärten, wo Oliven-, Pinien-, Myrten-, Oleander- und Zypressenbäume stehn, vorüber mit dem Blick auf die zu beiden Seiten steil dahinter aufsteigenden Berge an das Südende des Sees nach Como. Wie im Frühjahr war auch diesmal wieder hier die Endstation unserer Reise. So hatte ich in diesen vierzehn Tagen wieder ein beglücktes Stück Italien in mich aufgenommen, das meine Sehnsucht, seit ich es zum erstenmal betrat, zeitlebens wachhielt.

Nach unserer Rückkehr nach Stift Neuburg hatte ich noch fast vier Wochen Ferien. Die meiste Zeit davon verbrachte ich auch jetzt wieder in Heidelberg mit einem um drei Jahre älteren befreundeten Abiturienten namens Gustav Bühler, den ich noch aus meiner Heidelberger Gymnasialzeit kannte. Er war zwei Klassen über mir, doch hatten wir uns zufällig einmal (ich weiß nicht mehr wie oder wo) gefunden, und als wir uns dann auch wieder zufällig begegneten, da schlossen wir uns näher aneinander an und trieben nun gemeinschaftlich in Gasthäusern, Kaffees und Weinlokalen unser Wesen. Er war so richtig das, was man ein Sumpfhuhn nennt, mein Freund und Zeitgenosse Gustav Bühler. Dem Bacchus war er mehr ergeben als der Venus, was er später auch dadurch zum Ausdruck brachte, daß er Junggeselle blieb. Er war zwar keine Leuchte, doch ein seelenguter anhänglicher Mensch, mit dem ich manche gute, feuchtfröhliche Stunde in der Heidelberger Luft verbrachte.

So ging die zweite Ferienhälfte hin in Müßiggang und Bummelei. Zum Lesen kam ich während dieser Zeit so gut wie gar nicht; ich hatte dafür Muße und Gelegenheit genug in Speyer an den langen monotonen Winterabenden. Mein Vater sah es ungern, daß ich übers Abendessen wegblieb, ich war daher schon meist um acht Uhr abends wieder im Hause und nahm teil an der gewohnten Whistpartie zusammen mit mehr oder minder langweiligen Sommergästen, fernen oder näheren Verwandten. Mitunter wurde auch von meinem Vater abends etwas vorgelesen. So erinnere ich mich noch an das Vorlesen von Sudermanns Schauspiel „Johannes", doch auch an die „Drei Einakter" und „Die drei Reiherfedern". Das zeitgenössische Schrifttum trat damit zum ersten Male in mein Blickfeld. Zwar wurde ich davon beeindruckt, doch nicht in dem Maße, daß ich mich dazu gedrängt gefühlt hätte, mir weitere Stücke Sudermanns zu kaufen, um sie für mich selbst zu lesen. Für den, der durch ein glückliches Geschick von seiner ersten Aufnahmsfähigkeit an die Substanz der reinen unbedingten Dichtung in sich aufgenommen hatte, mußte sich ein anderer Zugang zu dem neuzeitlichen Schrifttum finden als der

Umweg über Sudermann. In diesem Satze liegt jedoch durchaus kein abfälliges Urteil über diesen einst so überfeierten und später dann zu Unrecht so herabgesetzten Schriftsteller, der in gewissen Stellen seiner Schauspiele sogar ans dichterische Wort und an die dichterische Vision heranreicht. Es sollte damit nur gesagt sein, daß es eines anderen, entschiedeneren Anstoßes für mich bedurfte, um von mir aus an die zeitgenössische dramatische und lyrische Gestaltungswelt heranzukommen. Dieser Anstoß wurde mir dann etwa ein Jahr später durch die inbrünstige, aufwühlende Lyrik Richard Dehmels und, wenn auch sehr viel bedingter, durch die eine oder andere dichterische Szene Gerhart Hauptmanns.

Das neue Schuljahr nahm damals in Bayern immer erst am 18. September seinen Anfang, während in den Mittelschulen Badens schon am 14. September mit dem Unterricht begonnen wurde. Ich hatte also noch Gelegenheit, Ottilie nach ihrer Rückkehr von der Sommerreise noch einmal zu sehen, wenn auch nicht zu sprechen. Mein Herz war ihr noch immer zugetan, doch hatte dieses Anschmachten von ferne Ähnlichkeit mit dem romantischen Minnedienst der Troubadoure, wo die ritterlichen Sänger der erwählten Dame ihres Herzens auch nur aus der Ferne ihre Huldigung darbrachten. Doch war diese Zeit, in der ich lebte, eine andere, und diese idealisierende Verehrung fing allmählich an mir langweilig zu werden. Es war ein zwiespältiges eigenartiges Gefühl, das mich damals beherrschte: Teils kam ich mir verworfen vor und untreu, daß mir dieses Wiedersehn nicht mehr die frühere beseligte Erfüllung brachte, teils gingen meine Wünsche, Spannungen und Träume schon ganz andere verheißungsvolle Wege. Ich war schon auf der Fahrt nach neuen unentdeckten Liebesinseln.

Am 17. September, abends, fanden wir uns wieder alle in der Gümbelei zusammen; am nächsten Morgen um acht begann die Schule. Zwei Jahre noch, dann war es endlich und für immer überstanden.

Der mir wohlgesinnte, von uns allen gern gesehene Professor Scheps behielt als Klassenlehrer die Obersekunda. Wir als Unterprimaner bekamen einen neuen Klassenlehrer, einen ehemaligen Würzburger Burschenschafter, den Professor Drexler. Er war ein Mann von etwas über fünfzig, mittelgroß, mit einem bärbeißigen Gesicht und einem kleinen angegrauten Vollbart, ein Mann ganz ohne Falsch und, trotz seiner Bärbeißigkeit, durchaus umgänglich. Ich habe während jenes ganzen Schuljahres nie etwas Ungutes von ihm erfahren. Auch seine Unterrichtsfächer waren wie üblich: Deutsch, Latein und Griechisch. Man lernte gern und gut bei ihm und ohne Widerstreben. Er hatte einen wohlwollenden sarkastischen Humor, den er gemeinhin anbrachte, wenn man sich etwas zuschulden hatte kommen lassen. So entsinne ich mich besonders eines Falles, der mir geblieben ist, weil er mich selbst betraf und der mich zu dem Manne von da an mit Achtung aufsehen ließ: Es war in der griechischen Stunde. Wir hatten aufbekommen, ein paar Dutzend Verse aus der Ilias vorzubereiten, die nun durchgenommen wurden. Ich hatte nicht zu gewärtigen, aufgerufen zu werden, da ich tags zuvor darangekommen war und bei der starken Schülerzahl (wir waren an die vierzig in der Klasse) der einzelne nur zwei- bis dreimal in der Woche seinen Mann zu stehen hatte. Ich saß auf der vorletzten Bank und schrieb hinter dem Rücken meines Vordermannes gerade ein abends zuvor entstandenes Gedicht ins reine, als mich die Stimme des Professors Drexler: „Bernus, fahren Sie fort!" aufschreckte. Ich hatte keine Ahnung, wo wir standen, und flüsterte meinem Nebenmann Schulz, einem hilfsbeflissenen Konviktler, im Aufstehen zu: „Vers wieviel?" und angelte gleichzeitig mit der rechten Hand nach hinten nach der Pons, der Reclamausgabe der Voßschen Iliasübersetzung, die ich meinem Hintermanne kurz vorher erst zugeschoben hatte, als er aufgerufen wurde. Inzwischen hatte mir mein Nachbar ängstlich und kaum hörbar die Stelle, wo wir standen, zugeflüstert, so daß ich immerhin den ersten Anlauf machen konnte; doch es waren einige besonders schwer zu übersetzende Passagen, so daß ich über: „Als die Griechen. . . als die Griechen. . ." nicht hinauskam und so lang herummurkste, bis es mir gelungen war, die Pons von hinten vorzubringen und sie hinter dem Rücken meines Vordermannes vor mich hinzulegen. Sobald ich soweit war, begann ich (wenn auch absichtlich nicht fließend) mit der Übersetzung fortzufahren. Währenddessen hatte der Professor Drexler unbeweglich mit einem kaum merklichen ironischen Lächeln neben dem Katheder gestanden und mich beobachtet. Und als ich nun endlich anfing, flüssiger zu übersetzen, sagte er nichts weiter als: „Jetzt hat er die Pons, jetzt kanns losgehen. . ." Und ließ mich ruhig so, als wäre weiter nichts geschehen, mein Pensum absolvieren.

Auch den ersten deutschen Klassenaufsatz, den wir bei Professor Drexler schrieben, habe ich noch deutlich in Erinnerung. Man hatte zu dem Aufsatz drei Stunden Zeit und durfte, auch wenn man schon früher damit fertig war, das Klassenzimmer nicht verlassen, weil man sich dabei sonst nur unnötig übereilt hätte, um fortzukommen. Man konnte also ganz in aller Muße den Aufsatz ausarbeiten. Die Hausaufsätze hatte ich nur immer morgens eine halbe Stunde vor der Ablieferung hingeworfen, weshalb sie auch meist viel zu kurz und nicht besonders lobenswert ausfielen. Doch bei drei Stunden Spielraum ließ ein abgerundeter und guter Aufsatz sich natürlich ohne weiteres zuwege bringen. So kam es, daß nach einer Woche der Professor Drexler die Austeilung der inzwischen korrigierten Aufsätze mit dem Satze einleitete: „Den besten Aufsatz hat diesmal der Bernus. Der Mann kann, wenn er will, aber die laufenden Geschäfte verhindern ihn."

So war er, der Professor Drexler, unser Klassenlehrer in der Unterprima B am Speyerer Gymnasium: ein Lehrer noch vom alten Schrot und Korn, der sich daran erinnerte, daß er auch einmal Gymnasiast gewesen war und darum auch Verständnis hatte für den Selbstbehauptungswillen wie für die Unebenheiten junger, sich zurechtsuchender Menschen.

In der Mathematik behielten wir den weißhaarigen freundlichen Professor Hofmann bis zum Abschluß, ebenso wie im Französischen den jugendlicheren Professor Hollidt, mit dem mich etwas wie eine Art von Sympathie verband, die mir auch über meine unzulänglichen Leistungen im Französischen während meiner ganzen Speyerer Zeit hinweghalf.

Dieser Winter stand für mich fast ausschließlich unter dem Zeichen Goethes. Ich las zuerst den „Werther", dann „Wilhelm Meisters Lehrjahre", „Dichtung und Wahrheit" und den ersten Teil des Faust. Der Werther ließ mich unberührt. Unsere Seelenlage heute und schon damals war eine so völlig andersartige, daß man für solche Nöte kein Verständnis mehr besitzt und darum auch kein Mitgefühl aufbringen kann für dieses Übermaß verschollener Leiden. Und auch zu der für uns heute zu überschwenglichen erregten Sprache fand ich keinen Zugang. Wohl spürte ich den leidenschaftlichen und heißen Herzschlag, der in diesen Blättern pulst, doch die sonnenbeschienenen Landschaften Eichendorffs und der Romantiker und die beglückende und bunte Wirrnis all der vielfältigen Liebesabenteuer und Verwicklungen überzeugten mich weit mehr als die verschwenderische und genießerische Inbrunst des Selbstmordes aus unglücklicher Liebe.

Erst in „Dichtung und Wahrheit" und vollends in „Wilhelm Meisters Lehrjahren" ging mir die für den erst Siebzehnjährigen in ihrem vollen Ausmaße allerdings noch längst nicht überschaubare Welt Goethes auf. Überm Lesen von „Wilhelm Meisters Lehrjahren" machte ich die Wahrnehmung, daß Goethe die romantische Substanz bereits vor dem In-die-Erscheinung-Treten der Romantik als Programm und Schule in diesem einen Brennpunkte gesammelt und gestaltet hatte, so daß tatsächlich Goethe und nicht die Romantiker Inaugurator der Romantik und der ursprünglich romantischen Gestaltungswelt war.

Ohne den „Wilhelm Meister" wären weder Eichendorffs Roman „Ahnung und Gegenwart" noch Brentanos „Godwi", wenigstens nicht so entstanden, denn die Mignon-Gestalt blüht wieder auf in beiden, und alle Farbenskalen und Tonarten des romantischen Romans sind schon im „Wilhelm Meister" angeschlagen. Nur eines nicht: das Jugendliche, Blühende der Sprache. Und gerade dieses war es, was mich so bedingungslos zu den Romantikern hinzog und beglückte. Die Sprache in dem „Wilhelm Meister" mutete mich stellenweise lehrhaft und fast antiquiert an gegenüber dem ganz heutigen, sich nie in breite Schilderung verlierenden Tonfall und Fluß romantischer Prosa. Stellen wie der Schlußabsatz Kapitel I des ersten Buches: „Wilhelm trat herein. Mit welcher Lebhaftigkeit flog sie ihm entgegen! mit welchem Entzücken umschlang er die rote Uniform! drückte er das weiße Atlaswestchen an seine Brust! Wer wagte hier zu beschreiben, wem geziemt es, die Seligkeit zweier Liebenden auszusprechen! Die Alte ging murrend beiseite, wir entfernen uns mit ihr und lassen die Glücklichen allein. . ." und ungezählte andere Stellen waren mir vom ersten Lesen an verdrießlich. So stieß ich immer wieder in der Prosa Goethes auf Passagen, die mich störten, was mir bei der romantischen Prosa nie begegnete. Auch sprang mir die entschiedene Diskrepanz der Sprache des fünfundzwanzigjährigen Goethe, der den „Werther" geschrieben hatte, und des fünfundvierzigjährigen des „Wilhelm Meister", fast wie von einem anderen Verfasser herrührend, befremdlich in die Augen und ich wußte nicht recht, was ich daraus machen sollte. Das alles sind Eindrücke, die ich beim ersten Lesen Goethescher Prosa mitbekam, auch wenn ich damals noch nicht in der Lage war, es so vor mir zu formulieren, und die mich bei meiner ursprünglichen Anlage zur Ehrfurcht, zum ϑαυμάζειν, irgendwie unsicher machten. Ich erinnere mich nicht, daß mich damals je ein Buch so sehr zum Nachdenken gestimmt hätte wie Goethes „Wilhelm Meister", der Form nach wie dem Inhalt. Mir ging es damit seltsam: Ich stand ganz in dem Bann des Buches und doch, die einzelnen Gestalten sprachen mich durchweg nur wenig an. Keine der auftretenden Personen, Mignon und den Harfenspieler ausgenommen, war mir liebenswert wie die aus der Welt Eichendorffs, die schon bei ihrer ersten Einführung das Herz gewinnen. Gewiß ist es kein Maßstab für den Rang eines Romans, ob die darin vorkommenden Personen unsere Sympathie erwecken – die meisten der im Leben uns Begegnenden tun es ja auch nicht –, für unsere persönliche Affinität zu einem Kunstwerk ist jedoch dieser Gesichtspunkt ausschlaggebend. Und insbesondere der Held muß mehr als nur ein psychologisches Interesse, er muß auch unsre Neigung und ein wirkliches ihm Zugetansein in uns auslösen; es genügt nicht, daß wir nur mit unsrem Verstande, wir wollen auch mit unsrem Herzen an den Lebensschicksalen des Helden inneren Anteil nehmen können; wo uns dies versagt ist, fühlen wir uns irgendwie unbefriedigt – und so erging es mir (ich glaube nicht, daß ich allein mit diesem Eindruck dastehe) beim „Wilhelm Meister". Nachdem ich mich nur schwer an die philiströs wirkende Formulierung „unser Freund" gewöhnt hatte, wurde ich über dem Lesen diesem selbstgefällig-redseligen, weitschweifend-lehrhaften, geschäftig-müßiggängerischen Jüngling gegenüber zusehends mißvergnügter, so daß mich schließlich selbst die Art und Weise seines edelmütigen Verhaltens und Besorgtseins für den Harfenspieler und für Mignon verdroß. Und diese frühgewonnene Beeindruckung hat sich dann späterhin in mir auch nicht verloren.

Und doch, trotz allen diesen mir den Zugang oft erschwerenden Betrachtungen, bedeutete für mich als ganzes der Roman ein einmaliges bleibendes Erlebnis. Es war (doch trat mir das erst später ins Bewußtsein) das ahnende Gefühl, daß hinter diesem als Roman gestalteten Zeit- und Gesellschaftsbilde eine geistige Macht stehe, die, wie Gottvater, alles Menschliche verstehend und verzeihend, weise und gerecht den Schicksalsknäuel innerhalb des tausendfältigen Geschehens bildet und entwirrt, um schließlich alles nach dem Guten hinzuleiten.

Den ersten Teil des „Faust" las ich zu wiederholten Malen. Ich kannte ihn bald von dem ersten bis zum letzten Verse auswendig. Die wenigen Szenen, die mir nicht gleich haften blieben, memorierte ich. Abends sagte ich, in meinem Zimmer auf und ab gehend, laut eine und die andere Stelle vor mich her, mich immer wieder an der sprachlich-magischen Symphonie berauschend.

Den „Faust" wie jedes andere Theaterstück auf irgendeiner Bühne aufgeführt zu denken, kam mir niemals in den Sinn. Die imaginativ wirkenden Verse zauberten mir alle Szenenbilder so lebendig vor die Seele, daß Darsteller und Darstellungen nur illusionszerstörend wirken konnten und die rein durch das dichterische Wort beschworene Vision abschwächen und trivialisieren mußten. Die Erscheinung des Erdgeistes mir verkörperlicht, verbildlicht oder nur verlautbart vorzustellen, wäre mir nur grotesk vorgekommen, von dem Auftreten des schwarzen Pudels ganz zu schweigen. Und die drei Erzengel im Vorspiel in dem Himmel, dargestellt von drei seraphisch aufgeflügelten und zu dem Zwecke hergerichteten Schauspielerinnen, die überwältigenden Strophen rezitierend, waren für mich ebenso undenkbar.

Trotz der Erzengel-Strophen fand ich zum Vorspiel in dem Himmel wegen der ungemäßen Gestalt Gottvaters kein Verhältnis. Gewiß verstand ich die Notwendigkeit dieser der gesamten Faust-Tragödie vorangestellten Szene, doch konnte ich unmöglich den hier figurierenden Gottvater-Weihnachtsmann in einem so loyal-didaktischen Gespräch mit Mephistopheles mit meiner Vorstellung von der durch keine menschliche Versinnbildlichung wiedergebbaren Vision des Gottwesens in Einklang bringen. Und auch die Ausführungen über das Vorspiel in dem Himmel in dem Faust-Buch Kuno Fischers, das ich in der Stift-Neuburg-Bibliothek an einem Samstagnachmittag und Sonntag gerade dieser Szene wegen durchgelesen hatte, konnte mein Gefühl, daß hier das Göttliche in nicht gemäßer Art vermenschlicht und verkleinert sei, trotz mancher anderer Einsichten, die mir das Buch gewährte, nicht zerstreuen.

Und heute noch löst dieser ganze Handel zwischen Gott und Mephistopheles um die Faustseele in ihrem Mißverhältnis zu den ewigen und letzten Dingen, wann immer ich die Szene lese, Unbehagen in mir aus und Unbefriedigung.

Ich konnte mich sehr lange nicht entschließen, eine Faustaufführung zu besuchen, und als ich es in späteren Jahren dann doch tat, rein darum, weil ich es für wesentlich hielt, auch einmal von der Bühne her das Schauspiel auf mich einwirken zu lassen, sprang mir erst recht die grelle Diskrepanz zwischen den schicksalwaltenden Gottvater-Worten und dem feierlich illuminierten alten Weihnachtsmann als Sprecher störend in die Augen. Die Szene ist nun einmal unaufführbar, so wesentlich sie für Sinn und Bedeutung der Tragödie sein mag. Und nur die Stimme Gottes aus einer Sonnengloriole auftönen zu lassen, ist darum nicht angängig, weil sonst die Stimmen der Erzengel: „Der Anblick gibt den Engeln Stärke" gegenstandslos wären, ganz abgesehen von den selbst einem Geiste der Verneinung von der Stufe des Mephisto über die Gottwesenheit nicht anstehenden Worten:

> „Von Zeit zu Zeit seh ich den Alten gern
> Und hüte mich mit ihm zu brechen. . ."

weil hierdurch der ganze Vorgang in eine zu ungeistige Sphäre familiären Umgangstons gerückt wird.

In dem Faust-Buch Kuno Fischers fand ich meine Auffassung von der Nichteignung der Faust-Dichtung für das Theater übrigens bestätigt. Kuno Fischer schreibt hierüber:

„Zur hundertjährigen Feier der Ankunft Goethes in Weimar wurde dort im November 1875 zum erstenmal die *ganze* Fausttragödie vollständig aufgeführt: ein Verdienst, das in der Geschichte des Goetheschen Faust wie der deutschen Bühne sich O. Devrient durch seine Inscenierung erworben hat. Diese Aufführungen sind wiederholt worden und nicht ohne die Nachfolge anderer Bühnen geblieben, die entweder das Weimarsche Vorbild nachgeahmt oder auf eigene Art den zweiten Teil in Scene gesetzt haben.

Wir prüfen hier nicht, inwieweit diese Versuche gelungen sind und ob sie fortbestehen werden. Keine noch so geschickte Bühnenkunst wird einem Mangel abhelfen können, der mit dem Charakter des Werkes selbst verknüpft ist."

Vergegenwärtigt man sich weiter, daß die Faust-Tragödie in ihrer ursprünglichen Anlage als prometheisches Gedicht und niemals als Theaterstück entworfen und geschrieben wurde, so ergibt sich diese Schlußfolgerung ganz von selber. Und wie stark lyrisch auch die Neubearbeitung von Goethe selbst empfunden wurde, geht schon aus dem einen Satz hervor, den Goethe am 11. April 1798 in einem Brief an Schiller schrieb: „Die Stimmung des Frühlings ist lyrisch, welches mir bei dem rhapsodischen Drama sehr zugut kommt."

Das sind beiläufig einige der damaligen Eindrücke und Gedanken, wie sie sich über dem Schreiben heute wieder bei mir einstellen, während ich mir jene Zeit der ersten geistigen Auseinandersetzung mit den Schöpfungswelten Goethes wieder im Gedächtnis wachrufe.

Den zweiten Teil des Faust, die Wanderjahre, doch auch die naturwissenschaftlichen Schriften Goethes lernte ich erst nach meiner Gymnasialzeit kennen. Auch die Philosophie war für mich damals ein noch unerschlossenes Gebiet, mit dem ich erstmalig auf der Universität mich zu beschäftigen anfing.

Über jenen dämmrigen, mit Lesen ausgefüllten Winterabenden in meinem Speyrer Mansardenzimmer, nur unterbrochen durch die Weihnachtsferien, war auch mein Unterprimawinter sonst ereignislos vorbeigegangen. Die Osterferien verbrachte ich in diesem Jahre in Begleitung meines Vaters erst bei meiner Tante, der verwitweten Baronin Heymerle, in Salzburg, wo sie nach Aufgabe ihres Heidelberger Wohnsitzes gleich nach dem Tode meiner Großmutter sich angekauft hatte. Seltsamerweise kann ich mich nicht mehr im leisesten entsinnen, was in jenen Tagen unternommen wurde. Ich glaube gar nichts. Nicht einmal Salzburg ist mir mehr von damals im Gedächtnis; meine Erinnerung daran rührt von einem viel späteren Besuch der Stadt her. Das einzige, was mir von jenem Aufenthalt geblieben ist, war ein phänomenales Fastendiner bei meiner Kusine Maria von Heymerle, die in Salzburg mit einem Grafen Ledochowski, Rittmeister a. D., verheiratet war. Ich aß damals zum erstenmal in meinem Leben Froschschenkel. Mein Vetter Fery war nicht anwesend, sondern war in Graz geblieben, wo er Jus studierte. Ich vermißte seine Gegenwart, weil mein Besuch dann sicher unterhaltender und abwechslungsreicher ausgefallen wäre.

Für den Rest der damaligen Osterferien war ich in Heidelberg bei meinem Vater, der seine seinerzeitige Absicht, auch noch den einen oder anderen weiteren Winter im Ausland zu verbringen, aufgegeben und sich wieder eine Winterstadtwohnung gemietet hatte, der Peterskirche gegenüber, Klingenteichstraße 2 (Abb. 89), gleich überm Bahndamm. Es war eine Fünfzimmerwohnung, die sich so aufteilte: Schlafzimmer meines Vaters, meines Vaters Arbeitszimmer, Speisezimmer, ein kleineres Zimmer für die Haushälterin, das langjährige Faktotum Marie Scholl, und dann noch außerhalb des Glasverschlages ein „sturmfreies" Zimmer, das für mich in meiner Ferienzeit bestimmt war, aber auch als Gastzimmer benützt wurde. Im Mansardenstock befand sich noch ein weiteres Zimmer für den Diener Anton. Diese Winterstadtwohnung behielt mein Vater bis zu seinem Ableben im Februar 1908 bei. Dort bekam er während eines Leseabends in engerem Kreise einen Schlaganfall, Gehirnschlag, der nach vierzehn Tagen etwa seinen Tod zur Folge hatte.

Es war kein neuzeitliches Haus, der Wohnung mangelte so gut wie jeder heutige Komfort, dafür war sie geräumig und entsprach in anderer Hinsicht den Bedürfnissen und Wünschen meines Vaters, vor allem wegen ihrer angenehmen und zentralen Lage, ganz nahe bei der Universität und zehn Minuten etwa durch die Anlage bis zum Hotel Viktoria, wo mein Vater mehrmals in der Woche mit einem Baron von Ostensacken, einem anregenden älteren Herrn, zu Mittag speiste. Auch war während des Winterhalbjahres mein Vater abends vielfach in Gesellschaften, weshalb er diese Lage wegen des Nachhausewegs bevorzugte. Auch mir kam sie in späteren Jahren, wenn ich auf Urlaub oder in den Ferien bei meinem Vater weilte, sehr zustatten, und ich machte von meinem sturmfreien Zimmer hinreichend Gebrauch in jener Zeit galanter und nicht immer sehr gewählter Abenteuer. Während meiner Unterprima-Osterferien kamen solche Dinge allerdings noch nicht in Frage, doch hatte immerhin das außerhalb des Glasverschlags gelegene Zimmer auch schon damals den Vorzug für mich, daß mein Vater mich nicht kontrollieren konnte, wenn ich von meinen Weinreisen mit meinem Freunde Gustav Bühler durch die Heidelberger Weinstuben nach Hause kam, wobei es manchmal reichlich spät wurde.

Die Osterferien waren vorbeigegangen, ohne daß ich Ottilie in Heidelberg wiedergesehen hätte. Ich hatte mich nicht einmal sehr darum bemüht, ein Wiedersehn herbeizuführen. Der Zustand einer permanenten Sehnsucht in die Ferne war mir schon zu einer Art von Lebensform geworden, zu einem Quell, der meine lyrischen Gefilde speiste. Ich ging wohl ein paarmal vor ihrem Fenster auf und nieder, doch als ich sie nicht zu Gesicht bekam, ließ ich es dabei bewenden und fuhr, nicht einmal innerlich enttäuscht, zurück nach Speyer.

Die Sommermonate verliefen in gewohnter Weise: Schule, Schwimmen, Nichtstun und gelegentlich ein Gang in die landschaftlich reizlose Umgebung. Während der größten Sommerhitze suchte ich mit einem Buche wieder in dem Dome Zuflucht. Ich las mit Unterbrechung in „Dichtung und Wahrheit" weiter, daneben andere mehr auf die sommerliche Jahrzeit abgestimmte Bücher: einiges von Gottfried Keller, Storm und Stifter, dazwischen immer wieder Eichendorffsche Gedichte, wiewohl ich schon fast alle auswendig wußte. Meine eigenen Versuche gingen damals auf Balladen, die mir aber nicht gerieten. Damals hatte ich noch nicht erkannt, daß die Ballade eine überlebte Kunstform sei, ein Überbleibsel alten Rittertums, vergangener Heldendichtung, ein Erlebniskreis, der uns heute nichts mehr bedeuten kann, auch wenn dem einen oder anderen Dichter der letzten fünfzig Jahre wie vor allem Börries von Münchhausen und Detlev von Liliencron, als Erben ritterlichen Seins und Blutes, noch Gedichte balladesken Tons mehr oder weniger geglückt sind. Viel damit anzufangen wissen wir darum doch nicht mehr heute, und die Nachfolgenden werden bestimmt noch weniger mit ihnen anzufangen wissen. Auch in der Kunst läßt sich das Rad der Zeit nun einmal nicht mehr rückwärtsdrehen. Die Romantiker, die ihrer Zeit um ein halbes Jahrhundert und noch mehr voraus waren, schrieben damals schon keine Balladen mehr, denn die lyrisch-romanzenhaften, spielmannsartigen Gedichte Eichendorffs, Brentanos und auch Mörikes sind Form und Inhalt nach nichts weniger als Balladen, sie sind im Sing-Sang liedhaftes Berichten schmerzlicher und seliger Liebesgeschehnisse und Wirrungen wie die Lorelei Brentanos oder Eichendorffs unsäglich schöne Strophen: „Kaiserkron und Päonien rot. . ." Oder das fast unbekannte und vielleicht geglückteste Gedicht von Uhland:

„Im schönsten Garten wallten
Zwei Buhlen, Hand in Hand,
Zwo bleiche, kranke Gestalten,
Sie saßen ins Blumenland.

Sie küßten sich auf die Wangen
Und küßten sich auf den Mund,
Sie hielten sich fest umfangen,
Sie wurden jung und gesund.

Zwei Glöcklein klangen helle,
Der Traum entschwand zur Stund;
Sie lag in der Klosterzelle,
Er fern in Turmes Grund."

Wohl hat Uhland als der einzige von den in der romantischen Gestaltenwelt beheimateten Dichtern eine ganze Anzahl der bekanntesten deutschen Balladen – und auch der geglücktesten – geschrieben; doch liegt ihre Bekanntheit heute nicht vielleicht doch daran, daß sie als ein integrierender Bestandteil unserer Schullesebücher sich von Generation zu Generation fortpflanzten, weil sie so gradlinig und gegenständlich sind und keinerlei Anforderungen an unser Aufnahmevermögen stellen? Uhlands wirklich irrationalen unbedingten Dichtungen dieser Gattung, die darum in den Romanzenton hinüberführen, wie das hier gebrachte oder, um nur einige zu nennen: „Sängers Vorüberziehn", „Der Schäfer" und „Der Rosengarten" fehlen in allen Anthologien, wieviel mehr in den Schullesebüchern. Noch einmal: die Ballade, und sei sie so vollendet wie viele der Uhlandschen, hat heute uns nichts mehr zu sagen, weil die Welt, aus der sie herkommt, uns entfremdet und nicht mehr die unsrige ist, und andererseits, weil das rein lyrische Moment, das einzig zeitlose, in der Ballade, je mehr sie wirklich nur Ballade ist, zurücktritt und dem Stofflichen den Platz räumt. Allerdings wird nach wie vor der breitere Leserkreis, der in der Kunst das gegenständlich Stoffliche aufsucht und bevorzugt, weil ihm das Organ für die irrationalen Schwingungen der Lyrik abgeht, sich zu der Ballade hingezogen fühlen und auch noch heute eine Lanze für sie brechen. Aber für das hier grundsätzlich Gesagte ist dieser Gesichtspunkt unwesentlich und bedeutungslos.

Am aufgelockertsten, befreitesten sind die Balladen Heines, weil darin das Stoffliche im Lyrischen so aufgegangen ist, daß man die vordergründige Begebenheit und Schilderung nicht als die Hauptsache empfindet, sondern nur gewissermaßen als den Anlaß und den Träger für die aus dem Umkreis des Geschehens eingefangene lyrisch-atmosphärische Stimmung. Darum kann man sie auch noch heute ohne Hemmung lesen.

Indem ich überm Schreiben dieses Abschnitts über die Ballade das Geschriebene noch einmal durchgehe, steigen mir Bedenken auf, ich könne dahin mißverstanden werden, als nähme ich grundsätzlich Stellung gegen alles, was nach balladesker Dichtung aussieht. Nichts liegt mir ferner. Ich sage nur, daß die Ballade im streng abgegrenzten Sinne eine überlebte Kunstform ist, die unsrer heutigen Erlebnisart nicht mehr entspricht, weil sie aus Stoffgebieten schöpft, die unseren Vorstellungskreisen fernliegen. So hätten „Die Braut von Korinth", „Ritter Kurts Brautfahrt", „Der Gott und die Bajadere", „Der Erlkönig" *uns* heute nichts mehr zu sagen? – Sehr viel sogar, nur sind das eben nicht Balladen. – Keine Balladen? – Nein! – Aber was sind denn dann Balladen? – Das ist nicht leicht zu definieren, weil die Abgrenzung sehr schwer ist. In dem Literaturgeschichtsunterricht lernt man. . . Hier ist ja aber der Literaturprofessor Scheps persönlich. Ich bitte, Herr Professor Scheps, uns den Begriff Ballade noch einmal zu definieren. – Nun haben Sie bereits ein ganzes Jahr bei mir Literaturgeschichtsunterricht gehabt und ich habe Ihnen Note 2 im Deutschen gegeben und Sie wissen das nicht einmal, Bernus? Merken Sie mir also dieses Mal gut auf, damit Sie es nicht wieder gleich vergessen: Balladen sind meist längere dramatische Gedichte, die ihren Stoff dem nordischen Sagenkreis entnehmen, während man im Gegensatz dazu unter Romanzen eine mehr zum Lyrischen hinneigende, doch auch erzählende Gedichtgattung versteht, die ursprünglich romanischer Herkunft ist und sich ihre Stoffe aus der südlichen Sagen- und Gestaltenwelt holt. – Haben Sie sichs jetzt gemerkt, Bernus? – Ja, ich danke, Herr Professor. Doch nur noch eine Frage: Was ist denn dann „Der Kampf mit dem Drachen" von Schiller für eine Gattung? – Eine Ballade selbstverständlich – Nein, Herr Professor, eindeutig eine Romanze. – Wieso, Bernus? Wie kommen Sie dazu, mich zu verbessern? – Nicht ich, Schiller verbessert Sie, weil er die Dichtung selber so bezeichnet. – So, so. . . Allerdings der Vorgang spielt im Süden, der ganze Aufbau und die Handlung des Gedichtes ist jedoch rein balladesker Art. Sie sehn also, ein Grenzfall. – Was heißt hier Grenzfall, Herr Professor, wenn doch Schiller selber. . . Ja, ja, natürlich: wenn Schiller selbst als oberste Instanz die Dichtung als Romanze anspricht, so ist keine Berufung gegen dieses Urteil möglich, aber so ganz will es mir doch nicht eingehn: „Der Kampf mit dem Drachen" eine Romanze. . . – Und „Hero und Leander" Herr Professor? – Südlicher Sagenstoff und immerhin viel lyrischer als „Der Kampf mit dem Drachen", also wohl Romanze, wenigstens im Sinne Schillers, nach dem vorigen zu schließen. – Falsch, Ballade, Herr Professor, und von Schiller so bezeichnet. – Ballade also, meinetwegen. Dichter haben eben ihre Eigenwilligkeiten. – Aber „Der Handschuh", diese komischste Versifizierung Schillers, wie rubrizieren Sie „Den Handschuh?" – Natürlich unter die Ballade. Im übrigen: es steht Ihnen nicht an, Bernus, sich unehrerbietige Äußerungen über Schiller zu erlauben, auch wenn ich zugebe, daß diese Ballade mehr als andere vom Zeitgeschmack bestimmt ist. – Es ist ja gar keine Ballade, Herr Professor. – Was denn dann zum Teufel? Mir scheint, Sie wollen mich zum besten haben. – Verzeihen Sie, durchaus nicht, Herr Professor. Ich will mir ja doch bloß klar werden über die Begriffe. – Na und: was ist es denn, wenn es keine Ballade sein soll, eine Romanze doch erst recht nicht. – Nein, eine Erzählung. – Nun hören Sie mir aber auf mit Ihren Spitzfindigkeiten. – Schiller benennt dieses Gedicht nun einmal so, ich kann daran nichts ändern. – Ihre Belesenheit ist sehr erfreulich, Bernus, doch wollen wir jetzt zu etwas Fruchtbarerem übergehen. – Seien Sie mir nicht böse, Herr Professor, bitte; aber diese letzte Frage müssen Sie mir noch beantworten: Zu welcher Gattung rechnen Sie „Kassandra"? – Und wenn sich dieses Schicksal zehnmal auch im Süden abspielt, so ist die Dichtung eben doch eine Ballade. – Weder das eine noch das andere. Schiller hat diesem Gedicht gar keinen Untertitel beigegeben, ebensowenig wie dem „Siegesfest", während er „Die Bürgschaft" und „Die Kraniche des Ibykus" beide als Balladen aufführt, wohl darum, weil in den zwei letzteren eindeutig dramatische Handlung vorliegt, während die zwei anderen mehr einen Vorgang schildern. – Sie haben nachgedacht, Bernus, Sie haben nachgedacht, das freut mich. Im übrigen war auch für mich dieses Gespräch sehr lehrreich, denn es zeigte mir, daß es mit der Abgrenzung und Auseinanderhaltung beider Gattungen nicht ganz so einfach ist wie es nach der Definition den Anschein hat: ich habe mir offen gestanden das bis jetzt noch nie vergegenwärtigt. Dabei ist es mit den Gedichten Schillers immer noch verhältnismäßig eine leichte Sache, bei den Dichtungen Goethes, Heines, auch Conrad Ferdinand Meyers fängt sie erst an kompliziert zu werden. – Und vollends viele der Gedichte aus „Des Knaben Wunderhorn", wie steht es damit, Herr Professor? Mit der Bezeichnung „Volkslied" läßt es sich dabei nicht auskommen, so scheint mir; unheimlich dunkle Strophen wie „Großmutter Schlangenköchin" oder „Feuerbesprechen" haben zwar viel Balladeskes, sie aber schlechthin als Balladen anzusprechen, ist, wenn man die Definition genau nimmt, auch nicht richtig. – Um nicht vom Hundertsten ins Tausendste zu kommen, Bernus, lassen Sie uns also abschließend die Frage auf die Formel bringen: Es gibt neben den typischen Balladen und Romanzen eine nicht geringe Anzahl berichtender Gedichte, die sich unter dieses Schema nicht so ohne weiteres eingliedern lassen, von denen aber doch die einen mehr in dem Balladenton, die anderen mehr im Romanzenton gehalten sind. – Und diese beiden Arten sind die einzig zeitlosen und überdauernden, so viel ist sicher, Herr Professor. – Rasch fertig ist die Jugend mit dem Wort. Sie können später ja einmal eine Anthologie Balladen und Romanzen selbst herausgeben; ich bin neugierig, was dabei zustande kommt, Bernus. – Ich glaube, sicherlich nichts Schlechtes. Den „Ritter Toggenburg", den „Gang nach dem Eisenhammer" und den „Handschuh" werden sie auf jeden Fall vergeblich darin suchen, Herr Professor, auch nicht „Des Knaben Berglied". Beiläufig, was ist das denn eigentlich für eine Gattung? – Schluß jetzt, das Thema ist hiermit beendet. – Und der Literaturprofessor Scheps verließ leicht unwillig das Klassenzimmer.

Ich bin auch heute noch nicht weiter als ich damals war; ich weiß nur: die Gedichte, die uns angehn, lassen sich nicht rubrizieren.

Meine eigenen Bemühungen um die Ballade damals zeitigten ein sehr bescheidenes Ergebnis. Die erste, die ich neben mehreren mißglückten anderen Versuchen schrieb, „Liebfrauenmilch" betitelt, schildert wie ein weinseliger Ritter dem Teufel seine Seele um den Preis verschreibt, daß dieser ihm auf seinem Weinberge den edelsten Wein wachsen läßt, den er jemals gekostet. Der Teufel hält, was er versprach, der Wein ist wundervoll geraten. Der Ritter führt das erste Glas zum Munde gerade in dem Augenblick, als von der nahen Kirche auf der Höhe gegenüber das Ave-Maria-Läuten hertönt. Im innersten ergriffen von den Klängen überkommt ihn, doch zu spät, das bittere Gefühl der Reue. Hier ist mir noch die eine Strophe im Gedächtnis:

> „Ich kann ja nicht wiederkehren",
> Rief er von Reu übermannt,
> „Doch der Lieben Frau sei zu Ehren
> Der Wein Liebfraunmilch benannt."

Das bricht den Bann der Hölle. Der Teufel, der gerade erschienen war, den Ritter an die Einlösung des Pakts zu mahnen, muß verschwinden und die Seele ist fürs Zeitliche und Ewige gerettet.

Ich weiß nicht mehr, wo ich die Sage über die Entstehung des Liebfrauenmilchweines, die mir den Stoff für die Ballade gab, gelesen hatte, jedenfalls war sie nicht meine eigene Erfindung. So weitschweifig und wenig gut sie war, gefiel sie den Mitschülern, denen ich sie vorlas, und brachte mir sogar die ersten Lorbeeren: Mit Zustimmung des Rektorates und der Lehrerschaft durfte sie bei der alljährlich stattfindenden öffentlichen Schulfeier im Stadtsaal vorgetragen werden.Da ich selber zu verhemmt war sie zu sprechen, übernahm ein Mitschüler von mir, der sich auf seine Vortragskunst sehr viel zugute tat (er wurde später Rechtsanwalt), das Aufsagen und erntete für seinen deklamatorischen Vortrag reichlich Beifall, während ich auf einem rückwärtigen Platze auf der Galerie der Feier beiwohnte. Doch damit nicht genug: die „Speyerer Zeitung" brachte die Ballade anschließend daran zum Abdruck –: meine erste, mich mit Stolz erfüllende Veröffentlichung. Natürlich habe ich mir damals das Blatt aufgehoben. Es muß sich jetzt noch irgendwo unter dem Wust meiner Papiere finden. Vor einigen Jahren ist es mir einmal beim Kramen zufällig wieder in die Hand gekommen.

Trotz dieses Ersterfolges war ich mit der Dichtung nicht zufrieden, teils wegen ihrer Länge und Weitschweifigkeit, teils wegen der ihr innewohnenden moralisierenden Tendenz, die aber durch den Sagenstoff als solchen schon bedingt war. Ich legte es also nun darauf an, formal und inhaltlich eine Ballade völlig andrer Art nach selbst erfundenem Vorwurf zu schreiben. Sie war betitelt: „Henkersnacht des Raimond Bravemort" und eignete sich nicht für Schulfeiern. Sie lautet:

Und soll mit Morgengraun mein Blut
Dem Henkerbeile fließen,
So laßt mich diese letzte Nacht,
Wie ich so manche schon verbracht,
Des Lebens Lust genießen!

Und schafft mir Wein und Dirnen her
Und tut, was ich befohlen!
Es stirbt ein jeder wie er mag,
Und rötet sich der neue Tag
Soll mich der Teufel holen!

Auf Pfaff und Spruch und Sakrament
Hat billig er verzichtet.
Noch einmal war das Leben sein,
Die Lippen heiß von Kuß und Wein,
Die Kerze brannte sich schon klein –
Um vier Uhr trat der Wärter ein,
Um fünf ward er gerichtet.

Von meinen sämtlichen Gedichten war dieses das einzige, das mein Freund Heinrich Oster rückhaltlos belobte, das sei doch endlich einmal Salz und Pfeffer, meinte er befriedigt. Auch ich fand es nicht übel und habe es als eine der wenigen aus meiner Gymnasialzeit herrührenden Dichtungen später in mein Erstgedichtbuch aufgenommen, in der Neuausgabe aber weggelassen, weil es weder gut noch schlecht ist und als einzige Ballade in dem Buche nur den einheitlichen Ton stört und herausfällt. Hier aber steht es zeitlich und organisch an seinem Platze.

Versetzt wurde ich mit siebenzehnundeinhalb und ohne weitere Kautelen in die Oberprima. Ein Jahr nur noch und die verhaßte Schulzeit war vorüber.

LIEBSCHAFTEN UND LIEBE. MEINE ÜBERSIEDELUNG AUS DEM INTERNAT GÜMBEL ZU PROFESSOR HOLLIDT UND DIE MONATE BIS ZU MEINEM ABITUR IM SOMMER 1898

> „Du rauchst zuviel, du saufst zuviel,
> Du wirst ein Lump am End,
> Du sollst mir nicht mehr bleiben
> In Heidelberg Student."

In diese Verse setzte Viktor von Scheffel eine briefliche Ermahnung seines um ihn besorgten Vaters an ihn um. Auch ich mußte im Laufe der nun angebrochenen Sommerferien, die, nur durch einen kurzen Aufenthalt auf der Besitzung meines Onkels Baron von Erlanger in Niederingelheim vorübergehend unterbrochen, dieses Mal ganz auf Stift Neuburg zugebracht wurden, von meinem Vater manche Vorhaltung über mein Bummelleben über mich ergehen lassen. Heidelberg ist nun einmal ein verführerisches Sumpfnest, in dem es sich so fruchtbar arbeiten wie himmlisch bummeln läßt, und während meiner letzten großen Ferien als Oberprimaner tat ich dieses letztere ausschließlich. Und wieder war mein alter Sauf- und Sumpfgenosse Gustav Bühler, der sich während seiner beiden ersten akademischen Semester als Arminenfuchs schon einen Schmerbauch angesoffen hatte, wie im Vorjahre mein Falstaff, so daß mein Vater schließlich auf den Guten, völlig Harmlosen, richtig geladen war und ihm, ganz gegen seine sonstige Art, fast unfreundlich begegnete, wenn er gelegentlich mich auf Stift Neuburg abholen oder mich besuchen kam, was der Nichtsahnende jedoch gar nicht bemerkte.

Mein Tag verlief gleichmäßig so: Ich stand spät auf, frühstückte und las dann den Vormittag über je nach Witterung im Garten oder in der Bibliothek meist bis zum Mittagessen. Nach Tisch trank man gemeinschaftlich (es waren sommerüber immer Gäste anwesend) im Gartensaal noch eine Tasse Mokka, dann zog man sich zurück aufs Zimmer, die andern wenigstens; ich machte mich statt dessen auf den Weg nach Heidelberg, erst in die Schwimmanstalt zum Schwimmen, dann traf ich nach Verabredung in diesem oder jenem Weinhaus meinen Falstaff-

Bühler, wo er mich gemeinhin schon vor einem leeren Viertel vorwurfsvoll erwartete. Hierauf begannen die Weinreisen, doch frequentierten wir nur die Lokale, wo es hübsche Kellnerinnen gab, bis ich zuletzt in einer Wein- und Gartenwirtschaft oberhalb der alten Brücke, dem Schloß gegenüber, dem als Schauplatz des Theaterstücks „Alt-Heidelberg" bekannt gewordenen „Waldhorn ob der Bruck" (Abb. 90) endgültig für den Rest der Ferien hängen blieb. Was mich dort festhielt, war jedoch weder der landschaftliche noch historische Reiz des an der Landstraße über dem Neckar übrigens recht anmutig gelegenen Wirtsgartens (auch Scheffel hatte früher dort verkehrt), sondern die viel anziehenderen Reize einer dunkeläugigen, exotisch aussehenden Kellnerin, nicht groß, geschmeidig und von tief brünettem südländischem Teint, mit allen anderen ihres Berufs nicht zu vergleichen; so erschien sie wenigstens dem noch nicht Achtzehnjährigen; und etwas stimmte daran wirklich: Sie sprach gebrochen deutsch und war anscheinend von Haus aus Polin; sie nannte sich Vera Iwanowiskowa. Ihre Geburtsurkunde habe ich allerdings nicht eingesehen; jedenfalls wurde sie auch von den Wirtsleuten „Vera" gerufen. Sie sei Zirkusreiterin gewesen und habe wegen eines Sturzes die Artistenlaufbahn dann aufgeben müssen, so erzählte sie mehr eindringlich als überzeugend. Mein Falstaff nannte sie nur „die versprengte Kunstreiterin". Natürlich schmeichelte mir das Abenteuer mit einer ehemaligen Zirkusreiterin weit mehr als mit einer landläufigen Kellnerin, weil das viel kavaliermäßiger und geheimnisvoller war; ich glaubte daher gerne den von Offizieren, Grafen und Baronen wimmelnden Geschichten, die sie mir erzählte, wie sie in Paris und Petersburg und Warschau aufgetreten sei und allenthalben Lorbeeren geerntet habe, und war stolz darauf, nun ihr begünstigter Verehrer sein zu dürfen.

Die Sommerferien brachten es, weil die Studenten fehlten, mit sich, daß das damals fast noch unbekannte Gasthaus nur wenig besucht war, so daß wir ungestört, Vera, Falstaff und ich, im Gartenpavillon bei einer Flasche Wein in langen Sommerabenden das Glück des Augenblicks genießen konnten. Und Fallstaff wußte immer taktvoll, wann es für ihn Zeit war, aufzubrechen.

Auf dem Nachhauseweg nachts auf der Landstraße den Neckar entlang war ich dann stets voll großer Stimmung und die Welt mit ihren bunten tausendfältigen Möglichkeiten lag wie ein geheimnisvoller bilderreicher Wunderteppich vor mir ausgebreitet.

Wöchentlich einmal hatte Vera ihren freien Nachmittag und Abend. Da machten wir in einer Droschke mit zwei Schecken (ich nahm immer denselben Kutscher) meistens eine Ausfahrt in die Umgebung nach irgendeinem nahegelegenen Ausflugsort: dem Kümmelbacher Hof, dem Kohlhof oder nach Neckargemünd in Menzers Weinstube, die wegen ihrer Südweine bekannt war. Mitunter gingen wir auch auf das Schloßgartenkonzert oder aßen in dem Stadtgarten zu Abend (Abb. 91). Natürlich war es unvermeidlich, daß ich von Bekannten meines Vaters dort gesichtet wurde, was meinen Ruf in Heidelberg frühzeitig untergrub. Es währte auch nicht lange, bis mein Vater mich zur Rede stellte. Man hatte es ihm also zugetragen. Er war zu sehr ein Mann von Welt und weitherzig, um an der Sache selbst Anstoß zu nehmen, auch wenn er fand, daß ich noch reichlich jung sei für dergleichen Aventüren, das Jahr noch bis nach dem Maturum hätte ich mich wohl gedulden können, meinte er nachsichtig. Was er jedoch aufs härteste verurteilte, war, daß ich mit meiner zweifelhaften Freundin mich öffentlich den Heidelbergern zeigte; es sei das eine Rücksichtslosigkeit ihm gegenüber, er erwarte, daß ich künftig solche Exkursionen unterlasse, seinetwegen wenigstens, wenn ich es nicht aus Einsicht meinetwegen täte, denn Speyer läge schließlich nicht so aus der Welt, daß es die Fama nicht hinübertragen könne; was das für Folgen für mich hätte, wüßte ich am besten selber. Sein Vorwurf war durchaus berechtigt. Ich versprach, mich für den Rest der Ferien danach zu richten. Damit fand diese Angelegenheit in der Hauptsache ihr Bewenden, auch wenn mein Vater immer wieder zwischendurch darauf zurückkam und mich fragte: wenn ich jetzt, mit noch nicht achtzehn, schon dergleichen Unfug treibe, wie ich mir das später dächte, wenn ich wegen Relegierung von der Schule und ähnlicher Abschreckungen mich nicht mehr in Zaum zu halten brauche? Ich versetzte: Goethe sei ja schon mit sechzehn Jahren auf die Universität Leipzig gekommen und sei auch kein Heiliger gewesen, worauf mein Vater mir entgegnete: „Dafür war er auch Goethe." – „Damals noch nicht", bemerkte ich, „noch längst nicht. Er hatte nur in sich das Zeug, Goethe zu werden." – „Dann werde erst einmal ein Goethe", war die Antwort. – „Er *war* es ja doch noch nicht damals", wiederholte ich. – „Du auch nicht", spottete mein Vater und verließ das Zimmer.

Vom Tage jener Vorhaltung an spielte für die letzten Sommerwochen mein Zusammensein mit Vera sich ausschließlich in dem Gartenpavillon des „Waldhorns ob der Bruck" ab. Ich hatte ihr erzählt, ich sei Student in Wien und gab vor meiner Abreise nach Speyer ihr die Anschrift meines Vetters Fery Heymerle an, der dort gerade sein Einjährig-Freiwilligen-Jahr als Windischgrätzdragoner abdiente und den ich brieflich über die Sachlage ins Bild gesetzt hatte. Ich tat das einerseits aus Eitelkeit, weil ich vor ihr nicht als ein simpler Gymnasiast erscheinen wollte, und andererseits damit sie mich nicht eines Tages unverhofft in Speyer überfalle. Das mußte unter allen Umständen vermieden werden.

Der Abschied machte mir nicht viel zu schaffen, mein Herz war an dem ganzen Abenteuer ja nicht mitbeteiligt.

Ottilie sah ich nicht in diesen Ferien, tat auch nichts, ein Wiedersehn herbeizuführen. Mein erster Liebestraum war ausgeträumt, doch meine Seele war aus einer Art Ernüchterung heraus nun erst für eine neue Liebe aufgeschlossen.

Nichtsdestoweniger schrieb ich bald nach meinem Wiedereintreffen in Speyer Vera. Ich schickte diesen Brief nach Wien in einem zweiten Umschlag meinem Vetter Fery mit der Bitte, ihn dort zu frankieren und dann auf die Post zu geben. Ich war befriedigt, Vera im Glauben zu wissen, daß mein derzeitiger Aufenthaltsort wirklich Wien sei. Nach acht bis vierzehn Tagen kam auch Veras Antwort, adressiert nach Wien und mir von meinem Vetter Fery zugeleitet. Der Brief begann: „Warum machst Du Dir eigentlich die unnötige Mühe und schickst Deine Briefe erst nach Wien? Direkt von Speyer nach Heidelberg ist es doch viel näher und bequemer. . ." Das hatte nicht kommen dürfen. Ich fühlte mich aufs äußerste beschämt, wenn ich mir vorstellte, wie sie sich über meine Einfalt lustig mache. Sofort schrieb ich an Falstaff und ersuchte ihn, doch gleich einmal im „Waldhorn ob der Bruck" vorbeizugehen, bei Vera ein Glas Wein zu trinken und dabei zu hören, was sie sage, da sie irgendwie erfahren haben müsse, daß ich nicht Student in Wien sei, sondern in Speyer aufs Gymnasium gehe. Schon nach drei Tagen kam der deprimierende Bericht, sie habe sich vor Lachen ausgeschüttet über meine rührende Naivität, als ob sie nicht schon längst Bescheid gewußt habe, schon als ich ihr in Heidelberg den Bären aufband, sie habe mich nur nicht bloßstellen wollen. Im übrigen, berichtete er weiter, sei sie, nun das Semester wieder angefangen habe, über und über in Anspruch genommen und vielseitig engagiert; er habe mir schon gleich gesagt: zum Zeitvertreib während der sauren Gurkenzeit sei ich ihr gut genug gewesen, jetzt habe sie ganz andere Interessen.

Als ich den Brief gelesen hatte, machte ich beschämt, ernüchtert und über mich selbst erbittert hinter das Erlebnis einen Schlußpunkt und antwortete ihr nicht mehr. Und doch: dies erste sommerliche Faltern und das braune pantherartige Geschöpf sind mir viel nachhaltiger und anders im Gedächtnis stehn geblieben als so und so viele, nachherige galante Abenteuer.

In der Gümbelei in Speyer fand bei unserem Wiedereintreffen ein Wechsel in der Zimmerverteilung statt. Nach Ausscheiden des vorjährigen Oberprimaners, namens Thoma, war das bis dahin von ihm bewohnte, auf die Landauer Straße nach vorne zu gelegene Zimmer in dem ersten Stock des Hauses frei geworden. Nun wurde ich der Nachfolger. Dacqué war früher schon hinunter auf den ersten Stock gezogen, so daß nun alle in der Gümbelei vereinigten Oberprimaner dort zusammenwohnten.

Mein neues Zimmer war ebenso verheerend eingerichtet wie mein seitheriges, doch dadurch, daß es gerade Wände hatte und etwas geräumiger war, wirkte es im ersten Augenblick einladender, auch war es wegen des größeren Fensters heller. Trotzdem vermißte ich mein heimeliges Dachzimmer mit seinem Ausblick auf den Garten und darüber weg aufs kleinstädtische Vorgelände, wo man sich ganz anders der Natur verbunden fühlte als bei dem Hinaussehn auf die aus dem Ungeschmack der achtziger Jahre herrührende vornehmere Villenvorstadtstraße.

Im Hause gegenüber (man sagte damals vis-à-vis) der Gümbelei lag ein etwa gleich großes Einfamilienhaus. Es gehörte einem Oberforstrat Ritter, der es mit seiner Familie bewohnte. Von den zwei Söhnen war der ältere Artillerie-Leutnant in Landau, der zweite hatte, gerade ehe ich nach Speyer kam, das dortige Gymnasium absolviert und studierte auf der Universität in Würzburg oder München. Ich kam mit beiden nie in nähere Berührung. Dann war noch eine damals fünfzehnjährige Tochter da, blauäugig, blond, mit etwas Adlernase, einem anziehenden Mund, sehr gut und schlank gewachsen und von einem großen Liebreiz. Sie bewohnte das Mansardenzimmer meinem Fenster gerade gegenüber. Ich grüßte sie, wiewohl ich ihr nicht vorgestellt war, wenn sie sich am Fenster zeigte. Aus diesem Gruße wurde bald ein längeres Verziehn am Fenster und zu ihr Hinübersehen. Das machte wohl, daß bald auch sie sich hergezogen fühlte, so daß wir schließlich beide jeden Abend über die Straße weg mit Blicken uns verzehrten. Es war ein Hin-und-Herfluten von Liebeswellen – wir wußten beide nicht mehr, waren es Minuten oder Stunden, die wir so am Fenster lehnten, so völlig hatten wir die Zeit und alles um uns her vergessen.

Ich habe diese Stimmung drei, vier Jahre später in einem rückschwingend geschriebenen Gedichte, das ich in mein Erstgedichtbuch aufnahm und dann auch in der Neuausgabe stehn ließ, festgehalten. Ich bringe hier nur die drei letzten Strophen:

Und wenn der Tag hindämmernd dann ergraute,
Und sich der Abend in der Nacht verlor,
Stand ich noch stundenlang und sann und schaute
Zum Erkerlicht im Nachbarhaus empor.

Dort wohnte sie. O Bild, das ich bewahre!
Ich liebte sie, wie keine mehr, so rein!
Die ganze Sehnsucht meiner Knabenjahre
Trug ich in ihren stillen Glanz hinein.

So war es damals. Alles war beginnlich,
Die Zukunft lag noch wie ein Wunder fern,
Und jede Leidenschaft war übersinnlich,
Die Welt stand unter einem guten Stern.

In kleinen Städten pflegen sich die Nachbarn, insbesondere die weiblichen Geschlechts, eingehend für das, was um sie vorgeht, zu interessieren. Kein Wunder, daß sie bald auf unser abendliches Uns-Zuschmachten aufmerksam wurden und unser Tun mit Neugierde verfolgten. Nichts selbstverständlicher, als daß sie ihre müßigen Beobachtungen an Frau Professor Gümbel wie auch an Frau Oberforstrat Ritter schleunigst weitergaben. Die Mutter Karolines nahm die Sache weiter nicht sehr tragisch, sondern ließ mich nur durch einen meiner ihrem Hause nahstehenden Mitschüler ersuchen, meinen Flirt ein wenig unauffälliger zu treiben. Ob und wieweit sie ihre Tochter ins Gebet nahm, habe ich niemals erfahren; jedenfalls stand sie am selben Abend, wie auch weiterhin, sobald es dämmerte, am Fenster. Dagegen hielt es Frau Professor Gümbel für geboten, ihrem Mann von dem Gehörten noch am gleichen Tage Mitteilung zu machen. Als ich nach dem Abendessen wieder auf mein Zimmer kam wie immer, waren meine Fensterläden unverhofft geschlossen, zum ersten Male, seit ich in der Gümbelei behaust war. Das machte mich zwar stutzig, doch ich würde ja bald sehen, ob meine Vermutung stimme. Ich machte also völlig selbstverständlich meine Fensterläden wieder auf und wartete der Dinge, die da kommen sollten, doch es kam nichts. Am nächsten Tage, nach dem Abendessen, waren meine Fensterläden wieder zu. Ich öffnete sie mit der gleichen Selbstverständlichkeit wie an dem vorigen Abend, jedoch nicht ohne mich zuerst durch Hinauslehnen vergewissert zu haben, daß die Läden meiner beiden Zimmernachbarn wie gewöhnlich offenstanden. Es dauerte nicht fünf Minuten, bis der grimm-geladene Pastor, wie üblich ohne anzuklopfen, bei mir eintrat. Wie ich mich unterstehn könne, die Läden, die auf seine Anordnung geschlossen worden seien, unbefugt wieder zu öffnen, herrschte er mich an. Gehalten gab ich ihm zur Antwort, ich könne das nicht wissen, ich hätte vielmehr angenommen, sie seien von dem Dienstmädchen versehentlich geschlossen worden. – Der Pastor: Da ich jetzt wisse, daß dies nicht der Fall sei, solle ich die Läden nunmehr wieder schließen. – Ich: Erst bäte ich um Auskunft, was der Anlaß für die Anordnung gewesen sei. – Der Pastor: Es sei die neue Hausordnung. – Ich: Warum sind denn alle anderen Läden auf bis auf die meinigen? – Der Pastor: Dann sei das bei den anderen eben vergessen worden. Er werde sie nachher gleich schließen lassen. – Ich: Ehe nicht die Hausordnung im ganzen Hause durchgeführt ist, bleiben meine Läden offen. – Ohne im Augenblick auf die Durchführung seiner Anordnung mir gegenüber zu bestehen, wandte der Pastor mir seinen Rücken und verließ das Zimmer. Ein Paar Minuten später hörte ich dann wie die Nachbarläden einer nach dem anderen geschlossen wurden. Die meinen blieben offen. Auch ließ sich der Pastor an jenem Abend nicht mehr bei mir blicken. Als ich tags darauf die anderen fragte, was sie eigentlich veranlaßt habe, noch so spät die Läden zuzumachen, wurde mir gleichlautend der Bescheid, es habe der Pastor in liebenswürdiger Weise sie gebeten, ihre Läden doch zu schließen, weil er dieses sonst auch nicht von Bernus fordern könne. Sie hätten darum nicht umhin gekonnt zu tun, um was sie angegangen worden seien. Von einer neuen Hausordnung sei nichts gesagt worden, versicherten sie mir einstimmig.

Ich zog daraus für mich die Folgerung und öffnete am nächsten Abend meine Läden wieder, obgleich diesmal die anderen, wie ich mich überzeugte, auch geschlossen waren. Wutschnaubend, wie ein Nilpferd, brach in seinem braunen Schlafrock, den er stets schon vor dem Abendessen anzuziehen pflegte, der Pastor zu mir ins Zimmer. „Läden zu!" brüllte er mich an noch auf der Schwelle. – „Es ist gar keine neue Hausordnung", war meine Antwort. „Die andern haben aus Gefälligkeit, weil Sie sie darum baten, ihre Läden zugemacht. Es liegt kein Grund vor, eine Ausnahme bei mir zu machen und mich anders zu behandeln als die andern. Ich werde meine Läden darum auch nicht schließen, Herr Professor." Nicht viel hätte gefehlt, so hätte sich der schwere Mann auf mich gestürzt, so brachte meine Weigerung ihn außer Fassung. Doch dann bekam er sich noch in die Hand und brüllte nur noch lauter: „Die Fenster zu, verstanden!" – „Sie bleiben auf", entgegnete ich unbeirrt und sachlich. Zum ersten Male wurde mir damals bewußt, daß gegenüber einem Tobenden der in der Überlegenheit ist, der vollkommen ruhig bleibt und selbst nicht mittobt. Er brüllte weiter und zwar so, daß die Anwohner in den gegenüberliegenden Nachbarhäusern an die Fenster kamen. Die Läden selbst zu schließen, darauf wollte er es scheinbar doch nicht recht ankommen lassen, vielleicht war es ihm auch nach dieser Szene peinlich, sich am Fenster sehn zu lassen. Je mehr er brüllte, desto ruhiger sah ich ihn an und ließ mich nicht einschüchtern. „Sie werden mich bis morgen abend wegen dieses Auftritts um Verzeihung bitten!" schrie er schließlich, als er sah, daß ich nicht nachgab, und verließ mich, hinter sich die Tür zuschlagend. Die Läden blieben offen.

Ein herrliches Triumphgefühl beseelte mich: Ich hatte mich von dem tyrannischen Zeloten nicht kleinkriegen lassen, sondern die Genugtuung gehabt, ihn mit der Stirn gegen die Wand rennen zu sehen. Daß er mir das nachtragen werde, wußte ich, doch war mir das gleichgültig. Auf jeden Fall stand soviel für mich fest: ihn um Verzeihung bitten würde ich bestimmt nicht. Damit waren meine Tage in der Gümbelei gezählt. Ich überlegte mir die Sache hin und her und kam zu dem Entschluß, am nächsten Morgen meinen Vater telegraphisch herzubitten und nach vorheriger Rücksprache mit ihm in seinem Beisein dann den endgültigen Bruch herbeizuführen. Natürlich würde ich dann gleich die Gümbelei verlassen müssen. Es handelte sich in erster Linie also darum, innerhalb von vierundzwanzig Stunden für das letzte Halbjahr meiner Gymnasialzeit irgendwo ein neues Unterkommen ausfindig zu machen, das gleichzeitig auch im Sinne meines Vaters wäre, denn ich wußte, daß er mir niemals erlauben werde, mich frei einzumieten. Da fiel mir der Professor Hollidt ein, der etwas für mich übrig hatte, seinem Kollegen Gümbel wenig zugetan war und der sowieso gelegentlich den einen oder andern Pensionär bei sich beherbergte. Gerade damals hatte er nur einen siebzehn- bis achtzehnjährigen Ausländer, einen Brasilianer, bei sich wohnen, der aber nicht auf das Gymnasium ging, sondern nur privat in deutscher und französischer Sprache von ihm unterrichtet wurde. Ich beschloß also, am nächsten Morgen, noch vor Schulbeginn, Professor Hollidt aufzusuchen, ihm mein Anliegen unter Darlegung des Sachverhaltes vorzutragen und ihn um Aufnahme zu bitten.

Das Haus Professor Hollidts lag kaum mehr als hundert Schritte von der Gümbelei entfernt am Ende der Landauer Straße, mit der Aussicht auf das freie Feld und in der Ferne auf das Hardtgebirge.

Am nächsten Morgen ging ich, ohne in der Gümbelei erst noch zu frühstücken, hinüber zu Professor Hollidt. Er empfing mich freundlich, hörte mich belustigt an und sagte, als ich fertig war, es werde sich voraussichtlich schon machen lassen, er wolle nur erst noch mit seiner

Frau darüber sprechen. Ich solle, wenn mein Vater da sei, irgendwann im Laufe des Nachmittags mit ihm vorbeikommen, um noch die Einzelheiten zu bereden. Ich dankte ihm sehr herzlich und ging gleich von da aufs Telegraphenamt, wo ich ein dringendes Telegramm an meinen Vater etwa dieses Wortlauts aufgab: „Zerwürfnis mit Professor Gümbel. Bleibe keine Stunde länger. Erwarte Dich ein Uhr an der Rheinstation." Vom Telegraphenamt aus ging ich dann gleich in die Schule. Die letzte oder vorletzte Vormittagsstunde war französischer Unterricht. Professor Hollidt rief mich nach der Stunde zu sich und gab mir zu wissen, daß die Angelegenheit in Ordnung gehe; seine Frau sei einverstanden. Natürlich müsse er vor meiner Übersiedlung zu ihm die Einwilligung meines Vaters haben. Er sei den ganzen Nachmittag für ihn zu sprechen. – Ich war nicht wenig glücklich über diese Lösung, denn nun konnte ich die etwaigen Zweifel und Bedenken meines Vaters wegen meines ferneren Unterkommens von vornherein zerstreuen. Die ganze Sache traf sich auch insofern günstig, als es gerade Samstag war, wo wir nachmittags schulfrei hatten, so daß ich meinen Vater an dem Heidelberger Zug, der kurz nach ein Uhr einlief, auf der Rheinstation abholen konnte.

Auf dem Weg zum „Pfälzer Hof", dem damals besten Gasthof Speyers, wo mein Vater, wenn er mich besuchen kam, mit mir zu Mittag aß, berichtete ich ihm den ganzen Vorgang. Mein Vater, der für alle solche Auseinandersetzungen und Szenen wenig eingenommen war, versuchte mich zu überreden, daß ich bei Professor Gümbel mich entschuldige; ich war jedoch dazu nicht zu bewegen. Nach Tisch war unser erster Weg zur Gümbelei. Mein Vater wollte die ihm peinliche Aussprache sobald als möglich hinter sich haben. Vor meinem Fortgehn aus der Gümbelei am Morgen hatte ich Frau Professor kurz gesagt, ich hätte meinen Vater telegraphisch hergebeten, er werde Herrn Professor gegen drei Uhr nachmittags aufsuchen. Mein Vater ließ sich melden und wurde in der guten Stube vom Pastor empfangen; auch Frau Professor Gümbel war anwesend. Wie selbstverständlich war ich an der Seite meines Vaters eingetreten, weil ich wußte, daß man ihm den ganzen Sachverhalt entstellt und anders schildern werde, als er sich tatsächlich zugetragen hatte, wenn ich nicht zugegen wäre. Das erste war auch, wie nicht anders zu erwarten stand, daß der Pastor nach einer herzlich scheinenden Begrüßung meines Vaters zu mir sagte, ich solle nebenan im Speisezimmer oder auf meinem Zimmer warten, bis die Aussprache beendet sei; er werde mich dann rufen lassen. Ich erwiderte, ich dächte nicht daran, seinem Wunsch Folge zu leisten, die Angelegenheit sei so publik, daß ich nicht den geringsten Grund sähe, eine Geheimsitzung über mich abzuhalten. – „Nun sehn Sie selber, Herr Baron, wie renitent und frech er sich benimmt, sogar in Ihrem Beisein", bemerkte der Pastor, nur mühsam an sich haltend – und zu mir: „Sie gehn jetzt auf Ihr Zimmer, während ich mit Ihrem Vater spreche." – „Ich werde *nicht* gehen, weil ich befürchte, daß mein Vater von dem Vorgang eine falsche Vorstellung bekommt, wenn ich bei dem Berichte nicht dabei bin." – „Wie können Sie sich unterstehen, mich der Lüge zu bezichtigen! Sie werden augenblicklich sich entschuldigen!" brüllte der Pastor jetzt. – „Ich habe Sie der Lüge nicht bezichtigt, nur vorsorglich, Herr Professor, vorsorglich, um allen Eventualitäten vorzubeugen. Ich bat Sie ja am ersten Abend schon um Auskunft, warum Sie neuerdings das Schließen meiner Fensterläden angeordnet haben?" – „Weil Beschwerden eingelaufen sind, daß man in Ihr Zimmer hineinsieht, wenn Sie sich beim Schlafengehen ausziehen." – Ich: „Erstens ist mir gegenüber alles dunkel, wenn ich schlafen gehe. Zweitens hat mein Vorgänger im Zimmer seine Fensterläden auch niemals geschlossen und meine Zimmernachbarn taten es bis gestern auch nicht. Drittens ist es selbstverständlich, daß ich für die Dauer meines Ausziehens meine Läden anlege, wenn ich ausnahmsweise sehe, daß noch jemand gegenüber auf ist. Diese Begründung ist also nicht triftig, Herr Professor." – „Ich bin Ihnen gegenüber keine Rechschaft schuldig – und nun verlassen Sie das Zimmer." – „Sobald die Aussprache beendet ist, nicht früher." – Nun wandte der Pastor sich meinem Vater zu, der ohne einzugreifen stillschweigend dabeigestanden hatte, um ihn zu einem Machtwort zu veranlassen. Mein Vater aber, der natürlich sah, daß hier nicht viel mehr gutzumachen sei, und aus unserer vorangegangenen Unterhaltung wußte, daß mein weiteres Bleiben in der Gümbelei doch nur zu neuen Unzuträglichkeiten führen müsse, brachte, da ein neues Unterkommen für mich schon gefunden war, die nötige Intensität, um meinem Widerstande zu begegnen, nicht mehr auf. Er meinte also, konziliant vermittelnd: ich solle wegen meines ungehörigen Verhaltens mich bei Herrn Professor wenigstens entschuldigen, damit bei meinem Ausscheiden nach einem mehr als zweieinhalbjährigen Aufenthalt dort beiderseits kein Stachel nachbleibe, da eine weitere Aussprache doch zwecklos sei. Doch auch dazu war ich nicht zu bewegen. „Ich bin mir keiner Ungehörigkeit bewußt, deretwegen ich mich zu entschuldigen hätte", protestierte ich und faßte den Pastor scharf ins Auge. Ein paar Sekunden peinlichen und halb verlegenen Schweigens hier und drüben, dann war mein Vater wieder Herr der Situation und meinte, Herr Professor Gümbel sehe ja wohl selbst, hier lasse sich nichts mehr einrenken, es sei daher auch zwecklos, die für alle Teile unliebsame Auseinandersetzung fortzusetzen. Er bedaure, daß mein langjähriger Aufenthalt im Hause Gümbel mit einem so krassen Mißklang ende. Er bäte, mich nur diese Nacht noch zu beherbergen, morgen würde ich im Lauf des Tages dann das Haus verlassen. Dann dankte er dem Ehepaar für alle mir erwiesene Mühe und Sorge und verabschiedete sich weltmännisch und verbindlich. Ich selbst verließ mit ihm wortlos auf Nimmerwiedersehen die gute Stube des evangelischen Pfarrhauses in Speyer.

Auf meinem Zimmer machte mir mein Vater Vorstellungen wegen meiner Halsstarrigkeit, doch gab er zu, daß meine Lage in der Gümbelei, nachdem sich alles derartig zugespitzt habe, ob mit, ob ohne mein Verschulden, lasse er dahingestellt sein, unhaltbar geworden sei, weshalb er auch nicht weiter auf mein Dableiben gedrungen habe. Er hoffe aber zuversichtlich, daß das nächste Halbjahr in dem Hause von Professor Hollidt reibungslos und ohne neuerliche unliebsame Überraschungen verlaufen werde. Ich versicherte ihm, daß er dessentwegen völlig unbesorgt sein könne. Hierauf begaben wir uns zu Professor Hollidt.

Von Herrn und Frau Professor Hollidt wurden wir mit Herzlichkeit empfangen. In zehn Minuten war alles abgesprochen. Die Luft im Hause Hollidt war im Gegensatz zu der vermufften, muckerhaften in der Gümbelei so erfrischend und herzbefreiend, daß man förmlich aufatmete. Nach der Besprechung lud uns Frau Professor Hollidt zum Kaffee ein, und als mein Vater eine halbe Stunde später sich verabschiedete, war er ganz aufgetaut und über die getroffene neue Lösung voll befriedigt.

Der Zug nach Heidelberg zurück fuhr kurz nach sechs Uhr von der Rheinstation ab. Da wir noch etwas Zeit hatten bis dahin, gingen wir erst noch zusammen in den Dom und in die Rheinanlagen. Mein Vater war erleichtert, daß der Nachmittag vorbei und alles noch verhältnismäßig glimpflich abgelaufen war, und schied, nicht ohne mich noch einmal zu ermahnen, bei der größeren Bewegungsfreiheit, die ich nunmehr in dem Hause Hollidt fände, mich zu keinem neuen Unfug hinreißen zu lassen.

Nachdem mein Vater abgereist war, ging ich gleich vom Bahnhof in die Gümbelei zurück, um meine Siebensachen für die Übersiedlung zu packen. Da der nächste Tag ein Sonntag war und ein Teilnehmen an der Mahlzeit in der Gümbelei nach dem Vorausgegangenen für mich nicht mehr in Frage kam, so setzte ich im Übereinkommen mit meinen Mitpensionären, die mir sämtlich ihre Mithilfe beim Umzug zugesagt hatten, meinen öffentlichen Auszug auf halb zwölf Uhr vormittags, gleich nach der Kirche, fest. Ich hatte meiner vielen Bücher wegen von den anderen ein paar Handkoffer ausgeliehen, auch mußten zwei Papierkörbe noch herhalten, um alles, was im letzten Augenblick nicht in die Koffer mehr hineinging, aufzunehmen, von dem Wandkalender bis zum Stiefelputzzeug.

Die späteren Abendstunden brachte ich zum letzten Male an dem ominösen Fenster zu, an dem ich nun so lange schon allabendlich gestanden und zu Karoline hingesehn hatte, und nahm von diesem mir zu einer Art von abendlicher Andacht und versinnlichtem Gebet gewordenen Glückszustand für immer in dem Herzen Abschied. Sicher hatte Karoline von all den Begebnissen der letzten achtundvierzig Stunden noch gar nichts erfahren: wie überrascht und wohl auch innerlich berührt würde sie sein, wenn ihr die Schwester meines Mitschülers, desselben, der mir die Bestellung ihrer Mutter ausgerichtet hatte, alles ausführlich erzählte. So ging ich erst spät schlafen jenen letzten Abend und ihr zärtliches, vor meinem inneren Auge in dem Fensterrahmen stehngebliebenes Bild begleitete mich noch in meinen Traum hinüber . . .

Am nächsten Morgen nach der Kirche traten meine sämtlichen Mitpensionäre aus der Gümbelei bei mir zusammen, und der Auszug wurde in Szene gesetzt. Jeder ergriff ein Stück, sei's Koffer, sei's Papierkorb, ein dritter nahm die in ein Bettlaken geknüpfte Bettwäsche (ein jeder mußte seine eigene stellen in der Gümbelei) und schlug sie über seine Schulter. Mit viel Gepolter und Hallo trug man die Sachen vor die Haustüre auf die Straße, wo der Zug sich paarweise zusammenstellte. Ich selbst trug nichts als eine große Bibel, die ich aufgeschlagen hatte, und mit der ich langsamen gemessenen Schritts dem Zug voranging, während wir gleichzeitig nach Verabredung liturgisch psalmodierten: Custodiat Dominus introitum tuum et exitum! (Der Herr segne deinen Eintritt und deinen Austritt. Ps. 126). Langsam und feierlich bewegte sich die Prozession die Landauer Straße entlang zum Hause des Professors Hollidt. In allen Häusern kamen die Bewohner an die Fenster, die Dienstmädchen versammelten sich vor den Haustüren und alles sah, belustigt über diesen sonntäglichen Auftritt, unserem Zug nach. Nur in der Gümbelei blieben die Fenster zu, und hinter den geschlossenen Gardinen stand die pastorale Familie und verfolgte zornbebend das demonstrative Schauspiel.

Am Ziele angekommen, schickten wir den Jüngsten zu Professor Hollidt in die Wohnung, um ihm unser Eintreffen zu melden. Er kam auch wirklich selbst herunter und begrüßte uns am Gartentore seines Hauses lachend und, ich glaube, nicht ganz ohne Schadenfreude. Oster, als der weltmännischste, hatte es übernommen, die Begrüßungsansprache zu halten. Vortretend hob er seine linke mit einem *schwarzen* Glacéhandschuh bekleidete Hand symbolisch und beklagte mein Auscheiden aus der Gümbelei im Namen aller Mitpensionäre. Doch dann versichtbarlichte er durch Hochheben der rechten Hand in einem *weißen* Glacéhandschuh seine und der anderen Freude, mich der Gümbelei entronnen und in einem so gelobten Port zu wissen. Gleichzeitig gab er mit beredten Worten dieser Freude Ausdruck. Ich glaube zwar, daß diese Zeremonie Professor Hollidt trotz seiner Abneigung seinem Kollegen gegenüber etwas peinlich war, doch ließ er sich nichts anmerken, sondern schüttelte Oster nach Beendigung seiner Ansprache lachend die Hand und meinte, es sei dieses jedenfalls die einfachste und billigste Art auszuziehen. Dann führte er mich in mein nach Westen im Mansardenstock gelegenes Zimmer, das mich gleich wohltuend anmutete. Die Gümbelianer kehrten wieder in die Gümbelei zurück, nachdem sie meine Sachen bei mir abgestellt hatten, da es inzwischen Zeit geworden war zum Mittagessen. Bei Tisch, berichteten sie mir tags darauf, hätten weder der Pastor noch seine Frau ein Wort zu irgendeinem von ihnen gesprochen, sondern sie wie Luft behandelt, doch habe Frau Professor ihrer ältesten Tochter gegenüber, sich am Tisch herausfordernd umsehend, geäußert: die gezählten anderen, die früher einmal aus dem Haus geflogen seien, wären beschämt bei Nacht und Nebel ausgezogen, während ich mich nicht entblödet hätte, meine Schande öffentlich zur Schau zu tragen. Diese Mitteilung erfüllte mich mit herzlicher Genugtuung, weil sie mir zeigte, daß ich meinen Zweck erreicht hatte und daß der Pfeil ins schwarze Feld getroffen habe. Auch war, wie ich nachmals von da und dort erfuhr, die öffentliche Meinung in der näheren und weiteren Nachbarschaft auf meiner Seite. So hatte ich mit meinem inszenierten Auszuge erreicht, was ich bezweckte. Doch ich hatte mir auch gleichzeitig in dem Pastor von da an einen unversöhnlichen und nachtragenden Feind geschaffen.

Die Hausgemeinschaft in dem Hause Hollidt bestand mit mir aus neun Personen. Den engeren Familienkreis bildeten das Professorenehepaar, ein zwölfjähriger Sohn, der in die Quarta ging, ein zweiter achtjähriger und außerdem die fünfundzwanzigjährige Schwester des Professors Hollidt, ein nicht hübsches, etwas rätselhaftes Mädchen, groß und gut gewachsen, und von einem angenehmen, doch zurückhaltenden Wesen. Sie studierte, wenn mich die Erinnerung nicht täuscht, Musik. Man sah sie, außer bei den Hauptmahlzeiten, wenig. Sie lebte sehr zurückgezogen, ging nirgends hin, und ich entsinne mich auch nicht, daß sie einmal Besuch bekommen hätte; auch bin ich auf der Straße ihr nie anders als allein begegnet. Zu mir war ihr Verhalten ein gleichmäßig freundliches, wiewohl ihr Umgangston im allgemeinen dritten gegenüber eher ablehnend und unzugänglich war.

Als Pensionär war außer mir nur noch der schon erwähnte Brasilianer da, ein blinder Draufgänger, weit über seine Jahre fortgeschritten, doch ohne eine Spur von innerem Gehalt. Die Wände seines Zimmers hatte er mit lauter meist aus illustrierten Zeitschriften herausgeschnittenen Frauenbildnissen, Aktbildern, Tänzerinnen, Balletteusen und Aufnahmen aus südamerikanischen Bordells, die er mit Reißnägeln befestigt hatte, förmlich austapeziert und lebte darin, ungezählte Zigaretten rauchend, ein genießerisches Sybaritenleben. Schon gleich am zweiten Abend lud er mich auf seine Bude ein und machte einen „Mocca triple", der mich beinahe umwarf, tischte Unmengen kandierter Früchte auf, und breitete vor mir dann dutzende diskreter Lichtbilder auf seinem Tische aus, die er in einer Schreibtischschublade, mit Schleifen eingebunden und nach Stoff und Vorwürfen geordnet, aufgestapelt hatte und die er, ihrer Verfänglichkeit wegen, wohl oder übel an den Wänden nicht anbringen konnte. Zuletzt rückte er mit Likören an, besoff sich selbst unmäßig und begann darauf mit Messerwerfen auf eine an seiner Tür angebrachte Korkscheibe, die er mit Messern spickte. Er wollte, daß ich mich davorstelle, um mir zu zeigen, daß er nie fehlträfe, sondern einen Messerkreis um meinen Kopf ziehe. Doch ich verzichtete auf die Vorführung dieses Kunststückes trotz seiner erstaunlichen Geschicklichkeit und zog es vor, mich feig schelten zu lassen, als freiwillig die Rolle eines Märtyrers zu spielen. Am nächsten Tage hatte ich heftige Kopfschmerzen und ein entschiedenes Gefühl des Mißbehagens gegenüber den Ereignissen des vorigen Abends. Sonst war der Brasilianer glücklicher Besitzer eines Tandems, eines Doppelfahrrads, auf dem zwei gleichzeitig hintereinandersitzend traten. Dieses Vehikel gab es meines Wisens damals nicht in Deutschland, wenigstens habe ich es nirgends sonst gesehen. Es war ein wenig lang und unhandlich, doch konnte man damit für die damaligen Schnelligkeitsbegriffe ein sehr starkes Tempo auflegen, auf guten Straßen bis zu vierzig Kilometer in der Stunde, nur war das insofern nicht ungefährlich, weil man mit der Handbremse nur langsam stoppen konnte, da es damals Rücktrittbremsen noch nicht gab. An freien Nachmittagen machte ich des öfteren mit dem Brasilianer Tandemausflüge. Er fuhr wie ein Besessener drauflos, ich auf dem zweiten Sitze mußte mit dem Treten Schritt halten. Wir brausten nur so durch die nachbarlichen Ortschaften, so daß die Bauern oder die uns auf der Landstraße begegnenden und von uns überholten Handwerksburschen uns erbittert nachsahen und lästerliche Schimpfworte nachriefen, was den Brasilianer reizte, nur noch toller loszutreten, um im Umsehen den so Erbitterten auf spanisch, portugiesisch oder was weiß ich für eine Sprache noch viel schauderhaftere Verwünschungen und Flüche zuzuschicken. Ich fürchtete dann immer, wenn er so in voller Fahrt sich umsah, daß wir gegen einen Prellstein oder einen Baum anrennen würden, und einmal fuhren wir auch wirklich geradewegs in einen Graben, wobei wir zwar zu Sturz kamen, doch außer ein paar Schrammen und einer verbogenen Lenkstange nicht weiter Schaden nahmen. Im übrigen war ich, von unseren gemeinschaftlichen Tandemfahrten abgesehen, mit dem Brasilianer nur wenig zusammen, obgleich wir Zimmernachbarn im Mansardenstocke waren. Wir hatten keinerlei Berührungspunkte außer diesem sportlichen, und wenn das Tandem wieder in dem Schuppen stand, ging jeder von uns beiden wieder seine eigenen Wege. Der Brasilianer blieb auch noch, nachdem ich absolviert und Speyer als Mulus verlassen hatte, eine Zeitlang bei Professor Hollidt. Ich habe nach meiner Abreise nie mehr etwas von ihm gehört und weiß auch nicht, was aus ihm wurde. Er war menschlich zu uninteressant, als daß ich später seinem weiteren Ergehen nachgefragt hätte.

In dem Mansardenstock des Hauses Hollidt wohnten außer ihm und mir noch die beiden Hausmädchen: ein stattliches, nicht unebenes Dienstmädchen und eine sechzehnjährige Haustochter, eine unbemittelte Verwandte von Frau Hollidt, die selbst kleiner Herkunft, doch ein Mensch von Hand und Fuß war. Das Tür-an-Tür-Wohnen mit dem brünetten anmutigen Mädchen hatte etwas sehr Verführerisches für uns beide, zumal die Kleine bald etwas wie eine Neigung zu mir faßte und gelegentlich auch in mein Zimmer schlüpfte, um mich zu besuchen. Sie setzte sich dann meistens auf mein Knie und wurde zärtlich, doch nicht herausfordernd oder verdorben, sondern in natürlich sinnlicher, naiver Art und Weise. Ich kam dadurch in eine zwiespältige Lage: Ich war versucht, die Zärtlichkeiten mit noch größeren zu erwidern, doch andererseits empfand ich etwas wie Gewissensbisse Karolinens wegen: ich wollte ihr nicht „untreu" werden, ob ich mir gleich sagte, daß dieses ja zwei ganz verschiedene Dinge seien: meine große heilige Liebe und ein unverfängliches verliebtes Faltern, und daß eins dem anderen keinen Abbruch tue. Doch etwas anderes war noch, was mich abhielt, mich noch näher mit ihr einzulassen: unser beider Unerfahrenheit. Um meinerseits den Mut zu finden, ein intimes Abenteuer einzugehen, bedurfte es bei mir noch einer reifen und erfahrenen Anleitung; ich wagte es noch nicht, selbst die Initiative zu ergreifen, dazu war ich noch zu verhemmt und schülerhaft trotz der vorangegangenen Lehrwochen bei Vera, wo natürlich sie als kunsterfahrene maîtresse des plaisirs mich in die Zunftschule genommen hatte, erstmals. So blieb es also bei dem Liebesvorspiel und Geplänkel mit dem anschmiegsamen braunen Mädchen, dessen Namen ich schon ewig lange vergessen habe wie von ach so vielen später. Es gibt darüber eine schöne Strophe Swinburnes:

„Und ob gut oder schlimm: du bemaßest
Nicht mehr Schuld als ich bemaß,
Wenn du meine Küsse vergaßest
Und ich deinen Namen vergaß.“

Ich lebte bei Professor Hollidt völlig frei und ungezwungen. Während in der Gümbelei die Internisten nach dem Abendessen nicht mehr ausgehn durften, war für uns um zehn Uhr bei Professor Hollidt Zapfenstreich, und wenn man sich einmal etwas verspätete, so machte er daraus weiter kein Aufsehen. Die Folge davon war, daß ich gar kein Bedürfnis fühlte, wegzugehn und mich herumzutreiben. Außer einmal wöchentlich war der Wirtshausbesuch auch den Oberprimanern ohnehin verboten, und sonst bot Speyer, damals wenigstens, so gut wie überhaupt keine Zerstreuung. Theater oder Kabarett gab es dort keines, nur hin und wieder einmal ein Konzert, das war auch alles. So ging ich, trotz der Freiheit, die ich hatte, nur ganz selten abends weg, wenn wir gegessen hatten, sondern blieb auf meinem Zimmer, las und dichtete. Ich war durch die Gespräche über Shakespeare in dem Wilhelm Meister auf Shakespeare gekommen und las nun „Macbeth“, „König Lear“, den „Hamlet“ und die Königsdramen. Die überlebensgroßen Dramenwelten Shakespeares stellten sich verwirrend und aufwühlend vor meine Seele, denn dieses Übermaß von Leidenschaften und Gewaltinstinkten und dann wieder das beschwerdelose, sonnige, mitunter inbrünstige Spiel der Sinne, diese ganze Skala aller menschlichen Unwillkürlichkeiten, Spannungen und Entspannungen warf mich hin und her, es war mir wie auf einem Schiff bei hohem Seegang; nur mitunter brach durch das zerrissene Gewölk ein schmales Stück erhellten Horizontes, aber niemals sah das Auge glücklich und befreit die volle Sonne und den weiten ausgedehnten wolkenlosen blauen Himmel. Zu dunkel und bestürzend legte diese Welt des Untermondlichen, Dämonisch-schicksalhaften mit ihren Nachtgesichten sich auf meine damals noch zu anfällige, durchlässige Seele. Am meisten bedeuteten mir die mehr im Romantischen beheimateten Stücke reinen Spieles: „Der Sommernachtstraum“, „Wie es euch gefällt“, „Die Komödie der Irrungen“, „Was ihr wollt“ und „Romeo und Julia“. Zum erstenmal empfand ich, angeregt durch diese Vorbilder, den anmaßlichen Anreiz, selbst ein

Schauspiel zu versuchen. Ich wählte mir als Vorwurf die Legende von der heiligen Genoveva. Ich wußte damals nicht, daß Hebbel, Tieck und auch der Maler Müller diesen Stoff bereits gestaltet hatten. Ich kam über die erste Szene auch niemals hinaus, die Vorbereitungen für das herannahende Abitur ließen mir zu einer konzentrierten Arbeit nicht die nötige Sammlung. Später habe ich den unzulänglichen Versuch zusammen mit noch anderen Unzulänglichkeiten, die mir nicht des Aufbewahrens wert schienen, verbrannt, der Mahnung Gottfried Kellers folgend:

> „Im Reich der Kunst, wo Luft und Raum so teuer,
> Soll nicht der Schutt dem Werk im Wege stehn."

Ich fuhr damals fast jeden Samstag nachmittag zum Wochenend nach Heidelberg. Aus der dortigen Universitätsbuchhandlung Winter brachte ich mir einmal ein Gedichtbuch mit nach Speyer, das der Buchhändler mir als den höchsten Ausdruck neuzeitlicher deutscher Lyrik angepriesen hatte. Es hieß *„Aber die Liebe"*, ein Ehemanns- und Menschenbuch von Richard Dehmel und war 1893 schon erschienen, also schon fünf Jahre ehe ich es kennenlernte. Ich las darin und suchte mich damit zurechtzufinden. Die eingestreuten Prosastücke nur zu lesen, kostete mich Überwindung, ich fand dazu gar kein Verhältnis, zur Mehrzahl der Gedichte auch nicht. Um so stärker wurde ich von einigen, wenn auch nur wenigen (es waren meist die kürzeren) beeindruckt. Restlos beglückte mich im Grunde nur ein einziges: „Aufblick" betitelt, das beginnt: „Über unsre Liebe hängt . . ." Und dann, mit Abstand, auch noch dieses: „Gib mir!": „Und du kamest in mein Haus . . ." Die „Verwandlungen der Venus" wirkten nur grotesk auf mich und abstoßend, so weit ich sie verstand damals, nicht inhaltlich allein, vor allem auch formal und sprachlich. Ein Gedichtzyklus, der mit der Strophe schließt:

> „Schon errötet dort der Giebel,
> Sonne, mach ein bißchen schneller!
> Schuster, bring mir meine Stiebel,
> Heut verlaß ich deinen Keller!"

erschien mir, der sich an Goethes, Eichendorffs, Brentanos, Heines, Platens und Novalis' strenger Versgesetzlichkeit geschult hatte, so abwegig wie unerträglich. Zehn oder zwölf Jahre später verehrte Dehmel mir den numerierten, neu herausgebrachten Sonderdruck der in der

Zwischenzeit erweiterten und überarbeiteten „Verwandlungen". So sehr mich diese Aufmerksamkeit an sich freute, die Dichtung selbst stieß mich womöglich n o c h mehr ab als damals, als ich noch kein abschließendes Urteil hatte, eine so vollkommene ästhetische Entgleisung ist sie.

Ich habe übrigens im Lauf der Jahre meine erste Einstellung zu dem Gedichtbuch „Aber die Liebe" kaum verändern müssen: Die wenigen darin enthaltenen Gedichte, die mir seinerzeit etwas bedeuteten, bestehen für mich auch noch heute, weil es zeitlose Strophen sind, die längst dem gültigen Bestand des deutschen Schrifttums angehören. Ich habe schon einmal in einem früheren Kapitel dieses Buchs davon gesprochen, daß sich Dehmel leider selbst den Zugang zu seinen Gedichtbüchern durch seine maßlose Kritiklosigkeit seinem eigenen Schaffen gegenüber fast verschüttet hat. Bei keinem zweiten Dichter, nicht einmal bei Liliencron, scheint eine unnachsichtlichere Sichtung so geboten wie gerade bei Dehmels Lyrik. Geschähe dies, man würde einen großen Dichter plötzlich nach Jahrzehnten neu entdecken; zugegeben, daß der so getroffene Auswahlband ein schmaler würde.

Was mich jedoch in dem Gedichtbuch „Aber die Liebe" damals so erregte, war etwas, das mit dem Künstlerischen nur bedingt zu tun hatte: es war der ungestüme neue Zeitwind, der mich daraus anblies, eine Stimme, die der jungen suchenden Generation um die Jahrhundertwende ihre eignen Sehnsüchte und Nöte zurief, nicht etwa um sie zu erlösen (das wollte sie auch gar nicht), sondern um sie nur noch inbrünstiger und verwirrender im Labyrinth der „schönen Täuschungen", wie Hans Carossa jenen Abschnitt seiner Aufbruchsjahre nennt, im Kreis zu führen.

> „In allen Tiefen
> Mußt du dich prüfen,
> Zu deinen Zielen
> Dich klarfühlen;
> Aber die Liebe
> Ist das Trübe.
>
> Jedweder Nachen,
> Drin Sehnsucht singt,
> Ist auch der Rachen,
> Der sie verschlingt;
> Aber ob rings von Zähnen umgiert,
> Das Leben sitzt und jubiliert."

ist das Geleitgedicht des Buches. Es hat mich lange Zeit verfolgt, bis ich viel später erst zu eigener Aussage das Wort fand:

> Von Leben, Traum und Tod das Lied,
> Es mischt sie ohne Unterschied.
>
> An jedem neuen Meilenstein
> Ist eine andre Liebe dein
> Und läßt dich mit dir selbst allein.
>
> Das Leben folgt dem dunkeln Zwang,
> Der Traum ist voll von Übergang,
> Der gute Tod, er wartet lang.

Von Dehmels aufrüttelnder Dichterstimme angeregt, hielt ich nun auch nach anderen lyrischen Fanalen in der jungen deutschen Dichtung Umschau, doch ich fand nichts. Nach Speyer war von allem dem noch überhaupt nichts hingedrungen. Der modernste Dichter, den man in der Speyerer Buchhandlung bekam, war Martin Greif – dafür war er auch ein gebürtiger Speyerer. Im übrigen sind unter seinen auf die Tonlage der achtziger und neunziger Jahre abgestimmten Verse einige ganz liebenswürdige, sympathische darunter, auch wenn sie sich von den unzähligen gleichartigen anderen jener nachromantischen, sentimentalen und gefühlsverlogenen Epoche (Geibel, Baumbach, Bodenstedt, Paul Heyse, Traeger, Rittershaus, von Redwitz, A. Fitger, Albert Knapp, Adolf Schafheitlin und wie sie noch alle heißen), gegen welche dann die junge Generation Sturm lief, nicht beträchtlich unterscheiden.

In Heidelberg gelang es mir dann schließlich doch, einen Gedichtband von Karl Henckell, Liliencron und Gustav Falke aufzutreiben. Bei Liliencron und Falke fand ich zwar sehr vieles, das mich ansprach, doch die ungebärdige Inbrunst und das revolutionäre Pathos Dehmels, das ich nun auch bei den anderen suchte, fand ich nicht bei ihnen. Es war dieses – doch das ist eine Perspektive, die sich mir erst später auftat – die ganz einmalige individuelle Note Dehmels, die ihm in der damaligen gärenden und aufbruchswilligen Zeit die starke, doch nicht dauerhafte Resonanz verschaffte.

Von meinem westlichen Mansardenfenster aus sah man auf nichts als Felder und die Landstraße dazwischen, über die gelegentlich ein Bauernfuhrwerk hinschlich, und ganz fern am Horizont wie ein Gewölk das Hardtgebirge. Es war ein monotoner Ausblick. Was mich aber dabei anzog, war die Weite, insbesondere bei klaren Stern- und Vollmondnächten, wenn die Nähe fremd zu werden anfing und die Umrisse verschwammen. Und vollends in dem anbrechenden Frühling wurde es lebendig, daß ich abends wieder stundenlang am Fenster stand und nun nicht mehr zu Karoline, sondern in das Dunkelwerden über dem durch alle Poren spürbar in sich arbeitenden Land hinaussah und die von Erdbrodem schwangere Nachtluft einsog. Nur Dacqués nachbarliches Geigenspiel entbehrte ich in jenen Stunden.

Der Frühling brachte eine überraschend schöne Abwechslung: Es kam ein richtiggehender Tattersall nach Speyer. Ob er sich länger als das Sommerhalbjahr über halten konnte, weiß ich nicht, weil ich dann nicht mehr dort war; ich glaube nicht, da er nur wenig frequentiert wurde. Für die Speyerer war der Reitsport etwas viel zu Ungewöhnliches, Neuartiges. Das hatte immerhin den Vorteil, daß man jederzeit ein Pferd bekommen konnte, wenn man hinkam. Glaser und ich beabsichtigten – und unsere Väter waren damit einverstanden – gleich im Herbst anschließend ans Gymnasium unser Einjährig-Freiwilligen-Jahr bei den Karlsruher Leibdragonern abzudienen. Es kam uns also sehr erwünscht, daß wir in den vorangehenden Sommermonaten unsere Reitkenntnisse noch vervollständigen konnten. Wir mieteten uns also an den freien Nachmittagen und am Sonntag meistens nach der Kirche (Kirchbesuch war vorgeschrieben) Pferde, und so ritten wir gemeinsam ins Gelände. Das waren unvergeßlich schöne Stunden in dem sonst so eintönigen Speyer, und wenn man vom Ritt zurück war, ging es dann ins Schwimmbad. Die Vorbereitung auf das Abitur kam dadurch allerdings stark in das Hintertreffen, doch wir waren guter Zuversicht, daß wir es auch so schaffen würden.

Einmal begegnete uns auf dem Heimritt der Professor Grünwald, der griechischen Unterricht gab in der Oberprima. Er war trotz Pindar und Homer ein pfäffischer Ultramontaner und der einzige von allen meinen Speyerer Lehrern, der seinem Kollegen Gümbel kaum viel nachgab. Ich habe alle meine Speyerer Lehrer außer ihm und dem Pastor noch heute nach so langer Zeit in erfreulicher Erinnerung. Auch hier erfuhr ich wieder wie schon öfters, daß Bigottsein den Charakter minderwertig macht statt ihn zu läutern und zu bilden. Er war mir ohnehin nicht wohlgesonnen, weil er an meiner bei der letzten Schulfeier vorgetragenen Ballade „Liebfrauenmilch" Ärgernis genommen hatte. Er verstehe nicht, wie der Herr Rektor seine Zustimmung zum Vortrag einer Dichtung habe geben können, die die heilige Mutter Gottes zur Erretterin der Seele eines so verworfenen Säufers mache. Das sei die reine Gotteslästerung, hatte er mißbilligend sich geäußert. Am nächsten Tag also nach unserem Vorüberritt an ihm rief er uns in der griechischen Stunde auf, um uns so scharf wie möglich auf den Zahn zu fühlen. Hereinlegen kann man natürlich jeden, wenn man es darauf absieht. Dabei ist es ihm nicht einmal zu seiner restlosen Befriedigung gelungen, denn wir hatten beide in Voraussicht solcher Tücke diesmal uns für seinen Unterricht gut vorbereitet. Nichtsdestoweniger nahm er dabei mit hämischer Genugtuung Anlaß zu bemerken: „Der Bernus und der Glaser reiten nachmittags spazieren statt fürs Abitur zu arbeiten. Dabei hätten gerade sie es beide dringend nötig. Na, fahren sie nur fort, ich werde Sie im mündlichen Examen schon durchreiten lassen." Nichtsdestoweniger ließen wir uns am nächsten freien Nachmittag die Pferde wieder satteln.

Der Tattersall lag in der Nachbarschaft des Hauptbahnhofs. Um nicht erst lange durch die Stadt zu müssen, wählten wir bei unseren Ausritten meist die Straße, die am Güterbahnhof hinführte, trotz des nicht unbeträchtlichen Verkehrs an Lastfuhrwerken. Dabei begegnete uns einmal ein Planwagen mit Eisenbahnschienen beladen, die auf dem holperigen Pflaster klirrend aneinanderschlugen. Der Braune Glasers, der voranritt, scheute und ging durch. Mein Fuchs hielt sich dicht an dem Braunen. Ich ließ ihn laufen, denn bevor Glaser den seinigen nicht zum Stehen brachte, war mein Fuchs doch nicht zu halten. So pesten wir die Vorstadtstraße lang, die Leute schimpften oder lachten und die Kinder schrien. Wir überholten einen Leichenzug, die Leidtragenden stoben auseinander. Vorbei und weiter bis wir auf das freie Feld hinauskamen. Glaser, der bei seiner angeborenen Steifheit ohnehin zu Pferde keine glückliche Figur machte, bot, wie er so verzerrt und krampfhaft in den Zügeln hing, ein komisches bejammernswertes Bild, so daß ich laut auflachen mußte, ob ich gleich in derselben Lage war wie er und meinen Fuchs nicht stoppen konnte. Da plötzlich sahen wir, daß die Barriere vor uns am Bahnübergang, dem wir uns näherten, geschlossen war. Da gab es nur den einen Ausweg: seitwärts in das Feld zu steuern, koste es was es wolle, denn dazwischen lag ein wenn auch schmaler Graben. Es gelang. Die weiche Ackererde schien dem Braunen Glasers nicht recht zu behagen: plötzlich stoppte er ruckartig. Glaser flog hoch über seinen Kopf hinweg in die Kartoffeln, wo er einen Augenblick lang wie benommen liegen blieb, doch dann, sich langsam aufrichtend, an sich hinuntersah, wie um sich an sich selbst zu vergewissern, daß ihm nichts geschehen sei. Der Braune blieb ganz ruhig neben ihm im Acker stehn, als sei nichts vorgefallen. Mein Fuchs, dem es anscheinend sinnlos vorkam, blindlings so allein ins Blaue fortzujagen, machte gleichfalls halt, nur nicht so plötzlich. Schadenfreude ist die reinste Freude, und so konnte ich mir, als ich sah, daß

Glaser wieder unverletzt auf seinen Beinen stand, es nicht versagen, ihn nach Kräften aufzuziehen, was ihn derart erboste, daß er auf dem ganzen Heimweg nicht ein Wort sprach und beim Tattersall sich ohne Abschied von mir trennte, während wir sonst gemeinsam von da aus ins Schwimmbad gingen. Nach ein paar Tagen aber war sein Groll wieder verraucht und wir erneuerten unsere gemeinschaftlichen Ausritte in Eintracht ohne weitere Zwischenfälle.

Die dreitägigen Pfingstferien benützten wir: Merl, ich und Oster, eine Wanderung quer durch die Hardt (Abb. 92) zu machen bis nach Neustadt. Merl war jener Mitschüler, der bei der Schulfeier meine Ballade „Liebfrauenmilch" statt meiner vorgetragen hatte, ein waschechter Pfälzer mit einem gewachsenen und unversieglichen, mitunter etwas taktlosen Humor, der in den letzten Monaten sich insbesondere Oster näher angeschlossen hatte; auch ich stand mit ihm auf ganz gutem Fuße, wenn wir auch letzten Endes nicht viel miteinander anzufangen wußten. Auf Kneipen, Ausflügen und Unternehmungen jeder Art war er der denkbar beste Spießgeselle, er konnte einen ganzen Tisch mit seinen Redensarten und Spaßmachereien unterhalten. So verbrachten wir auf unserer Wanderung nach guten Marschleistungen tags die Abende beim Pfälzer Wein in Wirtsgärten und Pfälzer Weinstuben, wobei Oster und noch mehr Merl es mir im Trinken weit zuvortaten. Wir durchstreiften kreuz und quer die Hardt, begünstigt von der Witterung, und hatten sicher mehr von unseren Pfingstferien als die, die voller Angst vor dem bevorstehenden Abitur ihre vier Wände nicht verlassen, sondern durchgebüffelt hatten. Und die Erinnerung an den schroff aufsteigenden Trifels, wo vorzeiten Richard Löwenherz gefangen saß, und an die Madenburg ist mir geblieben, während ich die Daten aus der bayerischen und pfälzischen Geschichte längst vergessen habe.

Nach den Pfingstferien waren es nur noch wenige Wochen, bis das schriftliche Examen seinen Anfang nahm. Allmählich stieg die Spannung doch ins Fieberhafte. Dabei war es nicht einmal so die Angst, daß man es nicht bestehen werde (die eigentliche Siebung fand schon in der Unterprima statt), sondern das fast atemraubende Gefühl, nun endlich dicht vor dem ersehnten Ziel zu stehn: kein Schüler mehr, sondern ein freier Mensch zu sein; das Leben wartete, das weite, gutgeglaubte, fremde, abgründige Leben; nur über diese letzte Brücke und das blaue Tor der Zukunft tat sich auf in eine ungewisse und verheißungsvolle Ferne . . .

Dem schriftlichen Examen unterlagen die sechs Fächer: Lateinisch, Griechisch, Deutsch, Mathematik, Französisch und Religion. Von diesen fürchtete ich nur Mathematik und Griechisch: Mathematik, weil sie für mich nun einmal eine hoffnungslose Sache war; Griechisch, weil ich mir nichts Gutes von Professor Grünwald zu versehen hatte nach der gehässigen Äußerung, er werde mich und Glaser beim Maturum „schon durchreiten lassen". Er hatte das nicht bloß so hingesagt, wie ich ihn kannte. Doch er war besser als der Anschein, den er sich gegeben hatte, wenigstens in unserem Falle. Vielleicht auch waren unsere schriftlichen Arbeiten so leidlich, daß er uns nicht beikommen konnte, zumal wir auch im mündlichen Examen uns nicht eine einzige Blöße gaben. So schnitt ich, ebenso wie Glaser, mit „Genügend" ab im Griechischen. Und ebenso in der Mathematik, doch mochte dieses nicht zuletzt dem Wohlwollen Professor Hofmanns, wenigstens bei mir, zu danken sein; die mathematische Begabung oder vielmehr Unbegabung Glasers war, wenn ich mich recht entsinne, wenigstens nicht ganz so kraß wie meine.

Die Tische in der Aula, wo das schriftliche und später auch das mündliche Examen stattfand, waren ohne Unterfach und daher ungeeignet, irgend etwas zu verbergen, und außerdem saß man so weit getrennt, daß man sich nichts zureichen konnte, ohne von dem aufsichtsführenden Lehrer bemerkt zu werden; man war also ganz auf sich selber angewiesen.

Vier mathematische Aufgaben waren es, die man gestellt bekam, doch brauchte man nicht alle vier zu lösen; wenn nur eine stimmte, war man schon gerettet. Mit zweien kam ich ungefähr zu streich: methodisch war die Lösung richtig (das, worauf es ankam), auch wenn ich, wie ich von Professor Hollidt bei Gelegenheit erfuhr, mich in der Ausführung verrechnet hatte. Mir ist es heute noch ein Rätsel, wie ich ohne Osters oder andere fremde Hilfe eine einzige Lösung habe finden können, da ich während meiner ganzen Speyerer Gymnasialzeit eigentlich so gut wie keine mathematische Aufgabe allein gemacht habe, denn auch bei den sogenannten Prüfungs- und Schulaufgaben hatte man die Möglichkeit, von seinem Neben- oder Hintermanne sich die Formel oder wessen man bedurfte, zuschustern zu lassen. Das aber war beim Abitur unmöglich, vollends für mich, denn ausgerechnet führte der Pastor, mein Freund und Gönner, jenen Vormittag die meiste Zeit über die Aufsicht. Die Lehrer wechselten sich in der Aufsichtführung ab, zweistündig meistens. Fast für die ganze Dauer seiner Aufsicht stellte der Pastor sich hinter mich (ich saß an einem Eckplatz); und einmal, als er sich, anscheinend absichtlich, für kurz von mir entfernt hatte, trat er, zurückkehrend, zu mir heran, zog unversehens das vor mir liegende Blatt samt der Unterlage weg und sagte: „Was haben Sie denn noch da liegen, Bernus?" – „Nichts, wie Sie sehn", war meine Antwort. Er hätte mir zu gerne eine Täuschung nachgewiesen, was für mich unweigerlich die Ausschließung von dem weiteren Examen nach sich gezogen hätte. Das war ihm nicht geglückt, er hatte sich nur wieder bloßgestellt. Und das war meine letzte mißliche Begegnung mit dem Manne, unter dessen Dache ich mehr als zwei Jahre meines Lebens zugebracht habe, trotz seiner: zweieinhalb nicht weggewünschte Jahre.

Der Prüfungsaufsatz im Lateinischen bereitete mir weiter keine Schwierigkeiten, und im Französischen, mit dem ich nach wie vor auf Kriegsfuß stand, verließ ich mich ganz auf das Wohlwollen Professor Hollidts, und wirklich: er bezeigte mir es weitestgehend, indem er während seiner Aufsicht wiederholt zu mir herantrat und, sich über meine Schulter beugend, mein Geschriebenes nachlas, um dann schweigend mit dem Finger auf die fehlerhaften Stellen hinzuweisen. Nach Ablauf der für die Ausarbeitung des französischen Prüfungsaufsatzes bestimmten Frist händigte nach Einsammeln der Aufsätze Professor Hollidt sie mir ein und sagte: „Bernus, bitte bringen Sie die Arbeiten von hier aus gleich nach Hause und legen Sie sie dort auf meinen Schreibtisch." – Hierdurch versetzte er mich – ob mit Absicht weiß ich heute noch nicht – in die Lage, meine Arbeit ungestört an Hand der anderen nachträglich zu verbessern. Im ersten Augenblick war ich durch die mir so gebotene Möglichkeit förmlich benommen, denn ich wußte, daß mein Aufsatz immer noch von Fehlern wimmelte. Noch auf der Treppe des Gymnasiums bedrängten mich so und so viele Konabiturienten mit der Bitte, ihnen ihre Arbeit, sei es nur für zwei Minuten, wieder auszuhändigen, um doch wenigstens noch ein paar Korrekturen darin vornehmen zu können. So sah ich mich in einen äußerst peinlichen Zwiespalt versetzt, denn ich hätte mich Professor Hollidt gegenüber eines unverzeihlichen Vertrauensbruchs schuldig gemacht, wenn ich dem Drängen nachgegeben hätte; und wieder: mußte eine Weigerung von meinen Mitschülern nicht als unkameradschaftlich empfunden werden? Ich nahm jedoch dies Odium auf mich und verweigerte, nicht ohne mich dabei zu rechtfertigen, standhaft die Herausgabe der Arbeiten. Ich glaube auch, daß trotz ihrer Verärgerung die meisten die Beweggründe, aus denen heraus ich handelte, verstanden.

Auf dem Nachhauseweg nun gab ich mir darüber Rechenschaft, daß ich nach diesem Vorfall mir auch selber keinesfalls mehr die Gelegenheit zunutze machen dürfe, meine Arbeit zu verbessern, während ich den anderen die Ausnutzung des gleichen Vorteils abgeschlagen hatte. Ich ging also sofort nach Hause, wo ich, um nicht weiter in Versuchung zu geraten, gleich als erstes meinen Pack, wie ich ihn überkommen hatte, in Professor Hollidts Arbeitszimmer auf den Schreibtisch legte. In meinem Zimmer lehnte ich die Türe an: ich wollte hören, wann Professor Hollidt heimkäme. Das war etwa nach einer halben Stunde, nicht lange vor dem Mittagessen. Ich hätte also reichlich Zeit gehabt, um meine Arbeit zu verbessern. Als ich Professor Hollidt dann bei Tisch begrüßte, fragte er, mich scharf ansehend: „Haben Sie die Prüfungsarbeiten gleich hergebracht?" – „Sie liegen, wie Sie sie mir übergeben haben, rechts auf Ihrem Schreibtisch, Herr Professor." – „Ich habe auch nichts anderes erwartet", sagte er, sichtlich befriedigt. – Ich war nicht wenig überrascht, in meinem Abgangszeugnis im Französischen die Note 2 zu finden, die meine Leistungen entfernt nicht rechtfertigten.

Die letzte schriftliche Examensarbeit war der deutsche Aufsatz. Zwei Themen waren uns zur Wahl gestellt. Mir ist nur noch das Thema, das ich wählte, im Gedächtnis: „Kann uns Horaz auch nach der Schulzeit noch etwas bedeuten?" So etwa hieß es. Ich weiß nicht wie es kam, doch ritt vom ersten Augenblick an mich hierbei der Teufel. Die Vorliebe der Schulmeister und Philologen für Horaz schien mir schon damals in der Hauptsache dadurch bedingt, daß er von allen römischen Dichtern der vordergründigste war, verdrießlich schon durch seine unentwegten gunstbewerberischen Andichtungen an bald alle einflußreichen angesehenen Persönlichkeiten Roms, uns heute lauter nicht mehr angehende Dinge. Und vollends seine „aurea mediocritas", die goldne Mittelmäßigkeit, genau das, was den Philister anspricht. Den Philologen reizt natürlich die komplizierte Metrik seiner Oden, also wieder die formale und rein äußerliche Seite. Wie ungleich atmosphärischer, lebendiger stehen dem die Elegien Ovids oder Tibulls entgegen und ebenso Catull mit seinen unherkömmlichen und eigenwilligen Strophen.

Das etwa waren die Gedankengänge, die ich meinem Prüfungsaufsatz, wenn auch wesentlich gemäßigter, zugrunde legte.

Ich begann mit einer Strophe Lessings:

> „Ich schreibe nicht für kleine Knaben,
> Die voller Stolz zur Schule gehn
> Und den Ovid im Ranzen haben,
> Den ihre Lehrer nicht verstehn. . ."

und warf die Frage auf, warum wohl Lessing gerade den Ovid als schwerverständlich anführe, während doch Horaz formal und verstechnisch die ungleich größeren Anforderungen stelle? Und kam zu dem

Ergebnis, daß Ovid in die Metamorphosen viel „hineingeheimnist" habe (ein Wort, das mir besonders Eindruck machte damals), indes Horaz das Alltägliche, Fraglose besinge, und selbst seine Liebesoden entbehrten des Aromas und der Grazie der Ovidschen Elegien völlig. Es sei Horaz im Grunde gerade derjenige römische Dichter, der uns heute nichts mehr sage, während uns Catull, Tibull und insbesondere Ovid auch heute noch lebendig ansprächen und uns über die Schulära hinaus begleiten und Genuß bereiten könnten. Ich führte in dem Aufsatz diese kurz umrissenen Gedankengänge selbstverständlich so beweiskräftig und eingehend als möglich aus und hatte dadurch wenigstens zureichend Stoff zum Schreiben, während das Thema als solches eigentlich so gut wie keinen Spielraum bot. Mein damals eingenommener Standpunkt ist im übrigen auch noch mein heutiger.

Natürlich hatte ich damit in meinem Aufsatz das genaue Gegenteil von dem gesagt, was jeder von der Prüfungskommission als selbstverständlich annahm und erwartete. Die anderen Konabiturienten, die für dieses Thema sich entschieden hatten, waren lang und breit darum bemüht gewesen, darzutun, was ihnen späterhin Horaz noch alles sei und zu bedeuten habe. Dabei bin ich fest überzeugt, daß nicht Einer von ihnen (ausgenommen die, die selbst Altphilologen werden wollten) auch nur eine einzige Horazsche Ode mehr gelesen hat seitdem, nicht auf Lateinisch noch auch in der Voßschen oder einer anderen Übertragung.

Für mich, bei dem es gerade auf die Note in dem Deutschen als ein Ausgleich für die schwächeren Leistungen in anderen Fächern ankam, hätte mein so ausgefallener Standpunkt ernsthaft kritisch werden können, wenn Professor Scheps nicht für mich eingesprungen wäre und im Lehrerkollegium eine Lanze für mich gebrochen hätte. Beim deutschen Aufsatz käme es, so meinte er, auf die gedankliche und sprachliche Durchführung an, und beides sei in meiner Arbeit über Durchschnitt, so wenig er auch meine Auffassung, daß man im späteren Leben von Horaz nichts mehr empfangen könne, gelten lasse. Das sei jedoch kein Grund, den Aufsatz selbst ungünstig zu beurteilen. Diesem Sicheinsetzen des unbeirrbaren Professors Scheps für mich verdanke ich, trotz meines unkonventionellen Prüfungsaufsatzes, die Note 2 im Deutschen, wie ich von Professor Hollidt nachträglich erfuhr; im übrigen sei ihm Horaz auch Hekuba, bemerkte er, doch solle ich daraus für alle künftige Zeit die Lehre ziehen, daß es unklug sei, gegen den Stachel zu löcken.

Wer in dem schriftlichen Examen 2–3 als Durchschnittsnote hatte, war der mündlichen Prüfung enthoben. Zu dieser Stufe brachten es aus unserem engeren Freundeskreis nur Oster und Dacqué, der während der vergangenen Sommermonate anscheinend schwer gebüffelt haben mußte. Das Mündliche nahm etwa zehn bis vierzehn Tage nach dem schriftlichen Examen seinen Anfang. Das, was mir hier am meisten Sorge machte, war Geschichte, nicht die deutsche oder ausländische (darin war ich hinlänglich beschlagen), sondern die belanglos engere bayerische und pfälzische Spezialgeschichte, die zu meiner Gymnasialzeit in den oberen Klassen der bayerischen Mittelschulen einen unverhältnismäßig großen Platz einnahm, wohl im Hinblick darauf, daß die meisten der bayerischen Gymnasiasten später auch im engeren bayerischen Staatsdienst die Beamtenlaufbahn einschlugen.

Verlangt wurde nicht nur, daß man die Lebens- und Regierungsdaten aller Wittelsbacher kenne, sondern auch diejenigen der Pfälzer Kurfürsten und der kurpfälzischen Geschichte im besonderen. Ich war am Vorabend der mündlichen Geschichtsprüfung im Rekapitulieren bei der pfälzischen Geschichte angelangt, auch diese in der letzten Nacht noch zu verkraften, war mir nicht mehr möglich. Ich ließ es also darauf ankommen, ob mich mein guter Stern an der kurpfälzischen Geschichte sanft vorüberführe – und er tat es wirklich: Ich wurde in der bayerischen Geschichte, und zwar ausgiebig geprüft; die aber hatte ich als letztes memoriert und konnte jeder Frage Antwort stehen, so daß ich weit über Erwarten gut abschnitt. Ich glaube: vierzehn Tage später wußte ich nicht eine einzige von all den Zahlen mehr, die ich schon mit dem Hersagen als unnötigen Hirnballast wieder von mir gegeben hatte. Für die geistige Ökonomie des einzelnen ist das Aussichten und Vergessenkönnen des Belanglosen und Überflüssigen nicht minder wichtig als das Sichzueigenmachen und Behaltenkönnen des für unsere jeweiligen Entwicklungsphasen Wesentlichen und Bedeutungsvollen. Nur darauf kommt es an, daß die Erkenntnisse, Einsichten und Erfahrungen, durch die wir durchgehn, zur Substanz werden in uns und Eigenwesen. Darin liegt auch der eigentliche Wert des humanistischen Gymnasiums, daß es in jedem, der es durchgemacht hat, eine geistige Struktur zurückläßt, die ihm einen viel gefestigteren Stand nicht nur den letzten Schicksalsfragen gegenüber, sondern auch in den Geschehnissen des praktischen Lebens gewährleistet und sichert, als ihn der hat, dem bei einer bloßen Oberflächenbildung die Voraussetzungen und Bedingungen zu einer logischen, von früh auf denkgeschulten Urteilsbildung in den meisten wesentlichen Dingen fehlen, auch wenn es hierauf allein nicht ankommt.

Der Prüfling nach mir wurde mit der gleichen Unnachgiebigkeit in der kurpfälzischen Geschichte ausgefragt wie ich vor wenigen Minuten in der bayrischen. Nicht eine einzige der sämtlichen an ihn gestellten Fragen hätte ich beantworten können.

Auch sonst verlief das mündliche Examen ohne Rückschläge für mich. Am Tage nach Abschluß desselben teilte mir Professor Hollidt mit, daß ich bestanden hätte, wenn auch das Endergebnis noch nicht offiziell sei. Auch in der Gümbelei war eitel Freude, denn auch der Pastor hatte verkündet, daß getreu der Tradition der Gümbelei auch diesmal wieder die Abiturienten seines Hauses sich bewährt hatten. So war schon vor der Austeilung der Reifezeugnisse beim Schlußakt durch den Rektor in der Aula allenthalben durchgesickert, daß nur *ein* Unglücklicher die Prüfung nicht bestanden habe und dazu verurteilt sei, ein ganzes weiteres Lebensjahr unwiederbringlich zu verlieren.

Nach Einhändigung der Reifezeugnisse verabschiedete jeder sich durch Handschlag von dem Rektor, und mit einem namenlosen Glücksgefühl verließen wir den alten, eingewohnten Bau für immer.

Am nächsten Abend fand noch der Abschiedskommers statt. Wir trugen stolz das weiß-rot-weiße Band und die Mütze der „Absolvia", der Verbindung der Abiturienten, wie sich das alljährlich wiederholte. Der Rektor Ohlenschlager, ein großdenkender und echter Humanist mit einem auffallenden Kopf und schönem graumelierten Haupthaar, und mit ihm alle Professoren nahmen teil an unserer Abschiedsfeier. Mit einem Schlage war das gegenseitige Verhältnis ein ganz anderes. Ihr Verhalten uns Grünschnäbeln gegenüber war nicht mehr dasjenige des Lehrers zu dem Schüler, sondern eher wie das eines älteren väterlichen Freundes, teilnehmend und wohlwollend, so daß die nachgebliebene Mißstimmung in manchem Herzen über diese oder jene irgendwann erfahrene Ungerechtigkeit zu weichen anfing und ich selbst Professor Grünwald, als er mir zutrank, ohne Groll Bescheid tat. Man unterhielt sich, rauchte, trank, und wie die Stimmung zunahm, fand man und gestand sich, daß die zeitüber so verpönten Pauker eigentlich doch ganz honette und patente Kerle seien. Nur den Pastor schnitt ich auch jetzt, wie er sich bis zuletzt mir gegenüber nachtragend verhalten hatte.

Berauscht und singend gingen wir spät nachts nach Hause. Ich ging zusammen mit den Gümbelianern, da wir ohnehin denselben Weg hatten. Trotz meines Rausches kann ich mich noch dieses Heimweges genau entsinnen. Der einzig Nüchterne von uns war der in allem Maß haltende und besonnene Dacqué, mein ehemaliger, immer freundlicher, in sich gekehrter, Violine spielender Zimmernachbar.

Am anderen Morgen hatten wir Abiturienten noch einen Abschieds-frühschoppen. Dann ging man auseinander. Von allen, die mit mir zusammen absolvierten, habe ich, mit Ausnahme von Glaser und Dacqué, mit denen ich auch weiterhin verbunden blieb, nur Merl und Oster sehr viel später flüchtig wiedergesehen. Nach Speyer fand ich viele Jahre lang den Weg nicht mehr zurück; auch sah ich keinen meiner Speyerer Lehrer wieder.

Wir nahmen herzlich voneinander Abschied: Oster, Zahn, Dacqué und ich. „Auf Wiedersehn in Karlsruhe als Leibdragoner", sagte ich zu Glaser. Wir wußten beide, daß wir noch ein gutes Stück zusammengehen würden.

Nun blieb noch Karoline. Ich wußte ihr im letzten Halbjahr, während ich im Hause von Professor Hollidt wohnte, täglich zu begegnen und liebte sie nicht minder heftig als in jenen anfänglichen Tagen, da ich noch allabendlich von meinem Fenster in der Gümbelei zu ihr hinübersah. Nur wenige Stunden noch und dann? Was würde dann aus uns und unserer Liebe werden? Ich wollte es nicht weiterdenken . . . Ich ging die Straße hin, wo wir uns oft begegnet waren. Sie kam. Ich weiß nicht, ob es Zufall war, ob Absicht. Den Schritt verlangsamend sahen wir uns an, unschlüssig an – und gingen weiter . . .

Um sechs Uhr abends führte mich der Zug nach Heidelberg (Abb. 93).

Gymnasium, Speyer, Freundschaft, Liebe –: meine erste Welt lag hinter mir; ich war herangereift an ihrem Wunder.

SPÄTER ABGESANG

Nun laß mich zu dir beten,
Gott, den ich stets geglaubt.
Wir Einsamen, Verwehten,
Sind so vom Tag bestaubt.

Nach dir nur auf der Suche
War ich bereits als Kind.
Die alte Heimatbuche
Umwehte mich gelind.

Die alte Vaterlinde
Sprach nächtlich zu mir her.
Dem unverstandnen Kinde
War vieles viel zu schwer.

Ich trug an meinem Wissen,
Noch eh ich es verstand.
Mein Herz war aufgerissen,
Eh ich die Liebe fand.

Ich habe viel besessen
Und manches Glück verscherzt.
Mein Herz hat nie vergessen,
Doch hat es viel verschmerzt.

Ich ging durch Rebgelände,
An dem der Mehltau fraß.
Ich netzte meine Hände
Im nachtgekühlten Gras.

All meine Liebeslauben
Die waren voll Gesang.
Umweht von Ichors Tauben
War ich mein Leben lang.

Ich ließ die Liebesbänder
Verwehn an blauer Bucht
Und floh durch fremde Länder
Vor mir selbst auf der Flucht.

Doch in mir blieb die Leere
Und eine dunkle Sucht.
Ich floh durch fremde Meere
Vor mir selbst auf der Flucht.

Ich tauchte tief in Gründe,
Die noch kein Mund besprach,
Und ging der süßen Sünde
Auf allen Fährten nach.

Ich sah mich selber lehnen
Am abendlichen Wehr.
Das Singen der Sirenen
War lockend um mich her.

Ich bin ihm nachgegangen,
Wo sichs verlor im Ried,
Und meine Sinne sangen
Noch lang das gleiche Lied.

Die Lippen, die ich küßte,
Verbrannten meinen Kuß.
Mich tränkten deine Brüste,
Diana von Ephesus.

Als ich mich sattgetrunken,
Kehrt ich berauscht nach Haus.
Am Himmel sprühten Funken
Von allen Sternen aus.

Es war ein Feuerregen,
Der über mir zerstob:
Die Himmel allerwegen
Bekannten Gottes Lob.

Da wurden meine Sinne
Von Sucht und Irrsal frei
Und erstmals ward ich inne,
Daß alles anders sei,

Weit anders und weit schwerer
Als ich mir je gedacht,
Da kam der innere Lehrer
Zu mir in tiefer Nacht.

Und dies mir zugewandte
Verzehrende Gesicht,
Das wie der Dornbusch brannte,
Verbrannte mich doch nicht.

Was in mir vorgegangen
Seit jenem Nachtbesuch,
Ist nicht mehr einzufangen
In Wort und Bild und Buch.

An meinem Himmelsbogen
Ziehts hin wie ein Komet.
Der Sturm hat sich verzogen,
Die Stille blieb Gebet.

SOMMERTAGE UND SOMMERNÄCHTE AUF STIFT NEUBURG
IN DEN JAHREN 1909 UND 1910

Zur Betreuung der gärtnerischen Anlagen auf Stift Neuburg war im Frühjahr 1909 eine Gärtnerin eingestellt worden namens *Elisabet Thouret,* eine hübsche einundzwanzigjährige, für Mondscheinnächte und lyrischen Stimmungsgehalt aufgeschlossene Blondine, der für die gröberen Arbeiten ein Gärtnergehilfe beigegeben war. Schon wenige Tage nach ihrem Eintritt war sie von dem Hof und Garten bewachenden Wolfshund Lux, einem zänkischen Tier, angefallen und gebissen worden, was den teilnahmsvollen Gartengott Priap am Ende des Weinlaubenganges in diese Verse ausbrechen ließ:

Zärtliche Gärtnerin, hat dich der wütende Wolfshund gebissen?
Wär nicht mein Herr aus dem Haus gleich dir zu Hilfe geeilt,
Hätte das blutige Untier dich gar noch am Ende zerrissen;
Gnädig lief es noch ab, auch eine Fleischwunde heilt.
Aber daß du dabei dich derart herzhaft erwiesen,
Blies meine Neigung für dich an zu erhöhtestem Brand.
Doch was den Wolfshund betrifft: es gibt keinen schlimmern als diesen;
Auch in dem Parke hält nichts seinen Verwüstungen stand.
Zweifellos, er muß fort, ich kann es nicht länger mit ansehn.
An die Kette im Hof werde das Untier gelegt.
Schleichen sich Diebe herein, so mag er nachts seinen Mann stehn.
Zärtliche Gärtnerin, so hat mich dein Unglück bewegt.
Heute noch bring ichs vor meinen Herrn, bei dem ich was gelte.
Du hilf zu mir indem du mit ihm schmollst oder murrst.
Tut er nicht unsern Willen, so ist er erst der Geprellte,
Denn dann gibst du dem Vieh eine vergiftete Wurst.

Der Vater Elisabet Thourets, damaliger Gymnasialdirektor in Berlin-Friedenau, der mit dem 1895 verstorbenen Übersetzer der gesamten

Gedichte Michelangelos, Walter Robert-Fornow, befreundet gewesen war und die 1896 erschienene Ausgabe mit einer etwas schulmeisterlichen Einleitung besorgt hatte, stand in freundschaftlicher Beziehung zu dem Verfasser des Jörn Uhl: *Gustav Frenssen*. Dieser hatte sich nun an einem Sommertag 1909 anläßlich eines Besuches in Heidelberg bei Elisabet Thouret brieflich angesagt und sie gebeten, ihn am Bahnhof zu erwarten und als Cicerone ihn mit den Schönheiten Heidelbergs bekannt zu machen. – Als Elisabet Thouret am Abend vor der Ankunft Frenssens beim Abendessen bat, ihr für den nächsten Tag freizugeben und den Grund nannte, brach alles in ein lautes Hallo aus. Allgemein wurde der Wunsch geäußert, Elisabet solle am kommenden Nachmittag Gustav Frenssen zum Tee nach Stift Neuburg bringen. Als sie Bedenken äußerte, ob er die Einladung annehmen werde, sagte Wolfskehl: „Unter allen Umständen, schaffen Sie ihn her, tot oder lebendig!" Sie versprach, ihr Möglichstes zu tun, und sie hielt Wort.

Auf Stift Neuburg weilten gerade Melchior Lechter, Karl Wolfskehl, Wilhelm Petersen, Karl Thylmann und Rolf von Hoerschelmann. In gehobener Stimmung wurde Frenssen am Nachmittag erwartet. Er kam. Sämtliche Anwesenden waren ihm, auch dem Namen nach, unbekannt. Seine Führung durch Stift Neuburg geschah unter allgemeiner Beteiligung. In der von Friedrich Schlosser erbauten Kapelle fragte er, aus welcher Zeit sie stamme. Als ich ihm sagte, sie rühre von Friedrich Schlosser her, der convertiert habe, wie seinerzeit auch Clemens Brentano, Friedrich Schlegel und noch andere Romantiker, war seine kurze, kernige Antwort: „Schwaches Geschlecht!"

Beim Tee, der auf der Veranda serviert wurde, wandte sich Frenssen an Karl Wolfskehl und fragte ihn, ob er auch Kunstmaler sei, was Wolfskehl verbindlich verneinte. „Dann sind Sie wohl Schriftsteller?" „Nein, durchaus nicht!" wehrte Wolfskehl aufs entschiedenste ab. – Es war ein genußreicher Nachmittag gewesen, der nachträglich viel Stoff zum Lachen gab, denn jeder hatte aus seinem Gespräch mit Frenssen einen markanten Ausspruch zu berichten. – Am Spätnachmittag begleitete Elisabet Thouret den Gast wieder nach Heidelberg.

Ein sehr heißer Sommertag war zu Ende gegangen; bei angebrochener warmer, mondheller Nacht wurde das Schwimmbad im Obst- und Gemüsegarten aufgesucht. Als alle noch nicht lange im Wasser waren, ließ sich vom Park her durch die Dunkelheit ein Käuzchenruf vernehmen, der sich langsam näherte, was Zweifel aufkommen ließ, ob der Ruf wirklich von einem Käuzchen herrühre. Das Käuzchen entpuppte sich wenige Augenblicke darauf als die aus der Stadt zurückgekehrte Elisabet Thouret, die zum Schwimmbad gekommen war, um von ihrem weiteren Zusammensein mit Frenssen und dem Eindruck, den sein Besuch auf Stift Neuburg bei ihm hinterlassen hatte, zu berichten.

„Was hat er gesagt?" war die gleichzeitig aus dem Wasser gestellte Frage. „Es scheine ihm eine etwas exzentrische Gesellschaft zu sein", war die Auskunft. „Schwaches Geschlecht", paraphrasierte Wolfskehl. „Von Ihnen", ergänzte Elisabet Thouret, „meinte er, Sie hätten im Äußeren Ähnlichkeit mit Paul Heyse". Lautlos versank Karl Wolfskehl unter dem mondbeschienenen Wasserspiegel.

Der Gartengott Priap am Ende des Weinlaubenganges, der die besonderen Begebnisse des Tages in Versen zu kommentieren pflegte, äußerte sich zu dem Besuch Gustav Frenssens:

Auf seiner Durchreise gestern besuchte uns Frenssen, Verfasser
Des Jörn Uhl, ein Roman, der dem Boeotier gefällt:
Auflage fünfhunderttausend – doch wir trinken Wein und nicht Wasser.
Gleich schon sagte mein Herr, daß dieses Buch sich nicht hält.
Ich hab es selbst nicht gelesen, und seit ich den Autor gesehen,
Werd ichs auch sicher nicht tun, lieber zerkaue ich Schrot.
Schulmeister halb und halb Pastor, so blieb er entsetzt vor mir stehen:
„Was ist denn das für ein Tier?" rief er, der trübe Zelot.
„Unser Gartengott", sagte mein Herr, und Karl Wolfskehl ergänzte:
„Darum benötigen auch unsere Beete nicht Pfuhl,
Um in das Kraut zu schießen, wie andere ins Unbegrenzte."
Gut hat der dirs gesagt, dachte ich bei mir, Jörn Uhl!

Aber es fanden sich in regem Wechsel auch andere Besucher ein, und bedeutsamer Gespräche gab es viele. Auch der Philosoph *Georg Simmel* war einmal gekommen. Als ich ihn in die „Gothische Zelle", mein Sommer-Arbeitszimmer, führte, meinte er in seiner geistreichen und pointierten Weise: „Man sollte überhaupt keine schlechten Bücher schreiben; hier *kann* man keine schlechten Bücher schreiben."

Ein Schulkamerad Karl Wolfskehls, der Musiker Hallwachs, der damals in irgendeiner mitteldeutschen Stadt Kapellmeister war, kam auf mehrere Tage zu Besuch. Die Freunde hatten sich seit Jahr und Tag nicht mehr gesehen. Am Abend las Karl Wolfskehl in der ihm eigenen berauschten dithyrambischen Tonart Gedichte von sich vor. Plötzlich unterbrach ihn Hallwachs mit den Worten: „Ja, Karl, wie liescht denn

Du? Des versteht ja kei Sau." Und Wolfskehl, indigniert den Kopf zurückwerfend: „E Sau braucht es auch net zu verstehn."

Wir machten gemeinsam, Karl Wolfskehl, Hallwachs und ich, einen dreitägigen Ausflug nach Wimpfen, Heilbronn und Weinsberg, wo wir einen ganzen Nachmittag im „Kernerhaus" verbrachten. Theobald Kerner, der Sohn von Justinus Kerner, war kurz zuvor betagt gestorben, und das Innere des Hauses war noch wie er es hinterlassen hatte; es atmete noch immer den Geist Justinus Kerners, denn sein Sohn Theobald hatte den kurz vor seinem Tode ausgesprochenen Wunsch seines Vaters befolgt: „Das Haus soll auch nach meinem Abscheiden noch *mein* Haus sein. Ich will darin wohnen bleiben. Die Fremden, die es besuchen, sollst Du in meinem Namen empfangen und sie sollen sich heimisch darin fühlen und Du sollst ihnen von mir erzählen und sollst Haus und Garten und jeden Baum, den ich gepflanzt, ehren und lieb haben. Gelt, das versprichst Du mir, Theobald?" „Ich gab ihm die Hand darauf und habe mein Versprechen gehalten. . ." So Theobald Kerner im Vorwort seines 1897 (in zweiter Auflage) erschienenen Buches: „Das Kernerhaus und seine Gäste."

Der Besuch mit Karl Wolfskehl und Hallwachs im Kernerhaus in Weinsberg ist mir die ganzen 42 Jahre über sehr lebhaft in Erinnerung geblieben. Ich bin seitdem wiederholt durch Weinsberg gekommen, konnte mich aber nie entschließen, die Räume wieder zu besuchen, um das Bild, das ich davon im Gedächtnis hatte, nicht durch andere spätere Eindrücke zu überdecken. Damals betreute noch ein altes Faktotum, das bei Theobald Kerner lange Jahre über in Dienst gestanden hatte, das zu jener Zeit grade zum Verkauf stehende Haus. Es sollte, wenn ich mich recht entsinne, etwas über 20 000 Mark kosten, ein geringer Preis für diese historische, mit einer Fülle von Bildern, Handschriften und wertvollen Erinnerungen mannigfachster Art gradezu vollgepfropfte Stätte, so daß es unbegreiflich schien, wie Theobald Kerner, ohne etwas darin zu verändern, Jahrzehnte lang dort wohnen und sein Leben darin verbringen konnte, was sich nur daraus erklären ließ, daß er schon seine Kindheit dort verlebt hatte. – Karl Wolfskehl und ich waren damals drauf und dran, es gemeinschaftlich zu kaufen, aber wir nahmen zuletzt doch davon Abstand. Soviel ich weiß, wurde es dann von der Stadt Weinsberg angekauft. Jedenfalls ist es heute in seinem früheren Bestand als Kernerhaus und Museum für Besucher geöffnet.

Die meist dunkel tapezierten, mit Plüsch bezogenen Spätbiedermeiermöbeln eingerichteten überfüllten Zimmer hatten etwas Atembeklemmendes; die Wände mit guten und schlechten Bildern und Daguerreotypien vollbehängt, – es war ein Sammelsurium von Möglichem und Unmöglichem –: man konnte sich die Spukatmosphäre, die zu Justinus Kerners Zeit dort geherrscht haben mochte, lebhaft vergegenwärtigen – auch im benachbarten sogenannten Geisterturm, in dem sich ein Gastzimmer befand, das unter anderem auch Lenau wiederholt wochenlang beherbergt hatte. – Vor allem ist mir noch ein lebensgroßes Gemälde der Seherin von Prevorst erinnerlich, das sie, nonnenhaft umrahmt von einem großen weißen Tuch, das Haare und Schultern umhüllt, wie sie es bei Lebzeiten zu tragen pflegte, darstellt.

Das Grab der Seherin von Prevorst befindet sich auf dem Friedhof des von Weinsberg unweit auf der Höhe gelegenen Löwenstein. Viele Jahre später zeigte mir bei einem Besuch auf dem benachbarten Schloß Weiler die seitdem verstorbene Baronin Weiler ein Lichtbild des Grabes der Seherin, über dem, wie hingehaucht, eine schemenhafte Gestalt deutlich sichtbar war.

Wenn man damals nachts durch die altertümlichen, verschlafenen Gassen und Gäßchen Weinsbergs ging, wo noch Mitte des vorigen Jahrhunderts der keineswegs abergläubische damalige Student Theobald Kerner im Oberamtsgerichtsgefängnis von Weinsberg freiwillig zusammen mit zwei Gefangenen eine Nacht eingesperrt zubrachte, um sich Bestätigung der wiederholten Berichte von Gefangenen, daß es darin „spuke", zu verschaffen, und diese auch hinreichend begründet fand, so hätte man es ganz in der Ordnung gefunden, wenn der alte längst verstorbene Oberamtsarzt Justinus Kerner bei einem nächtlichen Patientenbesuch plötzlich aus einem Giebelhause getreten wäre . . . die nicht kunstvollen, aber seltsam eindringlichen Verse Justinus Kerners waren hier noch voll und ganz gegenwärtig:

„Geh ich in der Mitternacht
Durch der Häuser enge Reihn,
Hin, wo noch ein Kranker wacht
Bei der Lampe mattem Schein,

Blick ich in die Fenster oft,
Hinter denen fruchtlos ich
Auf Metall und Kraut gehofft,
Lausch ich und es reget sich.

Und es kommt herab im Haus,
Als hätt ich geklopfet an –
Ein Verstorbner tritt heraus,
Gehet stumm mit mir die Bahn.

Und mein Hündlein stutzt und bellt,
Will mit mir nicht weiter gehn.
Wolken, fliegt vom Himmelszelt!
Daß die Sterne leuchtend stehn."

Heute ist das durch den zweiten Weltkrieg stark mitgenommene, nachts elektrisch beleuchtete Weinsberg nicht mehr das verzauberte Kerner-Städtchen von damals, als Karl Wolfskehl, Hallwachs und ich vor 42 Jahren es von Stift Neuburg aus besuchten. – Um so mehr lag mir daran, die Geister einer langvergangenen Zeit hier noch einmal zu beschwören. – Und nun wieder zu Stift Neuburg.

Die Schattierung der gemeinsam verbrachten Abende und Nächte im Lesezimmer und der Bibliothek war von der jeweiligen Zusammensetzung der grade Anwesenden bestimmt. Oft wurden Gedichte gelesen, und manches neuentstandene Gedicht unterlag einer unnachsichtigen Kritik; insbesondere hinsichtlich der Eigenschaftswörter. Ein einziges hergebrachtes Eigenschaftswort kann einem ganzen sonst geglückten Gedicht zum Schicksal werden.

Eine Reihe von Abenden standen unter dem Zeichen des Tischrückens, besser des Tischkreisens, wie Justinus Kerner es bezeichnet, das systematisch und exakt betrieben wurde, nicht als Gesellschaftsspiel, sondern mit dem Ziel, die verschiedenartigen dabei auftretenden Phänomene zu vergleichen und an Hand der Ergebnisse, die durch die Individualität der jeweils bei der Sitzung Beteiligten hervorgerufen wurden, die Art ihrer Herkunft zu ergründen. – Daß der Tisch unter den Händen der einen Kreis bildenden Sitzungsteilnehmer kreist, ausschlägt, auch sich frei in die Luft hebt, ist eine einwandfreie Tatsache, wobei die Intensität der Bewegungen von dem aufeinander Abgestimmtsein und der Veranlagung der Teilnehmer abhängt; die Wünschelrute schlägt ja auch nicht in der Hand eines jeden aus. Der Grad der Geistigkeit ist hierbei in keiner Weise bestimmend, im Gegenteil: primitive, atavistische Naturen bringen die besten Voraussetzungen mit. Welcher Art und Herkunft das den Tisch bewegende Agens letzten Endes ist, soll hier nicht zur Diskussion stehen, jedenfalls: je intensiver die konzentrierte Ausstrahlungsenergie der Sitzungsteilnehmer ist, desto lebhafter bewegt sich der Tisch – es beginnt mit einem In-sich-vibrieren des Tisches – und um so klarer und sinnfälliger sind die durch Klopftöne erfolgenden Antworten, die oft eindeutig das Vorherrschen des Einen oder Anderen zum Ausdruck bringen. So kam es einmal bei einer Sitzung, die ich allein mit Wolfskehl hatte, zu dem aus dem Unterbewußten seiner Vorstellungswelt herrührenden Stabreim – eine siebenfache Alliteration:

„Wunder werden wieder Wunder, wach wird Wotan."

Auf die Frage Wolfskehls, ob es uns möglich sei, Zeugen der „Wilden Jagd" zu sein (die Heidelberger Gegend war ehmals Odinsgrund) und welcher Riten es hierbei bedürfe, erfolgte die Antwort:

„Michaelsberg, opfert schwarzen jungfräulichen Hund."

Frage: „Und weiter?" – Antwort:

„Orgie zu Zweien ohne Weiber."

Wir nahmen von dem Ritus Abstand.

Es ließe sich noch eine ganze Reihe bei diesen Sitzungen erzielter interessanter und zum Teil auch mit den Mitteln der heutigen Parapsychologie nicht erklärbarer Phänomene berichten; doch das liegt außerhalb des Rahmens dieses Aufsatzes. Nur ein Begebnis, allerdings aus einer Münchner Sitzung, an der Wolfskehl, Thylmann, Petersen und Hoerschelmann teilnahmen, sei noch angeführt: Es meldete sich durch Klopflaute ein angeblich italienischer Renaissance-Maler, der in Padua gelebt und im dortigen *Ladinollo*-Kerker gestorben sei. Seinen Namen nannte er, soweit ich mich entsinne, nicht. Aber der Name: *Ladinollo*-Kerker bot einen Anhaltspunkt. Wolfskehl meinte, der uns allen befreundete, damalige Gatte von Ricarda Huch, der Zahnarzt Dr. Ermanno Ceconi, sei aus Padua und könne vielleicht darüber Auskunft erteilen, ob es einen Ladinollo-Kerker in Padua gebe. Allerdings: seit jenem Ereignis waren 400 Jahre vergangen. Es war 2 Uhr nachts. Nichtsdestoweniger rief ich Ceconi an. Es dauerte eine gewisse Zeit, dann kam er an den Apparat: „Was fehlt? Haben Sie starke Schmerzen?" war seine etwas mürrische Frage. „Gar keine. Meine Zähne sind völlig intakt. Ich wollte nur fragen: Gibt es in Padua einen Ladinollo-Kerker?" und ich erklärte ihm kurz den Zusammenhang. „Porco Madonna!" wetterte er los, „diese Dichter sind völlig verrückt!" „Ich weiß es, Gott sei Dank! Aber: gibt es in Padua einen Ladinollo-Kerker?" „Ja", war die Antwort, „den gibt es". „Danke, jetzt schlafen Sie weiter!" – Schimpfend hängte er den Hörer ein.

Aus wessen Unterbewußtsein kam diese an und für sich völlig belanglose Mitteilung, wo doch keiner der Anwesenden jemals von einem Ladinollo-Kerker in Padua etwas gehört hatte?

In einem Brief vom 14. Juli 1909 schrieb mir *Alfred Kubin* gleich nach einem mehrtägigen Besuch auf Stift Neuburg, bei dem er an einem der Abende auch an einer Sitzung teilgenommen hatte, in deren Verlauf Wolfskehl einen heftigen Schlag auf die Schulter bekommen hatte:

„Die Heimreise war ziemlich grämlich, das Wetter hier wie in Heidelberg. – Sonst ist es aber erfreulicherweise hier sehr heimlich, keine astralen Prügel bedrohen mich, kein Tisch bewegt sich. Meine Frau setzt große Zweifel in die von uns beobachteten Tischphänomene, ‚wir bildeten es uns vielleicht nur ein'; Karls linker Schulterschlag stamme wohl aus überreizter Aufmerksamkeit – etc. Nun, der Tisch klopfte von außen und innen und stieg 5–6mal ganz gehörig hoch. Das weiß ich. Die Schwerkraft war überwunden, den Ritterschlag spürte ich selbst nicht, Wolfskehl muß ihn aber gefühlt haben, obs eine objektive Kraft war, weiß ich nicht. – Überhaupt, an ‚Geister' im Alltagssinn widersteht mir zu glauben, viel eher denke ich an unbekannte Kräfte, die auf unbekannte Weise in uns locker wurden, sich einten und agierten – weiß der Himmel, was es war."

Auch Stefan George nahm an zwei oder drei Sitzungen teil. Seine Anwesenheit wirkte sich eher retardierend als inspirierend aus. Es kam außer dem üblichen Kreisen und sich auf der einen oder anderen Seite Heben des Tisches zu keinen besonderen Ergebnissen. Da verfiel George auf den durchaus nicht abwegigen Gedanken, den Versuch zu machen, wie die konzentrierte Ausstrahlung der in sich geschlossenen Kette von 10 Händen sich auf den lebenden Organismus auswirke. Er veranlaßte Wolfskehl, sich mit entblößtem Oberkörper auf Knie und Hände niederzulassen und wir bildeten einen Kreis um Wolfskehl, die Handkette auf seinem Rücken. Nach einer geraumen Weile sagte Wolfskehl: „Es prickelt wie Ameisen!" „Gut", meinte George. Nach wenigen weiteren Minuten: „Es prickelt ganz furchtbar, ich kanns nicht mehr aushalten!" – George herzlos: „Wegen dem bißchen Prickeln!" – Wieder ein bis zwei Minuten: „Länger gehts nicht, Stefan", und dabei schüttelte er die Handkette von seinem Rücken ab und erhob sich.

Ergebnis: Die konzentrierte Ausstrahlung der Handkette ist nicht ohne Einwirkung auf den physischen Organismus, eine Abart von Magnetismus.

In das im Vorigen berührte parasomatische Gebiet fällt auch ein Begebnis im Zusammenhang mit Stefan George: Es war im November oder Dezember 1910, George war allein zu Gast auf Stift Neuburg und wohnte, da im Winter der Parterrestock stillgelegt war, im sogenannten Goethe-Zimmer, in dem unter der Ära von Frau Rath Schlosser die beiden Goetheschen Enkel gewohnt hatten, wovon der Name des Zimmers sich herschreibt. Es war ein hoch und weit abgelegenes Zimmer nach der Gartenseite. Mein Schlafzimmer lag nach Westen am langen Klostergang, dem weitläufigen Vorgarten, dem sogenannten Hof zu. George hatte für einen Tag von Bingen seinen Hofphotographen herberufen, um von sich Aufnahmen machen zu lassen mit Stift Neuburg als Hintergrund. Ob sie gelungen sind, weiß ich nicht; ich habe sie nie zu Gesicht bekommen.

In der zweiten Nacht seines Aufenthaltes wachte ich gegen 3 Uhr mit einem Schock auf. Da hörte ich im langen Korridor an meiner Tür vorüberschlürfende Schritte. Außer meinem Schlafzimmer befanden sich den ganzen Klostergang entlang nur das Speisezimmer und die Wohnräume; daß also jemand aus einem der am Korridor anliegenden Zimmer gekommen und den Gang hinuntergegangen sein konnte, war ausgeschlossen. Ich stand sogleich auf, öffnete die Türe und sah den die ganze Nacht über an beiden Enden von je einer Petroleumfunzel matt erleuchteten Korridor hinunter. Es war niemand zu sehen. Wenn jemand draußen vorbeigegangen wäre, so konnte er auch in der kurzen Zeit den vierzig Meter langen Gang unmöglich schon zurückgelegt haben. Auch hätte ich die Tür am Ende des Korridors, die zum angrenzenden Trakt führte, gehen hören müssen. Aber nichts dergleichen. Ich legte mich wieder nieder. Ich war auf Stift Neuburg ja schon einiges gewohnt. Der Vorgang wiederholte sich noch einmal. Dann nicht mehr. – Ich hatte bereits wieder eine Zeitlang geschlafen, da wachte ich davon auf, daß die Glocke beim Hoftor stark geläutet wurde. Ich öffnete das Fenster und horchte in die Dunkelheit hinaus. Sehen konnte man nichts, das Hoftor war durch die vorgelagerten hohen Bäume des gut sechzig Meter langen Hofes verdeckt. Der in dem ans Hoftor angrenzenden Pförtnerhaus wohnhafte Gärtner mußte an die Pforte gegangen sein, ich hörte kurz sprechen. Dann trat Ruhe ein. Ich schrieb dem Läuten keine weitere Bedeutung zu. Es kam mitunter vor, daß nachts an der Hofglocke geläutet wurde, meist aus

Unfug von nächtlichen weinseligen Passanten. – Die übrige Nacht verging ohne weitere Störung. Als ich am Morgen gegen 8 Uhr (George frühstückte auch im Winter sehr zeitig) ins Speisezimmer kam und nach dem Frühstück klingelte, wurde mir von der Wirtschafterin gemeldet, es sei in der Nacht ein Telegramm für George abgegeben worden, das ihm schon in aller Frühe ausgehändigt worden war, woraufhin er unverzüglich abgereist sei. Er hinterließ die Nachricht, Friedrich Gundolf habe ihm aus Darmstadt telegrafiert und ihn gebeten, gleich zu kommen, da Gundolfs Vater in jener Nacht freiwillig aus dem Leben geschieden sei.

(1951)

Aus: A. v. B.: In Memoriam Alexander von Bernus. Ausgewählte Prosa aus seinem Werk. Heidelberg: Lambert Schneider 1966. S. 21–32. Wiederabdruck mit freundlicher Genehmigung des Verlages Lambert Schneider.

Dichter und ihre Gesellen

Der Heidelberger Freundeskreis
auf Stift Neuburg

Am 6. September des Jahres 1951 jährte es sich zum fünfundzwanzigsten Male, daß ich auf dem Bezirksnotariat Heidelberg in der Rohrbacher Straße meine Unterschrift unter den Vertrag setzte, durch den das Stift Neuburg am Neckar an die Benediktiner-Abtei Beuron überging.

Der wirtschaftliche Zusammenbruch der Nachkriegszeit hatte mich zum Verkauf gezwungen. Dieser Gang auf das Bezirksnotariat in Heidelberg war einer der schwersten Gänge meines Lebens. Hundertundein Jahr war Stift Neuburg im Besitz meiner Familie gewesen, nach dem Ableben meines Vaters hatte ich es übernommen. Meine ganze Kindheit hatte ich dort verlebt und dann die Jahre 1908–1926 in wunderbarer geistiger Geselligkeit. An jenem schicksalhaften Abend schrieb ich die Verse:

> Mein Stift, ererbt, erworben,
> Verwaltet wie ein Amt:
> Heut gebe ichs dem Orden
> Zurück, von dem es stammt,
> Das bald nur noch Gebete
> Wie heut Gedichte faßt;
> Wenn ich es neu betrete,
> Bin ich hier nurmehr Gast . . .

Hundertundein Jahre war Stift Neuburg Familienbesitz gewesen, und an jenem Mittag nach den vollzogenen Unterschriften unter dem Kaufvertrag hatte mir der Prior der künftigen Abtei Neuburg, Pater Lucas, die Hand gereicht mit den Worten: „Wir danken Ihnen, daß Sie uns ein so treuer Hüter waren . . .“ Schlagartig wurde mir da die Zeitlosigkeit der katholischen Kirche bewußt: Vier Generationen nur die Hüter . . . Und doch: während dieser hundertundein Jahre war Stift Neuburg eine geistige Mitte gewesen, die unvergeßlich bleiben wird, nicht nur in der Geschichte

Heidelbergs als lebendige und einmalige Begegnung der Dichter und ihrer Gesellen. Aus diesem Berührtsein hatte Herbert Eulenberg mir auf einem Kartengruß vor Jahr und Tag geschrieben: „Ich kenne Stift Neuburg nur vom Vorüberfahren. Aber so oft mir dies geschah, stand ich auf und grüßte ehrfürchtig die Stätte, die zweimal eine Wiege der Dichtkunst war."

Das erste Mal war dies gewesen unter der Ära von Friedrich Schlosser, einem Neffen von Goethes Schwager Joh. Georg Schlosser, der 1825 Stift Neuburg erworben hatte, und wo er seitdem alljährlich die Sommermonate in regem geistigem Austausch und Umgang mit Dichtern, Malern und Persönlichkeiten verlebte, deren Name geblieben ist. Auf Stift Neuburg war es gewesen, wo Karl Maria von Weber in einem alten Sagenbuch den Stoff zum „Freischütz" fand, und wo Clemens von Brentano zu dem Hauskaplan Friedrich Schlossers, der gleichzeitig als Bibliothekar fungierte, in seiner leidenschaftlichen und eindringlichsten Weise die scharfe Äußerung tat: „Sie sind noch jung; gehen Sie in die überseeische Mission, dort haben Sie eine Aufgabe: hier sind Sie doch nur Luxusgeistlicher." Am nächsten Morgen erbat der so Angeredete von Friedrich Schlosser seine Entlasung, um sich künftig ganz der überseeischen Mission zu widmen.

Auch die Maler Eduard von Steinle, Moritz von Schwind und noch manche andere waren wiederholt auf Stift Neuburg gewesen und alljährlich, noch ein Jahr vor ihrem Tode, die mit Frau Rath Sophie Schlosser befreundete Marianne von Willemer, das „Großmütterchen" genannt – Goethes Suleika! . . . Sie bewohnte stets das gleiche Gastzimmer, das seitdem den Namen „Willemer-Zimmer" beibehielt.

Auch zahlreiche hohe geistliche Würdenträger gehörten zu den Gästen Friedrich Schlossers, der 1814 konvertiert hatte, auf Stift Neuburg: der Erzbischof von Freiburg, der Erzbischof von Mainz und des öfteren der Bischof von Speyer. Als dieser wieder einmal auf Stift Neuburg weilte und man an einem warmen Sommerabend auf der Terrasse über dem Neckartal, mit dem Blick auf das jenseitige Ufer und an den Königstuhl, die Mahlzeit einnahm und am Fuße des Berges gegenüber, den Fluß entlang, die damals eben erst gelegte Eisenbahn vorüberfuhr (es mag ein primitives und bescheidenes Bähnchen gewesen sein) und dampfend und rasselnd die abendliche Stille störte, da wandte sich die konservative Frau Rath Schlosser zum Bischof von Speyer und meinte: „Nicht wahr, Exzellenz, damit fährt der Teufel?" „Gewiß, Frau Rath", war die überlegene Antwort des weisen Kirchenfürsten, „aber auch der liebe Gott."

Die Schlossersche Ehe blieb kinderlos. Frau Rath Sophie Schlosser überlebte ihren Gatten, der 1852 starb, noch um Jahre und hinterließ bei ihrem Tode Stift Neuburg ihrer Nichte, der Gattin meines Großvaters, des Frankfurter Senators Franz Freiherr von Bernus. Von da ab war Stift Neuburg nicht mehr der Mittelpunkt geistiger und künstlerischer Begegnung, wenn auch die Tradition noch zu Zeiten meines Vaters innerhalb der Mauern von Stift Neuburg lebendig blieb und von Zeit zu Zeit sich immer wieder einmal der eine oder andere namhaftere Besucher meldete, um sich die von Friedrich Schlosser herrührenden Sammlungen anzusehen. Es war die Zeit der achtziger und neunziger Jahre, und die Wellen des eben anbrechenden jungen Deutschland verebbten vor den Mauern von Stift Neuburg.

Als Heidelberger Gymnasiast wuchs ich auf unter den alten Parkbäumen im Nachwehen der verklungenen Romantik und las Clemens Brentanos Erstlingswerk „Godwi, ein verwilderter Roman von Maria", Achim von Arnims „Isabella von Ägypten", „Des Knaben Wunderhorn" und Eichendorffs schönste Novelle „Dichter und ihre Gesellen" in den alten Ausgaben, die noch aus der Bücherei Friedrich Schlossers stammten.

Schon während der Zeit meines Soldatseins als Fahnenjunker und Leutnant im Badischen Leibdragoner-Regiment in Karlsruhe hatte ich Muße, mich mit der neuen deutschen Literatur bekannt zu machen, wenn auch unter dem mitleidigen Lächeln meiner Regimentskameraden, denen ich einmal abends im Kasino Gedichte von Alfred Mombert aus seinem Erstlingsbuch „Tag und Nacht", das mich tief beeindruckt hatte, vorlas, mit dem Ergebnis, daß es einen Heiterkeitssturm auslöste.

Aber in München war das zu gleicher Zeit bei einer öffentlichen Lesung Richard Dehmels nicht anders gewesen, als er sie damit einleitete, er werde seinen eigenen Gedichten erst einige Gedichte eines jungen Autors, Alfred Mombert, vorausgehen lassen. Das allgemeine Gelächter der Zuhörerschaft ließ ihn das Buch zuklappen, er verließ den Vortragssaal und war nicht mehr zu bewegen, wieder am Lesepult zu erscheinen. Erst eine Reihe von Jahren später fand er sich bereit, wieder in München zu lesen. Es mag dieses im Jahr 1905 oder 1906 gewesen sein.

Ich lebte damals schon längere Zeit in München und habe jenem Vortragsabend beigewohnt. Richard Dehmel erschien am Lesepult und sagte: Das Münchener Publikum sei ihm noch eine Genugtuung schuldig. Vor mehreren Jahren habe er seine Lesung mit einigen Gedichten Alfred Momberts eingeleitet, aber das Verhalten des Publikums habe ihm das Weiterlesen unmöglich gemacht; er werde seiner heutigen Lesung dieselben Gedichte Alfred Momberts, die er damals gelesen habe, wieder vorausschicken. Er las sie, und das Publikum klatschte stürmisch Beifall. Dann erst ging er zum Lesen seiner eigenen Gedichte über.

Im Spätsommer 1902 war ich nach München gekommen, um Literaturgeschichte und Philosophie zu studieren, nachdem ich im Frühjahr des gleichen Jahres das Soldatsein für immer hinter mich gebracht hatte. Schon im gleichen Herbst übernahm ich zweiundzwanzigjährig die Herausgabe und Schriftleitung der Münchener Wochenschrift *„DIE FREISTATT“*, die die Mehrzahl der jungen Autoren um sich versammelte, bei Peter Hille angefangen, und die das damalige Münchner literarische Leben von 1902 bis 1905 in heute nicht mehr erinnerter Weise mitbestimmte.

Diese Herausgeberschaft brachte mir viele und wesentliche Begegnungen, von denen die eine und andere zu bleibender und freundschaftlicher Beziehung führte. Freundschaften und Bindungen, die damals geknüpft wurden, entfalteten sich dann in den Jahren 1908 bis 1926 auf Stift Neuburg zu den Sommergemeinschaften geistiger Geselligkeit.

Vor allem war es Karl Wolfskehl, den ich 1904 bei Ricarda Huch kennen gelernt hatte, mit dem mich seitdem eine lebenslange Freundschaft verband. Es war der unvergeßliche Sommer 1909, der erste, den er auf Stift Neuburg verbrachte. Noch sehe ich ihn, wie er mit den drei jüngeren Freunden, dem Zeichner Rolf von Hoerschelmann, der für die „Schwabinger Schattenspiele“ die meisten Silhouetten geschnitten hatte, dem 1916 gefallenen Zeichner Karl Thylmann und dem Musiker Wilhelm Petersen, die gleichfalls für den Sommeraufenthalt nach Stift Neuburg gekommen waren, in einer Droschke in dem großen Hofe angefahren kam und mir aussteigend um den Hals fiel. Das war vor 42 Jahren!

Es ergab sich von selbst, daß mit Karl Wolfskehls Aufenthalt auf Stift Neuburg sich auch andere aus dem Stefan-George-Kreis zu kurzem oder längerem Besuch dort einfanden: Friedrich Gundolf, Melchior Lechter und zuletzt Stefan George, der Meister. Ich selbst habe niemals dem Stefan-George-Kreis angehört und von Anfang an gegen jede Besitzergreifung mich bewußt immun gemacht. Die blinde abgöttische Verehrung und dieses förmlich demütige Aufsehen der ihm Zugetanen zum Meister war etwas, das meinem ganzen Wesen widersprach, und ich habe es nie begriffen, daß Karl Wolfskehl, der selbst ein Dichter von so hohen Graden war, so völlig in dem Bann Stefan Georges stehen konnte. Ihm gegenüber aber dieses zu äußern, wäre, damals wenigstens, unmöglich gewesen, denn es hätte unsere Freundschaft gekostet.

242

Das Überzeugende und Zwingende an Stefan George war nicht so sehr sein Gedicht, das ohne die Vorbilder der Engländer und vor allem der Franzosen nicht zu denken ist, als die Ausstrahlung einer großen, leidenschaftsgebändigten Persönlichkeit, die aber weit mehr die eines römischen Cäsaren als die eines Dichters war – und heute, nachdem diese magische Ausstrahlung seit Jahrzehnten nicht mehr wirksam ist, ist es um das Bild dessen, den in den Jahren vor dem ersten Weltkrieg ein fast mythischer Nimbus umgab, sehr still geworden, während das dichterische Wort und die geistige Aussage Hofmannsthals und die von jeder Selbstbespiegelung abgelöste, zeitüberhobene lyrische Sage Rilkes das Gegenwartsbewußtsein angehen und auch das Zukunftsbewußtsein angehen werden.

Und doch: Stefan George war ein großer Dichter, und es hatte etwas Imponierendes, zu sehen, wie er einen ganzen Kreis bedeutender Persönlichkeiten bewußt zu Herolden seines Ruhmes zu machen wußte. Ich sehe ihn noch in der Bibliothek von Stift Neuburg ganz nahe vor mir stehen und mit einer leidenschaftlichen Intensität in mich hineinsagen:

„Ich will Ihnen ein Geheimnis anvertrauen: Man macht alles nur mit Fanatismus. Sie sind noch lange nicht fanatisch genug." Ich habe diese Maxime nicht zu der meinigen gemacht.

Diese Sommer 1909 und 1910 auf Stift Neuburg: es wäre ein unzulängliches Unterfangen, über so intensiv gelebtes Leben schreiben zu wollen, denn das Atmosphärische, Einmalige dieser Tage und Nächte läßt sich in Worten nicht einfangen, nur mitunter im Gedicht hat es seinen gewandelten Niederschlag gefunden.

> Maler, Dichter und ihre Gesellen
> Halten hier immer wieder Haus,
> Sehen die Schiffe drunten fahren,
> Lehnen mit den wehenden Haaren,
> Wie früher andere, an den hellen
> Sommertagen aus ihren Zellen
> Über das offene Tal hinaus.
> Aber an Abenden, den klaren,
> Trauernden, die nur sie verstehen,
> Treten sie in den Park und gehen
> Hin auf Träumen von hundert Jahren,
> Und sie bilden, was sie sehen.

Es war ein strahlender Sommernachmittag des Jahres 1909. Stefan George hatte sich zu seinem ersten Besuche angesagt. Alle Anwesenden waren zu seinem Empfange im Flur bei der Haustüre zusammengekommen. Adelheid von Bernus bot ihm auf der Schwelle auf einem Tablett Brot und Salz. Stefan George, die Situation beherrschend, tauchte das Brot in das Salz und führte es zum Munde. – Das ihm zugedachte Zimmer – es war das schönste und ihm gemäßeste Gastzimmer auf Stift Neuburg, denn es führte nebenan über eine Stufe in eine kleine Zelle mit gotischem Gewölbe –, das Zimmer hatte auch seine zwielichtige Seite: es war darin nicht recht geheuer.

Ich hatte im Lauf der Jahre fast in allen Schlafzimmern Stift Neuburgs geschlafen, um ihre Ausstrahlung aufzunehmen, und habe in manchen von ihnen das Unheimliche einer fremden, unsichtbaren Gegenwart, die sich mitteilen wollte, wahrgenommen, doch in keinem Zimmer so konzentriert und sich andrängend, wie im Stefan George-Zimmer. Geräusche wurden hörbar, und mitunter, wenn auch ganz selten, kam es von unter dem Fußboden her wie das Rollen von Kegelkugeln. Nicht ich allein, auch andere, die in dem Zimmer schliefen, machten die gleiche Wahrnehmung.

Als ich mit Karl Wolfskehl Stefan George nach seiner Ankunft in das Zimmer geleitete, glaubten wir, ihn auf diese Eigentümlichkeit des Zimmers aufmerksam machen zu müssen, um ihn auf etwaige nächtliche Überraschungen vorzubereiten. Stefan George nahm es zur Kenntnis und sagte nur: „Vielleicht sind heute Nacht stärkere Gegenkräfte anwesend." Karl Wolfskehl war von dieser Antwort überwältigt. Ich dachte: abwarten.

Am anderen Morgen erschien George etwas übernächtigt am Frühstückstisch. Er frühstückte immer schon um halb acht Uhr morgens. Um 8 Uhr pflegte sich Gundolf pünktlich mit seiner Mappe einzustellen, worauf George sich erhob und sagte: „Komm, Gundel, regieren."

An jenem ersten Morgen gab George, von Wolfskehl befragt, ob er während der Nacht in seinem Zimmer etwas gespürt oder wahrgenommen habe, zur Antwort: „Sie sind da. Ich habe die ganze Nacht kein Auge zugetan. . ." Die Gegenkräfte waren nicht stark genug gewesen.

Aber er gewöhnte sich anscheinend sehr bald an die unsichtbare nächtliche Mitanwesenheit, wie ich und andere es auch getan hatten, oder es haben die Gegenkräfte doch die Oberhand gewonnen, denn das Thema kam seitdem nicht mehr zur Sprache.

Die gemeinsam verlebten Tage auf Stift Neuburg verliefen in einem gleichmäßigen Rhythmus: Die Vormittage bis zu Tisch verbrachte jeder auf seinem Zimmer bei der Arbeit oder er saß in der Bibliothek, las und stöberte in den Büchern. Die Maler und Zeichner gingen mit ihren Mappen und Klappstühlen ins Freie. Nach der Mahlzeit im Speisezimmer ebener Erde mit dem Ausgang auf die Veranda und Terrasse ging man wieder auseinander, um sich zwischen drei und halb vier Uhr bei dem in der prallen Sonne im Obstgarten, unweit des alten runden Eckturmes mit dem Feigenspalier gelegenen Schwimmbade einzufinden. Das waren unvergeßliche Nachmittage müßiggängerischer Sommerfeier.

Zwischen fünf und halb sechs Uhr wurde auf der Veranda Tee getrunken, und dann verloren sich die meisten paarweise im Meinungsaustausch bis zum Abendessen in dem angrenzenden Wald oder gingen auf einige Stunden nach Heidelberg.

Nach dem Abendessen kam man in der Bibliothek zusammen. Es waren das die Höhepunkte, diese Abende ausladender Gespräche, die mitunter bis in den frühen Morgen gingen.

In einer von Grund aus gewandelten Gegenwart mag die Schilderung dieses Tagesablaufes, worin nur das peripherische Geschehen festgehalten ist, etwas Befremdendes, vielleicht sogar Herausforderndes haben. Doch was da gemeinsam gelebt wurde, trug in sich die Substanz starker dichterischer Spannungen, eine tiefe Ehrfurcht und ein Wissen um das metaphysische Geheimnis des Gedichtes, wie es heute nur ganz wenigen eignet.

(1951)

Aus: A. v. B.: In Memoriam Alexander von Bernus. Ausgewählte Prosa aus seinem Werk. Heidelberg: Lambert Schneider 1966. S. 33–41. Wiederabdruck mit freundlicher Genehmigung des Verlages Lambert Schneider.

STIFT NEUBURG

DEN GEFÄHRTEN DES SOMMERS

1909

Wo blieb das Frühlingswerden,
Das rege Hier und Dort?
Der Hirt mit seinen Herden
Zog schon vom Hügel fort.

Die Mandelbäume blühten
Die Bergeshöhn entlang,
Und Falter, die verfrühten,
Verfolgten sich am Hang.

Vom alten Rundturm sahen,
Wenn schräg die Sonne schien,
Wir Kähne auf dem nahen
Gewundnen Neckar ziehn.

Die wechselvollen Gänge
Im Bergland und im Tal,
Die Töne all, wer sänge
Sie heute noch einmal?

Die helldurchschwärmten Nächte
Bei Tanz und Fackelzug –
Und Liebe! Wer gedächte
Des allen je genug?

So erstlich war das alles,
Heut kaum mehr zu verstehn.
Im Schaum des Wasserfalles
War schieres Gold zu sehn.

Doch wenn die Nebel zogen
Des Abends um den Teich,
Vom Waldgang kehrend, bogen
Wir ein ins Gartenreich,

Im Büchersaal, dem blauen,
War das Gespräch erwacht;
Es fing schon an zu grauen,
Vorüber war die Nacht.

Das Zwielicht ging der Schwüle
Des nahen Tags voraus,
Und in der frühen Kühle
Sank Schlaf auf Hof und Haus.

Doch nur für kurz, denn weichen
Mußt er der Sonne bald;
Das erste Morgenzeichen
Schlug hellen Lärm im Wald.

Obstgarten und Terrasse
Erloderten im Brand
Des Mittags – und das nasse
Moos auf dem Mauerrand.

Wie brütete die Hitze
Des Sommers! Kerzengrad
Geworfne Strahlen, Blitze
Auf Treibhaus, Rasen, Bad.

Das Schwimmen in dem hellen
Besonnten Wasser, froh –
Die Dichter und Gesellen
Sie fanden einmal so

Sich flüchtig hier zusammen,
Vielleicht wie früher nie.
Das mußte ja verflammen,
Es war zu schön für sie.

Wie farbige Pfauenräder
Zog Fest an Fest vorbei,
Doch heimlich wußte Jeder,
Wie flüchtig alles sei.

Doch wozu wiederholen,
Was damals kam und ging?
Wir werden all bestohlen
Um Traum und Rausch und Ring.

Doch ob in die vier Winde
Auch die Gefährten alle
Zeit auseinandertrieb,
Noch stäubts im Wasserfalle,
Noch steht im Hof die Linde –
Was wir dort lebten, blieb.

STIFT NEUBURG

1926

Mag das Herz auch dem nachweinen,
Was es, ohne aufzusehn,
Hingab, macht der Schmerz doch keinen
Hingang jemals ungeschehn.

Wie die Stern-Hieroglyphe
Unser Schicksal auch bestimmt,
Keiner lotet in die Tiefe
Gottes, wenn er gibt und nimmt.

Aber immer werd ich fühlen,
Tief und wie ein Blinder tut:
Gottes wunderbare Mühlen
Mahlen unser Schicksal gut.

Kein Verlust kann uns ja rauben,
Was das Herz einmal besaß,
Unser bleibt, woran wir glauben,
Wenn der Tag es auch vergaß.

Die letzten Abschiedsstrofen
Wohl sinds, die ich heut schrieb
Hier am gewohnten Ofen
Mir selbst und Euch zulieb.

Und wie ich schrieb, da glitten
Die Augen um und um.
Wer solchen Tod gelitten,
Der fragt nicht erst: Warum?

Wer selber je empfunden,
Was Abschiednehmen sei,
Der geht an diesen Stunden
Nicht teilnahmslos vorbei.

Mein Stift, ererbt, erworben,
Verwaltet wie ein Amt:
Heut gebe ichs dem Orden
Zurück, von dem es stammt,

Das bald nur noch Gebete,
Wie heut Gedichte faßt.
Wenn ich es neu betrete,
Bin ich hier nurmehr Gast.

Ich war in dieser Stube
Ja schon als Kind daheim,
Hier schrieb der scheue Bube
Einst seinen ersten Reim.

Ich weiß es noch wie heute
(Neun Jahre war ich alt),
Wie sehr der Reim mich freute,
Daß ich ihn stets behalt:

O Welt, wie bist du herrlich
Im goldnen Sonnenschein!
Und drunten fließt der Neckar,
Und weit fort fließt der Rhein.

Und was ich schrieb seit jenem,
Was war es mehr als dies:
Daß ich das ewige Sehnen
Und Rhein und Neckar pries?

Nun steh ich in fast leerer
Behausung, ausgeräumt.
Der Abschied fällt doch schwerer,
Als ich mir je geträumt.

Dies letztliche Verzichten,
Wie glaubenslos ichs tu!
Man deckt nicht mit Gedichten
Das eigne Leben zu.

Doch wenn ich mich dann frage:
Und waren, stern-beschert,
Die fünfzehntausend Tage
Denn so viel Mühens wert?

So weiß ich nichts zu finden,
Was einer Antwort gleicht.
Man muß zuerst verwinden,
Dann findet man – vielleicht!

DAS IST SO LANGE LANGE HER

1936

Das ist so lange her,
Die Sterne scheinen längst nicht mehr,
Die damals uns geschienen.
Und auch die wilden Bienen,
An der Kapellenwand zu Haus,
Verflogen sich ins Land hinaus.
Kein Moos wächst mehr auf Stein und Weg,
Um alles zieht sich ein Geheg.
Nicht knarrt mehr, liegst du nächtlich wach,
Die Wetterfahne auf dem Dach.
Gepflegt wird alles und betreut
Von schwarzen Mönchen bei Geläut.
Nur der Akazienbaum noch neigt
Sich mauerwärts, noch mehr verzweigt,
Noch mehr verknorrt als dazumal,
Als wir noch überm Neckartal
Die Stimmen nach dem Fluß gesandt,
Der unser erstes Lied gekannt,
Der unser letztes Lied verlor –
Heut geht ein Fremder durch das Tor.

Aus: A. v. B.: Wega. Die himmlische Leyer. Gedichtkreise und Spiele des Aufbruchs 1909–1915. Nürnberg: Hans Carl 1963. Seite 95–103. Wiederabdruck mit freundlicher Genehmigung des Verlages Hans Carl.

DIE UNZERSTÖRTE STADT
– HEIDELBERG –

Auch in eine der wenigen größeren,
von der Vernichtung verschonten
Städte Deutschlands bin ich gekommen,
in die Stadt meiner Kindheit,
wieder nach Heidelberg.

Ich ging die endlose Hauptstraße
vom Bahnhof zum Karlstor entlang,
und in manchem der Schaufenster
fand ich Erinnerungen aufgespeichert.
Zu den Neckarstaden ging ich hinunter
durch ein schmales Seitengäßchen
an dem alten Marstall vorüber
mit dem weiträumigen Hof
und dem Tattersall,
wo ich als Schuljunge den ersten Reitunterricht bekam
und beim Galoppieren vom bügellosen Sattel
in die braune Gerberlohe glitt,
und der Reitlehrer,
ein alter ausgedienter Dragoner-Sergeant, mich auslachte.

Ich stand an den Neckarstaden
und sah den Neckar breit und gelassen an mir vorbeiziehn,
nicht wie zur Zeit meiner Kindheit,
noch vor der Kanalisation,
als er wild und ungebändigt zwischen den Brückenpfeilern hinschoß.

Vorbei am Gymnasium kam ich
und sah mich in der Deutschstunde
den Erlkönig aufsagen

und hörte die zurechtweisende Stimme des Klassenlehrers
– er war Reserveoffizier bei den Hundertelfern –:
„Bernus, Sie leiern wieder!"
Wenn er mich heute hörte, würde er es wieder sagen.

Und weiter ging ich die Sophienstraße hinauf
zur Anlage, am Stadtgarten hin,
und auf eine Bank mich setzend,
beobachtete ich die Vorübergehenden.
Es war grade Mittagszeit und Geschäftsschluß.
Der Gesichtsausdruck der eilig nach Hause Kehrenden
hatte etwas Unbeteiligteres, Ungütigeres,
so schien es mir
(vielleicht redete ich es mir auch nur ein)
als der, den ich bei den Menschen der zerstörten Städte gefunden.
Auch Soldaten der amerikanischen Besatzungstruppe schlenderten des
    Weges;
ihr Ausdruck war fast durchweg ein gelangweilter.

Und wieder tauchten vor meinem inneren Auge
Bilder der Vergangenheit auf:

Ich saß auf der nämlichen Bank wie heute,
und aus der Märzgasse bogen leichten Schrittes die Töchterschülerinnen
mit der Büchermappe in Händen,
brünette und blonde,
– ich kannte die meisten.
Aber nun kam Ottilie
mit den meergrünen Augen
und der leicht aufgeworfenen Oberlippe –
nie mehr bin ich einem so unwahrscheinlichen Blond begegnet.
Und im Ohre lagen mir wieder die Verse,
die ich sechzehnjährig geschrieben:
        Du gehst mir nach auf meinen Traumnachtwegen,
        Wie wär ich Deiner süßen Nähe froh!
        Doch wenn ich vor Dir steh, bin ich verlegen –
        Ich glaube, dieses Blond benimmt mich so . . ,
Ein Kriegsversehrter, der an mich herantrat
und mich um Feuer bat,
riß mich aus meiner Traumversonnenheit.

Am oberen Ende der Anlage aber,
überm Bahndamm am Klingenteich,
gegenüber der Peterskirche das dritte oder vierte altertümliche Haus
mit dem vermoosten verwahrlosten Garten
und den Sandsteinvasen:
Hier war es, wo der Maler Guido Schmitt
in seinem Atelier mich malte,
als Kind, sechsjährig,
im blauen Samtanzug mit dem weißen Spitzenkragen.
Das Gemälde hat die Wirrnisse der Zeitläufe überdauert.
Noch sehe ich den Maler Guido Schmitt,
wie er umständlich in seinem Atelier hantierte.
Das Atelier selbst schien mir unermeßlich groß,
ein Zauberreich mit Staffeleien und Paletten,
und es roch darin so geheimnisvoll nach Terpentin und Ölfarbe.

Und Jahre, viele Jahre später,
bewohnte das gleiche Haus Alfred Mombert,
der große Dichter und Seher,
den die Schergen des Dritten Reiches verschleppten
in Baracken-Winter-Finsternis,
in Dämon-Weiten, Sfaira, den Alten,
aus seinem Büchersaal,
den die Genien von Jahrhunderten bevölkerten.

In dem weiten Büchersaal
„vor dem Aufgang des großen Gedanken-Mondes"
saßen wir einmal,
Sfaira der Alte und ich,
in tiefen Gesprächen
von den Geheimnissen der Himmel
und der Bilderschrift der Sterne.
„Lebte ich viele Leben?"
hört ich ihn sagen.

„Solches lebte ich viele Male,
Wanderer durch viele Reiche" . . .
Ist alles nicht Wandlung?
Stufenweise vom Eisen zum Golde?
Tabula smaragdina des Hermes.

Sinnend dort stand er, Sfaira, der Alte.
Durchsichtig um mich wurden mit einmal die Bücherwände,
und durch sie hindurch sah ich hinaus in die Tiefen des Weltraums.
Beim Aufbruch
noch auf der Schwelle kam zu mir seine Stimme:
„Der himmlische Salniter" . . .

Und wieder vorbei an der Peterskirche,
hinunter, zurück zu der Hauptstraße,
wo angrenzt der Universitätsplatz
mit der ehrwürdigen Ruperto Carola:
Universitas litterarum.
Vorher aber abstoßend ein riesiger Sandsteinbau
in massiver aufdringlicher Häßlichkeit
die Peterskirche erdrückend
und die Stille der Nachbarschaft drosselnd:
die Universitätsbibliothek,
ein bleibendes Denkmal
wohlhabenden fassadenhaften bürgerlichen Ungeschmacks
der neunziger Jahre.
Und alle die anderen protzig herausfordernden Bausteinmassen,
die das Gesicht der gefeierten Stadt verunstalten:
am Neckar die Stadthalle und das Gymnasium
und am Bahnhof die Hauptpost,
nur um die widerwärtigsten aufzuzählen.

Hätte ein Flieger im Weltkrieg
ein freund-feindlicher,
Einer vielleicht, der vormals in Heidelberg studierte,
weil sein Herz auch noch jetzt an der zwischen Schloßberg und Neckar
    hingelagerten Stadt hing,
diese Schreckensbauten in Schutt gelegt
(Brandschaden wäre sonst keiner entstanden,
denn sie stehen herausfordernd und anmaßlich abgesondert,
und die Handschriften und Bücher der Universitätsblibliothek waren nach
    auswärts verlagert)
man hätte ihm auf dem Universitätsplatz ein Denkmal setzen müssen
mit der Inschrift: „Dem Wohltäter Heidelbergs".

Auf meinem Wege zur Bergbahn
durch die Sandgasse

kam ich am „Faulen Pelz" vorüber,
wo einstmals Brentano und Arnim, die Sängergefährten,
durch die hohen Saalfenster, die weitgeöffneten,
ihre Nacht-feiernden Lieder sangen,
daß die Bogen der alten Brücke davon widerhallten
und die bewaldeten Berge über die mondhellen Giebel der Stadt hin das
    Echo sandten.
Aber ehe noch das Echo verhallt war,
ließ wieder die Unrast sie weiterziehn,
Rheinwärts, die Lorlei zu grüßen,
die Bergstraße entlang in den Morgen wandernd
und Abschied singend:
    „Es setzten zwei Vertraute
    zum Rhein den Wanderstab,
    der Braune schlug die Laute,
    das Lied der Blonde gab."
Wenn schon Gedenktafeln angebracht werden müssen,
warum nicht hier an der Mauer des „Faulen Pelzes":
    BRENTANO und ARNIM
    Den Unvergeßlichen

Hundert Schritte vielleicht noch zum Karlsplatz
wo es rechts zur Bergbahn abbiegt,
die zum Schloß und zur Molkenkur hinaufführt.
Als Mulus bin ich sie oft gefahren,
nachmittags zum Schloßkonzert bei Fruchteis und Waffeln,
und meist in Begleitung.
Die frühesten Abenteuer sind die unvergeßlichsten.
Vera nannte sie sich, ihres Zeichens angeblich Artistin,
ich habe sie nie arbeiten sehen.

Bisher unveröffentlichter Text aus dem Nachlaß in der Badischen Landesbibliothek Karlsruhe

ELMAR MITTLER

ALEXANDER VON BERNUS
HEIDELBERG IM ZAUBERSPIEGEL

Nie unterschied ich zwischen Dichtung
und Leben, beide sind mir eins
Alexander von Bernus

„Ursprünglich war es meine Absicht, meinem Buch „Wachsen am
Wunder", das Kindheit und Jugend und die Begegnungen meiner Jugendjahre bis zum Abschluß des Gymnasiums brachte, zwei weitere Bände
meiner Lebensschilderung folgen zu lassen. Aber schon über dem Schreiben dieses ersten Bandes begann dieses unentwegte Sich-mit-sich-selbst-
beschäftigen mir zunehmend unerträglicher zu werden, so daß ich beim
Abschluß des Buches dazu gekommen war, das anfangs gehegte Vorhaben aufzugeben"[1].

Wer Bernus Kindheits- und Jugenderinnerungen gelesen hat, wird es
bedauern, daß für die nachfolgende Lebenszeit nicht ähnlich detaillierte
Schilderungen seiner Lebens- und Schicksalsumstände erhalten sind; nur
einige Skizzen sind insbesondere über die Münchener Studienzeit erhalten, die ihre Höhepunkte immer wieder in Sommeraufenthalten auf Stift
Neuburg hatten. Soweit sie sich auf das Stift beziehen, sind sie im Anhang
abgedruckt.

Mit seiner Gastfreundschaft auf Stift Neuburg knüpfte Bernus an eine
gesellschaftliche Tradition an, die schon in der Zeit Johann Friedrich
Heinrich Schlossers und seiner Frau Sophie Charlotte geb. du Fay
gepflegt wurde, die seit 1825 das ehemalige Benediktinerkloster und
spätere Stift Neuburg im Sommer bewohnten. In der umfangreichen Liste
ihrer Gäste finden sich Brentano, Görres, Friedrich Schlegel, der Graf
von Graimberg, der Entdecker der Romantik des Heidelberger Schlosses,

---

[1] A. v. Bernus: Über Selbstbiographien. In: In Memoriam Alexander von Bernus. Heidelberg 1966. S. 13–17, hier S. 13.

259

Ernst Fries, dessen schöne Lithographien das zeitgenössische Bild des Stifts festgehalten haben, die Nazarener Cornelius, Overbeck, Philipp Veit und Steinle, aber auch Freiherr vom Stein und Wilhelm von Humboldt. Von Emilie Kellner gibt es eine zeitgenössische Schilderung des Lebens auf dem Landsitz:

„Die ausgebreitete Bekanntschaft Schlossers und ihre große Gastfreundschaft führten beständig neue Elemente ihrem geselligen Kreise zu, und daher war das Stift ein Sammelplatz der bedeutendsten Persönlichkeiten unseres Vaterlandes. Daß alle diejenigen, welche einmal das Stiftsleben gekostet hatten, gern wiederkehrten, war begreiflich, denn man fand alles dort vereinigt, was dem Leben Reiz verlieh! Wie anmutig verstanden es die geistvollen liebenswürdigen Wirte gleich anfangs jeden zu fesseln! Die vornehme und doch zwanglose Art des Tones im Schlosser'schen Hause, vereinigt mit dem großen Comfort des materiellen Lebens bei strenger Vermeidung des übertriebenen Luxus, verbunden mit Natur und Kunstgenüssen jeder Art, boten einen Aufenthalt, wie man nicht leicht einen angenehmeren finden möchte! Dabei waren Bibliothek und Kunstschätze stets jedermann geöffnet, und die Auswahl der Unterhaltung war eine so vielseitige, daß niemals eine Stunde müßiger Langeweile über diejenigen kommen konnte, welchen der Sinn für die zu Gebote stehenden Genüsse geweckt war."

Bernus hat der Frau Rat Schlosser in „Urgroßmutters Kochbuch" und in „Urgroßmutters Hausmittel" ein kleines Denkmal gesetzt. Nach ihrem Tod 1865 übernahm ihre Lieblingsnichte Marie geb. Du Fay das Stift. Ihr Bildnis von Philipp Veit ist das wohl schönste Portrait nazarenischer Malerei (Abb. 43). Sie hatte im Jahre 1836 Franz Bernus aus Frankfurt geheiratet; seit 1887 war dessen Sohn Friedrich Alexander Herr auf Stift Neuburg, über den der Besitz 1908 an Alexander von Bernus überging.

„Und daß aus soundsovielen nichtigen Vettern und Verwandten gerade ich als Erbe des Stiftes ausersehen wurde, ist gewiß sehr seltsam"[2] schreibt Bernus 1909 aus München an Karl Wolfskehl. Damit deutete er ein Geheimnis an, daß er in „Wachsen am Wunder" sorgfältig hütet. Das kinderlos gebliebene Ehepaar Helene geb. Falkenburg und Friedrich Alexander von Bernus (Abb. 38 u. 39) hatte sich entschlossen, das am 6. Februar 1880 in Aschach bei Lindau geborene Kind der Schwester des Vaters, Johanna geb. Freiin von Bernus, aus deren Ehe mit August

---

[2] zitiert nach M. Sladek: Alexander von Bernus. Nürnberg 1981. S. 153. Original in der Badischen Landesbibliothek Karlsruhe.

Grashey zu adoptieren. Alexanders leibliche Eltern erscheinen in „Wachsen am Wunder" als Tante Johanna und Onkel Grashey (Abb. 40 u. 41), von seinem Bruder spricht Bernus nur als von Vetter Alfred.

Es muß den knapp 16jährigen Bernus sehr getroffen haben, als er nach dem Tod seiner Adoptivmutter von seinem wahren Verwandschaftsverhältnis zu ihr erfuhr. Die von ihm beim Abschied von Stift Neuburg vor seinem Weggang nach Speyer geschilderten Szenen gewinnen damit ein anderes Gesicht und zusätzliche Bedeutung, insbesondere sein Schwur vor dem Goethebild, sein Leben der Dichtung zu weihen, und die Aussage über das Stift: „Die tiefe mystische Verbundenheit mit dieser Stätte trat mir deutlich, wie nie zuvor, ins Bewußtsein". Bernus identifiziert sich bewußt und in besonderer Form mit dem Ort, an dem er aufgewachsen ist. Bernus Streben nach dichterischem Wirken fand in seinem Gedichtband „Aus Rauch und Raum", der 1903 im Berliner Verlag Schuster und Löffler erschien, sein erstes sichtbares Ergebnis, dem bereits 1904 der Band „Leben, Traum und Tod" folgte, die beide damals von der Kritik recht freundlich aufgenommen wurden[3].

In München hatte sich bereits im Herbst 1902, kurz nach seiner Ankunft, für Bernus die Gelegenheit ergeben, zusammen mit Friedrich Glaser Herausgeber der „Kritischen Wochenschrift für Politik, Literatur und Kunst" „Die Freistatt" zu werden, in der viele zeitgenössische Autoren von Rang veröffentlichten. Mitarbeiter waren u. a. Richard Dehmel, Max Halbe, Hermann Hesse, Ricarda und Friedrich Huch, Else Lasker-Schüler, Detlev von Liliencron, Thomas Mann, Alfred Mombert, Rudolf Pannwitz, Alfons Paquet, Karl Wolfskehl und Stefan Zweig.

Damit ist auch der Umkreis der Gäste angesprochen, die Bernus in den Neuburger Sommern besuchten, die zu einem Stück weithin unbekannter Gesellschaftsgeschichte deutscher Literatur gehören:

„Die gemeinsam verlebten Tage auf Stift Neuburg verliefen in einem gleichmäßigen Rhythmus: Die Vormittage bis zu Tisch verbrachte jeder auf seinem Zimmer bei der Arbeit oder er saß in der Bibliothek, las und stöberte in den Büchern. Die Maler und Zeichner gingen mit ihren Mappen und Klappstühlen ins Freie. Nach der Mahlzeit im Speisezimmer ebener Erde mit dem Ausgang auf die Veranda und Terrasse ging man wieder auseinander, um sich zwischen drei und halb vier Uhr bei dem in

---

[3] vgl. A. v. Bernus: Nachwort. In: A. v. Bernus: In der Zahl der Tage. Heidelberg: Lambert Schneider 1960. S. 177-179, hier S. 177 f. sowie Stefan Zweig. In: Magazin für Literatur (1903) S. 547.

der prallen Sonne im Obstgarten, unweit des alten runden Eckturmes mit dem Feigenspalier gelegenen Schwimmbade einzufinden. Das waren unvergeßliche Nachmittage müßiggängerischer Sommerfeier.

Zwischen fünf und halb sechs Uhr wurde auf der Veranda Tee getrunken, und dann verloren sich die meisten paarweise im Meinungsaustausch bis zum Abendessen in dem angrenzenden Wald oder gingen auf einige Stunden nach Heidelberg.

Nach dem Abendessen kam man in der Bibliothek zusammen. Es waren das die Höhepunkte, diese Abende ausladender Gespräche, die mitunter bis in den frühen Morgen gingen[4]"

In dem 1909 entstandenen Zyklus „Der Gartengott" ist in auf die antike Verswelt abgestimmten Texten in sprachlich überhöhter Form der Zauber und das Glück dieser Zeit von Bernus eingefangen worden, der bei der Erstausgabe 1955 ausdrücklich betont, daß „die Strofenreihen dieses Umkreises nicht latinischer Herkunft" sind. Bernus Fähigkeit des Hineinversenkens in fremde Sprachformen, die schon zum bezeichnenden Konflikt mit seinem Hauslehrer Hüllweck führte, der meinte, Bernus müsse seine Erstlingsverse irgendwo abgeschrieben haben, hat sich immer wieder bewiesen. So wurde das im Tone eines Volkslieds gehaltene Gedicht „Zwei Spiellt", das Bernus 1902 für das Kabarett „Die elf Scharfrichter" schrieb[5], 1935 für den Theo Mackeben-Spielfilm „Der Student von Prag" vertont; die Vertonung aber war lange Jahre mit der bezeichnenden Bemerkung versehen „Dichter unbekannt".

Zu den bedeutendsten Leistungen gehören Bernus Übersetzungen lateinischer und vor allem englischer Lyriker, die er bezeichnenderweise „Umdichtungen" nennt. Es ist allgemein anerkannt, daß die Übertragungen von William Blake, William Morris, Dante Gabriel Rossetti, Lord Byron, Percy Bysshe Shelley und Algernon Charles Swinburne einen wesentlichen Teil seines dichterischen Werkes darstellen, und daß sie Meisterwerke der englischen Lyriker in adäquater deutscher Gestaltung wiedergeben[6]. Bernus war ein ganzes Leben in immer erneuten Ansätzen und umfangreichen theoretischen Auseinandersetzungen um die weitere

---

[4] A. v. Bernus: Dichter und ihre Gesellen. In: In Memoriam Alexander von Bernus. Heidelberg 1966. S. 33–41, hier S. 40 f. Vgl. diese Ausgabe S. 239–245, hier S. 244 f.

[5] In: A. von Bernus: Leben, Traum und Tod. Nürnberg 1922. S. 65.

[6] Vgl. Otto Heuschele: Nachwort. In: In Memoriam Alexander von Bernus. Heidelberg 1966. S. 169–179, hier S. 175.

Verbesserung dieser Leistung bemüht[7]. Bei seiner mehrbändigen Ausgabe englischer Lyriker hat er besonderen Wert darauf gelegt, daß der „Unfug", den englischen Text dem deutschen gegenüberzustellen, in diesen Ausgaben nicht gemacht wurde. Denn er ist davon überzeugt, daß dadurch zwar ein philologisches, aber kein ästhetisches Erleben möglich wird. Er sieht in den „umgedichteten" Gedichten eine Schöpfung von eigenem künstlerischem Rang.

Durch Bernus Bekanntschaft mit Karl Wolfskehl kam es zu engeren Beziehungen mit anderen Mitgliedern des Georgekreises: mit Friedrich Gundolf, Melchior Lechter und zuletzt Stefan George selbst, dem der Baron ein besonderes Zimmer im Stift einräumte. Doch kam es bald zu Auseinandersetzungen, ja zum Bruch mit George; Bernus war nicht bereit, den Freiraum, den er sich selbst geschaffen hatte, einem anderen zu opfern. „So bin ich frei und bedingt einzig durch mich allein und den Hort, den ich behüte", heißt es in dem schon zitierten Brief an Wolfskehl.

Das Stift gab ihm so Kraft zur Selbstfindung und -behauptung; es schlug ihn aber auch mit den schon in der Kindheit sensitiv erspürten dunklen Seiten in seinen Bann. Auch anderen Besuchern blieben sie nicht verborgen. So bezeugt sie der sensible Klaus Mann in seinen Erinnerungen in einigen charakteristischen Szenen[8].

In dem Werke Alexander von Bernus durchdringen sich Leben, Traum und Tod immer wieder, gegen Ende des Jahrzehnts herrschen aber die Schattenseiten des Daseins vor. In den Hymnen „An Caroline Günderode" (1912) läßt Bernus in mystischen Gedichten eine innige Seelenverwandtschaft zu Caroline von Günderode erkennen (*11. 2. 1780 in Karlsruhe, † 26. 7. 1806 in Winkel a. Rh.), deren unglückliche Liebe zu dem Heidelberger Sprachforscher Friedrich Creuzer zum Selbstmord führte. Diese Gedichte sind ohne das Lili-Erlebnis wohl kaum verständlich, das Bernus in der Novelle „Allerseelen" beschreibt. In der Ausgabe von „Wachsen am Wunder", die Franz Anselm Schmitt 1973 veröffentlichte, bildet sie unter der Überschrift „Lili" das letzte Kapitel. Bei der hier vorliegenden Neuausgabe, die wortgetreu der von Bernus überarbeiteten Erstausgabe von 1943 folgt, wurde diese Erzählung nicht wieder angefügt: manche Heidelbergpassage der Lebenserinnerungen wird in ihr paraphra-

---

[7] Vgl. A. v. Bernus: Über deutsche Umdichtung englischer Lyrik des 19. Jahrhunderts. In: In Memoriam Alexander von Bernus. Heidelberg 1966. S. 95–134.

[8] K. Mann: Bei Baron Bernus. In: K. Mann: Kind dieser Zeit. München 1965. S. 242–247.

sierend wiederholt; mit Karlsruhe und Danzig spielen in ihr zwei für Bernus nur ephemere Lebensschauplätze eine wesentliche Rolle; schließlich ist sie stilistisch in einem anderen Ton gehalten und in sich textlich so abgerundet, daß sie die Neupublikation unter altem Titel verdient hat[9]. Geht man den darin enthaltenen Lebensbezügen nach, so wird Bernus etwa 1911 die Nachricht vom Tod seiner einstigen Freundin erhalten und das Allerseelenerlebnis auf dem Münchener Ostfriedhof etwa 1911 gehabt haben.

Bernus trennt sich im August 1911 von seiner Frau Adelheid, geb. von Sybel, deren Sohn Alwar im August 1912 tödlich verunglückte; im Gedichtband „Totenurne" sucht er diesen Schmerz zu verarbeiten. Im Oktober des Jahres schreibt er erschüttert an Melchior Lechter: „Aber das Stift und die Stätte, die Gegend, wo es geschah, habe ich verlassen, denn ich kann das alles nicht vor Augen haben, wenigstens für sehr lange nicht, und dann ist etwas auf dem Stift, das an einen will, man spürt es deutlich: etwas, das einen verderben möchte."[10]

Mit seiner zweiten Frau, Imogen geb. von Glasenapp, begab er sich in ein Haus in Oberstdorf, kehrte aber immer wieder zum Stift zurück, das ab 1918 zu seinem Dauerwohnsitz wurde.

Der Tod Alwars verstärkte in Bernus den Wunsch, über die theoretische Beschäftigung mit theosophischen und alchemistischen Texten hinaus sich auch praktisch mit der weithin verdrängten alten Medizin zu beschäftigen. Dabei ging er über Ansätze der überlieferten Volksmedizin (mit der er in der Hausapotheke seiner Großmutter und z. B. durch die Begegnung mit einer alten Zigeunerin aus dem Stift in Beziehung kam) weit hinaus. Der Anthroposoph Rudolf Steiner, mit dem Bernus damals befreundet war, ermutigte ihn in diesen Bemühungen. Ihm berichtet er 1914 in einem Brief:

„Schon seit längerer Zeit zog es mich zu den Alchemisten, vor allem zu Paracelsus und zur Herstellung seiner Arcana, ohne mir zu verhehlen, wie schwer es sein würde, hierbei praktisch zu einem Ziel zu gelangen. Jedenfalls aber wollte ich diesen Sommer einiges versuchen. Denn zweifellos ist doch, daß angesichts der Ohnmacht der heutigen Medizin mit den Paracelsischen Remedien unendlich viel zu helfen wäre"[11].

---

[9] Vgl. jetzt: A. v. Bernus: Allerseelen. In: A. v. B.: Novellen. Nürnberg 1984. S. 201–303.

[10] Zit. nach: M. Sladek: Alexander von Bernus. Nürnberg 1981. S. 67.

[11] Zit. nach: F.A. Schmitt: Alexander von Bernus. Nürnberg 1973. S. 130 f.

Nach langjähriger Arbeit gründete er 1921 das Laboratorium Soluna, über das er ein Arzneimittelsystem vertrieb, das auf den iatrochemischen Lehren des Mittelalters und der frühen Neuzeit (Paracelsus, Basilius Valentinus, Philalethes u.a.) beruhte.

Bernus sah in seiner Beschäftigung mit Alchemie und alter Medizin auch eine Fortsetzung des Goethebezuges, der ihm persönlich so außerordentlich wichtig war. Wie wir aus Dichtung und Wahrheit wissen, hat Goethe sich in seinen Frankfurter Jugendjahren mit Susanne von Klettenberg alchemistischen Studien hingegeben, insbesondere den Werken von Paracelsus und Basilius Valentinus. Goethe scheint darüber hinaus – wie Alexander von Bernus in „Alchymie und Heilkunst" darstellt – von der schweren Krankheit im Herbst 1768 durch ein iatrochemisches Arzneimittel geheilt worden zu sein. In Goethe sah Bernus eine der letzten Geistesgrößen, die noch durch alchemistisches Gedankengut beeinflußt waren, dessen direkte Überlieferung seit der Zeit der Französischen Revolution abreißt. Damit geht aber auch die Idee einer ganzheitlichen Medizin verloren, die Alexander von Bernus wieder zu erwecken versucht. In ihr wird eine Verbesserung der Natur im Topos von den „sex res non naturalis" angestrebt, die Schipperges beschreibt: „1. Der gebildete Umgang mit Licht und Luft, Wasser und Wärme, Boden und Klima, der Umwelt also im weitesten Sinne; 2. die Kultur von Speise und Trank (von „Tante Schlossers Lieblingsspeisen der Frau Rat Goethe" hat Bernus immer geschwärmt!); 3. das Gleichgewicht von Arbeit und Muße, Streß und Feierabend; 4. Rhythmus von Schlafen und Wachen; 5. der Haushalt der Ausscheidungen und Absonderungen und 6. eine Kultur im so labilen Haushalt der Affekte, der Psychohygiene und somit – alles in allem – eine verbindliche Lebens-Ordnungs-Lehre, eine anthropologisch wie kosmologisch orientierte Ökologie"[12].

Das Wort von Novalis „Der Poet versteht die Natur besser als der wissenschaftliche Kopf" hat Bernus seinem Aufsatz „Das Mysterium der Heilung" vorangestellt, den er im Anhang zu seiner Übersicht der Soluna-Präparate zuerst veröffentlicht hat. Sie werden übrigens noch heute von Schloß Donaumünster bei Donauwörth in viele Länder versandt.

Schon in den dreißiger Jahren gewann Bernus durch den Verkauf der Soluna-Heilmittel seine finanzielle Unabhängigkeit zurück, die er in den Inflationsjahren verloren hatte. Er war deshalb gezwungen gewesen, Stift

---

[12] Heinrich Schipperges: Das alchymische Denken und Handeln bei Alexander von Bernus. In: Heidelberger Jahrbücher 24 (1980) S. 107–124, hier S. 119.

Neuburg zu verkaufen; er übergab es dem Benediktinerorden, der es einstmals von Lorsch aus gegründet hatte. Am 6. September 1926 wurde der Notariatsakt unterzeichnet. Bernus erinnert sich später, wie sehr ihn die Worte des späteren Prior Pater Lucas beeindruckt haben, „Wir danken Ihnen, daß sie uns ein so treuer Hüter waren. . ." Sie machten ihm schlagartig die Zeitlosigkeit einer Institution wie der katholischen Kirche deutlich, der gegenüber vier Generationen von Familienbesitz verblassen mußten, auf die Bernus aber trotzdem mit berechtigtem Stolz zurückblickt[13]. Im Gedichtzyklus „Stift Neuburg", den Joachim Lutz mit Holzschnitten illustrierte, ist der ganze Zauber dieser Stätte noch einmal eingefangen. Bernus selbst zieht die Summe seines Aufenthalts und seiner Tätigkeit in dem auf den 13. Februar 1927 datierten Gedicht „Abschiedsabend auf Stift Neuburg", das die für Bernus Verhältnis zum Stift aufschließenden Verse enthält:

> Mein Stift, ererbt, erworben,
> Verwaltet wie ein Amt: . . .

Er knüpft an die aus „Wachsen am Wunder" bekannten Erstlingsverse an:

> Ich weiß es noch wie heute
> (Neun Jahre war ich alt),
> Wie sehr der Reim mich freute,
> Daß ich ihn stets behalt:
>
> O Welt, wie bist du herrlich
> Im goldenen Sonnenschein!
> Und drunten fließt der Neckar,
> und weit fort fließt der Rhein.

Bernus muß in diesem Gedicht bekennen,

> Der Abschied fällt doch schwerer,
> Als ich mir je geträumt.[14]

und doch ist es ihm gelungen, auch danach konsequent der in Heidelberg und auf dem Stift erhaltenen Prägung entsprechend weiterzuleben.

---

[13] A. v. Bernus: Dichter und ihre Gesellen. In: In Memoriam Alexander von Bernus. Heidelberg 1966. S. 33–41, hier S. 33 f. Vgl. diese Ausgabe S. 239–245.
[14] Stift Neuburg, 1926. In: Alexander von Bernus: Wega. Nürnberg 1963. S. 100–102. Vgl. diese Ausgabe S. 250 f.

Kein Verlust kann uns ja rauben,
Was das Herz einmal besaß,
Unser bleibt, woran wir glauben,
Wenn der Tag es auch vergaß.[14]

Den Abschied vom Stift produktiv zu überwinden, wurde durch die Begegnung mit Isa Oberländer, seiner späteren dritten Frau, am Ende der zwanziger Jahre erleichtert: Über die Stationen Eschenau und Stuttgart begleitete sie Bernus nach Donaumünster, ermutigte ihn zu neuem dichterischem Werk und übernahm das iatrochemische Erbe, das sie nach seinem Tode am 6. März 1965 fortführt.

Bernus hinterließ ein beachtliches Œuvre, das – wie die beiliegende Liste zeigt – zu wesentlichen Teilen greifbar ist; in den letzten Jahren wurden dem wachsenden Interesse entsprechend einige Texte neu oder erstmals ediert.

Durch Übergabe des Nachlasses und der alchemistischen Bibliothek an die Badische Landesbibliothek Karlsruhe hat Isa von Bernus auch die Grundlagen für weitere wissenschaftliche Beschäftigung mit dem Werk Alexander von Bernus gelegt, für die der Katalogband von Franz Anselm Schmitt „Alexander von Bernus. Dichter und Alchemist. Leben und Werk in Dokumenten" (Nürnberg 1971) mit seiner umfangreichen Bibliographie grundlegende Materialsammlung geworden ist.

Aus dem Nachlaß von Bernus wird hier erstmals ein kurzer Text in rhythmisierter Prosa mit dem Titel „Die unzerstörte Stadt – Heidelberg" veröffentlicht, den Bernus nach dem Ende des Zweiten Weltkrieges schrieb. Im Rahmen eines Spazierganges tauchen in verdichteter Rückblende wichtige Orte, Personen und Stationen seiner Kindheitserinnerungen und seiner Jugendzeit wieder auf. Die Stabilität des Ortes gegenüber der Flüchtigkeit der Zeit wird deutlich – erkennbar werden aber auch einzelne tiefe Eingriffe in das Heidelberg, das Bernus erlebte: niemand wird heute mehr beim Marstall in die Gerberlohe fallen können oder – von seltenen Hochwassereinbrüchen abgesehen – den kanalisierten Nekkar als wilden, ungebändigten Fluß erleben, aber auch die „protzig herausfordernden Bausteinmassen" von Universitätsbibliothek, Stadthalle und Gymnasium verunzierten für Bernus sein Bild der alten Stadt so, daß er sie am liebsten im Krieg zerstört gesehen hätte.

Fast vierzig Jahre nach dem vernichtenden Urteil Bernus sehen wir diese Gebäude in milderem Licht, weil wir in ihnen – verglichen mit inzwischen entstandenen Betonmassen – noch eine gelungene Synthese aus ensemblegerechter Konzeption, traditioneller Formensprache und modernem Funktionalismus erkennen; wie das Beispiel der Stadthalle und die Sanierungsarbeiten in der Universitätsbibliothek zeigen, lassen sich diese Gebäude durchaus modernen Bedürfnissen anpassen und revitalisieren[15].

Das dichterische Werk von Bernus ist in ähnlicher Weise wie die historisierende Baukunst von überlieferten Inhalten und Formen geprägt. Nicht ohne Grund rühmt er in seinem späten Heidelbergtext neben dem Weggenossen Mombert, der gegen seinen Willen aus Heidelberg zu einem grausamen Schicksal weggeführt wurde, die beiden Romantiker Arnim und Brentano, an deren Sammlung „Des Knaben Wunderhorn" Bernus immer wieder – so etwa in den „Zwei Spielleut" – anknüpfte.

Die Dichtung von Bernus und mancher seiner Zeitgenossen wurde bis an den Anfang der 70er Jahre oft als Neuromantik und Epigonentum mißverstanden[16]. Wir erkennen heute zunehmend, daß diese traditionsorientierte Literatur aus der Zeit vor dem Ersten Weltkrieg wichtige eigenständige Aussagen enthält. Sie hält an europäischen Kulturzusammenhängen fest, die in anderen literarischen und künstlerischen Ansätzen bewußt verlassen wurden. Die Neuausgabe von „Wachsen am Wunder" mag dazu beitragen, das Verständnis für eine literarische Gegenströmung zur Moderne zu vertiefen, die man immer häufiger als Literatur des Jugendstils einordnet. Daneben aber möge sie helfen, das Bild einer Stadt lebendig zu erhalten, das zu bewahren eine verpflichtende Aufgabe für weitere Generationen ist. In den Erinnerungen eines Mannes, der als hochsensibler Knabe das Bild der Stadt und des nahegelegenen Stifts ganz in sich aufnahm und sein Leben dieser Prägung gemäß gestaltete, erblicken wir das Heidelberg vor der Jahrhundertwende wie in einem Zauberspiegel in unverfälschter Schönheit.

---

[15] vgl. dazu: E. Mittler: Das Gebäude der Universitätsbibliothek Heidelberg (Plöck 107–109). In: Heidelberger Jahrbücher 25 (1981) S. 73–107, insbesondere S. 106 f.

[16] vgl. H. U. Kolb, J. Telle: Schattenbeschwörung. In: Heidelberger Jahrbücher 17 (1973) S. 86–128.

LIEFERBARE WERKE VON UND ÜBER ALEXANDER VON BERNUS

A. v. B.: In der Zahl der Tage. Gedichte, Szenen und Prosa aus sechs Jahrzehnten. Heidelberg: Lambert Schneider 1960.

A. v. B.: Leben, Traum und Tod. Die Gedichte in Auswahl. Nürnberg: Hans Carl 1962.

A. v. B.: Weltgesang. Ein Gedichtwerk. 3. Aufl. München: Hans Carl 1962.

A. v. B.: Wega. Die himmlische Leyer. Gedichtkreise und Spiele des Aufbruchs 1909–1915. Nürnberg: Hans Carl 1963.

In Memoriam Alexander von Bernus. Ausgewählte Prosa aus seinem Werk. Heidelberg: Lambert Schneider 1966 (Veröffentlichung der Deutschen Akademie für Sprache und Dichtung, Darmstadt, 37)

A. v. B.: Alchymie und Heilkunst. 3. Aufl. Nürnberg: Hans Carl 1969.

A. v. B.: Das schwarze Bilderbuch. Mit Silhouetten von Rolf von Hoerschelman. Berlin: Agora-Verlag 1978.

A. v. B.: Urgroßmutters Kochbuch. Frankfurt a. M.: Insel-Verlag 1980 (insel-taschenbuch 456).

A. v. B.: Altkräuterbüchlein. Frankfurt a. M.: Insel-Verlag 1980 (insel-taschenbuch 457).

A. v. B.: Urgroßmutters Hausmittel. Frankfurt a. M.: Insel-Verlag 1982 (insel-taschenbuch 561).

A. v. B.: Vom Sinn des Lebens. Unsterblichkeit und Wiederkehr im Spiegel der Weltlyrik. Stuttgart: Ogham-Verlag 1983 (Ogham-Bücherei 12).

A. v. B.: Novellen. Schloßlegende und andere ungewöhnliche Begebenheiten. Nürnberg: Hans Carl 1984.

Worte der Freundschaft über Alexander von Bernus. Nürnberg: Hans Carl 1949.

Elmar Mittler: Alexander von Bernus. Alchymie und Heilkunst. Karlsruhe: Badische Landesbibliothek 1977.

Mirko Sladek: Alexander von Bernus. Nürnberg: Hans Carl 1981.

BILDNACHWEIS

Für die Überlassung von Bildvorlagen danken wir:

Baronin ISA VON BERNUS, Schloß Donaumünster
Abbildungen 27, 29, 30, 32-35, 38-46, 60, 62-64, 71, 72, 74, 75, 78, 79, 83, 84, 92, 94

Photo GOTTMANN, Heidelberg
Abbildungen 10, 22, 26, 49, 53, 56, 66, 80, 89

HEIDELBERGER VERLAGSANSTALT UND DRUCKEREI GmbH, Heidelberg
Abbildungen 2, 9, 12, 13, 55, 57, 65, 90, 93

HEIDELBERGER ZEMENT AG, Heidelberg, Bildarchiv
Abbildungen 82 A-C

KURPFÄLZISCHES MUSEUM, Heidelberg
Abbildungen 20, 23, 31, 51, 58, 59, 77, 81

ROLAND ZACHMANN, Heidelberg
Klischeevorlagen der Abbildungen 29, 30, 32, 34, 35, 42-44, 60, 62, 63, 71, 75, 84-86, 88

Die übrigen Bildvorlagen sind Beständen der
UNIVERSITÄTSBIBLIOTHEK, HEIDELBERG
entnommen.

INHALT

AUSKUNFT

Nun soll ich heute Auskunft geben
So, daß es vor der Zeit besteh,
Wie ich mein abgerücktes Leben
Sich in mir selber spiegeln seh?–:

Nie unterschied ich zwischen Dichtung
Und Leben, beide sind mir eins.
Wo ich auch stand, von jeder Lichtung
Erlebte ich den Sinn des Scheins.

Wie sterngebunden wir auch seien,
Die Götter geben als Entgelt
Uns doch den überirdisch-freien
Erschloßnen Ausblick in die Welt.